高职高专经管类工学结合系列教材

国际货运代理实务

主　编　何善华　陈广仁
副主编　戴丽萍　张　兰　张少茹

暨南大学出版社
JINAN UNIVERSITY PRESS

中国·广州

图书在版编目（CIP）数据

国际货运代理实务/何善华，陈广仁主编；戴丽萍，张兰，张少茹副主编. —广州：暨南大学出版社，2013.9
（高职高专经管类工学结合系列教材）
ISBN 978 - 7 - 5668 - 0717 - 5

Ⅰ.①国…　Ⅱ.①何…②陈…③戴…④张…⑤张…　Ⅲ.①国际货运—货运代理
Ⅳ.①F511.41

中国版本图书馆 CIP 数据核字（2013）第 180120 号

出版发行：暨南大学出版社

地	址：	中国广州暨南大学
电	话：	总编室（8620）85221601
		营销部（8620）85225284　85228291　85228292（邮购）
传	真：	(8620) 85221583（办公室）　85223774（营销部）
邮	编：	510630
网	址：	http：//www. jnupress. com　http：//press. jnu. edu. cn
排	版：	广州市天河星辰文化发展部照排中心
印	刷：	广州广禾印刷有限公司
开	本：	787mm×1092mm　1/16
印	张：	22.25
字	数：	543 千
版	次：	2013 年 9 月第 1 版
印	次：	2013 年 9 月第 1 次
印	数：	1—3000 册
定	价：	42.00 元

（暨大版图书如有印装质量问题，请与出版社总编室联系调换）

前　言

　　随着国际贸易和国际运输方式的发展，贸易、运输的经营人大都不能亲自处理每一项具体的业务，大量的业务需要委托专业的人员代为办理。同时，为了使国际贸易运输向简单化、统一化、专业化发展，由同一代理人完成或组织完成国际货物运输显得非常重要，国际货运代理业由此应运而生，成为了独立的朝阳行业。它被誉为联结货主与承运人的纽带，是国际贸易运输的组织者和总的设计师。国际货物运输的发展急需一批既懂国际贸易又懂国际货运等相关知识的综合性人才。为切实提高我国国际货运代理从业人员的专业知识与实践技能，本书通过行业分析和职业岗位分析，综合国际货运代理行业的从业人员应掌握的基础知识和基本技能，采用同实际企业业务处理程序以及岗位相吻合的方法来编写内容。全书共分六个部分，包括导论、国际海运出口货运代理业务操作、国际海运进口货运代理业务操作、国际航空出口货运代理业务操作、国际航空进口货运代理业务操作以及国际多式联运货运代理。

　　本书与其他国际货运代理实务及相关的国际物流教材相比，具有以下特点：

　　（1）教材结构新颖。本教材完全打破了现有教材的章节结构，除了导论之外，其余五个项目都以实际业务处理程序为主线，按照企业的实际工作程序来编写教材的内容，既有基础知识的巩固，又有基本技能的训练，突破了以往职业教育学习型教材的局限性，构建了新型技能型教材的基本模式。

　　（2）理论够用，实践为主。每部分内容前半部分讲授基础知识，以"够用"为原则，后半部分重点提高应用能力和操作技能，以"实用"为原则。

　　（3）任务驱动模式。每个项目前都设置了一个总的任务，根据总任务设置了完成该总任务的具体分任务，然后再根据具体的分任务来安排理论知识和技能的学习内容，每个具体任务后面还有小结和思考题，让学生在学习过程中不断思考。

　　（4）货运单据全面。本书每个具体任务的基本技能介绍中都附有相关的货运单据，增强了学生学习的感性认识以及缮制相关货运单据的能力。

　　（5）习题量大。每部分内容后面都配有相关的综合练习和综合技能训练题目。通过练习让学生能利用所学的知识和技能去分析问题和解决问题，发挥学习的主观能动性。

　　本书除了导论之外，其他内容都以国际货运代理的业务处理程序为线索，注重实用性和可操作性，既可以作为职业教学教材，又可以作为学生实践手册，以适应高等职业教育项目导向、任务驱动的教学改革要求。因此，本书既可作为各类高等职业院校物流管理专业、报关与国际货运专业和国际经济与贸易专业等的教学用书，也可以作为国际货运代理行业管理人员和从业人员的培训教材或参考书籍。

本书由广东机电职业技术学院何善华、陈广仁担任主编，戴丽萍、张兰、张少茹担任副主编，具体分工如下：何善华编写导论，项目一的任务一、任务二、任务三，项目二的任务五和项目五；陈广仁编写项目三的任务三和任务四；戴丽萍编写项目一的任务六、任务七和任务八；张兰编写项目三的任务一、任务二和项目四；张少茹编写项目一的任务四、任务五和任务九；杨琼编写项目二的任务三和任务四；潘巍巍编写项目二的任务一和任务二。全书的大纲编写、每部分内容后面的综合练习和综合技能训练以及统稿、审稿等工作由何善华完成。

本书在编写过程中得到了经贸专业群专业主任罗晓斐老师、物流管理专业邓汝春副教授和王雷博士的大力支持，同时也得到了广东外贸总公司高永泰总经理、广州续航国际货运代理有限公司石英兰副总经理的悉心指导和热情参与，成书过程中凝聚了暨南大学出版社潘雅琴编辑的汗水和心血，在此一并表示衷心感谢！

本书在编写过程中参考了同类教材和相关资料，在此向相关作者表示诚挚的谢意！

由于编者水平有限，加之编写时间仓促，书中疏漏与不妥之处在所难免，敬请广大读者批评指正。

编　者
2013 年 8 月

目　录

导论　国际货运代理基础

　　本部分主要包括两个任务：一是认识国际货运代理；二是掌握国际货运代理相关法律法规与风险防范。在认识国际货运代理的任务中，我们主要学习国际货运代理的概念、种类；国际货运代理的业务范围；国际货运代理人应具备的业务素质；国际货运代理人的作用；国际货运代理的行业组织与行业管理。在掌握国际货运代理相关法律法规与风险防范的任务中，我们主要学习《中华人民共和国民法通则》和《中华人民共和国合同法》（以下简称《民法通则》与《合同法》）中有关代理的相关规定；国际货运代理责任的分类；国际货运代理责任风险产生的原因、责任保险内容、除外责任以及如何防止和减少国际货运代理的责任风险。通过学习上述内容，为后面的货运代理具体业务奠定基础。

任务描述：

　　小张今年刚刚从物流管理专科毕业，应聘到广州续航国际货运代理有限公司，虽在学校学习过国际货运代理实务，但是小张连最基本的国际货运代理的基础知识都淡忘了许多。例如，什么是货代，货代是做什么的，货代是给谁干活的，货代有什么作用，做货代需要什么样的业务素质和能力，货代靠什么赚钱，货代企业有什么权利和义务等。为了便于学习，小张便拜老员工老王为师，再学习国际货运代理的基础知识。经验丰富的老王为小张制订了学习计划，首先向小张介绍了国际货运代理和货代相关法律法规与风险防范；接下来再为小张介绍国际海运进出口业务处理程序、国际航空进出口业务处理程序和国际多式联运基础知识和业务处理程序等。

企业介绍：

　　广州续航国际货运代理有限公司是一家综合性的国际货运代理企业，经营的业务包括海洋运输、航空运输、铁路运输、公路运输、国际多式联运等业务。公司总部位于天河区市长大厦，现有员工600多人，年货物贸易值近20个亿。为了适应业务发展的需要，公司在黄埔开发区又建了2 000多平方的仓库。

任务一 认识国际货运代理

【主要学习内容】
知识目标：
1. 国际货运代理的概念和业务范围。
2. 国际货运代理人应具备的业务素质。
3. 国际货运代理人的作用。
4. 国际货运代理的行业组织和行业管理。

知识一 国际货运代理的概念和业务范围

国际货运代理业（Industry of International Freight Forwarding）是指接受进出口货物收发货人的委托，以委托人的名义或以自己的名义，为委托人办理国际货物运输及相关业务并收取服务报酬的行业。

一、国际货运代理的概念

国际货运代理的英文是"International Freight Forwarding"；国际货运代理人的英文是"International Forwarding Agent"，或者"International Freight Forwarder"，实际工作中一般不作区分，简称"国际货代"，或者"货运代理"，或者"货代"。

国际货运代理行业的主体是国际货运代理企业，我国商务部（原对外贸易经济合作部）作为国际货运代理行业的主管部门，除对"国际货运代理业"下了定义外，还对"国际货运代理业"从事的业务活动进行了界定："国际货运代理企业可以作为进出口货物收发货人的代理人，也可以作为独立经营人，从事国际货运代理业务。国际货运代理企业作为代理人从事国际货运代理业务，是指国际货运代理企业接受进出口收发货人或其代理人的委托，以委托人的名义办理有关业务，收取代理费或佣金的行为。国际货运代理企业作为独立经营人从事国际货运代理业务，是指国际货运代理企业接受进出口收发货人或其代理人的委托，签发运输单证、履行运输合同并收取运输费以及服务费的行为。"

货运代理起初作为"佣金代理"只代表货主安排货物的装卸、储存及货物在境内的运输，同时从事为客户报关、收取费用等日常业务。随着国际贸易和国际运输的发展，货运代理的服务范围不断扩大，为客户提供的服务也从传统的基础性业务（如订舱和报关等）扩展至全方位的系统性服务（包括货物的全程运输和配送服务）。由于传统的国际货运代理人不断扩展业务范围，从代理业务发展到无船承运业务、多式联运业务、第三方物流业务等，"Freight Forwarder"与"Forwarding Agent"不再是同义词，"Forwarding Agent"成为"Freight Forwarder"的一部分。因此，在我国普遍被接受的"国际货运代理"或"国际货运代理人"的概念就不能完全反映当今"Freight Forwarder"的含义。

我国对"代理"及"代理人"等概念有特定的法律含义。《民法通则》规定，代理是指"代理人在代理权限内，以被代理人的名义实施民事法律行为。被代理人对代理人的代理行为，承担民事责任"的法律行为。当"Freight Forwarder"从事无船承运业务、多式联运业务、物流业务时，是以自己的名义参与运输等服务，不是以委托人（被代理人）的名义，因此，继续使用"国际货运代理"或"国际货运代理人"容易产生权利、义务和责任的混淆，不利于建立规范的市场秩序。国际货运代理协会联合会（International Federation of Freight Forwarders Associations，简称"FIATA"）将货运代理人的责任（The Freight Forwarder's Liability）分为非当事人（Except As Principal）责任和当事人（As Principal）责任的分类方法已被国际社会广泛接受。

目前，根据意译将"Freight Forwarder"一词翻译为"货运代理人"已经不合适，根据音译或许具有一定参考价值，"Forwarder"一词的发音近似于"服务的"，将意译和音译结合起来，可将"Freight Forwarder"翻译为"货运服务的人"。结合我国习惯用法，可称之为"货运服务经营者"或"国际货运服务经营者"。因此，"国际货运服务经营者"是指依法设立、获得从事国际货运服务经营资格的企业，包括以代理人和当事人两种身份从事国际货运服务的企业。国际货运服务经营者包括国际货运服务代理人和国际货运服务当事人。"国际货运服务代理人"是以"代理人"身份从事业务的"国际货运代理企业"；"国际货运服务当事人"是以"独立经营人"身份从事业务的"国际货运代理企业"。从逻辑、表达等角度来看，"国际货运代理经营者"的表述确实有许多方便、合理之处。但是，要改变人们长期使用并已成习惯用语的概念并非易事，而且还涉及有关立法等问题，因此，本书不使用"国际货运服务经营者"一词。

国际货运代理协会联合会在1996年10月颁布的《国际货运代理服务示范条例》（又称"FIATA货运代理标准交易条件"，即"FIATA Model Rules For Freight Forwarding Services"）中给"国际货运代理人"及"国际货运代理服务"作出了定义："所谓国际货运代理人，是指与客户签订国际货运代理服务合同的人；所谓国际货运代理服务，是指所有与货物有关的服务，如货物的运输、拼箱、储存和处理及货物的包装与配送等服务，以及与上述有关货物服务相关的辅助性与咨询服务，其中包括但不仅局限于海关和财政事务、货物的官方申报，货物的保险、代收或支付与货物相关的款项及单证等服务。"2004年10月，FIATA总部推出了"国际货运代理及物流服务"的定义："所谓的国际货运代理及物流服务，是指所有和货物的运输（即采用单一的模式或多式联运模式所完成的运输）相关的服务和货物的拼箱、储存、处理、包装或配送等相关的服务以及与上述服务相关的辅助性及咨询服务，其中包括但不仅局限于海关和财政事务、货物的官方申报，货物的保险、代收或支付与货物相关的款项及单证等服务。国际货运代理服务还包括物流服务，即将现代信息和通讯技术的应用与货物的运输、处理和储存及实质上的整体供应链纳入管理之中。所有这些服务，都可以根据客户的要求及具体的服务内容而量身定做，灵活运用。"

国际货运代理人是"国际货运中间人"，即居间人型，既代表货方，保护货方的利益，又协调承运人进行承运工作，它的特点是其经营收入来源于佣金；国际货代扮演着"代理"角色,即代理人型,它的特点是其经营收入来源于代理费;也可以扮演"当事人"角色,即当事人型,它的特点是其经营收入来源于运费或仓储费差价。当然,国际货运代理人在扮演不同角色时,其权利、义务也是不同的。国际货运代理行业属于社会产业结构中的第三产业。

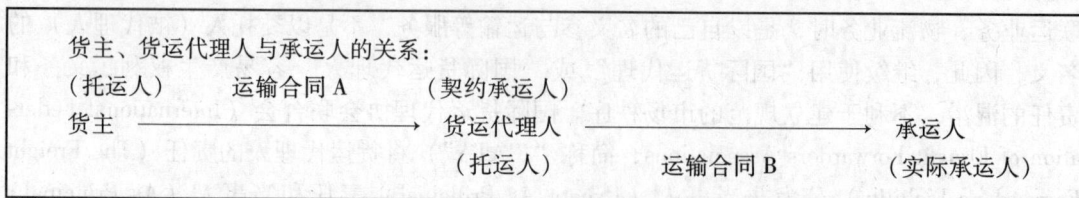

货主、货运代理人与承运人的关系:

(托运人)　　　运输合同 A　　　(契约承运人)

货主 ———————————→ 货运代理人 ———————————→ 承运人

　　　　　　　　　　　　　　(托运人)　　运输合同 B　　(实际承运人)

二、国际货运代理企业的业务范围

货运代理企业的业务服务范围很广泛,通常为接受客户的委托、完成货物运输的某一个环节或与此有关的各个环节的任务。除非客户(发货人或收货人)想亲自参与各种运输过程和办理单证手续,否则货运代理企业可以直接或通过其分支机构及其雇佣的某个机构为客户提供各种服务,也可以利用其在海外的代理机构为客户提供服务。

货运代理的服务对象包括:发货人(出口商)、收货人(进口商)等货方;海关、检验检疫等国家管理部门;班轮公司、航空公司、汽车公司、铁路公司等实际承运人;仓库、港口、机场等储存、装卸单位;在物流服务中还包括工、商企业等。货运代理企业的服务内容包括:选择运输路线、运输方式和适当的承运人;订舱;接收货物;包装;储存;称重;量尺码;签发单证;报关;办理单证手续;运输;安排货物转关;安排保险;支付运费及其他费用;进行外汇交易;交货及分拨货物;协助收货人索赔;提供与工程、建筑有关的大型、重型机械、设备的挂运服务和海外展品等特种货物的服务。此外,货运代理企业还会根据客户的需要,提供与运输有关的其他服务、特殊服务,如混装、拼箱、拆箱、多式联运、无船承运及现代物流服务等。

我国的国际货运代理企业可以作为代理人或当事人从事下列全部或部分经营活动:

(1) 揽货、订舱(含租船、包机、包舱)、托运、仓储、包装。

(2) 货物的监装、监卸、集装箱拆箱、分拨、中转及相关的短途运输服务。

(3) 报关、报检、保险。

(4) 缮制并签发有关单证、交付运费、结算及交付杂费。

(5) 国际展品、私人物品及过境货物运输代理。

(6) 国际多式联运、集运(含集装箱拼箱)。

(7) 国际快递(不含私人信函)。

(8) 咨询及其他国际货运代理业务。

除以上各项业务外,现在的国际货运代理企业还可以从事第三方国际物流服务、无船承运业务等。

　　每一个国际货运代理企业实际经营的国际货运代理业务范围，都应当以在工商行政管理机关登记的经营范围为准。当国际货运代理企业根据实际需要，扩大经营范围，兼营其他业务时，应当依照有关法律、法规和规章，需要有关主管部门审查、批准的，应当向相关主管部门办理审批手续，并在工商行政管理机关登记。兼营的其他业务不需要相关主管部门审批的，亦应向工商行政管理机关申请登记。工商行政管理机关颁发的《企业法人经营执照》通常将国际货运代理企业的经营范围规定为"承办海运、陆运、空运进出口货物的国际运输代理业务（未取得专项许可的项目除外）"。如果国际货运代理企业兼营其他业务，其《企业法人经营执照》也有根据有关主管部门的批准、许可文件或该企业的直接申请登记，应加以相应记载。所以每一个国际货运代理企业的具体业务经营范围，最终应以工商行政管理机关颁发的《企业法人经营执照》列明的经营范围为准。

知识二　国际货运代理人应具备的业务素质

　　国际货运代理人作为承托双方之间的桥梁，既要考虑委托人的利益，也要考虑第三人的利益。货运代理企业不仅要对委托的客户诚实守信，更应该对各种运输方式和运输工具的特点、常见货物、有关承运人、经营航线、挂靠港口、运价、结算、有关法律法规等方面的知识有全面的了解，只有这样才能充分发挥出自己的优势。

一、具备良好的资信

　　资信包括资本和信誉两个方面。目前，国际货运班轮代理可分为非资产型和资产型两种。其中非资产型班轮代理主要以提供单证服务、业务管理、专业技能和物流技术服务为主；而资产型班轮代理则以拥有仓储设施与集装箱运输工具为依托向客户提供全方位的物流服务。但无论是哪一种，都需要有一定的专业基础知识和技能以及信息与业务关系网络，并本着平等互利的原则，处理好与委托人的关系，树立为客户服务的思想，做到接待热情，不断提高服务质量水平。

二、了解有关法律法规与政策

　　由于各国政治、法律、金融货币制度不同，政策、法令、规定不一，贸易、运输习惯和经营做法也有不同。很多国家的对外贸易政策受政治、经济和自然条件的影响，对进出口货物有着不同的规定，因此，国际货运代理企业应对此有所了解。

三、精通国际货运相关业务知识

　　国际海运代理人不仅要掌握国际知识，熟悉国际贸易实务、外贸单证等相关知识，同时还要精通海关以及检验检疫等基础知识。

（1）了解国际班轮航线的现状和构成，即知线。
（2）了解装卸港口情况，即知港。
（3）了解船舶情况，具备一定的船舶知识，即知船。
（4）了解货物对运输的要求，即知货。
（5）了解运价市场，即知价。
（6）了解业务操作规程，即知规程。
（7）掌握外贸单证的使用。
（8）掌握报关报检程序以及单证的使用。
（9）掌握关于保险的基本知识。
（10）掌握承运人的运输责任和风险。
（11）提高物流管理能力和水平。

知识三　国际货运代理人的作用

从事国际货代业务的人员需要通晓国际贸易各个环节，精通各种运输业务，熟悉有关法律、法规，业务关系广泛，信息来源准确、及时，与各种运输方式的承运人、仓储经营人、保险人、港口、机场、车站、堆场、银行等相关企业，海关、检验检疫、进出口管制等有关政府部门存在着密切的业务关系，不论对于进出口货物的收发货人，还是对于承运人和港口、机场、车站、仓库经营人都起着重要的桥梁和纽带作用。在国际货物运输服务方面，对委托人或货主而言，国际货运代理人至少可以发挥以下作用：

一、组织协调作用

国际货运代理人历来被称为"运输的设计师"、"门到门"运输的组织者和协调者。凭借其拥有的运输知识及其相关知识，国际货运代理人组织运输活动，设计运输路线，选择运输方式和承运人，协调货主、承运人、仓储保管人、保险人、银行、港口、机场、车站、堆场经营人以及海关、检验检疫、进出口管制等有关当局的关系。因此，货主可以省却亲自办理这些事情的时间，减少许多不必要的麻烦。

二、专业服务作用

国际货运代理人的本职工作是利用自身的专业知识和经验，提供国际货物运输中的货物承揽、交运、拼装、集运、接卸、交付等服务。他可以接受委托人的委托办理货物的保险、海关、检验检疫、进出口管制等手续，有时也可以代理委托人支付运费、垫付税金和政府规费。国际货运代理人通过向委托人提供各种专业服务，可以使委托人不必在自己不太熟悉的业务领域花费太多的心思和精力，使不便或难以依靠自己力量办理的事情得到恰当有效的处理，有助于提高委托人的工作效率。

三、沟通控制作用

国际货运代理人拥有广泛的业务关系、发达的服务网络、先进的信息技术手段，可以随时保持货物运输关系人之间、货物运输关系人与其他有关企业、部门的有效沟通，对货物运输的全过程进行准确跟踪和控制，保证货物安全、及时抵达目的地，顺利办理相关手续，将货物准确送达收货人，并应委托人的要求提供全过程的信息服务及其他相关服务。

四、咨询顾问作用

国际货运代理人通晓贸易各个环节，精通各种运输业务，熟悉有关法律、法规，了解世界各地有关情况，信息来源准确、及时，因此他可以就货物的包装、储存、装卸和照管，货物的运输方式、运输路线和运输费用，货物的保险、进出口单证和价款的结算，领事、海关、检验检疫、进出口管制等有关当局的要求等为货主提供明确、具体的咨询意见，协助货主设计、选择适当的处理方案，使货主避免或减少各种风险、周折和不必要的费用支出。

五、降低成本作用

国际货运代理人掌握货物的运输、仓储、装卸、保险等市场行情信息，与货物运输关系人、仓储保管人、港口、机场、车站、堆场经营人和保险人有着长期、密切的友好合作关系，拥有丰富的专业知识和业务经验、有利的谈判地位与娴熟的谈判技巧。通过国际货运代理人的努力，货主可以选择货物的最佳运输路线、运输方式、最佳仓储保管人、装卸作业人和保险人，争取公平、合理的费率，甚至可以通过集运效应使所有相关各方受益，从而降低货物运输关系人的业务成本，提高经营效益。

六、资金融通作用

国际货运代理人与货物运输关系人、仓储保管人、装卸作业人及银行、海关当局等相互了解，关系密切，长期合作，彼此信任。国际货运代理人可以代替收发货人支付有关费用、税金，提前与承运人、仓储保管人、装卸作业人结算有关费用，凭借自己的实力和信誉向承运人、仓储保管人、装卸作业人及银行、海关当局提供费用、税金担保或风险担保，可以帮助委托人融通资金，减少资金占压，提高资金利用率。

知识四　国际货运代理的行业组织与行业管理

一、国际货运代理的行业组织

目前，国际货运代理行业组织只有非政府组织，因此，国际货运代理行业组织可以说是一种自律组织。世界上最具行业代表性的国际货运代理行业组织是国际货运代理协会联合会。中国国际货运代理协会是全国性的行业组织，我国还有很多地方性的国际货运代理行业协会组织。

（一）国际货运代理协会联合会（FIATA）

国际货运代理协会联合会是一个非政府组织，同时也是一个非盈利性的、世界性的国际货运代理行业组织。它代表了由大约四万家国际货运代理企业、一千万名左右从业人员组成的国际货运代理业，具有广泛的国际影响。国际货运代理协会联合会自从成立以来比较活跃，不仅起草了提供各国立法时参考的示范条例，而且还制定了运送指示、运输凭证、收货凭证、托运人危险品运输证明、仓库收据、可转让联运提单、不可转让联运提单、发货人联运重量证明八种单证格式，培训了数万名学员。国际货运代理协会联合会与联运保赔协会、国际航空运输协会一起每年对全世界从事国际货运代理服务业务的年轻人进行一次评奖活动，其名称为"Young International Freight Forwarder Award"。该项评奖的规则要求是：由国家级的国际货运代理协会提名候选人，参加评奖的候选人必须在国际货运代理行业工作至少2年，年龄不超过30岁。我国2005年首次参加评选，2006年获得了此奖。

（二）中国国际货运代理协会（CIFA）

中国国际货运代理协会，英文名称为"China International Freight Forwarders Association"，简称"CIFA"。为了维护国际货运代理行业的经营秩序、保护国际货运代理人的合法权益、促进我国国际货运代理行业的健康发展，2000年9月6日，中国国际货运代理协会在北京正式成立，2000年11月1日在民政部获准登记。CIFA是FIATA的国家级会员。中国国际货运代理协会自成立以来，为规范国际货运代理业经营秩序、维护国际货运代理企业的合法权益做了大量工作：通过向有关主管部门反映情况，转达国际货运代理企业的意见和呼声，积极配合政府部门加强行业管理；制定了《中国国际货运代理协会标准交易条款》，规范了国际代理业务当事人的权利、义务关系；制定了行业的诚信公约；组织了全国国际货运代理行业从业人员资格考试，取得了良好效果；召开了国际货运代理责任险研讨会、国际货运代理法律问题研讨会、WTO与国际货运代理关系研讨会、海峡两岸暨港澳地区国际货运代理咨询洽谈研讨会等会议，普及了国际货运代理业务和法律知识，加强了国际货运代理人之间的业务交流。自2004年以来，中国国际货运代理协会开始不定期举行中国国际货运代理百强的评比活动。

二、国际货运代理的行业管理

各国对货运代理行业的管理因国情不同，所制定的管理制度亦不同。在这些制度中，对货运代理行业实行许可证制度是最普遍的做法，这是针对货运代理这一特殊行业实行申请者资格审查的制度。

（一）外国的许可证制度与财务责任制度

国家对行业管理制度中使用最普通的做法是许可证制度，根据这种制度，只有那些获得执照的个人或公司才允许经营货运代理业务，没有执照而从事经营活动的，则要按照《民法通则》的相关规定课以罚款。为了法律适用的连贯性，这种制度还对构成货运代理业务的组成部分给予了明确的规定。通过这种许可证制度，国家就能通过对申请执照的货运代理进行审查，了解他们的财务状况、诚实性和技术能力，从而控制在他们管辖范围内营业的货运代理的经营质量，对那些不能满足规定的最低标准或者不能宣布其付款保证的货运代理则不予发执照。对那些已领到执照的货运代理，当发生类似破坏信誉或破产行为（或破产威胁）时，也可以通过保留吊销其执照的权利，控制他们的行为或财政信誉。

在美国，由联邦海事委员会对货运代理行业及无船承运人（NVOCC）进行管理，欲从事货运代理及无船承运业务的企业，必须先到联邦海事委员会注册登记，并需交纳保证金，在取得该委员会颁发的营业许可证之后，才能正式从事货运代理及无船承运业务。

财务责任制度主要是为了保证提供国际货运代理等服务的企业在出现争议、需要承担责任时具有一定的赔偿能力。

（二）中国货运代理经营实施登记备案制

1995 年 6 月 6 日经国务院批准、同年 6 月 29 日由原外经贸部发布实施的《关于第三批取消和调整行政审批项目的规定》，取消了货运代理企业经营资格审批制度。2005 年 3 月 7 日，商务部颁布《国际货运代理企业备案（暂时）方法》，明确了货运代理企业注册登记备案的条件和程序。新设立的内资货运代理企业，只要符合《中华人民共和国公司法》规定的设立公司的条件，达到《货运代理管理规定》有关经营不同货运代理业务所需要的最低注册资本的要求，在当地工商局就可以直接登记注册成立公司，经营货运代理业务。自 2005 年 12 月 11 日起，外国投资者可以以 100% 的股权独资经营国际货运代理业务。

需要备案的货运代理企业范围：目前我国仅对全部由国内投资主体设立的货运代理企业及其分支机构实行登记注册后的备案制度，对于外商投资的国际货物运输代理企业的设立仍然实行审批制度。国内投资主体投资设立的货运代理企业及其分支机构，不论是在取消审批制度以前经商务部批准成立的，还是在取消审批制度以后直接向工商行政管理机关注册成立的，都应当向商务部门办理备案手续。

货运代理企业的备案项目范围：2005 年 3 月 23 日，商务部办公厅专门发布《关于委托中国国际货运代理协会组织实施货运代理企业业务备案有关事宜的通知》，委托 CIFA 具体组织实施货运代理企业业务备案工作。根据《国际货运代理企业备案（暂行）办法》

的有关规定，货运代理企业设立、变更以后，应当填写"国际货运代理企业备案表"，对该表所列项目信息进行备案。货运代理企业或其分支机构应在每年3月底前填写"国际货运代理企业备案表"，对其上年的业务经营情况进行备案。

（三）国际货运代理企业的行为规范

国际货运代理企业应当按照工商行政管理机关办理营业执照列明的经营范围和经营地域从事经营活动。按照有关法律、法规，需要经过有关主管机关批准、登记、注册的，还应当向有关主管机关办理批准、登记、注册手续。

国际货运代理企业应当依照国家有关规定确定收费标准，并在营业地点公布其收费标准。

国际货运代理企业应当遵循安全、迅速、准确、节省、方便的经营方针，为进出口货物的收发货人提供服务。

国际货运代理企业从事国际货运代理业务，必须使用税务机关核准的发票。

国际货运代理企业可以使用中国国际货运代理协会参照国际惯例制定的国际货运代理标准交易条款，也可以自行制定交易条款。国际货运代理人之间还可以相互委托办理全部或部分国际货运代理业务。

国际货运代理企业不得将规定范围内的注册资本挪作他用；不得转让国际货运代理经营权；不得以发布虚假广告、分享佣金、退还回扣或其他不正当竞争手段从事经营活动。

小 结

国际货运代理业是指接受进出口货物收发货人的委托，以委托人的名义或以自己的名义，为委托人办理国际货物运输及相关业务并收取服务报酬的行业。国际货运代理人是"国际货运中间人"，即居间人型，国际货运代理人可以扮演"代理人"角色，即代理人型，也可以扮演"当事人"角色，即当事人型。每一个国际货运代理企业实际经营的国际货运代理业务范围，应当以在工商行政管理机关登记的经营范围为准。当国际货运代理企业根据实际需要，扩大经营范围，兼营其他业务时，应当依照有关法律、法规和规章制度，需要有关主管部门审查、批准的，应当向相关主管部门办理审批手续，并在工商行政管理机关登记。本任务还介绍了国际货运代理人的作用，国际货运代理人应具备的业务素质以及国际货运代理的行业组织和行业管理等内容。

思考题

1. 简述国际货运代理的概念和种类。
2. 简述国际货运代理的业务范围。
3. 简述国际货运代理人的业务素质。
4. 简述 FIATA 和 CIFA 的性质。

任务二 货运代理的相关法律法规与风险防范

【主要学习内容】

知识目标：

1. 国际货运代理相关法律、法规的规定。
2. 国际货运代理的责任风险与风险防范。

知识一 国际货运代理的相关法律、法规的规定

目前，世界上还没有专门的有关国际货运代理法律地位及其责任的统一公约，因此，货运代理的法律地位及其相应的权利与义务由有关国家法律体系的类型所决定。在我国尚未制定专门的货运代理法律的情况下，涉及货运代理的纠纷通常适用《民法通则》有关代理的规定，涉及货运代理为承运人或多式联运经营人或仓储管理人时，则适用《合同法》、《中华人民共和国海商法》（以下简称《海商法》）、《中华人民共和国海事诉讼特别程序法》（以下简称《海事诉讼程序法》）等有关法律的规定。在这里我们主要介绍我国《民法通则》中有关代理的相关规定。

我国《民法通则》于1986年4月2日在第六届全国人民代表大会第四次会议上通过，并于1987年1月1日生效实施。该法对代理做了相关规定。

一、我国民法通则中有关代理的规定

（一）代理的概念及特征

1. **代理的概念**

代理是指代理人以被代理人的名义在代理权限内进行直接对被代理人发生法律效力的行为，包括民事代理、诉讼代理以及其他具有法律意义的行为，如代为办理报关、清关、纳税等手续。我国《民法通则》第六十三条规定："公民、法人可以通过代理人实施民事法律行为。代理人在代理权限内，以被代理人的名义实施民事法律行为。被代理人对代理人的代理行为，承担民事责任。依照法律规定或者按照双方当事人约定，应当由本人实施的民事法律行为，不得代理。"例如，结婚、抚养、继承等不得代理。

2. **代理的特征**

代理具有以下四个特征：代理行为必须是具有法律意义的行为；代理人独立进行意思表示；以被代理人本人的名义实施法律行为；直接对被代理人发生效力，由被代理人承担该行为的一切法律后果，包括权利、义务、费用、损害赔偿等。被代理人授予代理人的代理权，其范围按照活动内容可分为三种情况：专就某项事务代理的法律行为，称一次委

托；在一定时期内代理同类的法律行为，称特别委托；在一定时期内就某项事务及与此事务有关的一系列活动，称总委托。此间，代理人享有替被代理人实施民事法律行为以及对其后果承担直接民事责任的资格，但应由其本人实施的民事法律行为除外。

（二）代理的种类

我国《民法通则》第六十四条规定："代理包括委托代理、法定代理和指定代理。委托代理按照被代理人的委托行使代理权，法定代理人按照法律的规定行使代理权，指定代理人按照人民法院或指定单位的指定行使代理权。"代理关系可以依据被代理人的授权、法律规定和一定权力机关的指定而产生，并根据不同情况，可将代理分为委托代理、法定代理和指定代理三种。

1. 委托代理

委托代理是指由被代理人委托、授权而产生代理权的代理行为。被代理人授权的意思表示属于单方的法律行为，仅凭被代理人一方的意思表示即能发生授权的效力。被代理人有权随时撤销其委托，代理人也有权随时辞去其受任，但不能使被代理人和善意第三人因此而蒙受损失，否则应负赔偿责任。

委托代理是在一定的法律关系基础上产生的，在这种法律关系中，对于委托、受托双方的权利、义务都有明确的规定。这种法律关系一般就是指委托合同。

委托合同是指当事人一方（委托方）委托他方接受此项委托的协议。所以，委托合同是一种双方的法律行为，委托人和受托人有共同意思的表示，委托合同就成立。

委托合同成立后受托人应亲自处理受托的事务。只有在受托人特别授权，或为了保护委托人的利益而不能事先取得委托人的同意时，才可以将所受托任务转托第三人再代理（或称复代理），但受托人事后应及时通知委托人，并对再代理人（或称复代理人）的行为承担责任。再代理人直接和被代理人发生关系，他不是代理人的代理人，他的代理权限不能超过原代理人的权限。

2. 法定代理

法定代理是指由于法律的直接规定而产生代理权的代理行为。这种代理行为不需要被代理人的委托，而是直接由法律根据一定社会关系的存在而加以确定的。比如，法律规定无行为能力和行为能力被限制的人，即未成年人或有重大生理缺陷的人，由其父母担任法定代理人。

3. 指定代理

指定代理是指按照人民法院、主管机关的指定行使代理权。比如，人民法院为无行为能力又无法定代理人的诉讼当事人指定其代理人。被人民法院或主管机关指定的人，如无正当理由，不得拒绝担任代理人。

（三）委托合同的形式

我国《民法通则》第六十五条规定："民事法律行为的委托代理，可以用书面形式，也可以用口头形式，法律规定用书面形式的应当用书面形式。书面委托代理的授权委托书应当载明代理人的姓名或名称、代理事项的权限和期间，并由委托人签名或盖章。委托书授权不明的，被代理人应当向第三人承担民事责任，代理人负连带责任。"实践中，代理人通常以代理证书作为享有代理权的证明文件。在委托代理中，委托证书一般均要求写明代理人姓名、代理事项、权限范围、有效时间等内容，并由被代理人签名或盖章，有的还需要履行公证手续。

（四）无权代理和代理权的滥用

我国《民法通则》第六十六条规定："没有代理权、超越代理权或代理权终止后的行为，只有经过被代理人的追认，被代理人才承担民事责任。未经追认的行为，由行为人承担民事责任，本人知道他人以本人名义实施民事行为而不作否认表示的，视为同意。代理人不履行职责而给被代理人造成损害的，应当承担民事责任。代理人和第三人串通，损害被代理人的利益的，由代理人和第三人负连带责任。第三人知道行为人没有代理权、超越代理权或代理权已终止还与行为人实施民事行为给他人造成损害的，由第三人和行为人负连带责任。"第六十七条规定："代理人知道被委托代理的事项违法仍然进行代理活动的，或被代理人知道代理人的代理行为违法不表示反对的，由被代理人和代理人负连带责任。"第六十八条规定："委托代理人为被代理人的利益需要转托他人代理的，应当事先取得被代理人的同意，事先没有取得被代理人同意的，应当事后及时告诉被代理人，如果被代理人不同意，由代理人对自己所转托的人的行为负民事责任，但在紧急情况下，为了保护被代理人的利益而转托他人办理的除外。"

无权代理是指没有代理权或超越代理权限而进行的代理活动。因无权代理进行的法律行为，被借用名义的人不承担由此产生的一切法律后果，无权代理行为被视为无效。不知情的第三人参与该法律行为而遭受的损失，由无权代理人负责赔偿。无权代理有三种情况：①没有合法的授权行为；②代理行为超出授权范围；③代理权消灭后的行为。

代理权的滥用，则是代理人利用所享有的代理权的便利，从事损害被代理人利益的事情的行为。滥用代理权主要有三种情况：①利用被代理人的名义与代理人自己进行法律行为。譬如某委托人委托代理人出售一批货物，结果代理人自己购买了。这容易使代理人从中渔利，损害被代理人的合法利益。通常称为自己代理，是法律所不予许的；②代理人同时代理当事人双方，并进行同一项法律行为。譬如，代理人既代理买方也代理卖方订立同一项买卖合同。又如，在同一个诉讼案件中，某律师既代理原告又代理被告。这种情况通常称为双方代理，也是法律所禁止的；③代理人与第三人恶意串通所进行的法律行为。滥用代理权还表现为代理人与第三人恶意串通，使被代理人蒙受损失。譬如，甲方委托乙方出售一所房屋，乙方却与买主丙方串通，故意压低房价，使不知情的甲方蒙受经济损失。这种代理行为是没有法律效力的。

（五）委托代理权的终止

我国《民法通则》第六十九条规定："有下列情形之一的，委托代理终止：代理期限届满或代理事务完成；被代理人取消委托或代理人辞去委托；代理人死亡；代理人丧失民事行为能力；作为被代理人或代理人的法人终止。"第七十条规定："有下列情形之一的，法定代理或指定代理终止：被代理人取得或恢复民事行为能力；被代理人或代理人死亡；代理人丧失民事行为能力；指定代理的人民法院或指定单位取消指定；由其他原因引起的被代理人和代理人之间的监护关系消灭。"

因此，委托代理权终止的原因主要有四个方面：①代理人或被代理人一方的自然人死亡或法人消灭；②代理人丧失行为能力；③设定法定代理的前提消失（如被代理人取得或恢复行为能力，代理人和被代理人之间的亲属关系或监护关系因解除收养或离婚等而不存在）；④在委托代理和指定代理中代理期限届满或代理任务完成、被代理人或指定代理机关撤销委托或指定代理人辞去代理职务。

二、我国合同法的有关规定

我国《合同法》于1999年3月15日中国第九届全国人民代表大会第二次会议通过，自1999年10月1日起正式实施。我国《合同法》实施后，订立和履行合同时应特别注意：①合同的形式从书面扩大到口头及其他形式；②订立合同的书面形式也扩大到信件、电传、电报、传真、电子数据交换和电子邮件，订立合同的方式更为快捷、简便。

我国《合同法》第二部分——《分则》共列入十五种合同，其中与货运代理关系较为密切的有运输合同、仓储合同及委托合同。我国《合同法》的相关条款适用于所有合同，包括多式联运合同。然而，根据该法第八章第一百二十三条规定："其他法律对合同另有规定的，依照其规定。"这表明涉及海上运输区段的货物多式联运合同应按照1993年我国《海商法》的规定来调整，没有海上运输区段的多式联运则将受我国《合同法》第十七章第四节的管辖。

三、国际货运代理责任分类

参照国际惯例，并根据我国有关法律法规及具体业务实践，货运代理责任通常是按其不同身份和合同约定进行划分的。

（一）以纯粹代理人身份出现时的责任

货运代理作为被代理人的代理时，在授权范围内，以被代理人的名义从事代理行为，所产生的法律后果由被代理人承担。在内部关系上，被代理人和货运代理之间是合同关系，货运代理享有代理人的权利，承担代理人的义务；在外部关系上，货运代理不是与他人所签合同的主体，不享有该合同的权利，也不承担该合同的义务。对外所签合同的当事人为其所安排的合同中的被代理人与实际承运人或其他第三人。当货物发生灭失或残损时，货运代理不承担责任，除非其本人有过失。被代理人可直接向负有责任的承运人或其他第三人索赔；当货运代理在货物文件或数据上出现过错，造成损失，货运代理则要承担相应的法律责任，受害人有权通过法院向货运代理索要赔偿。所以，一旦发现文件或数据有错误，货运代理应立即通知有关方，并尽可能挽救由此造成的损失。

货运代理在一定条件下受到免责条款的保护。免责又称除外责任，是指根据国家法律、国际公约、与客户签订的合同等有关规定，责任人免予承担责任的事由。货运代理作为代理人的免责事由归纳起来可包括七个方面：①客户的疏忽或过失所致；②客户或其代理人在搬运、装卸、仓储和其他处理中所致；③货物的自然特性或潜在缺陷所致；④货物的包装不牢固、缺乏或不当包装所致；⑤货物的标志或地址的错误或不清楚、不完整所致；⑥货物的内容申报不清楚或不完整所致；⑦不可抗力所致。

尽管有上述免责条款的规定，但是货运代理仍需对因自己的过失或疏忽而造成的货物灭失、短少或损坏负责。如另有特殊规定，货运代理还应对货币、证券或贵重物品负有责任。另外，一旦当局下达关于某种货物（危险品）的唛头、包装、申报等的特别指示时，客户有义务履行其在各方面应尽的职责。

委托人对货运代理征询有关业务或处理意见时，货运代理必须予以答复，委托人对要货运代理所做的工作亦应及时给予各种明确的指示。对因指示不及时或不当而造成的损失，货运代理不承担任何责任。凡因此项委托引起的一切费用，除另有规定，均应按合同的规定及时支付。

所有从事纯粹的代理业务的国际货运代理，如果本身无过失，则不承担任何责任。

（二）以仓储经营人身份出现时的责任

在仓储活动中，仓储经营人与货物的存货人之间是通过订立仓储合同确立双方之间的权利、义务关系的，我国《合同法》对仓储合同作了专门的规定。仓储经营人在货运代理经营仓储业务的情况下使用自己的仓库，签发仓单，收取仓储费用。此时，货运代理就是仓储保管人，是当事人，承担当事人的责任。《合同法》规定保管人验收货物后，如发生货物的品种、数量、质量不符合规定的情况，仓储保管人应承担损害赔偿责任。

（三）以无船承运人身份出现时的责任

当货运代理从事无船承运业务，并签发自己的无船承运人提单时，货运代理便成了无船承运经营人，被看作是法律上的承运人，也就是以当事人的身份出现，他在此收取运费差价，被看作是合同的当事人，需对全程运输负责。他一身兼有承运人和托运人两者的性质。根据我国《海商法》第四十二条的规定，无船承运人应属承运人，即契约承运人，虽然他自己不拥有船舶，也不经营船舶，但是他对于实际承运人来说是承运人，并要承担承运人的责任，当然同时也享受承运人的权利和义务。不过，他与海运实际承运人享受的权利与义务还是有些区别的，例如，海运实际承运人可享受海事赔偿责任限制，而无船承运人却不能享受海事赔偿责任限制。

（四）以多式联运经营人身份出现时的责任

当货运代理负责多式联运并签发提单时便成为多式联运经营人，被看作是法律上的承运人。多式联运经营人对货物的责任期间，包括从其接管货物之时起到交付货物之时止。多式联运经营人要对全部期间负责，同时也应对他的受雇人以及他为履行多式联运合同而使其服务的任何其他人的作为或不作为负赔偿责任，也就是说他要对全程运输负责。他负有对发货人、收货人货损货差的责任（延期交货的责任视提单条款而定），除非能证明他为避免货损货差或延期交货已采取了所有适当的措施。

（五）以第三方物流经营人身份出现时的责任

在货运代理作为第三方物流经营人的情况下，需要订立物流合同。国际物流合同是指国际物流服务的提供者与使用者之间订立的合同。因此，国际物流合同是由第三方物流经营者与工商企业之间订立的第三方物流合同。工商企业与第三方物流公司建立长期合作关系的动因一般包括资产利用率、资金问题、长期业务增长、市场全球化及其他与物流提供者分享的有关利益。有时，当公司外协其物流业务时，会要求其第三方物流公司购买资产、雇佣长期劳动力、承担设备租赁等。因此，在货运代理作为第三方物流服务提供者的情况下，其责任是由双方订立的物流服务合同条款予以确定的，通常是作为合同的当事人，承担当事人的责任。

另外，有些货运代理从事的业务范围较为广泛，法律关系亦相对复杂，加之我国在货运代理方面的法律尚不健全，故使货运代理在从事不同的业务、以不同的关系出现时，所享有的权利和承担的义务亦不相同。也就是说，因其处于不同的法律地位，所承担的法律责任不同，因此对货运代理法律地位的确认不能简单化，而应视具体情况具体分析。除了为货运代理委托人报关、报检、安排运输外，货运代理还用自己的雇员，以自己拥有的车辆、船舶、飞机、仓库及装卸工具来提供服务，或在陆运阶段为承运人，海运阶段为代理人。在这些情况下，货运代理是以"混合"身份出现，有时需承担代理人责任，有时视同当事人需承担当事人的责任。

知识二　国际货运代理的责任风险与风险防范

国际货运代理企业投保责任险是一种规范性的行为，如同从事国际贸易的进出口商对货物进行投保一样。国际货运代理责任保险不仅具有国际货运代理业所投险种的特色，而且也是国际货运代理业健康发展的保障，它有利于提高整个行业的服务水平和信任度以及行业形象。

一、国际货运代理责任风险的产生原因、内容和除外责任

国际货运代理的责任保险，通常是为了弥补国际货物运输方面所带来的风险，而这种风险不仅来源于运输本身，而且来源于运输阶段的许多环节，如运输合同、仓储合同、保险合同的签订、操作、报关、管货、向承运人索赔和保留索赔权的合理程序、签发单证、付款手续等。上述这些经营项目一般都是由货运代理来履行的。一个错误的指示、一个错误的地址，往往都会给货运代理带来非常严重的后果和巨大的经济损失，因此，货运代理有必要投保自己的责任险。另外，当货运代理以承运人身份出现时，不仅有权要求合理的责任限制，而且其经营风险还可通过投保责任险而降低。

（一）国际货运代理责任风险的产生原因

国际货运代理责任风险产生的原因有下列三种情况：

（1）货运代理本身的过失。货运代理未能履行代理义务，或在使用自有运输工具进行运输出现事故的情况下，无权向任何人追索。

（2）分包人的过失。在"背对背"签约的情况下，责任的产生往往是由于分包人的行为或遗漏，而货运代理没有任何过错。此时，从理论上讲货运代理有充分的追索权，但复杂的实际情况却使其无法全部甚至部分地从责任人处得到赔偿，如海运（或陆运）承运人破产。

（3）保险责任不合理。在"不同情况的保险"责任下，单证不是"背对背"的，而是规定了不同的责任限制，从而使分包人的责任小于货运代理或免责。

上述三种情况所涉及的风险，货运代理都可以通过投保责任险，从不同的渠道得到保险的赔偿。

（二）国际货运代理责任风险的内容

国际货运代理投保责任险的内容，取决于因其过失或疏忽所导致的风险损失。

（1）错误与遗漏。如虽有指示但未能投保或投保类别有误；迟延报关或报关单内容缮制有误；发运到错误的目的地；选择运输工具有误；选择承运人有误；再次出口未办理退税和其他税务的必要手续；保留向船方、港方、国内储运部门、承运单位及有关部门追偿权的遗漏；不顾保单有关说明而产生的遗漏；所交货物违反保单说明等。

（2）仓库保管中的疏忽。在港口或外地中转库（包括货运代理自己拥有的仓库或租用、委托暂存其他单位的仓库、场地）监卸、监装和储存保管工作中货运代理的疏忽过失。

（3）货损货差责任不清。在与港口储运部门或内地收货单位各方交接货物时，数量短少、责任不清，最后由货运代理承担的责任。

（4）迟延或未授权发货。如部分货物未发运；港口提货不及时；未及时通知收货人提货；违反指示交货或未经授权发货；交货但未收取货款（以交货付款条件成交时）。

（三）国际货运代理责任风险的除外责任

虽然货运代理的责任可以通过投保责任险将风险事先转移，但货运代理必须清楚地明白，投保了责任险并不意味着保险公司将承保所有的风险。事实上，保单中往往都有除外条款，即保险公司不予承保，所以要特别注意阅读保单中的除外条款，并加以认真地研究和考虑。另外，保单中同时订有要求投保人履行的义务条款，如投保人未尽其义务，也会导致保险公司不予赔偿的后果。

适用于各种保险，包括责任险的保单中，除外条款和限制通常有：

（1）在承保期间以外发生的危险或事故不予承保。

（2）索赔时间超过承保条例或法律规定的时效。

（3）保险合同或保险公司条例中所规定的除外条款及不在承保范围内的货运代理的损失。

（4）违法行为造成的后果，如运输毒品、枪支、弹药、走私物品或一些国家禁止的物品。

（5）蓄意和故意行为，如倒签提单、预借提单和无单放货引起的损失。

（6）战争、入侵、外敌、敌对行为（不论是否宣战）、内战、反叛、革命、起义、军事或武装侵占、罢工、停业、暴动、骚乱、戒严和没收、充公、征购等产生的任何后果，以及为执行任何政府、公众或地方权威的指令而造成的任何损失或损害。

（7）任何由核燃料或核燃料爆炸所致、核废料产生的离子辐射或放射性污染所导致、引起或可归咎于此的财产灭失、摧毁、毁坏或损失及费用，不论直接或间接，还是作为其后果损失。

（8）超出保险合同关于赔偿限额规定的部分。

（9）事先未征求保险公司的意见，擅自赔付对方，亦可能从保险公司得不到赔偿或得不到全部赔偿。如在货物发生残损后，货运代理自认为是自己的责任，未征求保险公司的意见，自作主张赔付给对方。如果事后证明不属于或不完全属于货运代理的责任，保险公司将不承担或仅承担其应负责的部分损失。

当然，不同险别对除外责任之规定也是不一样的。

二、防止与减少国际货运代理的责任风险

投保责任险，将风险事先进行转移，是防止或减少货运代理责任风险的最好办法之一。除此之外，货运代理尚需采取其他的必要措施，以尽量避免损失的发生，降低其责任风险。

（一）预防性措施

（1）加强对货运代理人员的培训，使他们熟悉有关标准的交易条件、提单条款及相关行业术语等，并能处理索赔问题和进行迅速有效的追偿。

（2）使用的单证应规范、正确，字迹清楚，并且适合所需的目的。

（3）保证在国际货运代理协会标准交易条件下，其经营能够被客户及其分包人理解和接受。

（4）雇佣的分包人——船舶所有人、仓库保管人、公路运输经营人等应为能胜任职务的和可靠的，货运代理应通知他们投保足够的或全部的责任险。

（5）经营仓储业、汽车运输业的货运代理应做好防止盗窃、失火等安全工作。

（二）挽救性措施

（1）拒接索赔并通知客户向货物保险人索赔。

（2）在协定期限内通知分包人或对他们采取行动。

（3）在征得保险人同意后，只要可能，与货主谈判，友好地进行和解。

（4）及时向保险人通知对货运代理的索赔或可能产生索赔的任何事故。

（5）及时、适当地通知有关的空运、海运、驳运、陆运承运人，包括其他的货运代理、货物拼装人、报关人及与事故/事件有关的保险公司，并及时提供法律上所要求的事故通知书。

（6）立即将双方有关要求与答复的书面材料的副本抄送保险公司，还需将索赔人提出的口头要求的记录，或双方口头联系（包括口头要求与答复，或与此有关的交谈内容）的记录，提供给保险公司，并将在下述情况下发生的全部内部通讯记录（或内部口头联系记录）提供给保险公司：①从事导致发生此项索赔的交易时；②收到索赔进行处理时；③知道该事故/事件已发生并进行处理时。

（7）必须与保险公司和保险公司的法律代表，在索赔的诉讼和协商、调查，或诉讼中进行合作与协助；遇到货物灭失或损失时，与保险公司（责任保险人和货物保险人）联系检验事宜；向保险人提供单证和资料；收集支持案件的证据。保险公司的费用将限于适用的保险单内所约定的免赔额外的费用，还包括但不限于：提供证据、取得证据、出庭聆

听、出庭听审、设法使证人出庭的费用。

（8）没有保险公司的允许，既不承认责任也不处理索赔。被保险人不得在没有获得保险公司书面授权的情况下，承担任何经济义务，承诺支付任何款项，或任何金额。不得对某项索赔做出任何负有责任的陈述或行为，否则将导致保险公司的拒赔，即使此项索赔或许是在保险单承保范围之内的。

（9）不得在没有得到保险公司特别的书面同意的情况下，予以诉讼时效的延期。

（10）采取上述挽救措施时，尚需注意在以下情况下无权对保险公司采取法律行为：未遵照保险单所规定的全部条款与条件行事；或损失金额尚未通过法律判决或仲裁员的裁决而获得解决，或损失金额尚未得到被保险人、保险人和索赔人的同意；该事故/事件发生超过诉讼或仲裁时效后采取的法律行为。在请求法院裁定被保险人在这一事故/事件中对损失是否负有责任的案件中，被保险人与索赔人均不得将保险公司列为被告或共同被告。

（11）被保险人与保险人之间发生有关承保争议时（包括保险公司是否有责任为被保险人抗辩其索赔案），还应注意适用下述规定。首先应尽快向保险公司提供下述资料：任何有关的文件、通讯、抗辩书、向对方提供的文书副本、合同等；其次是按时间顺序排列的、导致发生有关索赔的有关事实与有关情况，以及最了解该项索赔的人员的姓名、住址及电话号码；最后是一份详细说明，解释该项索赔应属于承保范围的所有理由。如果将上述资料提交给保险公司仍不能解决与其之间的争议时，可采取法律手段解决。

（三）补偿性措施

一种是先征得保险公司的同意，赔付给索赔人，然后再从保险公司获得补偿，这种索赔属于补偿性保险；另一种是行使追偿权，即为保险公司向责任人进行追偿，如果这种追偿取得成功，则可从保险公司获得一定比例的赔款，当然也有可能得不到任何赔偿。

除了上面的防范措施之外，如果货运代理要从事第三方物流活动，实践中还可以采取以下一些措施：制定第三方物流的相关法律法规；建立行业管理制度；建立相关的评估机构和评估体系指标；制定相关的管理程序；采取必要的一些防范措施，如签订合同时应注意相关的问题、重视商品的特殊性、风险发生后尽快采取有效的补救措施等。

小　结

本任务主要介绍了国际货运代理的相关法律、法规，国际货运代理责任风险产生的原因、责任风险的内容和除外责任以及正确防止和减少国际货运代理责任风险的方法。

思考题

1. 简述国际货运代理有哪些相关法律、法规。
2. 什么是代理？它有什么特征和种类？
3. 简述国际货运代理责任风险产生的原因有哪些。
4. 如何防止和减少国际货运代理的责任风险？
5. 简述我国《民法通则》中无权代理和滥用代理权的相关规定内容。

综合练习

一、单选题

1. 国际货运代理行业的主管部门是（　　　）。

A. 商务部　　　　　　B. 国务院　　　　　　C. 中国国际货运代理协会　　D. 省级政府部门

2. 国际货运代理企业的业务范围应在下列哪个部门进行登记？（　　　）

A. 商务部　　　　　　　　　　　　　　B. 中国国际货运代理协会

C. 工商管理部门　　　　　　　　　　　D. 民政部门

3. 下列哪种情况不属于无权代理的范围？（　　　）

A. 没有代理权　　　　　　　　　　　　B. 代理权终止后的行为

C. 超越代理权　　　　　　　　　　　　D. 表见代理

4. 仓储经营者与货物的存货人之间是通过订立（　　　）确立双方之间权利、义务关系的。

A. 仓储合同　　　　　B. 运输合同　　　　　C. 委托合同　　　　　D. 保管合同

5. 国际货运行业在社会产业结构中属于（　　　）。

A. 第一产业　　　　　B. 第二产业　　　　　C. 第三产业　　　　　D. 第四产业

6. 货运代理企业为客户提供的产品是（　　　）。

A. 货物运输服务　　　B. 货物运输能力　　　C. 舱位　　　　　　　D. 货运总量

二、多选题

1. 国际货运代理人的类型有（　　　）。

A. 当事人型　　　　　B. 代理人型　　　　　C. 居间人型　　　　　D. 承运人型

2. 下列哪些属于国际货运代理的业务范围？（　　　）

A. 报关报检　　　　　B. 私人信函　　　　　C. 无船承运业务　　　D. 咨询

3. 国际货运代理的作用有（　　　）。

A. 沟通　　　　　　　B. 咨询顾问　　　　　C. 资金融通　　　　　D. 组织协调

4. 关于货运代理行为规范的说法正确的是（　　　）。

A. 收费标准可以不在营业地点公布

B. 必须使用税务机关核准的发票

C. 国际货运代理企业不可以自行制定交易条款

D. 不得转让国际货运代理经营权

5. 代理人的特征有（　　　）。

A. 代理人独立进行意思表示　　　　　　B. 以被代理人的名义进行

C. 后果由被代理人承担　　　　　　　　D. 在被代理人授权范围内进行活动

6. 国际货运代理责任风险产生的原因有（　　　）。

A. 本身过失　　　　　B. 分包人过失　　　　C. 保险责任不合理　　D. 第三方过错

7. 国际货运代理责任风险的内容包括（　　　）。

A. 错误与遗漏　　　　　　　　　　　　B. 仓储保管中的疏忽

C. 货损货差责任不清　　　　　　　　　D. 预借提单、倒签提单

8. 国际货运代理人是指接受进出口货物（　　　）的委托，以委托人的名义或以自己的名义，为委托人办理国际货运及相关业务并收取服务报酬的企业。

A. 收货人　　　　　　B. 发货人　　　　　　C. 承运人　　　　　　D. 货运代理人

三、判断题

1. FIATA 是一个非盈利性的政府组织。（　　　　）

2. CIFA 是一个自律性的、非盈利性的、社会团体法人。（　　　　）

3. CIFA 在北京成立，2000 年 11 月 1 日在民政部获准登记。（　　　　）

4. 外国人在中国设立国际货运代理企业必须实行许可证制度，也就是说要向商务部进行审批才可以设立。（　　　　）

5. 全部由国内投资主体投资设立的货运代理企业及其分支机构实行登记注册后的备案制度。（　　　　）

6. 国际货运代理人以纯粹代理人身份出现时，是以被代理人的名义从事代理活动，所产生的法律后果由被代理人承担。（　　　　）

7. 国际货运代理人以无船承运人身份出现时，被看作法律上的承运人，属于当事人型，经营收入来源于差价，对全程运输负责。（　　　　）

综合技能训练

一、如何设立一个国际货运代理企业

（一）操作目标

了解国际货运代理企业的概念、性质、业务范围、组织机构、岗位职责、企业经营目标以及经营理念等。

（二）操作准备

（1）将学生进行分组，每组选一个组长，负责本组的工作。

（2）学生认真阅读教材上的相关内容并上网查阅相关的资料。

（三）操作过程

第一步：拟定国际货运代理企业的名称、经营范围、设立条件（如需要多少资金、多少人）和程序（如向哪个部门登记）、岗位设置、企业发展目标以及经营理念，最后以企业章程的形式体现出来。

第二步：拟定企业对外宣传的公司简介；讨论公司品牌的宣传策划方案，并在班内简要宣传。

第三步：小组成果展示。每组派两名代表将小组的操作结果向大家展示，展示内容一般包括：①将本组操作结果做成 PPT；②对本组的操作内容进行讲解和分析。

第四步：接受其他学生和老师的提问并进行回答。

（四）操作结果

通过每组学生对自己小组成果的展示并接受其他学生和老师的提问，学生应该知道如何去设立一家国际货运代理企业。教师根据每组学生的汇报情况进行点评和归纳总结，指出学生的优缺点，从中得到的启示，以便下次做得更好，从而进一步了解国际货运代理企业的设立。

二、如何从事国际货运代理行业

国际货运代理企业设立以后，在其经营过程中，由于业务员小张不太清楚该企业的业务经营范围，加上自身的业务素质不是很好，如不懂与货运代理相关的法律法规、不精通国际货运的相关业务知识、在经营过程中又不懂得防止和减少相关的风险等，从而导致企业在经营上严重亏损，最终企业被宣告破产。

请问从事国际货运代理行业，业务员小张应了解哪些方面的货运代理业务？自身应具备哪些业务素质和能力？应懂得哪些相关法律法规的规定？应如何防止和减少相关的风险？

请每组派代表分析一下上述问题，然后教师归纳总结，以便提高学生的综合素质。

项目一　国际海运出口货运代理业务操作

　　本项目主要介绍国际货运代理人在国际海运出口过程中应掌握的相关理论知识和实践技能，整个项目以 CIF 成交条件的整箱货物的出口为例，介绍海运出口国际货运代理的业务操作程序。

任务描述：

国际海运出口货运代理

　　广州市时尚服装有限公司（GUANGZHOU FASHION COMPANY）与美国纽约的进口商 ABC TRADING CO.，LTD 签订了一项关于牛仔裤的进出口贸易合同（合同编号为：20130601），于 2013 年 6 月 10 日收到进口商通过 NEWYORK BANK 开来的信用证（号码为：3820214247）。按照信用证的规定，广州市时尚服装有限公司应该在 2013 年 7 月 20 日之前将货物装运出口。

　　收到信用证之后，广州市时尚服装有限公司开始安排货物的生产及货物运输的相关事宜。为保证运输，其考虑委托广州续航国际货运代理有限公司代理其办理出口货物的所有手续。

　　货物资料及运输条件如下：

商品名称：MEN'S JEANS 男士牛仔裤

数量：10，000 PAIRS

单价：USD 12.00/PAIR

价格术语：CIF NEWYORK CY/CY

包装情况：10PAIRS/CTN

唛头：N/M

净重：5KG

毛重：6KG

尺寸：50cm×40cm×30cm

船名：PRINCESS

航次号：V.352

装运港：GUANGZHOU CHINA

目的港：NEWYORK

集装箱号：CBHU3202732、CBHU3202733

【项目导入】

国际货运代理是出口合同履行过程中的一个重要环节，并与出口业务的其他环节密切联系。为了做好海运出口货运代理业务，应首先全面了解以 CIF 条件出口的整个业务流程。

一、出口合同履行的基本程序

买卖双方经过交易磋商签订出口合同以后，就进入了合同的全面履行阶段，双方应严格按照合同的要求去全面实际履行出口合同。

在不同的贸易条件下，出口合同的履行所包括的工作环节和手续是不一样的。在我国出口贸易中，除少数贸易协定国家根据双方签订的共同交易条件规定采用 FOB 条件外，多数交易是按照 CIF 或 CFR 条件成交，并采用信用证方式进行收款。如果以目前采用最多的 CIF 术语和凭不可撤销的即期信用证支付的交易为例，履行出口合同必须要做好准备货物、落实信用证、安排装运和制单结汇等环节的工作，换句话说，货、证、船、款这四个方面的工作最为重要，它构成了出口合同履行的必要程序，它们之间相互联系、相互依存。由于在信用证方式下，出口方要顺利取得货款，就必须按照信用证的条件进行交货，所以信用证是出口合同履行过程中的关键，基本上是履行出口合同的全部过程。

二、在国际海运出口的业务中，国际货运代理的业务范围和业务程序

基于出口合同履行的基本程序，在以 CIF 条件成交的海运出口业务中，与国际海运货运代理相关的业务主要包括从货运代理揽货、托运到获得提单、费用结算等环节，下面将对海运出口货运代理的业务程序做一个简单的介绍，然后再分别对每一业务程序进行详细讲解。

（一）揽货

揽货就是货运代理公司通过电话、传真、网络、广告等方式与客户直接洽谈，从客户那里争取货源、承揽货载的行为。这也是货运代理公司最重要、最开始的环节，如果货运代理公司揽不到货物，后面的工作将无法进行，公司将无法运作。

（二）签订委托书

货运代理公司揽到货物以后，双方会进行磋商，最终签订委托代理合同（即货运代理委托书），明确双方的权利、义务和责任，货运代理公司会根据委托书的要求，去办理租船或订舱、投保、报关和报检等手续。国际货运代理委托书是国际货运代理公司工作的依据。

（三）租船或订舱

租船一般是指租整条船舶，订舱一般是指订部分舱位，租船或订舱是由国际货运代理公司选择承运人，填写订舱联系单，并及时将订舱信息通知发货人的行为。货运代理公司接受委托以后，根据货主提供的有关贸易合同或信用证规定的最迟装运期，在货物出运之

前的一定时间内填制订舱单，向船公司或其代理人申请订舱。船公司或其代理人在决定是否接受发货人的托运申请时，需考虑其航线、船舶、运输要求、港口条件、运输时间等方面能否满足运输的要求。船方一旦接受订舱，就会着手编制订舱清单，然后分送集装箱码头堆场、集装箱空箱堆场等有关部门，并据此安排办理空箱的提取和货运交接等相关工作。在订舱时，货运代理人会填制"场站收据"联单、预配清单等单据。

（四）出口单据准备

货运代理公司按照发货人的委托要求，协助发货人制作和领取相关的业务单证，以便在办理货物的交接、报关、报检等手续时使用。

（五）办理保险

在 CIF 成交条件下，应由出口商负责办理货物的海运保险手续，当然也可以委托货运代理公司代其办理投保手续，投保手续一般是在货物离开发货人仓库之前进行办理。所以我们要掌握关于保险的基础知识和技能。

（六）出口货物交接

货物完成投保后，货运代理公司和运输部门取得联系，由运输部门带全打印好的各种单据，如提空箱通知单，在集装箱空箱堆场提取空箱后到场地装箱、封箱，把重箱提回，于截港前进入港区。

对于集装箱货物来说，整箱货和拼箱货的操作程序有一定的区别：

（1）整箱货的空箱，一般由货运代理公司或发货人到集装箱货运站或码头堆场领取，货物装箱后运到集装箱码头堆场，货物的交接包括空箱交接和重箱交接两个步骤。

（2）拼箱货由货运代理公司或发货人将货物运到集装箱货运站，由货运站负责整理装箱，货物装箱后，由货运站负责将集装箱运到集装箱码头堆场，在此不存在空、重箱的交接。

集装箱码头堆场验收后，会在场站收据上签字，并将它交给货运代理公司相关部门，并要求签发货物收据。

（七）出口报检与报关

货运代理公司应该在检验检疫局规定的时间内进行申报，取得《出境货物通关单》。然后凭该单配合海关审单、查验、纳税，办理海关放行手续。

（八）提单的签发和确认

货运代理公司凭盖有海关放行章的装货单向港口办理货物装船事宜，货物装船后，由货运代理公司凭经集装箱码头堆场签署的场站收据，在支付预付费用后，负责向承运人或其代理人换取已装船的清洁提单。发货人取得已装船的清洁提单后，就可以去银行办理结汇手续。所以我们要掌握关于提单的基础知识和技能。

（九）运费的核算与提单的发放

国际货运代理公司与托运人（发货人）结算相关的费用，交接提单。至此，货运代理的义务已经基本结束，只需将业务单据进行存档。

对于 CFR 和 FOB 成交条件的出口业务，因保险是由进口商办理，出口货运代理业务中没有保险投保手续这一环节。对于 FOB 成交条件的，按规定应由进口商办理租船或订舱。因此，出口货运代理业务中没有租船或订舱部分的业务程序。对于 CFR 和 FOB 成交条件的出口业务，其他货运代理业务程序与 CIF 成交条件的出口货运代理业务程序基本相同。

附件一

Sequence of Total	27	1/1
Form of Doc. Credit	40A	IRREVOCABLE
Doc. Credit Number	20	3820214247
Date of Issue	31C	130610
Expiry	31D	DATE 130815 PLACE CHINA
Applicant	50	ABC TRADING CO., LTD 388 ATLANTIC AVE BROOKLYN NY 11217 USA FAX：001512543175 TEL：001512543175
Beneficiary	59	GUANGZHOU FASHION COMPANY NO. 1 NANJING ROAD GUANGZHOU GUANGDONG CHINA FAX：0086－020－35686235 TEL：0086－020－35686235
Amount	32B	CURRENCY USD AMOUNT 120,000.00
Pos./Neg. Tol（%）	39A	10 / 10
Available With/By	41D	ANY BANK IN CHINA BY NEGOTIATION
Drafts At	42C	AT SIGHT
Partial Shipments	43P	ALLOWED
Transhipment	43T	ALLOWED
Loading in Charge	44A	HUANGPU CHINA
For Transport to…	44B	NEW YORK
Latest Date of Shipment	44C	130720
Descript of Goods	45A	+ MEN'S JEANS AS PER S/C No.：20130601 DATED JUN 01, 2013. + QTY10,000PAIRS + 10PAIRS/CTN + UNIT PRICE：USD12.00/PAIR CIF NEWYORK

（续上表）

Documents Required	46A	+ SIGNED COMMERCIAL INVOICE IN 3 COPIES INDICATING L/C NO.
		+ PACKING LIST/WEIGHT MEMO IN 3 COPIES INDICATING QUANTITY, GROSS AND NET WEIGHTS OF EACH PACKAGE.
		+ FULL SET OF CLEAN ON BOARD BILLS OF LADING MADE OUT TO ORDER AND BLANK ENDORSED, MARKED "FREIGHT PREPAID" NOTIFYING THE APPLICANT.
		+ SHIPPING ADVICE FAX TO THE APPLICANT WITHIN 5 DAYS AFTER SHIPMENT ADVISING L/C NO., NAME OF VESSEL, DATE OF SHIPMENT.
		+ INSURANCE POLICY OR CERTIFICATE IN 1 ORIGINAL AND 1 COPY ISSUED OR ENDORSED TO THE ORDER FOR THE INVOICE PLUS 10 PERCENT COVERING ALL RISKS, INSTITUTE CARGO CLAUSES, INSTITUTE STRIKES.
		+ BENEFICIARY'S CERTIFICATE CERTIFYING THAT ONE SET OF COPIES OF SHIPPING DOCUMENTS HAS BEEN SENT TO THE APPLICANT WITHIN 5 DAYS AFTER SHIPMENT.
		+ SHIPPING COMPANY'S CERTIFICATE CERTIFY THAT THE CARRYING STEAMER IS NOT A BLACKLISTED SHIP NOR OF ISRAELI NATIONALITY AND SHE IS NOT SCHEDULED TO CALL AT ANY ISRAELI PORTS.
Additional Cond.	47A	SHIPPING MARKS: N/M
Details of Charges	71B	ALL BANKING CHARGES OUTSIDE OF NEWYORK ARE FOR BENEFICIARY ACCOUNT
Presentation Period	48	DOCUMENTS WITH MORE THAN 15 DAYS AFTER B/L ARE NOT ACCEPTED
Confirmation	49	WITHOUT

任务一 揽 货

【主要学习内容】

知识目标：

1. 海运地理与航线。

2. 揽货与托运。

3. 揽货注意事项和揽货人员必备的自身条件。

技能目标：

1. 国际货运代理企业揽货的程序和技巧。
2. 船期表。

任务描述：

广州续航国际货运代理有限公司是专门从事国际货运代理业务的公司，提供海运、航空货运等业务，张某为该公司的业务人员，主要负责国际海运业务。2013 年 6 月 12 日，他从朋友那里得知广州市时尚服装有限公司要出口一批牛仔裤，他迅速与该公司取得联系。通过多次接触，广州市时尚服装有限公司最后选择了广州续航国际货运代理有限公司为其办理相关出口事务。

知识一　海运地理与航线

一、海洋与运河

（一）海洋

地球表面的海洋面积约三亿多平方千米，占地表总面积的 71%，约为陆地面积的两倍。海洋的中心部分称为洋，约占海洋面积的 89%，其水温、含盐度不受大陆影响。地球上的海洋被大陆分割成四大块，即太平洋、大西洋、印度洋和北冰洋。

（二）运河

运河是人工开凿的水道，在国际航运中，运河与海峡一样起着非常重要的作用，运河往往是航行中的咽喉地带，它们把许多重要的海区和航线联系起来。运河还能大大缩短航程，提高航行的经济效益。世界上最著名的国际运河有：苏伊士运河、巴拿马运河、基尔运河等。

（三）海峡

世界上最主要的海峡有：

（1）亚洲的主要海峡有：马六甲海峡、龙目海峡、望加锡海峡和曼德海峡等。

（2）欧洲的主要海峡有：黑海海峡、直布罗陀海峡和英吉利海峡等。

（3）北美洲主要海峡有：胡安——德富卡海峡。

（4）南美洲海峡主要有：麦哲伦海峡。

二、海运航线与港口

船舶在两个或多个港口之间从事货物运输的线路叫做航线。海运航线按照不同的要求可以分为国际大西洋航线、地区性的国际航线和沿海航线；根据船舶的营运方式又可以分为定期船舶航线和不定期船舶航线。

目前世界上规模最大的三条航线是：远东——北美航线，远东——欧洲、地中海航线和北美——欧洲、地中海航线。

远东——北美航线，也叫做太平洋航线，该航线实际上可以分为两条航线：一是远东——北美西航线，主要由远东——加利福尼亚航线和远东——西雅图、温哥华航线组成，其涉及的港口主要有亚洲的高雄、釜山、上海、香港、东京、神户、横滨等和北美西岸的长滩、洛杉矶、西雅图、塔科马、奥克兰和温哥华等；二是远东——北美东航线，主要有纽约港、新泽西港、查尔斯顿港和新奥尔良港。

远东——欧洲、地中海航线，也叫做欧地航线，该航线由远东——欧洲航线和远东——地中海航线组成。远东——欧洲航线主要港口有荷兰的鹿特丹港、德国的汉堡港、不来梅港、比利时的安特卫普港和英国的费利克斯托港。远东——地中海航线主要港口有位于西班牙南部的阿尔赫西拉斯港、意大利的焦亚陶罗港和位于地中海中央、马耳他岛南端的马尔萨什洛克港。

北美——欧洲、地中海航线，也叫做跨大西洋航线。该航线实际包括三条航线：北美东岸、海湾——欧洲航线，北美东岸、海湾——地中海航线和北美西岸——欧洲、地中海航线。

知识二　揽货与托运

国际货运代理企业的一切市场营销活动都以增加货源为目标，揽货成绩直接关系企业的兴衰存亡，其重要性不言而喻。另外，企业是个整体，揽货员就像一个冲锋陷阵的骑兵，旨在争取核心客户群。要赢得客户信任、建立长久的伙伴关系，后勤部门所发挥的作用同样重要。所以与揽货工作有关的各部门，亦需如揽货部门般以客户为中心，并协助揽货部门的工作，"人人都是揽货员"的说法不无道理。

一、揽货、托运的概念和业务部门设置

（一）概念

揽货（Canvass），顾名思义，是招揽货源的意思，是指国际货运代理企业通过一定的营销手段争取对货物的承运权，以期获得最好的经营效益的行为，所以也称为揽载。大部分情况下它是国际货运代理企业的一项职能，有时会因社会分工的需要独立成为一个行业，如航空货运承揽业。

在国际货运代理行业中，托运（Consign）是指托运人（Shipper）或其代理人委托承运人或其代理人运送货物。

揽货是以国际货运代理企业为主动方，而托运是以委托人（托运人或其代理人）为主动方，这两个环节都以国际货运代理企业接单为终结。承运人为了使运输工具的载重量或

舱位得到充分利用，力争做到"满仓满载"，除了自己揽货外，还委托其代理人揽货，甚至主动与货运代理公司建立关系，签订协议，留给其一定数量的舱位，以争取更多的货源。货运代理人有时为了获得较低的运价或稳定的舱位，主动与承运人协作，并签订双方合作协议。

（二）业务部门设置

揽货员（Canvasser），为迎合行业习惯通常被称为业务人员或业务代表（Salesman，Saleswoman，Sales Representative），而其所在部门称为业务部。国际货运代理公司其他部门都是为业务部服务的。当然业务部的具体名称会因公司而异，如中远国际货运有限公司设置了市场部，并把特别运输组织方式的业务分离出来，分别设置了多式联运部和拼箱部；而华运国际物流集团设置了业务部，并把具有相同特征的业务集中为另外三个部门：整箱市场部、拼箱市场部、海外部。有的国际货运代理公司在全国各地的业务网络分布以分公司名称出现，如以华南、华中、华北地区来分区；有的以各省市名称冠名分公司，而城市内各区则以营业部划分揽货业务。分公司营业部是独立核算的，部门之间是平等的，收入是分开的，相互之间存在竞争。业务代表隶属部门经理管理，部门经理隶属分公司经理管理，分公司经理隶属区域总监管理，集团公司总经理负责全面的工作，管理几个区域总监。揽货员的收入一般是基本工资加业务提成。基层揽货员主要来源于大专院校的应届毕业生，而业务经理和资深揽货员主要来源于同行业。

二、国际货运代理企业开发新客户的方式、特点

王欣歆是广州市晨泰船务有限公司的新员工。人事部把他分配到业务部，经理没有让他跟踪老客户的托运单，而是让他去开发新客户。小王每天埋头打电话开发新客户，入职培训中经理鼓励大家要有信心，可是现实哪有那么容易，小王平均每天打60个电话，其中态度较好、肯听小王介绍的客户只有一两个，多数人毫不客气地吼道："不需要！不需要！我们已经有很好的合作伙伴了，你不要再来骚扰我们。"有的甚至听也不听就直接挂电话。

有时候小王没有事先征求对方的同意就给对方发传真，好不容易得到回应，却是专程来责骂的。小王觉得很委屈，心里承受的压力很大。刚开始工作就遇到这种情况，小王深受打击，心里非常的难受，隔了好几天都不想摸电话，甚至想放弃。经过几天的思考，小王觉得还是要继续干下去，并找老业务员倾诉，调节心理压力，后发现原来他们也是这样过来的，在他们的指导和鼓励下，小王学会了给自己心理暗示，每天同自己说几遍："别人也是这样挺过来的，既然他们可以，那么我也可以。"慢慢地，小王的心理承受力增强了，其实是有点麻木了，经过一段日子的磨炼，小王基本上把心理障碍消除了。小王每天继续打电话找新客户，即使有客户直接挂电话或说话难听的也不放在心上，只要放下电话深呼吸两下又继续打电话开发下一个客户。一天天过去了，小王终于开发出了属于自己的客户群。

下面就国际货运代理企业市场营销活动中人员揽货、广告宣传、销售促进、公共关系这四方面在开发新客户中的特点做一下说明。

（一）人员揽货

人员揽货是指国际货运代理企业利用揽货员推销其服务产品的行为，这是国际货运代理企业与客户建立业务联系、取得客户信任的最有效的方式之一，但它并非揽货的全部。其特点是揽货员可以同客户直接接触，信息双向传递，并根据客户的态度、反应及时调整营销策略，准确了解客户的真实需要。这样既有利于揽货员与客户培养感情、增进友谊，也便于企业与客户建立长期稳定的业务关系。

1. 货源信息的收集

在信息时代，每个揽货员都应该学会在浩瀚的信息中查寻有用的货源资料。货源资料包含客户名称、联系电话、地址、客户简介等，如果有公司网页、E-mail、部门负责人联络方式等将会更有帮助。

（1）电话簿。电话簿因其常用黄纸印制，所以俗称黄页，对揽货员有用的是目标货源区的黄页。

（2）因特网。充分利用无国界的因特网，查找合适的货源企业，特别是一些专业网页，如香港付货人委员会网、中国外经贸企业网、中国企业网、中华大黄页网等；目标货源区的企业网最为重要。

（3）商场。揽货员可以从各大商场、百货公司收集资料，包装盒上生产厂家的地址、网址、联络电话是最新、最可靠的。这些资料加强了揽货员对产品形状、体积、重量等方面的感性认识，对揽货员的算箱、船务人员的配载有很大的帮助。

（4）海报、报纸、电视等媒体。外贸工厂和外贸公司从来不会刊登需要国际货运代理的广告，揽货员要像情报人员一样，善于从公开的信息里找到有用的资料，许多看似无关的资料在有经验的揽货员眼里可能是十分有用的。如一则急聘销售人员的广告，可能传递出该外贸企业正处在高速增长期或销售旺季或产品推广期的信息，对国际货运代理企业来说，就是该企业有更多的货物需运往世界各地，也许以往的国际货运服务已经满足不了该企业的要求。

（5）各种会展。展销会、交易会或博览会等各种会展，往往万商云集，这些会展不仅是外销员的战场，同样也是国际货运揽货员的战场，因为交易的双方就是国际货运代理企业的直接委托人。会展上散发的大量的宣传资料是货物信息的最好载体，是揽货员研究货物运输方式、判断货物销售季节的分析资料。如果潜在客户在场，揽货员要及时为自己公司的国际货运代理服务作推介。

（6）社会关系、业务关系网。社会关系网是揽货员重要的货源信息来源，多参加一些社会交际活动，如同学会、同乡会、某某协会等，在这些聚会上可以认识很多合作伙伴。货源信息也可以来自老客户的引荐，或把其竞争者或相关产品公司纳为潜在客户。相关业务单位，如报关行、拖车行、码头公司、仓储公司、海关、出入境检验检疫局、税务局、外汇管理局等单位的客户同样也有可能成为本企业的客户。

2. 营销手段

当揽货员掌握了有用的信息，就要主动出击，以下就是应采用的营销手段：

（1）电话及传真。电话及传真是最常用的通信手段之一，这是揽货员能够得到对方即时反应的方式，也是挑战揽货员心理底线的方式。

（2）因特网。因特网是成本较低、效果显著的营销方式。目前的电子商务是通过网络手段达到营销目的。E-mail 是试探性或较正式的网络接触，QQ、ICQ、MSN、Yahoo Messager、手机短信则是年轻的揽货员最喜欢的接触方式，也是了解委托人即时要求的快速方式之一。

（3）上门推销。上门推销是古老的也是较有效的方式之一，但是许多企业不喜欢不速之客，电话预约可以降低当面被拒绝的次数。不少揽货员会利用为老客户服务的便利顺道拜访邻近有相似货物的企业，并留下自己的联络方式，为以后的进一步接触打下基础。

（二）广告宣传

国际货运代理企业可以通过网络、杂志、报纸、电视、广告牌或各种流动载体等媒介向目标客户传递企业的产品、商标、服务、企业文化等信息。广告可以促进客户和公众对国际货运代理企业及其服务的认识，同时也能提高企业的知名度，加快揽货速度，这也是企业品牌策略的一部分。其优点是可以在揽货员到达前或到达不了的地方宣传企业和企业的服务产品，传递服务信息。

（三）销售促进

为了正面吸引有需要的客户而采取的各种促销措施，包括有奖销售、点数赠送或优惠折扣、路线折扣或货类折扣、推广会等，其共同特点是可以有效吸引客户或使客户转换代理，因而促销的短期效果显著。

（四）公共关系

公共关系是指为了使公众理解企业的经营方针和让经营策略符合公众利益，有计划地进行加强与公众的联系、建立和谐的关系、树立企业信誉的一系列活动。其特点是不以直接的短期促销效果为目标，通过公共关系的宣传报道使潜在客户对企业及其产品产生好感，并在社会上树立良好的企业形象。

广告宣传、销售促进、公共关系是吸引客户上门的重要手段，许多指定货（Nomination Shipment）的来源是因为客户慕名而来，买方会提供货物供方的名称、联系人、电话和地址。企业知名度的提高，也使企业的柜台推销和会议推销更加方便。

知识三　揽货的注意事项和揽货人员必备的自身条件

一、揽货的注意事项

（一）充分了解合作伙伴和目的国货运法律

国际货运代理企业离不开承运人、仓库、堆场、货运站、码头、机场、车站、保险公司、报关行、拖车行、控箱公司等关系企业的协作，对以上各关系企业的操作程序要了然于胸，同时对目的国货运法律也要熟悉，以应付客户的各种问题。如美国国内道路限重很严格，各洲之间的法律规定均有不同（约 15~17 吨不等），故对五金、瓷砖、石制品等重量货的揽收要特别小心。通常小柜不可超过 17 吨，以免遭每次 2 000～3 000 美元的交通罚款。

对合作伙伴的适时价格也要充分了解，以便向客户报出正确的价格。如码头的费用，客户要外拖又要加上拖车行的拖车费，普通车与转关车的价格也不一样，船公司的海运费和航空公司的空运费也是在随时波动着的。海运方面要掌握发货港到各大洲及客户常用港口的运杂费，各主要船公司的船期表；空运方面要掌握发货空港到各大洲及客户常用空港的运杂费，各主要航空公司的航班时刻；陆运方面要掌握各大城市的公里数和拖箱费及港口装箱费；对于所有的运输方式，报关费、报检费、文件费、修箱、洗箱、租箱、仓储等都必须有所了解，国际货运代理企业的揽货员应常备一份各种运杂费清单。

要掌握承运人的发货时刻表，如航空公司的航班时刻、船公司的船期表，特别是头程开船时间和次程开船时间等，国际货运代理企业在不同的港口码头发货，相应的船公司也有所不同。

（二）建立服务优势，掌握报价技巧，协助商务人员签约

国际货运代理企业要善于建立小范围垄断，这样就有了别人没有的优势。建立所在地区最优惠的服务价格是企业迈向成功的基石，比如有的公司在中南美航线和欧地航线有价格优惠，有的是在马来西亚航线有优惠。国际货运代理企业在优势产品方面拥有较多的同行客户，从而降低了揽货成本和操作成本。每个揽货员要了解本公司优势产品的价格结构及特点，并及时向合作伙伴索取适时报价，学会用优先权或优惠价来吸引新客户和稳定老客户，灵活应用揽货佣金。

初入行的揽货员往往根据承运人给定的底价为客户拟定报价单，而客户则要求更低的价格，于是他再找承运人要求更低的价格，这种做法是错误的。不要一开始就报最低价格，揽货员要以该线路的行情价及竞争对手的报价作基础参照，再根据客户的货量来决定是全盘抛出还是留有余地；留意旺季运价上调和爆舱，注意承运人要求的最低运量。

1. 运价优势路线

价格的差距取决于揽货量和客户关系。国际货运代理企业同承运人的合作协议往往规定了揽货量与运价的对应关系，国际货运代理企业以此获取优惠运价。另一情形，因为承运人给熟客优惠，所以许多货运代理常常会夸口："和某某大船公司的业务员是朋友，所以拿到好价格。"但随着国际货运代理行业竞争的加剧，单靠承运的运价承诺已经不能满足客户的要求，许多国际货运代理企业转而谋求以优化运输组合来取得某线路的运价优势，在中转站、货运站、拖车等所有的环节上争取最好的价格。

2. 时间优势

除了价格优势外，时间优势也是值得揽货员向客户介绍的核心竞争力。

深圳华运国际物流集团与马来西亚德利航运公司（Hub Shipping Sdn. Bhd.，HUB-Line）结成了策略联盟，德利航运公司是深圳国际货运市场上唯一直航东马来西亚的船公司，而深圳往东马来西亚的货量很大。虽然中国海运（China Shipping）、赫伯罗特股份公司（Hapag-Lloyd AG）等船公司也有往东马来西亚的相同港口的航线，但是要经巴生港转船，在接驳二程船时，如果错过船期，就得延迟一水船，因为该航线为周班船，即要推迟一周。深圳华运国际物流集团作为德利航运公司的总代理，虽然价格比别的公司稍高，但

却占有船期快的时间优势。

3. 质量优势

服务质量优势对于有特殊服务要求的货物（如危险品、贵重货物、活动植物等）尤为重要，对某类货物运输处理的优势是赢得客户的关键。国际货运代理服务质量可以体现在如由于过往有较多的处理化工品或危险品货物的经验，使得公司在处理这些货物时得心应手、效率高，客户也放心。

4. 地区优势

国际货运代理企业往往在创业所在地或公司总部所在地有良好的客户关系网络和业务网络，使得从这些地区发出的货物处理效率高、费用低，从而构成了地区优势。

（三）资料收集及时、齐全，准确传递给操作员

要了解客户的全部关键要求，对常规的服务一定要问清楚，如是否需要代理报关、报检、保险、拖车、仓储等；要及时收集齐全货运代理单证，特别要注意报关、报检中的监管证件是否提前准备妥当，同时要认真核实单证资料的准确性，以免造成改单，增加额外费用；向操作员传递客户的有关资料。华运国际物流集团揽货员将客户所提供的资料填写在公司规定的一张业务流程卡上传递给操作员，上面的内容包括：启运港、目的港、船名、截关日、箱型箱量、价格及其他服务要求等。

（四）建立客户档案，协助客服人员做好客户关系管理

建立客户档案并非是客户服务人员的事，甚至在一些中小型企业不设客户服务部，而是由业务部本身来管理客户关系。客户历史档案有助于揽货员在第一时间内对客户的要求作出响应，以最快、最好的服务满足客户需要。

（五）做好业务报告，协助财务人员保证运杂费回款

国际货运代理企业通常要求业务部定期向公司管理层做业务报告，让公司管理决策人及时了解客户的动向和指导开拓市场。业务报告中包含了业务量和应收服务款项的统计，清楚、正确地列出每一票业务所有服务项目及费用和客户支付情况，分列出已付账款（开了发票给客户）和应收账款。客户当月应收账款由单证员同相关单位（特别注意境外合作单位）开来的发票及订舱单进行核对。单证员做好清单后，交由主管并通知相关揽货员及其客户本月应收金额的具体情况。在操作就要完成时，揽货员要通知财务部开发票、核对发票，协助财务部及时收回服务款。

二、揽货人员必备的自身条件

揽货员必须具备特定的自身条件才能更有效地完成整个揽货工作。

（一）心理素质要好

揽货员要面对的问题很多，包括无情的回绝、自尊受打击、信心危机等。如果心理承受力不够强的话，那么很快就会崩溃，这不单单指业务方面，甚至揽货员的私人生活方面，也会受到影响。

良好的心理素质是经过不断地磨炼得来的，业界有一个"1%原则"，即在揽到1%客

户的货物之前被99%的客户拒绝是不可避免的。因此，要在失败中不断地吸取经验，百折不挠地向目标逼近。客户很少会自动找上门来，在竞争如此激烈的环境下，大部分客户都靠揽货员主动出击得来，开发客户过程中会经常遭到拒绝，一次、两次、三次甚至无数次，不能灰心、不能胆怯，要大胆地向客户介绍公司的业务范围和公司的服务优势。

揽到货后也不是万事大吉，后续工作还会遇到很多问题：出货厂家的问题、操作的问题、承运人的问题、货场的问题、拖车欠缺的问题、拖车不准时的问题、报关没报好的问题等。尤其是当你接到几票货的时候，也许这些问题会同时显现出来。揽货员要冷静面对，乱了一个环节就有可能全盘皆乱。受到委屈时，要及时调整好自己的心情，绝对不能把情绪带给下一个客户。

每个客户每天的问题都会不一样，揽货员要学会应变，国际运输往往时间长、距离远，只要其中一个环节出错，客户就会很紧张，生怕误了交货期。他们的心情会特别烦躁，会立刻打来电话责备，揽货员是首当其冲的，处理好这些问题才能让客户放心。

（二）要爱岗敬业，具备良好的服务意识

可以将揽货员应具备的敬业精神归纳为"五心"：信心、耐心、恒心、诚心、爱心。揽货员的个人素质就代表了公司的素质，国际货运代理行业属于服务行业，揽货员要有服务客人的素质：服务态度要好，一切以客户为中心，全心全意为客户服务。

（1）揽货员要时刻充满信心，对自己有信心，对所属公司的服务产品有信心，给予客户正面的印象，在衣着、精神状态和言行举止上都要体现出来。

（2）揽货员在工作中虽然能判断出某些客人只是来询价而无意提供货源，但还是要耐心地回答他们的问题，去解答他们的疑问。如果客户是来投诉或发脾气的，要控制自己的情绪，等对方发泄完；如果是自己的责任，要保证改进；如果是其他同事的责任，也要有礼貌转达客户的批评或转接给负责的同事。

（3）持之以恒地关心客户。即使获得一个客户，揽货员仍需要不断和潜在客户联络。有的公司要求揽货员每个月都要联络大客户，即使没有合同，相互交流也有助于今后的合作。对于已经移交给操作或客服的老客户也要经常去关心，对客户货物的跟踪要有始有终。

（4）和对方真诚地交流，让客户知道公司服务的限度，说明公司的困难，不足的地方会改进，不要承诺做不到的事情。尊重客户的要求，但不是满足他所有的要求。

（5）揽货员要凭着一颗爱心热情对待客户，为客户分担困难和忧愁，然后才可能揽到业务。对潜在的业务伙伴，揽货员要热情和认真地追踪。这里的追踪是要不断地保持联系和交流，不用刻意追求接单与否，而是先交朋友。优质贴心的服务、刻苦勤勉的揽货员容易得到客户的认可。

服务"十尺"定律：无论何时，跟客户距离在十尺之内就应堆起笑容，看着对方的眼睛，准备亲切问好，让客户觉得你真的很高兴来拜访。建立亲密与和谐的关系，因为每个人都喜欢跟让他们觉得有好感以及有认同感的人交易，跟客户建立感情，他们就会愿意跟你谈生意。

（三）善于沟通，判断准确

揽货员要善于研究客户心理，学习社会心理学；同时要能说会道，掌握与人沟通的技

巧。要成为出色的揽货员，在外表穿着方面也要注意自己的形象，保持仪容端庄，穿着要搭配合理，给人舒服的感觉。

从收集的货源资料来看，揽货员要开发的客户很多，是否每个都是准客户呢？当然不是，只有其中的一小部分才是真正会合作的，所以要学会取舍。揽货员的时间有限，要把较多的时间花在有可能合作的客户身上，所以要学会去筛选。

注意观察客户的肢体语言。如客户倾身听你讲或递支烟给你，或突然向你要一个较低的价格，表示他在考虑与你合作。此时不要错失良机，也不要操之过急，你可以说"我们约个时间喝茶"或"这个价我同经理商量后我们再约"。如果客户忙于其他事没有停下来的迹象或他双腿抖动显得有点不耐烦，你可能要先告辞了。

（四）树立专业人士的形象

揽货员对本企业所提供的国际货运代理服务范围、质量、过程、后勤服务等必须熟悉，本企业的历史、规模、组织、人事、财务及营业政策等也必须了解，以便解答客户可能询问的问题。

每个揽货员必须努力装备自己并掌握必要的相关专业知识，如国际货运代理知识、国际贸易知识、货运代理英语知识、国际贸易地理知识等，以应付各方面的需要，为企业带来更多的商机及提高企业的效益。比如帮助客户理解单证、解释单据，甚至帮助客户做单据，因为并不是所有的外贸人员都了解单证，他们能卖出产品给外国客户，但未必了解外贸必需的单据。这时揽货员就是他们的老师，要给他们解释需要什么单据。

技能一 国际货运代理企业揽货的程序和技巧

一、国际货运代理企业的揽货程序

国际货运代理企业的揽货程序一般经过以下六个步骤：

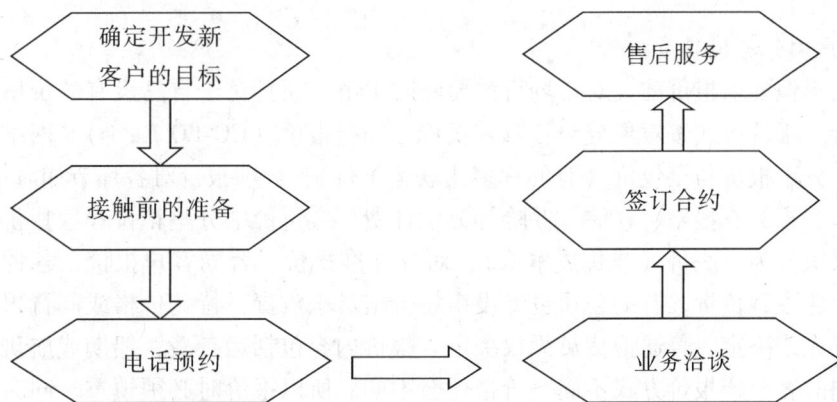

（一）确定开发新客户的目标

开发新客户就是抓货源，货源的目标很广，有同行、外贸工厂、国际贸易公司等，任何能提供货源的委托人都是揽货目标。外贸工厂、国际贸易公司本身是货主，业界称之为直接客户，简称直客；而同行则是间接客户，拥有较多的同行客户是因为国际货运代理企业在某运输线路有较大的价格优势，如A货运代理将揽得的货物给同行B货运代理，则B称为A的拼装人（Co-loader）。寻找新客户是揽货程序的开始，也是决定揽货成败的关键。

例如，广州捷达货运代理有限公司在内地和香港间的陆运上有绝对的价格优势，2006年时，该公司拥有大约200家同行客户和少量的直客，公司业务人员日常工作主要是跟单、回复询价，新客户主要来自旧客户引荐，大大降低了揽货成本。

下面详细讨论一下开发新客户的方式和特点。

（二）接触前的准备

1. 与客户初次电话沟通

通过一定的方式（如电话、E-mail、QQ、MSN等）和有意向的客户交流，了解到其货运要求后，马上电话联络客户。联络过程中要学会绕过"守门人"（Gate Keeper）找出货运"决策关键人"（Decision Maker），以提高成功交易几率。

2. 进一步了解客户要求

了解客户要求是很重要的一个环节，向关键负责人介绍公司服务流程和谈论出运要求，不用把时间浪费在无关人员或说不清楚的下属人员身上，应具体询问以下细节：货物的目的或来源国家、出货时间、是否是指定货；数量、品名、价值、包装，是否是危险品（注意危险品级别）或特种货物，监管证件要求以及特殊保管要求；运输方式：海运、空运、汽运、铁运等；时限要求：特别是国际速递要问清楚；操作质量要求：货差率、货损率、接货及时性、包装等；财务要求：付款方式、保险、发票、代收款等。

当客户问到一些业务员不明白的具体操作问题时，业务员要根据对方语气来判断客户的耐性，耐性较好的可以请他稍等；耐性较差的跟他说待会回复他，记得请客户留下电话、姓名等联系要素。一放下电话马上请教相关部门人员或资深业务员，在尽可能短的时间内回复。如果客户没有时间在电话里同你谈论以上细节，那么就把这些内容留到见面时谈。

3. 客户询价与揽货员报价

业务员不但要求报价准，对市场行情要随时了解，而且对于自己没有的价格也要善于向同行询价。报价方式按对象分为：直客报价、同行报价（CO-LO Rates）、网络报价。按环节分为：分项报价与全包价（有的称多式联运报价），分项报价对各环节如海运、空运、驳船、拖车、报关、报检、仓储、保险等分别计费；全包价中分整箱价和散货价。按公司价格管理层次分为：底价（或称成本价）、对外标准报价、合同客户报价，各种服务的底价管理由业务主管负责，有的公司也专设市场价格员来负责；特殊价格或同行报价就需要由这些负责人来决定，普通揽货员无权决定。报价内容包括运杂费、船期或航班、运价走势等。不同的客户，报价方式不同，价格也会不同。所以报价时必须慎重，同时需要灵活应变，看情况报价，注意客户的出价并存档。合适的报价是从竞争对手中"抢"客户的重要手段之一。业务员在应付客户的询价时对市场价、公司底价、报价方式及佣金给付方式要相当清楚。大部分公司都会给不同等级业务员一个谈价的幅度,第一次报价要留有余地,可以是试探性的,为面谈做好铺垫。

4. 营销环境调查

正式约见客户前,揽货员要做许多功课。准备工作包括:收集对方资料,如公司的营业情况、需要及货运委托特性等,并建立档案;收集竞争对手特别是对方以前的国际货运代理的信息,并建立竞争者档案,制订访问计划。揽货员必须学会准确预测市场未来的发展方向,这样才能做出最切合客户需要的决定,发掘合作的商机,做到知己知彼,有的放矢。

(三) 电话预约

初步了解后,揽货员应试探性地预约有合作机会的客户,若对方同意,应立即确定见面时间、地点。约定时间应该在双方都方便的基础上,尽量主随客便,以客户为尊。见面必须准时。若对方同意见面,但没有确定具体时间,应保持联系,尽快拜访。

打电话是为了安排一次约会,而不是完成这次交易,不要在电话中传递太多的信息,应该保留一些关键问题,见面时再进行充分的揽货陈述。

(四) 业务洽谈

业务洽谈是整个揽货工作的核心内容,直接关系到揽货工作的成败。因此,每位揽货员都应高度重视洽谈的技巧和艺术性。这和直客及同行洽谈的技巧是有很大区别的,揽货员应根据客户的具体情况作出具体分析,灵活机动地搞好洽谈。首先,揽货员在同客户的商谈中要善于调节谈话的气氛,及时调整,注意得体的称呼、穿着、礼貌的举止和交谈距离。融洽的谈话就算成功了一半,幽默的揽货员往往较受欢迎。其次,揽货员要善于倾听,注意对方的肢体语言,如表情、姿势,适时地给予回应。通过交谈可以知道客户关心的是什么,这是得到客户信息的重要途径。揽货员要善于把握关键点,如优惠的运价、通关能力、良好的服务、信用等。最后,揽货员要懂得必要的言辞,不要浪费在不必要的谈话上。不易于应付的客户实际上并不热衷与你合作,但也不要轻言放弃,一次的面谈并不能说明一切,每隔一段时间就应找机会和客户电话沟通或登门拜访,感情的投入有助于客户在将来需要的时候想到你。客户主动表示有兴趣的例子是甚为罕见的,揽货员通常需要向准客户提出交易意愿,才有望成功。假如在揽货过程中,揽货员没有抓住客户意愿,错过交易机会,所做的一切工作便白费了。

(五) 签订合约

客户跟进 (Follow up) 就是与客户反复接触,多次短时面谈。经过一番询价、还盘之后,在双方意见趋于一致的情况下,揽货员应及时把握机会,与客户签订服务合作协议。国际货运代理企业接单就是接受客户委托,签订国际货运代理服务协议书。接单是揽货的目的,也意味着国际货运代理操作的开始。国际货运代理服务协议书也是一份客户服务方案计划书,包括航线要求、时限要求、运价要求、通关要求、拖车要求等。与客户签订合约是整个揽货工作中最重要的环节,合作关系要建立在双赢的基础上并适当留有余地,这样便于与客户保持良好的合作关系,最终从客户那里揽取更多的货物。

国际货运代理服务协议书格式是多种多样的，大部分是以一份货物托运单（Shipping Instruction，S/I）来代替，空运常常直接用空运单（Shipper's Letter of Instruction or Air Waybill），也有比较正式地签订一份委托运输代理合同的。这就是委托方提出的"要约"，一经被委托书方面确认，即意味着"承诺"，双方之间的契约行为成立。因此，委托书应由委托单位签字盖章，使之成为有效的法律文件。进口货物委托人同货运代理人签订《海运进口货物国内港口货运委托代理合同》，委托人可直接与代理人签订长期或临时委托代理合同。长期委托的委托期可以为一年、两年或三年，若终止委托代理合同，需根据合同规定提前一定期限、以书面形式通知代理人。临时委托以合同注明的委托事项和有效期为准。双方义务履行完毕，有关费用均已结清，合同即视为终止。凡是委托人已委托货运代理公司为国内某港口货运代理的，委托人应通知有关单位，对同一委托事项或同一时期不得另行委托其他单位做同样的货运代理业务。双方委托代理关系建立，货运代理人即表示接受委托，开始履行与货物有关的进出口代理业务。代理人在港口办理进出口货物的代理业务，委托人必须提供有关单位资料，作为代理人办代理的依据。

（六）售后服务

揽货员填好货物托运单后，接着填写工作流程单（Job Order），详细记录客户的要求，然后传递给后续部门，即把客户的托运单转为内部工作单的工作。揽货的售后服务是指从接受客户委托开始直至在目的地交付收货人并完成所有委托事项为止，所有与货物运输相关服务的总称。它是揽货工作的"后勤工作"，也是国际货物运输代理企业履行服务合同、提供国际货运代理服务产品最重要的内容之一。缔结服务合约只是表明客户接受服务的开始，而售后服务质量将决定客户的满意度。售后服务质量的高低直接影响到客户与本企业未来的合作，直接关系到客户对本企业的支持程度。

二、国际货运代理企业揽货的技巧

（一）端正态度

目前我国国际货运代理市场逐渐成熟，许多进出口公司都有自己的合作伙伴。他人要想介入已有的合作伙伴企业进行揽货的可能性并不是很大，但是作为揽货的业务员，还是要端正态度，进行有效的揽货业务跟踪，态度要热情、认真。因此，对潜在客户要保持不断的联系，不断地进行交流，这样才能取得良好的效果，获得客户的信任。对潜在客户更要端正态度、不断交流，取得更好的揽货效果。

（二）体现优势

每个货运代理企业都要建立起自己的优势，揽货业务员要充分利用这些优势发展客户。其优势可以体现在服务水平、运价水平等许多方面。对经营外贸业务量比较大的企业来说，在运价方面主要希望的是稳定，以便于核算成本。因此，外贸公司的业务员不会刻意追求运费的高低，因为在之前就已预估了运费，如果货运水平比较高，则价格不一定是决定的因素。当然，价格有时也起到很大的作用，特别是一些小公司在做出口业务时，把货运价格压得很低，但不能以此作为普遍现象。

如果业务员有比较强的业务能力，能帮助客户了解、解释单据，甚至能够帮助客户做单据，就有可能提高客户的效率与效益，也就能得到更好的揽货效果。因此，这就需要业务员具有很好的业务知识和能力。

如果货运代理企业与相关部门具有良好的关系，在办理相关手续时快捷、准确，也可能带来比低费用更好的效果。

（三）为顾客着想

有人说："有些货运代理送了一趟名片，然后就消失了，这样不好，如果你想获得一个客户，需要在你的客户和潜在客户名单中不断联系，建立你的客户群、客户信息和你的服务优势。经常给他们打电话、访问，虽然没有合同，但是相互交流也会对今后的合作有帮助。"货运代理企业本来就是服务行业，因此，为客户着想会获得很好的效果。

（四）与承运人等保持良好的关系

货运代理企业从事的国际货运代理业务需要船公司、航空公司、铁路部门、海港企业、仓储企业和保险公司等的支持，以完成运输、仓储和物流活动。因此，与承运人等保持联系是货运代理揽货成功的基本条件，也能为客户提供更好、更全面的货运代理服务。

（五）提供其他增值服务

国际货运代理企业本身提供相关的货运服务，但是如果能在货运服务以外提供其他增值的服务，就能为客户开拓业务，并为自己带来业务。

技能二　船期表

一、班轮船期表的概念和作用

（一）班轮船期表的概念

班轮船期表（Liner Schedule）是指班轮航行靠泊的时间表。简单地说，就如我们坐的汽车、火车和飞机等的时间表，在什么时间和什么地点出发，到什么时间和什么地点停靠等。班轮船期表是班轮运输营运组织工作中的一项重要内容。各个班轮公司根据自己的实际情况，编制公布的船期表会有所不同，一般来说，近洋班轮航线编制公布的船期表比远洋航线编制公布的船期表准确。

（二）班轮船期表的作用

公布班轮船期表有多方面的作用：第一是为了招揽航线途经港口的货载，满足货主的需要，同时体现海运服务的质量；第二是有利于船舶、港口和货物的及时衔接，以便船舶有可能在挂靠港口的短暂时间内取得尽可能高的工作效率；第三是有利于提高船公司航线经营的计划质量。

二、班轮船期表的内容

班轮船期表的主要内容包括：航线、船名、航次、编号，始发港、中途港、终点港的港名，到达和驶离的时间，其他有关的注意事项等。国际海上货运代理人不但应了解班轮船期表的内容，而且还应了解在哪里可以查找到船期表。

表 1-1　连云港 2012 年 1 月份出口集装箱班轮船期表（韩国一线）——节选

船名	航次	船东	离港日期	挂港	每周班期
达通青岛 OSG ALPHA	578E	达通	03/JAN	釜山（周五抵港）（不接冻柜）	周二班
达通青岛 OSG ALPHA	1202E	达通	10/JAN	釜山（周五抵港）（不接冻柜）	周二班
达通青岛 OSG ALPHA	1203E	达通	17/JAN	釜山（周五抵港）（不接冻柜）	周二班
中外运京都 LANTAU BAY	1201E	海丰&外运	07/JAN	釜山（周二抵港）	周六班
海丰联茂 FORMOSA CONTAINER NO. 4	1203E	海丰&外运	14/JAN	釜山（周二抵港）	周六班
中外运京都 LANTAU BAY	1203E	海丰&外运	21/JAN	釜山（周二抵港）	周六班
海丰联茂 FORMOSA CONTAINER NO. 4	1205E	海丰&外运	28/JAN	釜山（周二抵港）	周六班
向兴 XIANG XING	8327E	中海	06/JAN	釜山接转仁川	周五班
向兴 XIANG XING	8328E	中海	13/JAN	釜山接转仁川	周五班
向兴 XIANG XING	8329E	中海	20/JAN	釜山接转仁川	周五班
韩进维拉克鲁斯 MATHIS	0059E	韩进	07/JAN	釜山（3天）光阳（4天）	周六班
韩进维拉克鲁斯 MATHIS	0060E	韩进	14/JAN	釜山（3天）光阳（4天）	周六班
韩进维拉克鲁斯 MATHIS	0061E	韩进	21/JAN	釜山（3天）光阳（4天）	周六班

资料来源：连云港大智国际物流有限公司网，2012-1-10。

小　结

本任务主要介绍了海洋与运河、海运航线与港口的有关知识；揽货和托运的概念、国际货运代理企业揽货的程序和方法；国际货运代理企业开发新客户的方式和特点；揽货的注意事项、揽货人员必须具备的自身条件等。

思考题

1. 简述世界上最大的三条集装箱航线，并且说明他们涉及哪些港口。
2. 简述国际货运代理企业揽货的程序和方法。
3. 简述国际货运代理企业开发新客户的方式。
4. 简述揽货应注意的事项。
5. 简述揽货人员应具备哪些自身条件。

任务二　出口委托

【主要学习内容】

知识目标：

1. 国际出口货运代理委托。
2. 国际货运代理企业的权利、义务和责任。
3. 委托方在国际货运代理业务中的责任。

技能目标：

国际货运代理出口委托书的制作和审核。

任务描述：

广州市时尚服装有限公司（GUANGZHOU FASHION COMPANY）与多家货运代理公司联系后，决定委托广州续航国际货运代理有限公司（以下简称丙公司）代其办理货物租船订舱手续以及发运过程中的各项业务，并将货运代理委托书发送给该公司。由此，双方的委托与被委托关系建立，货运代理业务开始。

出口委托书

TO：广州续航国际货运代理有限公司

张先生：

我公司订广州黄埔港口至美国纽约港口2个20英尺货柜，开船日期：2013年7月20日，拖柜日期：2013年7月18日上午8:30。

拖柜地点：广州市南京路1号

联系电话：0086 - 020 - 35686235

发货人：广州市时尚服装有限公司

地址：NO.1 NANJING ROAD GUANGZHOU GUANGDONG CHINA

收货人：ABC TRADING CO.，LTD

地址：388 Atlantic Ave. Brooklyn NY 11217

货物描述：MEN'S JEANS

中文名称：男式牛仔裤

发货港口：广州

目的港口：纽约

何先生

广州市时尚服装有限公司（公章）

2013年6月15日

知识一 国际出口货运代理委托

一、国际出口货运代理委托的成立

国际出口货运代理委托的当事人由委托人（即发货人或货主）和国际货运代理人两方组成，委托人授权国际货运代理人以委托人的名义在其授权范围内处理委托事务，所产生的法律后果由委托人承担，双方之间必须签订委托代理合同，明确双方的权利和义务，所以委托代理合同是国际货运代理人工作的依据。双方签订了委托代理合同，委托关系就正式成立，在办理委托业务过程中，国际货运代理人作为委托方的代表对委托方负责，但是他的业务范围必须在委托人的授权范围内。

二、国际货运代理委托关系成立的表现形式

国际货运代理委托关系成立后，双方可以通过当面洽谈或电话交谈等口头形式达成协议，也可以通过信件、传真、电子邮件、电子数据交换等书面形式达成代理协议、代理合同或委托书。为了明确双方的权利和义务关系，防止不必要的误解和纠纷，并为可能发生的争议提供判断是非、责任的依据，委托代理合同最好采用书面形式。

在实际业务中，国际货运代理企业对于委托人委托办理的简单事项，可以要求委托人出具本人签字、委托单位出具盖章或合同专用章的授权委托书，也可以要求其填写格式化委托文件的有关内容，并由委托人签字，委托单位盖章。对于长期委托代理关系的货运代理业务，经常由装货单（即下货纸）代替委托书，它是出口业务租船或订舱时，说明货物相关情况的主要单据，也是出口货物报关报检时作为已落实出口运输船舶舱位的证明。对于比较复杂的委托事项，最好有比较详细的委托代理合同，无论采用哪种方式，委托关系文件中都应载明代理人的姓名或名称、代理事项、代理权限和代理时间等内容，并由委托人签字或盖章。如果委托人给公司的授权文件中关于委托代理权限的规定不明确，经办人员应当及时与委托人进行联系，尽可能明确其权限范围，否则，根据我国《民法通则》的相关规定，被代理人要向第三人承担责任，代理人承担连带责任。

知识二 国际货运代理企业的权利、义务与责任

一、国际货运代理企业的权利

（一）以委托人的名义处理委托事务的权利

代理企业有权以委托人的名义处理事务，从事办理委托事务所必需的各项活动。

（二）在委托人授权范围内自主处理委托事务的权利

国际货运委托代理合同的目的在于通过国际货运代理企业办理委托人不便或不能亲自办理的事务，凭借国际货运代理企业的专业知识和经验，实现委托人追求的结果。因此，货运代理人有权在委托人委托的权限范围内，根据自己的知识和经验，结合委托事务的进展情况，自主处理委托事务。

（三）要求委托人提交待运货物和相关运输单证、文件资料的权利

委托人提供进出口货物及与进出口货物有关的单证、文件，是国际货运代理企业完成委托事项的前提条件。国际货运代理企业有权要求委托人按照国际货物运输及相关事宜所需的单证、文件、资料，提供完整、准确的有关信息和资料，如在海关、进出口商品检验、出入境检验检疫、银行、保险等部门办理和国际货运代理合同中约定的单据。

（四）要求委托人预付、偿还处理委托事务费用的权利

国际货运代理企业接受委托人的委托办理事项，有权要求委托人预付委托处理事务的费用，偿还其为处理委托事务垫付的费用及利息，如有关货物的运输费、仓储费、港杂费，报关、报检费和通信、差旅费等。如果委托代理合同在委托事务未完成之前便终止，委托人已经预付的费用，国际货运代理企业应当退回多余的部分；委托人尚未支付费用的，应当及时偿还国际货运代理企业在处理委托事务时垫付的费用，并支付代垫付期间的利息。但是，如果因国际货运代理企业的过失或过错而使委托代理合同提前终止，对于因国际货运代理企业的过失或过错而在委托事务中多支出的费用，委托人有权拒绝支付。

（五）要求委托人支付服务报酬的权利

在国际货运代理企业完成委托事务的情况下，委托人应向其支付服务报酬。关于支付报酬的数量，如果委托代理合同中已有规定，应当按照合同约定办理；如果没有约定，则由委托人按照有关法律、法规或委托事物的性质，根据国际货运代理企业完成委托事务所花费的精力、时间，结合商业习惯，支付适当的报酬。

（六）要求委托人承担代理行为后果的权利

代理人在代理权限范围内实施代理行为的后果由被代理人承担，是代理行为的本质特征。委托人和国际货运代理企业签订委托代理合同以后，只要是国际货运代理企业在委托权限内为了委托人的利益从事的行为，不管在行为过程中是否使用了委托人的名义，这种行为的后果，包括因此取得的权利、承担的义务和责任，最终均应由委托人承担。国际货运代理企业有权要求委托人承担其在委托权限内的代理行为的一切后果。

（七）要求委托人赔偿损失的权利

国际货运代理企业在自身没有过错的情况下，有权要求委托人赔偿因其过错而给自己造成的损失，有权要求委托人赔偿因重复委托而给自己造成的损失，以及处理委托事务过程中因不可归咎于自己的事由遭受的损失。例如，国际货运代理企业在处理委托事务过程中遇到人力不可抗拒的自然灾害，造成人员伤亡或财产损失，或者遭遇自身没有过错的偷盗、抢劫、车祸，有权要求委托人赔偿自己因此遭受的损失。

（八）解除委托代理合同的权利

委托代理合同关系建立在当事人相互信任的基础上，任何一方对另一方失去信任、信任减弱或发生动摇，不管是否有充足的理由，不管委托代理合同是否有偿，规定或者没有规定期限，委托事务处理进展如何，任何一方均可随时提出解除委托代理合同的要求。但是，应当明确通知对方，因解除合同而给对方造成损失的，应当赔偿对方的损失。

二、国际货运代理企业的义务

（一）按照委托人的指示处理委托事务的义务

国际货运代理企业应当在委托人授权范围内，为了委托方的利益办理相关事宜，否则将要承担因此而给委托人造成的损失。如果在处理事务的过程中，因客观情况发生变化，为了维护委托人的利益需要变更委托人的指示，必须事先征得委托人的同意，否则，国际货运代理企业也要承担对自己不利的法律后果。即使在紧急情况下，无法或难以与委托人取得联系，无法或没有及时收到委托人对国际货运代理企业征询意见的答复，也应当按照诚实信用原则妥善处理委托事务，并且在事后及时将有关情况通报给委托人。

（二）亲自处理委托人委托事务的义务

原则上，国际货运代理企业应当委派自己的员工，利用自己的设备和设施处理委托事务，不得转委托给其他单位和个人办理。因某些原因不能、不便亲自办理的，国际货运代理企业应对委托受托人的选择及其转委托受托人的指示承担责任。在国际货运代理企业突遇难以抵御的灾难，不能亲自或继续办理委托事务，又不能及时与委托人取得联系，如不及时转委托他人，将给委托人的利益造成损失或扩大损失的紧急情况下，法律也允许国际货运代理企业不经委托人事先同意，将委托事项转委托给其他单位。

> 广州某国际货运代理企业为委托人前往深圳办理货物发运手续，在深圳办理业务的过程中，该公司派去的员工突发严重疾病无法继续工作，而此时如果重新派人接替工作，时间将来不及。在这种情况下，货运代理公司为了避免耽误时间而给委托人造成不必要的损失，可以不经过委托人同意，转委托深圳的其他国际货运代理公司代为办理货物发运手续。

（三）按照诚实信用原则办理委托事务的义务

作为受托人的国际货运代理企业应该要像对待自己的事情一样对待委托人的事情，以诚实、善意的态度按照法律的规定和当事人的约定，全面、实际地履行各项义务，维护委托人的名誉和利益，确保委托人利益的实现。

（四）向委托人报告委托事务处理情况的义务

国际货运代理企业在办理委托事务的过程中，如委托人有所要求或根据实际情况需要，应当及时向委托人报告事务处理的进展情况和存在的问题，以便委托人及时了解有关情况，必要时要征得委托人的指示，以更好地维护委托人的利益。

（五）披露委托人、第三人的义务

在委托人与国际货运代理企业签订委托代理合同以后，国际货运代理企业不是以委托人的名义，而是以自己的名义与第三人签订、履行合同的情况下，如果第三人不知道委托人与国际货运代理企业之间的委托代理关系，在国际货运代理企业因第三人的原因不能对委托人履行义务时，国际货运代理企业应向委托人披露第三人，以便委托人行使该国际货运代理企业对第三人的权利。反之，在国际货运代理企业因委托人的原因不能对第三人履行义务时，该国际货运代理企业应向第三人披露委托人，以便其选择向该国际货运代理企业或委托人行使权利。

（六）向委托人转交财产的义务

国际货运代理企业应当将其按照委托代理合同处理委托事务所产生的结果，包括在处理委托事务的过程中取得的财产，如物品、权利和有关文件等转交给委托人。

（七）继续处理委托事务的义务

在委托人死亡、丧失民事行为能力或破产的情况下，委托人的继承人、法定代理人或破产清算组织承担委托义务以前，国际货运代理企业应在原有合同的基础上继续处理委托事务。在他们承担该委托事务以后，国际货运代理企业可以行使解除合同的权利。

（八）协助和保密义务

按照诚实信用原则，国际货运代理企业有义务协助、配合委托人履行自己的义务，并在委托代理合同有效期内和终止后的一定时间内，保守其商业秘密。

三、国际货运代理企业的责任

除了按照代理协议或合同规定履行其责任外，国际货运代理企业应对自己因没有执行合同规定的义务所造成的货物损失承担责任。如果货物的灭失、损害是由货运代理企业转委托的代理人在运输、装卸、交付、结关、仓储、单据签发以及其他方面的行为或疏忽造成的，货运代理企业不承担责任，除非能证明其在选择代理人上有过失。如果货运代理企业能证明不是由自己造成的损失，例如是第三方造成的损失，则货运代理企业应该将这种情况告诉委托人，并采取合适的措施保护委托人的利益，并协助委托人处理相关事务。

四、国际货运代理企业的除外责任

如果货物灭失、损害是由于下列原因造成的，货运代理企业不承担责任：
（1）由于委托人的疏忽或过失。
（2）由于委托方或其他代理人在装卸、仓储或其他作业过程中的过失。
（3）由于货物的自然特性或潜在缺陷。
（4）由于货物的包装不牢固、标志不清楚。
（5）由于货物送达的地址不清楚、不完整、不准确。
（6）由于对货物内容申报不清楚和不完整。

（7）由于不可抗力、自然灾害或意外原因。

但是如果能证明货物的灭失或损害是由货运代理企业的过失或疏忽造成的，货运代理企业对该货物的灭失、损害应承担赔偿责任。

知识三　委托方在国际货运代理业务中的责任

除了按照代理协议或合同规定履行责任外，委托方对货运代理人还应及时给予各种明确的指示，以便货运代理人更好地完成委托的事务。对货运代理人征询某一业务的处理意见时，委托方必须予以答复，对由于指示不及时或不当而造成工作上的损失，货运代理人不负任何责任。对因此项委托而引起的一切费用，除委托代理协议或合同另有规定外，都应按约定的规定及时支付。如果货物的灭失或损害是由于下列原因造成的，该货物的灭失或损害的责任则由委托方自己承担：

（1）由于货物的自然特性或潜在缺陷。

（2）由于货物的包装不牢固、标志不清楚。

（3）由于货物送达的地址不清楚、不完整、不准确。

（4）由于对货物内容申报不清楚和不完整。

（5）由于不可抗力、自然灾害或意外原因等。

由于上面原因所引起的共同海损分摊、救助费用，以及对第三人所造成的损害赔偿都由委托方负责。此外，委托方还应在执行合同过程中给予货运代理人有关指示，如货物在仓储期间有可能对生命财产或者周围环境造成威胁或损害时，委托方有责任及时予以转移。

技　能　国际货运代理出口委托书的制作和审核

国际货运代理出口委托书在货运代理业务中最为常见，通常在有着长期合作关系的公司之间应用比较广泛。它一般没有固定格式，每个公司根据自己的习惯采用不同的格式，但是一般都应包括以下内容：

（1）委托方：出口方或货物托运人，一般是信用证中的受益人。

（2）受托方：国际货运代理企业。

（3）收货人：进口方，一般是信用证中的开证申请人。

（4）通知人：提单中的通知方。

（5）装运期：进出口合同中规定的装运期限。

（6）货物描述：商品的相关情况描述。

（7）发货地/目的地：国际海运的启运港口和目的港口。

（8）转船/分批：按信用证要求填写"允许"或"不允许"。

（9）集装箱说明：集装箱的数量、规格以及是否冷藏等。

（10）货物的启运地：指集装箱的装箱地点。

（11）货物启运时间：指该批货物装箱拖箱的时间。

（12）联系方式：委托人的姓名、联系电话，以便于相互之间的联系。

（13）货物的重量和数量：如货物净重、毛重以及包装件数和包装体积等。

（14）运费支付：运费是预付还是到付。

（15）委托人签字盖章：合同生效。

国际货运代理出口委托书是委托方与受托方进行业务的主要凭证，受托方将按照国际货运代理出口委托书的内容完成货运代理业务的各项工作，因此，国际货运代理出口委托书的内容必须与货物实际情况一致，否则将在业务中引起不必要的麻烦，影响出口货物的正常发运。

海运出口委托书范例：

海运出口委托书（Seaborne Exports Orders）

经营单位（托运人） Business Units（Shipper）			委托公司编号： Company Commissioned No.：		
提单 Bill of Lading	发货人： Consignor：		托运人编号： Shipper No.：		
	收货人： Consignee：		合同号： Contract No.：		
	通知人： Inform People：		信用证号： Letters of Credit No.：		
			贸易国别： National Trade：		
付费方式 Payment		是否要求代报关 Asking Generation Declaration	是　否 Yes　No	提单 Bill of Lading	正本 Original 副本 Copy	张 Copies
启运港 Ports of Embarkation	目的港 Purpose Port	可否转运 Whether Transit		可否分批 Whether in Batches		
船　名 Ship Name	航次 Voyage	开航日 Sailing Date		所订船公司 Shipping Companies set		
标记唛头 Mark Code Marking	件数及包装名 Number of Packaging and Name	中、英文货名 Chinese and English Descriptions	总毛重 （公斤） Weight	总体积（立 方米）Total Volume（Cubic Meters）	成交条件（总货价） Bargain（Total Value）

（续上表）

箱型箱量 Box & Box Volume	门点装箱地点 Gate Point crating Locations				
	电话 Telephone		联系人 Contact		休息日 Rest day
货物备妥日期 Goods Available Dates	特种集装箱要求 Special Containers for Request			冷藏货 Frozen Goods	危险品 Dangerous Goods
重大件货物 Major Pieces of Cargo	最重件：每件毛重 公斤 Most cases：each Weight kg		最大件：每件长 CM×宽 CM×高 CM Largest pieces：each Long Wide High CM		
客户要求 Customer Demand			托运人 Shipper	姓名： Name	
				地址： Address	
				电话： Telephone	
				传真： Fax	
备注 Remarks				签章： Signature	
运费确认 Freight Confirmed		制单日期 Single-date System		年 月 日 Year Months Day	

小 结

本任务主要介绍了国际出口货运代理委托，主要内容有委托关系的成立及其表现形式；国际货运代理企业的权利、义务和责任；委托方在国际货运代理业务中的责任；国际货运代理委托书的制作和审核等内容。

思考题

1. 简述国际货运代理关系成立的表现形式。
2. 简述国际货运代理企业的权利、义务和责任。
3. 如何填制和审核国际货运代理委托书？

任务三 出口租船订舱

【主要学习内容】

知识目标：

1. 国际海上货物运输概述。
2. 班轮集装箱运输基础知识。
3. 租船运输基础知识。

技能目标：

1. 租船运输合同的内容和租船业务程序。
2. 班轮租船订舱应考虑的因素及租船订舱的步骤。
3. 出口货物装货单的填制内容。

任务描述：

广州续航国际货运代理有限公司（以下简称丙公司）接受广州市时尚服装有限公司（GUANG-ZHOU FASHION COMPANY）的货运代理委托之后，于 2013 年 7 月 5 日收到该公司的订舱单，并于同日将出口货物装货单传给船公司中远集装箱运输有限公司，办理订舱手续，确定船名为 PRINCESS V. 352，集装箱号为 CBHU3202732、CBHU3202733，船期为 2013 年 7 月 20 日，提单号为 021215452。

订舱单

<table>
<tr><td rowspan="2"></td><td>TO：</td><td colspan="2">Date：2013 - 07 - 05</td></tr>
<tr><td colspan="3">BOOKING FORM 订舱单</td></tr>
<tr><td rowspan="2">广州市时尚服装有限公司
广州市南京路 1 号　邮政编号：510000
FAX：0086 - 020 - 35686235
TEL：0086 - 020 - 35686235</td><td colspan="3">Acknowledgement of booking only</td></tr>
<tr><td colspan="3">TY1108037
GUANGZHOU HUANGPU IMP. & EXP.</td></tr>
<tr><td rowspan="3"></td><td rowspan="3">Freight 运费：

☑Prepaid 预付
□Collect 到付</td><td colspan="2">Document required 文件要求：</td></tr>
<tr><td colspan="2">☑Forwarding cargo receipt</td></tr>
<tr><td>□</td><td>□FIATA B/L</td></tr>
<tr><td rowspan="2">Consignee 收货人：
ABC TRADING CO. , LTD
388 Atlantic Ave, Brooklyn, USA</td><td></td><td>□Sea cargo</td><td>☑Ocean B/L</td></tr>
<tr><td rowspan="2">Service code：
服务类别</td><td>□LCL/FCL
散货/柜货</td><td>☑FCL/FCL
柜货/柜货</td></tr>
<tr><td></td><td>□LCL/LCL
散货/散货</td><td>□FCL/LCL
柜货/散货</td><td>□Sky-Bridge
海空联运</td></tr>
</table>

（续上表）

Notify 通知人： SAME AS CONSIGNEE		Shipper 托运人： GUANGZHOU FASHION COMPANY NO.1 NANJING ROAD GUANGZHOU GUANG- DONG CHINA FAX：0086－020－35686235 TEL：0086－020－35686235
S/O No.（D/R No.） 订舱号：	Number of orig. B/L 正本提单（张） 3	
Intended vessel 预计船名： PRINCESS ANL	From 由： GUANG ZHOU 广州	
Via 经：	To 到： NEW YORK 纽约	Final Destination 最后目的地：NEW YORK

PARTICULARS DECLARED BY SHIPPER			
Marks and numbers 唛头	Number and kind of packages and Description of goods 包装种类、件数及货品名称	Gross Weight 毛重	Measurement 尺码
N/M	MEN'S JEANS 请务必填妥以下内容： 1. 所订柜型：<u>20GP×2</u> 2. 条款：<u>CIF</u> 3. 货好时间：<u>2013 年 07 月 16 日</u>； 4. 是否需要代拖车代报关：<u>是</u>（如需，请提供装柜地址和报关单证） 5. 7 月 18 日至 7 月 20 日开，21 天到港，海运费：USD1425＋ENS：USD25＋封条：RMB35＋拖车 6. 装柜地址：广州市南京路 1 号 联系人：何先生 13925580551	6,000KGS	60CBM

NO RESPONSIBILITY FOR CARGO BEING SHUT OUT		
Consol cargo 并箱	CY/Others 柜货/ 其他	SHIPPER'S SIGNATURE / COMPANY STAMP 托运人签名及公司印章 广州市时尚服装有限公司 何先生
	CLOSING 截数期	
□AM/□PM	□AM/□PM	
Accepting cargo from：		

FOR OFFICE USE ONLY：

知识一　国际海上货物运输概述

一、国际海上货物运输的特点

水路货物运输，主要是利用船舶进行货物运输的一种运输方式。水路货物运输可分为江河货物运输和海上货物运输，海上货物运输又可分为沿海货物运输和国际海上货物运输。

（一）水路货物运输方式的特点

现代国际海上货物运输发展的特征主要表现在运输船舶的专业化、大型化和高速化。专业化的运输船有油船、液化气船、化学品船、滚装船以及集装箱船等类型。

从技术性能来看，水路货物运输的运输能力最大，货物运输能力几乎不受限制；从主要经济指标来看，由于水路货物运输的航道主要利用的是天然水域，除了建设港口和购置船舶外，水域航道几乎不需要投资，因此，相对于其他运输方式而言，水路货物运输成本最低；同时，水路货物运输还能节省能源。

但是，水路货物运输受自然条件的影响很大。水路货物运输的速度较慢，又由于水路货物运输的距离长，因此，运输时间也长。受运输条件限制，水路货物运输的安全性和准确性相对较差。

水路货物运输最适于承担运量大、运距长、对运输时间要求不太紧、对货物的运费承担能力相对较低的货运任务。

目前，在国际货物运输中，运用最广泛的就是水路运输，其运量占国际货物运输总量的80%以上。

（二）海上危险的特点

在国际海上货物运输中，海上危险的特点主要表现在运输中遭遇危险的可能性大、脱离危险后所造成的损失也大、为适应海上危险而建立的制度较特别等几个方面。

（三）国际性的特点

国际海上货物运输国际性的特点主要表现在船公司业务经营依存于国际海运市场、主要货运单证的国际通用性、适用法规的国际统一性三个方面。

二、班轮运输的概念、特点

（一）班轮运输的概念

班轮运输又称定期船运输，是指船舶按固定的航线、港口以及事先公布的船期表航行，并按事先公布的费率收取运费，从事客货运输业务。它主要用于零星成交、批次较多、到港分散的货物运输，对于停靠的港口，无论货物数量多少，一般都可以接受托运。

（二）班轮运输的特点

（1）"四固定"：即固定船期、固定航线、固定停靠港口和相对固定的运费费率。班轮公司为了使货主掌握班轮抵达和驶离各停靠港口的日期，一般都将预先制定的一定时间内的船期表印发给有关货主或在报刊上公布。

（2）"一负责"：即货物由班轮公司负责配载和装卸，班轮运费包括货物在装运港的装货费、在目的港的卸货费以及从装运港至目的港的运输费和附加费。班轮公司和托运人双方不计滞期费和速遣费。

（3）班轮公司和货主一般不订立书面合同，双方的权利、义务和责任豁免以船方签发的提单条款为依据。

（4）承运货物比较灵活，不论数量、品种多少，只要有舱位就可以接受。尤其对国际贸易中杂货、零星货的运输更为适宜。

（5）一般是在码头仓库交货，对货主十分便利。

（6）同一航线上的船型相似并保持一定的航班密度。这可保证商品既不脱销，又不集中到货，适应均衡供应市场的需要，使商品能以合理的价格卖出。

三、班轮运输的关系人

班轮运输中，通常会涉及班轮公司、船舶代理人、无船承运人、海上货运代理人、托运人和收货人等有关货物运输的关系人，下面简单地介绍一下：

（1）托运人（Shipper）。是指本人或者委托他人以本人名义或者委托他人为本人与承运人订立海上货物运输合同的人；本人或者委托他人以本人名义或者委托他人为本人将货物交给与海上货物运输合同有关的承运人的人。

托运人可以与承运人订立协议运价，从而获得比较优惠的运价。但是，托运人无法从承运人那里获得"佣金"。如果承运人给托运人"佣金"，则将被视为给托运人"回扣"。

（2）班轮公司（Liner Company）。是指运用自己拥有或者自己经营的船舶，提供国际港口之间班轮运输服务，并依据法律规定设立的船舶运输企业。班轮公司应拥有自己的船期表、运价本、提单或其他运输单据。根据各国的管理规定，班轮公司通常应有船舶直接挂靠该国的港口。班轮公司有时也被称为远洋公共承运人。在从事国际货运代理业务的实践中，国际海上货运代理人应了解有关班轮公司的情况，以便在必要时从中选择适当的承运人。

（3）无船承运人［Non-vessel Operating（Common）Carrier］。是无船承运业务的经营主体，他不拥有运输工具，但以承运人的身份发布自己的运价，接受托运人的委托，签发自己的提单或者其他运输单证，收取运费，并通过与有船承运人签订运输合同、承担承运人责任、完成国际海上货物运输经营活动。

根据《中华人民共和国国际海运条例》的规定，在中国境内经营无船承运业务，应当在中国境内依法设立企业法人；经营无船承运业务，应当办理提单登记，并交纳保证金；无船承运人应有自己的运价本。无船承运人可以与班轮公司订立协议运价以从中获得优惠。但是，无船承运人不能从班轮公司那里获得佣金。国际货运代理企业在满足了市场准入条件后，可以成为无船承运人。

（4）船舶代理人（Shipping Agent）。是指接受船舶所有人、船舶经营人或者船舶承租人的委托，为船舶所有人、船舶经营人或者船舶承租人的船舶及其所载货物或集装箱提供办理船舶进出港口手续、安排港口作业、接受订舱、代签提单、代收运费等服务，并依据法律规定设立的辅助性船舶运输企业。由于国际船舶代理行业具有一定独特性，所以各国在国际船舶代理行业方面大都会制定一些比较特别的规定。

（5）海上货运代理人（Ocean Freight Forwarder）。是指接受货主的委托，代表货主的利益，为货主办理有关国际海上货物运输相关事宜，并依据法律规定设立的、提供国际海上货物运输代理服务的企业。海上货运代理人除了可以从货主那里获得代理服务报酬外，因其为班轮公司提供货载，所以还可以从班轮公司那里获得奖励，即通常所说的"佣金"。

班轮运输的当事人及风险划分界限

从上面的分析我们知道，班轮运输的当事人是指班轮承运人和托运人。承运人是班轮运输合同中承担提供船舶并负责运输的一方，托运人是提供货物并委托承运人进行运输的一方。有时，在运输中还涉及双方的代理人——船舶代理人和货运代理人。

班轮承运人和托运人责任和风险的划分一般以船舷为界（《2000 年国际贸易术语解释通则》是以船舷为界，但是《2010 年国际贸易术语解释通则》中的风险划分界限是卖方把货物装上船时风险才由买方承担）。承运人的基本义务是在一定期限内将货物完好无损地运到约定的地点，交给收货人；托运人的基本义务是按约定的时间准备好要托运的货物，以保证船舶能够连续作业，并及时支付有关的费用。

知识二　班轮集装箱运输的基础知识

一、集装箱的概念

所谓的集装箱，是指具有一定强度、刚度和规格专供周转使用的大型装货容器，因其外形像一只箱子而得名。香港称之为"货箱"，台湾称之为"货柜"。目前国际上普遍使用的是国际标准化组织（ISO）定义的集装箱：集装箱是一种运输设备；具有足够的强度，可长期反复使用；为便于商品运送而专门设计的，在采用一种或者多种运输方式运输时，无需中途换装；具有便于机械操作、能够快速装卸和搬运特性的装置，特别是从一种运输方式转移到另一种运输方式时。

集装箱运输是以集装箱作为运输单位进行货物运输的一种现代化运输方式，可适用于海运、航空、铁路和公路等多种运输方式。目前，它已成为国际上普遍采用的一种重要的运输方式。

二、集装箱的标准化

目前国际上通用的标准箱主要有 8 英尺 × 8 英尺 × 20 英尺（简称 20 英尺箱）和 8 英尺 × 8 英尺 × 40 英尺（简称 40 英尺箱）两种。为了计算上的方便，以 20 英尺箱为集装箱计算单位，一个 20 英尺箱为一个 TEU，一个 40 英尺箱为一个 FEU，即两个 TEU。20 英尺箱的设计总重为 24 吨，载货重量为 22 吨，一般限制在 18 ~ 20 吨；40 英尺箱的设计总重约 30.5 吨，载货重量为 26 吨，一般限制在 20 ~ 22 吨。

注意：在集装箱箱体上有三组标记：

第一组标记：货主代码、顺序号和核对数。

第二组标记：国籍代号、尺寸代号和类型代号。

第三组标记：最大总重和载重。

三、集装箱运输的特点

（1）简化包装，大量节约包装费用。为避免货物在运输途中受到损坏，必须有坚固的包装，而集装箱具有坚固、密封的特点，其本身就是强度很大的外包装。因此，集装箱可以大大减少包装用料和节约包装费用，有些商品甚至无需包装。

（2）提高货运质量，减少货损货差。集装箱是一个坚固、密封的箱体，对货物具有很好的保护作用。货物装箱并铅封后，途中无需拆箱倒载，一票到底，即使经过长途运输或者多次换装，箱内货物也不易损坏。集装箱运输可以减少被盗、潮湿、污损等引起的货损和货差，深受货主和船公司的欢迎，并且由于货损货差率的降低，减少了社会财富的浪费，因而具有很大的社会效益。

（3）提高装卸效率，加速车船周转。传统货船装卸，一般每小时能装 35 吨左右，而集装箱装卸，每小时可达 400 吨左右，这是传统货船装卸的 11 倍，装卸效率大幅度提高。一般万吨级船舶，过去装卸需在港口停泊 10 天左右，采用集装箱后，只需 24 小时，从而加速了车船周转，提高了车船的营运效率。

（4）简化货运手续，降低货运成本。采用集装箱运输，货物在发货地装箱、验关、铅封后，一票到底，中途无需拆箱即可直接换装，大大减少了中间环节，简化了货运手续。由于集装箱装卸效率高，使船舶非生产性停泊的时间缩短，降低了船舶运输成本，对港口而言，可以提高泊位通过能力，提高吞吐量，增加收入。

（5）适于组织多式联运。由于集装箱运输在不同运输方式之间换装时，无需搬运箱内货物而只需换装集装箱，这就提高了换装作业效率，适于不同运输方式之间的联合运输。在换装转运时，海关及有关监管单位只需加封或验封转关放行，从而提高了运输效率。

（6）高投资的运输方式。集装箱运输虽然是一种高效率的运输方式，但同时也是一种资本高度密集的行业。首先，船公司必须对船舶和集装箱进行巨额投资。根据有关资料表明，集装箱船每立方英尺的造价为普通货船的 3 ~ 4 倍，集装箱的投资相当大，开展集装箱运输所需的高额投资，使得船公司的总成本中固定成本占有的比例相当大；其次，集装箱运输中港口的投资也相当大，专用集装箱泊位的码头设施包括码头岸线和前沿、货场、货运站、维修车间、控制塔、门房，以及集装箱装卸机械等，耗资巨大；最后，为开展集装箱多式联运，还需有相应的国际设施及内陆货运站等，为了配套建设，这就需要兴建、扩建、改造、更新现有的公路、铁路、桥梁等。

四、集装箱的种类

随着集装箱运输的发展，为适应装载不同种类货物的需要，出现了不同种类的集装箱。这些集装箱不仅外观不同，而且结构、强度、尺寸等也不同。根据集装箱的用途不同可将集装箱分为以下几种：

（1）干货集装箱。也称杂货集装箱，是一种通用集装箱，用以转载除液体货物、需要调节温度的货物及特种货物以外的一般杂货。这种集装箱使用范围极广。

（2）开顶集装箱。也称敞顶集装箱，是一种没有刚性箱顶的集装箱，但有可折式顶梁支撑的帆布、塑料布或者涂塑布制成的顶篷，其他构件与干货集装箱类似。开顶集装箱适用于装载较高的大型货物和需吊装的重货。

（3）冷藏集装箱。是专为运输要求保持一定温度的冷冻货或者低温货而设计的集装箱。它分为带有冷冻机的内藏式机械集装箱和没有冷冻机的外置式机械冷藏集装箱，适用于装载肉类、水果等货物。由于冷藏集装箱造价、营运费用较高，所以使用时应注意冷冻装置的运行状态及箱内货物所需的温度。

（4）台架式集装箱。是没有箱顶和侧壁，甚至有的连端壁也去掉而只有底板和四个角柱的集装箱。台架式集装箱有很多类型，它们的主要特点是：为了保持其纵向强度，箱底较厚；箱底的强度比普通集装箱大，而其内部高度则比一般集装箱低；在下侧梁和角柱上设有系环，可把装载的货物系紧。台架式集装箱没有水密性，怕水湿的货物不能装运，适合装载形状不一的货物。

（5）平台式集装箱。是仅有底板而无上部结构的一种集装箱。该集装箱装卸作业方便，适用于装载长、重大件货物。

（6）通风集装箱。它一般在侧壁或端壁上设有通风孔，适用于装载不需要冷冻而需通风、防止潮湿的货物，如某些水果、蔬菜等。如将通风孔关闭，可作为杂货集装箱使用。

（7）动物集装箱。是一种专供装运牲畜的集装箱。为了实现良好的通风，箱壁用金属丝网制造，侧壁下方设有清扫口和排水口，并设有喂食装置。

（8）罐式集装箱。是一种专供装运液体货物而设置的集装箱，如酒类、油类及液态化工品等，它由罐体和箱体框架两部分组成，装货时货物由罐顶部装货孔进入，卸货时，则由排货孔流出或从顶部装货孔吸出。

（9）汽车集装箱。是专门为装运小型轿车而设计制造的集装箱，其结构特点是无侧壁，仅设有框架的箱底，可装载一层或者两层小轿车。

五、集装箱的选择、检查和货物装载方法

（一）集装箱的选择与检查

在进行集装箱货物装箱前，首先应根据所运输的货物种类、包装、性质和其运输要求，然后选择合适的集装箱。

1. 集装箱应具备的基本条件

要能够起到在运输中保护货物等作用，集装箱应符合以下基本条件：符合 ISO 标准；四柱、六面、八角完好无损；箱子各个焊接部位牢固；箱子内部清洁、干燥、无味、无尘；不漏水、不漏光；具有合格检验证书。

2. 集装箱的选择

在国际海上集装箱运输中，集装箱的种类、尺寸等规格各异，选择何种集装箱要根据货物的情况以及航线上所经港口的条件和运输路线的环境来决定。选用集装箱是根据货物的不同类型、性质、形状、包装、体积、重量以及运输要求选用其合适的箱子。首先要考虑的是货物是否装得下，其次再考虑在经济上是否合理，与货物所要求的运输条件是否符合。

3. 集装箱的检查

集装箱在装载货物之前，都必须经过严格检查。一只有缺陷的集装箱，轻则导致货损，重则在运输、装卸过程中造成箱毁人亡事故。所以，对集装箱的检查是货物安全运输的基本条件之一。发货人、承运人、收货人以及其他关系人在互相交接时，除对集装箱本身进行检查外，还应以设备交接单等书面形式确认箱子交接时的状态。通常，对集装箱的检查应做到：①外部检查：对箱子进行六面察看，外部是否有损伤、变形、破口等异样情况，若有，即在该部位做出修理的标志；②内部检查：对箱子的内侧进行六面察看，是否漏水、漏光，有无污点、水迹等；③箱门检查：门的四周是否水密，门锁是否完整，箱门能否 270 度开启；④清洁检查：箱子内有无残留物、污染、锈蚀异味、水湿等，若不符合要求，应予以清扫，甚至更换；⑤附属件的检查：对货物的加固环节，如板架式集装箱的支援、平板集装箱、敞篷集装箱上加强结构等状态的检查。

（二）货物装箱的一般方法

货物在装入集装箱时应注意的事项有：

（1）在不同件杂货混装在同一箱内时，应根据货物的性质、重量、外包装的强度、货物的特性等情况，将货物区分开。将包装牢固、重件货装在箱子底部，包装不牢、轻件货则装在箱子上部。

（2）货物在箱子内的重量分布应均匀。若箱子某一部位装载的负荷过重，则有可能使箱子底部结构发生弯曲或脱开的危险。在吊机和其他机械作业时，箱子会发生倾斜，致使作业不能进行。此外，在陆上运输时，若存在上述情况，拖车前后轮的负荷因差异过大，也会在行驶中发生故障。

（3）在进行货物堆码时，则应根据货物的包装强度决定货物的堆码层数。另外，为使

箱内下层货物不被压坏，应在货物堆码之间垫入缓冲材料。

（4）货物与货物之间，也应加隔板或隔垫材料，避免货物间相互摩擦、沾湿、误损。

（5）货物的装载要严密整齐，货物之间不应留有空隙，这样不仅可以充分利用箱内容积，也可以防止货物互相碰撞而造成损坏。

（6）在目的地掏箱时，由于对靠箱口附近的货物没有采取系固措施，曾发生过货物倒塌、造成货物损坏和人身伤亡的事故。因此，在装箱完毕前应采取措施，防止箱口附近的货物倒塌。

（7）应使用清洁、干燥的垫料（胶合板、草席、缓冲材料、隔垫板）。若使用潮湿的垫料，就容易发生货损事故。

（8）应根据货物的不同类型、性质、包装，选用不同规格的集装箱，选用的箱子应符合国际标准，经过严格的检查，并具有检验部门颁发的合格证书。

六、集装箱货物的交接

（一）整箱货与拼箱货

集装箱运输是指将散件货物（Break Bulk Cargo）汇成一个运输单元（集装箱）、使用船舶等运输工具进行运输的方式。集装箱运输的货物流通途径与传统的杂货运输有所不同，集装箱运输不仅与传统杂货运输一样可以以港口作为货物交接、换装的地点，还可以在港口以外的地点设立货物交接、换装的站点（Inland Depot）。

集装箱运输改变了传统的货物流通途径，在集装箱货物的流转过程中，其流转形态分为两种：一种为整箱货，另一种为拼箱货。

1. 整箱货

整箱货（Full Container Load，FCL）是指由货方负责装箱和计数，填写装箱单，并加封志的集装箱货物，通常只有一个发货人和一个收货人，所以承运人不知道集装箱里面是什么货物。

国际公约或各国海商法没有整箱货交接的特别规定，而承运人通常根据提单正面和背面的印刷条款以及提单正面的附加条款（如 Said to Contain：S. T. C；Shipper's Load and Count and Seal：S. L & C & S 等"不知条款"），承担在箱体完好和封志完整的状况下接收并在相同的状况下交付整箱货的责任。在目前的海上货运实践中，班轮公司主要从事整箱货的货运业务。

2. 拼箱货

拼箱货（Less Than Container Load，LCL）是指由承运人在集装箱货运站负责装箱和计数，填写装箱单并加封志的集装箱货物，通常每一票货物的数量较少，因此，装载拼箱货的集装箱内的货物会涉及多个发货人和多个收货人。承运人负责在箱内每件货物外表状况明显良好的情况下接受并在相同的状况下交付拼箱货。在目前的海上货运实践中，主要由拼箱集运公司从事拼箱货的货运业务。通常，货主不知道自己的货物装在哪里，是因为货物是由承运人装运的。

货运代理人可以从事拼箱货的货运业务，但此时其身份也发生了变化。货运代理人参与拼箱货的货运业务，提供为小批量货物快速和高效率的运输服务，解决了集装箱班轮运输大量替代传统杂货班轮运输后小批量货物的运输等问题。

货运代理人或拼箱集运商从事拼箱货运输，首先，因其有直接面对客户和承接小批量的货运业务、专门处理相关的货运问题，所以班轮公司不再需要为小批量货物专门组织人力和物力、耗费资金和时间、承担风险和责任；其次，可以扩大货运代理企业的活动空间和业务范围，使货运代理企业通过为小批量货物提供良好服务的同时获得回报；最后，可以通过提供拼箱集运的服务，满足货主对于小批量货物在贸易、技术、经济、流通等方面的要求。

（二）集装箱货物的交接地点与方式

1. 集装箱货物的交接地点

货物运输中的交接地点是指根据运输合同，承运人与货方交接货物、划分责任风险和费用的地点。由于国际公约或各国法律通常制定了强制性的法律规范，因此，承运人不能通过合同的方式减轻自己的责任；而有关费用问题，则可以由双方当事人另行约定。在集装箱运输中，根据实际需要，货物的交接地点并不固定。

目前集装箱运输中货物的交接地点有船边或吊钩（Ship's Rail or Hook/Tackle）、集装箱堆场、集装箱货运站和其他双方约定的地点。

集装箱堆场（Container Yard，CY）是交接和保管空箱（Empty Container）与重箱（Loaded Container）的场所，也是集装箱换装运输工具的场所。

集装箱堆场和集装箱货运站也可以同为一处。

2. 集装箱货物的交接方式

根据集装箱货物的交接地点不同，理论上可以通过排列组合的方法得到集装箱货物的交接方式为十六种。在不同的交接方式中，集装箱运输经营人与货方承担的责任、义务不同，集装箱运输经营人的运输组织的内容、范围也不同。需要注意的是，由于海上集装箱运输中货物的交接地点在船边或吊钩的情况比较少，所以很多书中都没有写出在船边或吊钩处交接的情况。我国的国家标准中也只列出了九种交接方式。

理论上，集装箱货物的交接方式有：门到门、门到场、门到站、门到钩、场到门、场到场、场到站、场到钩、站到门、站到场、站到站、站到钩、钩到门、钩到场、钩到站、钩到钩。以上十六种交接方式是在集装箱运输中，集装箱货物理论上存在的交接方式。了解集装箱货物的交接方式，可以使我们知道在集装箱运输中承运人与货方之间有关货物交接责任、费用分担等的划分问题。当然，实践中并不是十六种方式都会碰到。

总之，门、场是整箱交整箱接；站是拼箱交拼箱接。

（三）海运集装箱货物交接的主要方式

在集装箱运输中，根据实际交接地点不同，集装箱货物的交接有多种方式；在不同的交接方式中，集装箱运输经营人与货方承担的责任、义务不同，集装箱运输经营人的运输组织的内容、范围也不同。集装箱货物可以以传统的方式在船边进行交接，可以以整箱货的方式在集装箱堆场进行交接，可以以拼箱货的方式在集装箱货运站进行交接，也可以在多式联运方式下，在货主的仓库或工厂进行交接。由于集装箱货物可以在四个地点进行交接，因此，理论上就应有十六种交接方式。但是，目前在船边交接的情况已很少发生，而在货主的工厂或仓库交接又涉及多式联运。因此，在海上集装箱班轮运输实践中，班轮公司通常承运整箱货，并在集装箱堆场交接货物；拼箱集运商则承运拼箱货，并在集装箱货运站与货方交接货物。

通常各书中所列举的集装箱货物的交接方式有以下九种：门到门、门到场、门到站、场到门、场到场、场到站、站到门、站到场和站到站，这些与实践结合得并不密切。例如在实践中，如果承运人在集装箱堆场接受整箱货，此时是在箱体完好和封志完整的状况下接受，当承运人在集装箱货运站交付拼箱货时，则是在箱内货物外表状况明显良好的情况下交付。因此，CY/CFS 明显时，承运人的责任加重，但目前已基本不存在。

实践中海运集装箱货物交接的主要方式为：CY/CY，这是班轮公司通常采用的交接方式；CFS/CFS，这是拼箱集运商通常采用的交接方式。

七、集装箱租赁

通常情况下，集装箱租赁问题仅仅是班轮公司要考虑的问题。但是，国际货运代理企业在充当无船承运人的情况下也可能要拥有自己的集装箱，因此，就可能涉及集装箱租赁业务。

（一）集装箱的租赁方式

通常集装箱有以下三种租赁形式：

1. 定期租赁

定期租赁也称长期租赁。租赁时间可长可短，短则 6 个月，长则可达 5 年。长期租赁依据租期届满后对集装箱所有权的处理方法的不同，又可分为金融租赁（又称融资租赁）和实际使用期租赁两种。在前者情况下，租期届满，集装箱无偿或作价归租箱人所有；而在后者情况下，租期届满，租箱人将集装箱归还给出租人，集装箱仍归出租人所有。

2. 程租租赁

程租租赁指租用一个单航次或往返航次，或连续几个单航次或往返航次的租赁。这种租赁的租金一般按天数计算，通常约定最少的使用天数，一般约定不得少于 30 天，也可按航程约定一个包干租金。

在来回程货载不平衡的航线上常采用这种租赁形式。不过在单航次租箱中，如果交箱地的租箱市场行情高于还箱地的行情，则租箱人除需按约定支付租金外，还需额外支付提箱费和还箱费。

3. 活期租赁

活期租赁又称灵活租赁。它是集装箱租赁公司与租箱人之间签订协议，在规定的租期内，租箱人租用集装箱的数量除需保持最低的限额外，还可根据租箱人的实际需要随时改变租箱数量的方式。

对于租箱人来说，活期租赁兼有长期租赁和程租租赁的优点。这种租箱的租期通常为 1 年，在大量租用集装箱的情况下，租箱人通常都可享受租金回扣的优惠，租金水平甚至可以与长期租赁的租金水平相近，在集装箱货物运量较大且往返程货运量不平衡的航向上，通常可以采用这种租箱方式。

在活期租赁的租箱合同中，一般都有租箱人每月提箱和还箱的数量及地点的约定。租金按使用集装箱的天数计算。此外，还会有相关租箱人使用出租公司其他有关设备的约定。

（二）租箱合同的主要条款

集装箱的租用是根据双方约定的租箱合同（Container Lease Agreement）规定进行的，租箱合同中规定了租赁公司和租箱人双方的权利、义务、赔偿责任和免责。虽然租箱合同并没有统一的格式，但是一般都应包括有关交箱、还箱、损坏修理责任、租箱人的权利和义务、租金支付、保险、转租和集装箱标志的更改等方面的条款。

知识三　租船运输的基础知识

一、租船运输货运业务基础知识

租船运输是指租船人向船舶所有人（即船东）租赁整条船舶或船舶部分舱位用于货物的运输。这种运输适合于大宗散货运输，与班轮运输相比，它没有固定的船期、航线和港口，也没有固定的运价。船舶港口的使用费、装卸费等都按照租船合同的规定划分和计算，双方的权利、义务和责任豁免也按照租船合同的规定执行。

租船运输一般分为航次租船和定期租船，当然还有其他的形式，例如光船租赁、航次期租、包运租船等形式。应当注意的是，大宗商品的进出口贸易采用租船运输时，应正确分析运费占总成本的比例，以及要预测国际海运市场运费的行情，并以此来正确选择价格术语。

租船运输货运经营方式有以下几种：

（一）定期租船

1. 定期租船的概念

定期租船又称"期租船"或"期租"，是指由船舶出租人向承租人提供约定的、由出租人配备船员的船舶，承租人在约定的时间内按照约定的用途使用，并支付租金的一种租船方式。这种租船方式以约定的使用期限为船舶租期，而不是以完成航次的多少来计算。在租期内，承租人利用租来的船舶既可以进行不定期船货物运输，也可以投入班轮运输，还可以在租期内将船舶转租，以取得运费收入或谋取租金差额。在定期租船中，租期的长短完全由船舶出租人和承租人根据实际需要约定，少则几个月，多则几年，或者更长的时间。

2. 定期租船的特点

（1）船舶出租人负责配备船员，并负担其工资和伙食。

（2）承租人在船舶营运方面拥有对船长、船员的指挥权，有权要求船舶出租人予以撤换，但自己不能撤换。

（3）承租人负责船舶的营运调度，并负担船舶营运中的可变费用，包括燃料费、港口使用费、引水费、货物装卸费、运河通行费以及租船合同规定的其他费用等。

（4）船舶出租人负担船舶营运的固定费用，包括船舶资本的有关费用、船用物料费、润滑油费、船舶保险费、船舶维修保养费等。

（5）定期租船的船舶可以整船出租，租金按船舶的载重吨、租期以及商定的租金率计收。

（6）租船合同中往往订有有关交船和还船以及停租的规定。

（二）航次租船

1．航次租船的概念

航次租船又称"航程租船"或"程租船"或"程租"，是指由船舶出租人向承租人提供船舶或船舶的部分舱位，在指定的港口之间进行单向或往返的一个航次或几个航次，用以运输指定货物的租船运输方式。航次租船是租船市场上最活跃、最普遍的一种租船方式，对运价水平的波动最为敏感。在国际现货市场上成交的绝大多数货物通常都是通过航次租船方式运输的。在航次租船的情况下，船长由船舶出租人（船东）负责，船舶由作为船舶出租人的代理人的船长管理，船舶的营运调度仍由船舶出租人负责，船舶仍归船舶出租人占有和支配。从这种意义上讲，航次租船合同与班轮运输合同一样，都是以承揽货物运输为目的的运输合同。

2．船舶出租人的强制性义务

在航次租船中，根据中国《海商法》的规定，船舶出租人必须履行适航义务和不得不合理绕航的义务，其他有关合同当事人之间的权利、义务的规定，仅在航次租船合同没有约定或者没有不同约定时适用于航次租船合同的出租人和承租人。

3．航次租船的形式

航次租船中，根据承租人对货物运输的需求，要采取不同的航次数来订立航次租船合同。航次租船可分为以下几种形式：

（1）单航次租船（Single Trip or Single Voyage Charter）。单航次租船是指船舶出租人与承租人双方约定，提供船舶完成一个单程航次的租船方式。船舶出租人负责将指定的货物从启运港运往目的港，货物运抵目的港卸船交付货物后，船舶出租人的运输合同即告终止。

（2）往返航次租船（Return Trip or Return Voyage Charter）。往返航次租船是指船舶出租人与承租人双方约定，提供船舶完成一个往返航次的租船方式。返航航次的启运港及目的港不一定与往航航次的相同，也就是说，同一船舶在完成一个单航次后，会根据货物运输的需要在原卸货港或其附近港口装货，返回原装货港或其附近港口。卸货后，往返航次租船终止，船舶出租人的合同义务完成。

（3）连续单航次租船（Consecutive Single Voyage Charter）。连续单航次租船是指船舶出租人与承租人约定，提供船舶连续完成几个单航次的租船方式。被租船舶在相同两港之间连续完成两次以上的单航次运输后，航次租船合同结束，船舶出租人的合同义务完成。

这种运输经营方式主要应用于某些货主拥有数量较大的货载，一个航次难以运完的情况。在连续单航次租船中，连续单航次租船合同可按单航次签订若干个租船合同，也可以只签订一个租船合同。

（4）连续往返航次租船（Consecutive Return Voyage Charter）。连续往返航次租船是指船舶出租人与承租人约定，提供船舶连续完成几个往返航次的租船方式。被租船舶在相同两港之间连续完成两个以上往返航次运输后，航次租船合同终止，船舶出租人的合同义务完成。

4．航次租船的特点

航次租船的特点主要表现在：

（1）特定船舶、特定货物、特定港口和特定航线。

（2）航次租船合同是确定船舶出租人与承租人的权利、义务和责任的依据。

（3）承租人负责完成货物的组织，支付运费及相关的费用。

（4）船舶出租人占有和控制船舶，负责船舶的营运调度、配备和管理船员。

（5）船舶出租人负责船舶营运所支付的费用，包括固定营运费用和可变营运费用。

（6）船舶出租人出租整船或部分舱位，按实际装船的货物数量或整船舱位包干计收运费。

（7）承租人向船舶出租人支付的运输费用通常称为运费（Freight）而不称为租金（Hire）。

（8）航次租船合同中规定了可用于在装卸港口装卸货物的时间、装卸时间的计算方法、滞期和速遣以及滞留损失等。

（三）光船租船

1．光船租船的概念

光船租船又称船壳租船，是指船舶出租人向承租人提供不配备船员的船舶，在约定的时间内由承租人占有、使用和营运，并向出租人支付租金的一种租船方式。这种租船方式实质上是一种财产租赁方式，船舶出租人不具有承揽运输的责任。在租期内，船舶出租人只提供一艘空船给承租人使用，船舶的船员配备、营运管理、供应，以及一切固定或可变的营运费用都由承租人负担。船舶出租人在租期内除了收取租金外，对船舶和其经营不再承担任何责任和费用。

2．光船租船的特点

（1）船舶出租人提供一艘适航空船，不负责船舶的运输。

（2）承租人配备全部船员，并承担指挥责任。

（3）承租人以承运人身份负责船舶的经营及营运调度工作，并承担在租期内的时间损失，包括船期延误、修理等。

（4）承租人负担除船舶的资本费用外的全部固定及可变成本。

（5）以整船出租，租金按船舶的载重吨、租期及商定的租金计算。

（6）船舶的占有权从船舶交予承租人使用时起，转移至承租人。

（四）包运租船

1. 包运租船的概念

包运租船是指船舶出租人向承租人提供一定吨位的运力，在确定的装卸港口之间，按事先约定的时间、航次周期和每航次较为均等的运量，完成合同规定的全部货运量的租船方式。以包运租船方式签订的租船合同称为"包运租船合同"或"运量合同"（Quantity Contract/Volume Contract）。

2. 包运租船的特点

（1）包运租船合同中一般不确定某一船舶，仅规定租用船舶的船级、船龄和其技术规范等。

（2）租期的长短取决于运输货物的总运量及船舶的航次周期。

（3）货物主要是运量较大的干散货或液体散装货物。

（4）航次中所产生的航行时间延误风险由船舶出租人承担，而对于船舶在港内装卸货物期间所产生的延误，与航次租船相同，一般是通过合同中的装卸时间和滞期条款来处理，通常是由承租人承担船舶在港的时间损失。

（5）运费按船舶实际装运货物的数量及约定的运费费率计收，通常采用航次结算。

（6）装卸费用的责任划分一般与航次租船方式相同。

（五）航次期租

目前，国际海运实务中还经常使用一种介于航次租船和定期租船之间的租船方式，即"航次期租"（Time Charter On Trip Basis，TCT），又称为日租租船（Daily Charter）。航次期租是指由船舶出租人向承租人提供船舶，在指定的港口之间，以完成航次运输为目的，按实际租用的天数和约定的日租金率计算租金的租船运输经营方式。航次期租的特点是没有明确的租期，而只规定了特定的航次。

航次期租结合了定期租船和航次租船的特点，从而形成其独具特色的租船方式。其基本概念可从以下两方面理解：一方面是租期的计算以船舶所完成的本航次任务为基础，类似于航次租船，一般是从船舶运抵第一装货港的引水锚地时起租，直至该船于最后一个卸货港卸完货后，并由引航员引至引水锚地、引航员离船为止。当然具体还船时间及地点，可由双方当事人在租船合同中规定；另一方面，尽管租期的计算类似于航次租船，但是船舶出租人收到的不是航次租船中的运费，而是类似于定期租船方式中的租金，一般为15天预付一期租金。航次期租对于承租人来说既可以避免期租过程中的风险，诸如缺少长期、固定的货源等，也可以保护商业机密。由于装、卸港代理均由租船人指派，故船舶出租人基本上无法了解货物详细情况，而且在船舶装载能力许可的条件下，可以尽可能地多装货，以获取更大的利润。对于船舶出租人来说，采用航次期租的租船方式，最大的益处是减少风险，这主要是指船舶港口作业及停泊的时间风险，所有这些风险都由租船人承担。

四、船舶的种类

海上货物运输船舶的种类繁多，货物运输船舶按照其用途不同，可分为干货船和液体船两大类。

（一）干货船（Dry Cargo Ship）

根据所装货物及船舶结构、设备不同，干货船可分为：

1. 杂货船（General Cargo Ship）

杂货船一般是指定期航行于货运繁忙的航线，以装运零星杂货为主的船舶。这种船航行速度较快，船上配有足够的起吊设备，船舶构造中有多层甲板把船舱分隔成多层货舱，以适应装载不同货物的需要。杂货船应用广泛，在世界商船队中吨位总数居首位。杂货船通常根据货源的具体情况及货运需要航行于各港口，设有固定的船期和航线。

2. 干散货船（Bulk Cargo Ship）

干散货船是用以装载无包装货物，如谷物、煤、矿砂、盐、水泥等大宗货物的船舶。依所装货物的种类不同，又可分为粮谷船（Grain Ship）、煤船（Collier）和矿砂船（Ore Ship）。这种船大都为单甲板，舱内不设支柱，但设有隔板，用以防止在风浪中运行时舱内货物错位。

3. 冷藏船（Refrigerated Ship）

冷藏船是专门用于装载冷冻、易腐货物的船舶。船上设有冷藏系统，能调节多种温度以适应各舱货物对不同温度的需要。

4. 集装箱船（Container Ship）

集装箱船又称为吊上吊下船，由于集装箱船航速较快，大多数船舶本身没有起吊设备，需要依靠码头上的起吊设备进行装卸。集装箱船可分为部分集装箱船、全集装箱船和可变换集装箱船三种：

（1）部分集装箱船（Partial Container Ship）。仅以船的中央部位作为集装箱的专用舱位，其他舱位仍装普通杂货。

（2）全集装箱船（Full Container Ship）。专门用以装运集装箱的船舶。它与一般杂货船不同，其货舱内有格栅式货架，装有垂直导轨，便于集装箱沿导轨放下，四角有格栅制约，可防倾倒。集装箱船的舱内可堆放3~9层集装箱，甲板上还可堆放7~9层，目前我国沿海大港大多数都能靠泊1.4万TEU的集装箱船。

（3）可变换集装箱船（Convertible Container Ship）。其货舱内装载集装箱的结构为可拆装式的。因此，它既可装运集装箱，必要时也可装运普通杂货。

5. 滚装船（Roll On/Roll off Ship）

滚装船又称滚上滚下船，主要用来运送汽车和集装箱。这种船本身无需装卸设备，一般在船侧或船的首、尾有开口斜坡连接码头，装卸货物时，或者由汽车、或者由集装箱（装在拖车上的）直接开进或开出船舱。这种船的优点是不依赖码头上的装卸设备，装卸速度快，可加速船舶周转。

6. 载驳船（Barge-carrying Ship）

载驳船又称子母船，是指在大船上搭载驳船，驳船内装载货物的船舶。载驳船的主要优点是不受港口水深限制，不需要占用码头泊位，装卸货物均在锚地进行，装卸效率高。目前较常用的载驳船主要有"拉希型"（Lighter Aboard Ship, LASH）和"西比型"（Seabee）两种。

7. 木材船（Timber Ship）

木材船是指专门用于装载木材或原木的船舶。这种船舱口大，舱内无梁柱及其他妨碍装卸的设备。船舱及甲板上均可装载木材。为防甲板上的木材被海浪冲出舷外，在船舷两侧一般设置有不低于一米的舷墙。

8. 牲畜运输船（Livestock Ship）

牲畜运输船是指专门用来装运活牲畜的船舶。这种船舱内设有喂食口、清扫口和排水口等装置。

（二）液体船（Wet Cargo Ship）

液体船是指主要用来装运液体货物的船舶。液体船根据所装货物种类不同，又可分为油轮、液化天然气船、液化石油气船和化学品船。

1. 油轮（Oil Tanker）

油轮主要用来装运液态石油类货物。它的特点是机舱都设在船尾，船壳衣身被分隔成数个贮油舱，有油管贯通各油舱。油舱大多采用纵向式结构，并没有纵向舱壁，在未装满货时也能保持船舶的平稳。

2. 液化天然气船（Liquefied Natural Gas Carrier）

液化天然气船专门用来运输经过 –162℃ 低温液化的天然气（主要成分是甲烷）。

3. 液化石油气船（Liquefied Petroleum Gas Carrier）

液化石油气船主要用来运输以丙烷和丁烷为主要成分的石油碳氢化合物或两者的混合气，以及丙烯和丁烯等化工产品，近年来乙烯也被列入其运输范围。这些船的工作温度一般在 –45℃ 以下，采用管道进行装卸。

4. 化学品船（Chemical Ship）

化学品船是指经过特别建造或改装的，用于运载各种有毒的、易燃的、易挥发或有腐蚀性的化学物质的货船。液体化学品船多为双层底和双重舷侧，货舱设有分隔并装有专用的货泵和管系。货舱内壁和管系采用不锈钢或抗腐蚀涂料。

技能一　租船运输合同的内容和租船业务程序

一、航次租船合同

（一）航次租船合同的含义

航次租船合同，是指船舶所有人按双方事先议定的运费率（或包干运费）与条件将船舶租与租船人，自某一港口或若干港口装运整船货物或部分货物至指定的目的港或者某一地区的若干港口而签订的租船合同。

（二）航次租船合同的种类

航次租船合同按航次租船的形式可分为单航次租船合同、往返航次租船合同、连续单航次租船合同、连续往返航次租船合同、包运租船合同等。

按船舶载运货物的种类，可分为件杂货航次租船合同、干散货航次租船合同、油轮航次租船合同等。

（三）航次租船合同的主要内容

目前，国际上没有专门关于航次租船合同的国际公约。各国对航次租船合同一般规定根据"合同自由"原则由船舶出租人和承租人之间商订内容和签约。我国《海商法》第四章第七节专门列出"航次租船合同的特别规定"，并规定"本章其他关于合同当事人之间的权利、义务的规定，仅在航次租船合同没有约定或者没有不同约定时，才适用于航次租船合同的出租人和承租人"。因此，最终划分合同当事人权利、义务以及处理双方之间争议，只有依据他们订立的合同条款。

一般而言，航次租船合同主要包括合同当事人的名称、船舶概况与船舶动态、货物种类与数量、装卸港口、受载期限与解约日、装卸费用、提单、运费、滞期费、速遣费、双方当事人责任与免责、经纪人佣金、船舶代理人指定、留置权、绕航、燃料补给、共同海损、仲裁等条款。

航次租船最大的特点是货物装卸责任及其费用需要由当事人在合同中予以规定。

常用的装卸费用条款主要有：

（1）出租人不负担装卸费条款（FIO）。指出租人不负担装货费和卸货费。

（2）出租人不负担装卸费、平舱费和积载费条款（FIOST）。指出租人除了不承担装卸费外，也不承担平舱费和积载费。在涉及货物绑扎费用时，为了避免引起双方争议，合同通常采用"FIOST Lashed"条款，以明确绑扎费用由承租人负担。

（3）出租人负担装卸费条款。也称班轮条款（Liner Term）、泊位条款（Berths Term）、总承兑条款（Gross Term）、船边交接货物条款（FAS）等，指出租人装卸货物的责任与班轮运输方式下的船东责任相同。

除上述条款以外，还有出租人不负担装船费用，但负担卸货费用条款（FILO），以及出租人负担装货费用，但不负担卸货费用条款（LIFO）等。

（四）航次租船合同的格式

在租船业务中，为了简化、加快租船合同签订的进程，节省为签订租船合同所花的费用，双方当事人是以选定的某一租船合同格式作为洽商合同条款的基础，对其内容进行必要的增、删、改。因此，为了能正确地选用标准租船格式并视其需要增删一些内容，认真学习和研究国家广泛使用的标准租船格式，是租船合同双方和租船经纪人开展租船业务的基础。

国际租船市场上的租船合同的格式很多，既有由英国航运公会（GCBS）、波罗的海国际航运公会（BIMCO）等公共机构制定的被公认并被广泛使用的标准租船合同格式（Standard C/P Forms），也有虽不属于标准租船格式，但仍有一定的规律性并被广泛采用的非标准租船格式（Non-Standard C/P Forms），以及由广大厂商仅就某一特定货物所制定的、只在自己租船时使用的厂商租船合同格式。

在航次租船中，目前以"金康"（GENCON）格式应用最为普遍。金康是"统一杂货租船合同"的租约代号，它是由国际上著名的船东组织——波罗的海国际航运公会（BIMCO）于1922年制定，并经历1939年、1950年、1966年、1976年、1994年多次修改的标准航次租船合同格式。它是一个适用于各种货物、各种航线的较广泛的标准格式。1994年金康除了绕行条款、代理、经纪人费用、普通罢工条款、普通冰冻条款保持不变外，删除了原赔偿条款，新增了双方互有责任碰撞条款，还对其余条款进行了修改、补充，并增加了若干条款。

航次租船合同中会涉及下列两种费用：

一是滞期费。在定程租船运输中，如果由于租船人的原因而非船方的责任，未能在租船合同规定的时间内完成装船或者卸货，致使船舶留港时间延长，增加船东在港口所支付的费用和遭受船期损失，为补偿船东的这种损失，租船人应当按照实际滞延的时间以及租船合同中规定的费率向船东支付补偿金。我们称这种补偿金为滞期费，其费率称为滞期费率。

二是速遣费。由于租船人的原因，在约定的装货和/或卸货时间之前完成装货或者卸货，使船舶早日离港，节约了船东的港口费用并获得船期利益。对所节约的时间，船东应该给予租船人一定的奖励，我们称这种奖励为速遣费。速遣费通常按照其费率的50%计算。

二、定期租船合同

（一）定期租船合同的含义

定期租船合同（TC），简称期租合同，是指船舶所有人按一定的条件，以收取租金的方式，在一定的期限内把船舶出租给租船人，由租船人按约定的用途使用的租船合同。有关租期的长短主要由出租人与承租人双方根据实际情况洽商而定。短期的合同通常为2～3个月，长期的则为3～5年不等。在实际业务中，双方当事人也有采取以从抵达装运港交船时起到目的港卸货完毕时止的航次时间为租期，并按期租方式进行业务运作、支付租金的租船方式，即航次期租（TCT）。

（二）定期租船合同的主要内容

定期租船合同通常包括：船舶说明条款、交船条款、租期条款、合同解除条款、货物条款、航次区域条款、出租人提供的事项条款、承租人提供的事项条款、租金支付条款、还船条款、停租条款、出租人责任与免责条款、使用与赔偿条款、转租条款、允许承租人派人随船监督条款、共同海损条款、仲裁条款、首要条款、新杰森条款、双方互有过失碰撞条款、战争条款、佣金条款等。

（三）定期租船合同的格式

目前，常见的定期租船合同格式主要有"波尔的姆"合同和"土产格式"合同。

（1）统一定期租船合同（Uniform Time Charter），租约代码为波尔的姆。它是由BIM-

CO 于 1909 年制定，后经 1911 年、1912 年、1939 年、1950 年、1974 年数次修订的标准定期租船合同。它比较维护出租人的利益。

（2）定期租船合同（Time Charter），代码为土产格式（Produce Form）。它是由美国纽约土产交易所（NYPE）于 1913 年制定，后经 1946 年和 1993 年修订的标准定期租船合同，也称 NYPE 格式。NYPE 格式较多地维护了承租人的利益。目前，使用比较多的是 1946 年的格式。

三、租船程序

租船合同的洽订通常情况下是通过租船经纪人进行的。一项租船业务从发出询价到缔结租船合同的全过程称为租船程序（Chartering Procedure，Chartering Process）。通常情况下，租船程序大致经过租船询价、租船要约、租船还价、租船承诺、签订租船合同几个阶段。租船程序的整个过程实际上是船舶出租人和承租人通过经纪人或直接就各自的交易条件向对方进行说明、说服、协商的谈判过程。

（一）租船询价

租船询价又称租船询盘（Chartering Inquiry），询盘的目的和作用是让对方知道发盘人的意向和需求的概况，通常是指承租人根据自己对货物运输的需要或对船舶的特殊要求通过租船经纪人在租船市场上发出租用船舶的意向。询价也可以由船舶出租人为承揽货物而首先通过租船经纪人在租船市场发出。当然，询价也可以由船舶出租人或承租人直接发出。

（二）租船要约

租船要约（Offer）又称租船报价或租船发盘，承租人或船舶出租人围绕租船询价中的内容，就租船涉及的主要条件答复询价方即为租船要约。当船舶出租人从租船经纪人那里得到承租人的询价后，经过成本估算或者其他的询价条件，向承租人提出自己所能提供的船舶情况和运费率或租金率，租船要约的具体内容与租船询价的具体内容大致相同。由于要约对要约人有约束力，实务中往往在租船要约中附带某些保留条件，从而使得租船要约报价按不同的约束力分为绝对发盘和条件发盘。

1. 绝对发盘

绝对发盘是指具有绝对成交的意图，主要条款明确、肯定、完整而无保留，具有法律效力。发盘方不能撤回或更改发盘中的任何条件。绝对发盘时，发盘人一般都规定对方接受并答复的期限，并在期限内不得再向第三方做出相同内容的发盘；接收方要在期限结束前给予明确答复，否则无效。绝对发盘的发出意味着租船业务洽谈进入决定时刻，如果接受发盘方认可发盘中的条件，并在期限内予以同意的答复，则该项租船业务即告成立；如果接受发盘方明确表示不接受发盘中的条件，或在期限内不予答复，则该项租船业务即告失败。

2. 条件发盘

条件发盘是指发盘方在发盘中对其内容附带某些"保留条件"，所列各项条件仅供双方进行磋商，接受发盘方可对发盘中的条件提出更改建议的发盘方式。由于租船要约对于租船要约人有约束力，为了避免这种约束以及在谈判中掌握主动，租船要约人在实务中往往会在租船要约中附带某些保留条件，在保留条件未成立前，条件发盘不构成一项具有约束力的合同，对租船业务谈判双方不具备约束力。

条件发盘中比较常见的保留条件有：以细节内容为条件；以发货人接受船舶受载期为条件；以双方签订正式合同文本为条件；以船舶未出租为条件等。

（三）租船还价

租船还价（Counter Offer）又称还盘，是接受发盘的一方对发盘中的一些条件提出修改，或提出自己的新条件，并向发盘人提出的过程。还价意味着询价人对报价人报价的拒绝和新的报价开始，我国《合同法》将还盘认定为一种新要约。因此，报价人对还价人的还价可能全部接受，也可能部分接受，对不同意部分提出再还价或新报价。这种对还价条件做出答复或再次做出新的报价称为反还价或称反还盘。

（四）租船承诺

租船承诺（Acceptance）又称受盘或接受订租，即明确接受或确认对方所报的各项租船条件。原则上，接受订租是租船程序的最后阶段，一项租船业务即告成立，至此租船合同成立。

（五）签订订租确认书

租船实务中通常的做法是在达成租船承诺后，当事人之间还要签署一份"订租确认书"（Fixture Note）。双方签订的订租确认书实质就是一份供双方履行的简式的租船合同，订租确认书经双方当事人签署后，各保存一份备查。

订租确认书的主要内容包括：订租确认书的签订日期；船名或可替代船舶；签约双方的名称和地址；货物名称的和数量；装卸港名称及受载期；装卸费用、负担责任；运费或租金率、支付方法；有关费用的分担（港口使费、税收等）；所采用标准租船合同的名称；其他约定特殊事项；双方当事人或其代表的签字等。

技能二　班轮租船订舱应考虑的因素及租船订舱的步骤

一、租船订舱的含义

租船订舱是发货人或其代理人与承运人联系运输事项的过程。租船订舱的概念本身包括租船运输的租船和班轮运输的订舱两个方面的含义，其中的租船是指租用整条船，而订舱是指租用船上的一部分舱位。但在实际业务中，人们习惯上将向承运人租船或订舱这个业务环节统称为租船订舱。对于班轮运输而言，租船订舱指的就是订舱；对集装箱运输而言，租船订舱就是指订箱；对散装货物等需要租船运输而言，租船订舱就是指租整船。

二、班轮订舱应考虑的因素

班轮订舱应该综合考虑以下的因素：

（1）承运人。选择合适的承运人是发货人或货运代理人应首先考虑的因素，不仅要参考承运人的运费价格、船期、服务等情况，更应着重考察承运人的实力和信誉。一定要防止只重视运费价格而忽视承运人实力和信誉的做法，以免发生即便是承运人的责任但其又无力承担的情况。

（2）船期。班轮的船期是固定的，船期的选择主要考虑货物是否能和船期相衔接，既要防止订妥舱位，到了装船期货物却没有备妥，即"船妥货不妥"，造成空舱，缴纳空舱费，也要防止货备妥而订不上舱位，即"货妥船不妥"的情况，造成无法及时装运，甚至影响信用证结算。

（3）运费率。这是发货人比较关注的因素，直接关系到发货人的运输费用，通常应该向几家船公司询问，争取最优惠的运价。

（4）航线、停靠港口、是否转船。查询船公司的航线情况，选择停靠港口，以确定是否能满足发货人的运输要求，更重要的是考虑是直达还是需要转船。在其他条件相近的情况下，应该优先选择直达，尽量避免选用转船，因为转船一方面使货物在途时间要延长，另一方面也容易发生货损货差或灭失的情况。

（5）装货港。应该尽量选择离货物产地较近的装货港，以降低国内运输费用。

（6）集装箱数量、规格。应综合考虑集装箱货物的毛重及其包装规格、港口设备、运输机力的局限、集装箱的限重和容积等因素来确定集装箱的数量及其规格。货物不能占据箱内的全部空间。另外，装卸港所在国家的交通管理部门一般都有相关要求，所以在订舱配载时对这些要有所考虑。

（7）集装箱种类。主要是按照货物的特性，选择相应的集装箱。比如，是需要干货箱还是冷冻箱，是需要开口集装箱还是罐装集装箱，是需要一般货物的普通集装箱还是危险品集装箱等。

（8）有无温度要求。凡是对于冷冻箱运输的货物，都需要在租船订舱时向承运人确定准确的冷冻温度，并由承运人落实能否满足运输过程中的温度控制需要，以免因为没有明确冷冻温度或是温度设定不准确而使货物质量受到影响，更严重者会造成货物的腐烂变质。

（9）目的港。是属于基本港还是非基本港，在其他条件相似的情况下，应优先选择基本港；如果是非基本港，费用肯定要比基本港高，而且时间上也不如基本港有保障。

（10）货物是否属于危险品。应该确定运输的货物是否属于危险品管理范围，如果是危险品，在订舱时，应选择适合于危险品运输的集装箱，并告知承运人，以便其在集装箱抵港时，提前通知航口码头堆场，按危险品规定堆放。

（11）班轮运行准确率。这是班轮服务质量的重要考核指标，运行准确率直接影响进口商的收货时间，特别是对于一些季节性很强的商品，班轮运行准确率尤为重要。

（12）舱位紧张程度。它决定了订舱的时间。比如，某港口某段时间去欧洲航线的舱位十分紧张，一般都是提前两个月订舱。如果不了解这个信息，还是按照平常的船期情况与进口商谈判确定船期，那么等与进口商谈定合同后，工厂准备货物，再去联系订舱，很有可能就订不上舱位。这种情况在实际业务中是很容易发生的，因此，一定要及时了解航线舱位的情况，以便及时调整货物的装运期和生产准备时间。

（13）信用证结算的情况。信用证中是否订立了某些需要承运人配合完成的特殊条款，如果有，一定要在订舱时提前与船公司沟通，以得到船公司的认可与确认。比如，需要出具特定的船龄证、船籍证，要求在提单上显示运费、显示 FOB 值等。

实际业务中，班轮订舱时应防止因为考虑因素不周，航线安排不合理，造成运费负担增加，或订舱舱位不足，或航期不合理，因时间过于紧张，容易在运作过程产生差错的情况。因此，在办理订舱时一定要将各种因素考虑周全，这也是货运代理应具备的基本技能。

三、租船订舱的步骤

租船订舱的步骤如下：

（1）货运代理接受发货人订舱委托。

（2）货运代理缮制货物托运单，也称订舱委托书，随同商业发票、装箱单等其他必要单证一同传给船公司或其代理公司办理订舱。在实际业务中，很多船公司也接受出口货物装货单代替货物托运单作为订舱委托书。

（3）船公司或其代理公司根据船期具体情况，决定是否接受订舱。如果接受订舱则在托运单上编上与 B/L 号码一致的编号，填上船名、航次；如果是集装箱货物，则给出集装箱号码，并签署，即表示已确认托运人的订舱，同时把配舱回单即订舱单、装货单等与托运人有关的单据退还给托运人。

订舱单是承运人或其代理人在接受发货人或货物托运人或其货运代理的订舱时，根据发货人或其货运代理的口头或书面申请货物托运的情况，依据以安排货物或集装箱运输而制定的单证。该单证一经承运人确认，便作为承、托双方订舱的凭证。

技能三　出口货物装货单的填制内容

出口货物装货单，俗称"下货纸"，是办理订舱的基本单据。在海运出口业务中，船公司依据此单据中的内容安排舱位，发货人或其代理持盖有船公司订舱确认章的出口货物装货单向检验检疫局和海关申报，办理出口手续。因此，出口货物装货单是出口货运中的重要单据之一。

出口货物装货单的格式相对固定，其主要内容包括：

（1）托运人。填写合同的卖方或是信用证的受益人的名称及地址。如果由第三方发货，只要信用证没有禁止，本栏可以填写第三方作为发货人。

（2）收货人。按照合同或信用证的规定填写。在实际业务中，一般都要求把收货人写成指示式，以方便收货人在货物到港后对货物进行处理。具体填制可以按照信用证中关于提单的规定，如"made out to order"，意思就是要求出口方在提单这个栏目上写上"to order"。

（3）通知人。因为提单的收货人经常写成指示式，所以需要让船方了解货物到达目的港后实际收货人或其代理人的联系方式。

（4）前程运输。这里是指在陆海联运情况下，前一程陆运的运输工具名称或者车牌号码。

（5）收货地点。这里是指在陆海联运情况下，前一程陆运的接货地点名称。

（6）运输工具名称。指海运段运输船舶的名称及航次号。

（7）装运港。指实际装货港口名称，应与信用证要求一致。

（8）卸货港。指实际的卸货港口名称，应与信用证要求一致。

（9）交货地点。如果是转船运输，这里应填写实际卸货港口名称，而在上面的卸货港处填写转船港口名称；如果是联运，这里应填写联运货物的最终目的地。

（10）最终目的地。指联运货物的最终目的地。

（11）唛头。指运输标志。

（12）货物描述。按照合同或信用证上的货物描述填写。

（13）集装箱号及封志号。租船订舱时由船公司填写的、拟租给发货人使用的集装箱号码。封志是指向出口海关申报得到海上发放的用于锁集装箱门的一种铅封，这种铅封是一次性的，锁上后，只有毁坏才能打开集装箱门。封志号就是铸在铅封上的号码，每个铅封上都是专用的号码，不能重复。

（14）包装种类。指货物的运输包装或外包装。

（15）箱数或件数。指集装箱的数量或货物的外包装数量，以阿拉伯数字表示。

（16）集装箱数或件数合计（大写）。以大写即文字表示的集装箱数量或是货物的外包装数量。

（17）毛重。货物的总毛重。

（18）尺码。货物的外包装尺寸，即外包装的长、宽、高之积。

（19）集装箱的交接方式。指集装箱在出口地和进口地交接货物的地点，应明确承运人是在出口地的CY/CFS还是DOOR的哪一处接货，又在进口地的CY/CFS还是在DOOR的哪一处交货。

（20）冷藏集装箱的冷藏温度要求。指发货人对承运人要求在运输过程中，需要对集装箱设定的冷冻温度，以防货物变质。

（21）提单份数。发货人要求承运人签发正本提单的份数。

（22）付运费地。支付运费的地点，以便承运人确定在何处收取运费。

（23）场站员签字。在货物装集装箱后，需进入集装箱货运站或堆场等待装船，而在进入集装箱货运站或堆场时，需要场站员签收货物，此处是场站人员接受货物后签字处，表示按此场站收据上列明的货物已收妥。

（24）签发地点。指签发提单的地点，应填写船公司或其代理人所在地。

（25）货物类型。指货物是属于普通货物还是冷藏货物，或是属于危险品还是其他需要特殊说明的货物。

（26）危险品级别和类型。按照危险品的管理规定，应标明危险品的级别和类型。

出口货物装货单

<table>
<tr>
<td colspan="2">Shipper（付货人）
GUANGZHOU FASHION COMPANY
NO. 1 NANJING ROAD GUANGZHOU GUANGDONG
CHINA</td>
<td colspan="3" rowspan="2">SHIPPING ORDER</td>
</tr>
<tr>
<td colspan="2">Consignee（收货人）
ABC TRADING CO.，LTD
388 Atlantic Ave
Brooklyn
NY 11217
USA</td>
</tr>
<tr>
<td colspan="2" rowspan="2">Notify Party（通知）
Same as Consignee</td>
<td colspan="2">SERVICE CODE
LCL/LCL□ LCL/FCL□
FCL/LCL ☑</td>
<td>Consol Code NO.</td>
</tr>
<tr>
<td colspan="2">S/O N0.（D/R N0.）</td>
<td></td>
</tr>
<tr>
<td>Vessel
PRINCESS</td>
<td>Voyage No.
V. 352</td>
<td colspan="2">Port of Loading
HUANGPU PORT</td>
<td>Place of Delivery
NEWYORK PORT</td>
</tr>
<tr>
<td>Local Charges（当地杂费）：
Prepaid ☑　Collect□</td>
<td>Ocean Freight(海运费)：
Prepaid ☑　　Collect□</td>
<td colspan="2">Number of Bs/L Signed
THREE</td>
<td>Final Destination
NEWYORK PORT</td>
</tr>
<tr>
<td colspan="5" align="center">PARTICULARS DECLARED BY SHIPPER</td>
</tr>
<tr>
<td>Marks &
Numbers</td>
<td>NO. of
Packages</td>
<td>Description of Goods</td>
<td>Measurements
cft. /cbm</td>
<td>Weights
Lbs. ｜ Kilos</td>
<td>F. O. B.
Value USD</td>
</tr>
<tr>
<td>N/M</td>
<td>1,000CTNS</td>
<td>MEN'S JEANS</td>
<td>30CBM</td>
<td>6,000K
GS</td>
<td>120,000. 00</td>
</tr>
</table>

Total Cntrs Tyne/Size（总箱数/箱型）　☑2×20GP　　□1×40GP　　□1×40HQ　　□其他

Add/Tel/Pie if require to Arrange Haulage（如需安排拖车，地址/电话/联系人，请在此单上出货前一天通知）

B/L Issued（签发提单）　　　　　Ocean B/L 海运单　　　　Telex Release 电放

Refer Goods（冷藏货）　　Temperature Required（所需温度）

Dangerous Goods & IMDG Code/Class（危险品货及代码/类别）

　　　　　　　　　　　　　　　　　　　　　　　　　　发货人

　　　　　　　　　　　　　　　　　　　　　　　　　签名/盖章

　　　　　　　　　　　　　　　　　　　　　托运日期：2013 - 07 - 5

小 结

本任务主要介绍了国际海上货物运输的特点、班轮运输的概念和特点、班轮运输的关系人和班轮船期表；班轮集装箱运输中集装箱的概念及其标准化、集装箱的特点、种类、货物装载方式与方法、货物交接地点和方式，海运集装箱的交接方式、集装箱的租赁；租船运输中主要介绍了航次租船、定期租船、光船租赁、包运租船和航次期租五种租船方式的概念、特点以及它们之间的区别、船舶的种类；租船运输合同的内容和租船业务程序；班轮租船订舱应考虑的因素及手续；出口装货单的主要内容等。

思考题

1. 简述海上货物运输的特点。
2. 简述班轮运输的概念和特点。
3. 集装箱有什么特点？
4. 简述集装箱货物的交接地点和方式。
5. 简述航次租船与定期租船的概念、特点以及它们之间的区别。
6. 什么是航次期租？它有什么特点？
7. 简述租船业务的基本程序。
8. 简述租船订舱的步骤。
9. 如何填写出口货物装货单？

任务四　出口单据的准备

【主要学习内容】

知识目标：

1. 出口许可证。
2. 商业发票。
3. 装箱单。
4. 原产地证书。
5. 受益人证明。
6. 船公司证明。

技能目标：

1. 出口许可证的申领和缮制。
2. 商业发票的缮制。
3. 包装单据的缮制。

4．原产地证书的缮制。

5．受益人证明的缮制。

任务描述：

完成租船订舱后，广州续航国际货运代理有限公司应广州市时尚服装有限公司的委托，按照相应的信用证以及实际货物情况，制作了相关的单证，主要有：出口许可证、商业发票、装箱单、原产地证书、受益人证明、船公司证明等。

知识一　出口许可证

一、出口许可证的概念

出口许可证（Export Licence），是指商务部授权发证机关依法对实行数量限制或其他限制的出口货物签发的准予出口的许可证件。出口许可证监管证件代码为"4"。加工贸易出口"出口许可证"管理的货物监管证件代码为"x"，边境小额贸易出口"出口许可证"管理的货物监管证件代码为"y"。

二、出口许可证管理

（1）出口许可证管理实行一证一关制、一批一证制和非一批一证制。一证一关制是指出口许可证只能在一个海关报关；一批一证制是指出口许可证在有效期内一次报关使用；非一批一证制是指出口许可证每次报关时，同一航次运输工具运载的同批货物，海关在许可证上作一次批注，如此类推 12 次后，该证若有余量则不可再使用。海关在第 12 次批注后，进行总量核注，并将纸质许可证海关留存联正本随附报关单归档。

（2）出口许可证有效期最长为 6 个月。出口许可证需要跨年度使用时，有效期的截止日期不得超过次年 2 月底。出口许可证应在有效期内使用，逾期自行失效，海关不予放行。如需延期，应当在有效期内提出延期申请。

（3）出口许可证应由出口企业或单位根据分级管理的原则，分级申请，于货物装运前向签证机关提出书面申请，经签证机关审核，符合有关规定、手续完备的，3 个工作日内即可予以签发。委托代理出口的，由接受代理的单位申领出口许可证。

（4）出口许可证号填写在报关单"许可证号"栏，一份报关单只允许填报一个许可证号。

知识二　商业发票

一、商业发票的概念

商业发票（Commercial Invoice）简称为发票，是出口方向进口方开列发货价目清单以及买卖双方记账的依据，也是进出口报关交税的总证明。商业发票是一笔业务的全面反映，内容包括商品的名称、规格、价格、数量、金额、包装等，同时也是进口商办理进口报关不可缺少的文件。因此，商业发票是全套出口单据的核心，在单据制作过程中，其余单据均需参照商业发票来缮制。

二、商业发票的种类

发票的种类主要包括：商业发票、银行发票、海关发票、领事发票、形式发票等。

（1）商业发票（Commercial Invoice），是出口商于货物运出时开给进口商作为进货记账或结算货款和报关缴税的凭证。

（2）银行发票（Banker's Invoice），是出口商为办理议付和结汇、满足议付行和开证行需要而提供的发票。

（3）海关发票（Customs Invoice），是某些国家规定在进口货物时，必须提供其海关规定的一种固定格式和内容的发票。

（4）领事发票（Consular Invoice），又称签证发票，是按某些国家法令规定，出口商对其国家输入货物时必须取得进口国在出口国或其邻近地区的领事签证的、作为装运单据一部分和货物进口报关的前提条件之一的特殊发票。

（5）形式发票（Proforma Invoice），也称预开发票或估价发票，是进口商为了向本国当局申请进口许可证或请求核批外汇时，在未成交之前，要求出口商将拟出售成交的商品名称、单价、规格等条件开立的一份参考性发票。

三、商业发票的作用

商业发票的作用有以下几方面：

（1）发票是交易的合法证明文件，是货运单据的核心，也是装运货物的总说明。

（2）发票是买卖双方收付货款和记账的依据。

（3）发票是买卖双方办理报关、纳税的计算依据。在货物装运前，出口商需要向海关递交商业发票，作为报关发票，海关凭此核算税金，并作为验关放行和统计的凭证之一。

（4）在信用证不要求提供汇票的情况下，发票代替了汇票作为付款依据。另外，一旦发生保险索赔，发票可以作为货物价值的证明等。

（5）发票是出口人缮制其他出口单据的依据。

知识三　装箱单

一、包装单据（Packing Documents）

包装单据是指一切记载或描述商品包装情况的单据，是商业发票的附属单据，也是货运单据中的一项重要单据。国际贸易中交易的货物，除了一小部分货物属于散装货物或裸装货物外，绝大多数货物都需要包装。因此，在通常情况下，包装单据是必不可少的文件。进口地海关验货、公证行检验、进口商核对货物时，都以包装单据为依据，从而了解包装内货物的具体内容，以便其接收、销售。

我国出口企业在出口报关时常常需要提供装箱单、重量单、尺码单等包装单据。实际上，它们是商业发票的补充单据，是对商品的不同包装规格条件、不同花色和不同重量分别列表详细说明的一种单据。它们是买方收货时核对货物的品种、花色、尺寸、规格和海关验收的主要依据。

对于不同特性的货物，进口商可能对某一或某几个方面（如包装方式、重量、体积、尺码）比较关注，因此，希望对方重点提供某一方面的单据。它包括不同名称的各式单据，例如，Packing List、Weight List、Measurement List、Packing Note、Weight Note……它们的制作方法与主要内容基本一致。装箱单着重说明包装情况，重量单着重说明重量情况，尺码单则着重对商品体积的描述。

二、包装单据的种类

根据不同商品有不同的包装单据，常用的包装单据有以下几种：

1. 装箱单（Packing List/Packing Slip）

装箱单又称包装单，重点说明每件商品包装的详细情况，表明货物的名称、规格、数量、唛头、箱号、件数和重量以及包装情况，尤其对不定量包装的商品要逐件列出其包装的详细情况。对定量装箱，每件商品都是统一的重量，则只需说明总件数多少，每箱重量多少，合计重量多少。如果信用证来证条款要求提供详细包装单，则必须提供尽可能详细的装箱内容，描述每件包装的细节，包括商品的货号、色号、尺寸搭配、毛净重及包装的尺寸等内容。

2. 重量单（Weight List/Weight Note）

重量单除了反映装箱单上提供的内容外，还应尽量详细地表明商品每箱毛重、净重及总重量的情况，供买方安排运输、存仓时参考。一般而言重量单起码要具备编号及日期、商品名称、唛头、毛重、净重、皮重、总件数等内容。

3. 尺码单（Measurement List）

尺码单偏重于说明每件货物的尺码和总尺码，即在装箱单内容的基础上再重点说明每件不同规格项目的尺码和总尺码。如果货物不是统一尺码的，应逐件列明货物的尺码。

4. 其他包装单据

包括：花色搭配单（Assortment List）、包装说明（Packing Specification）、详细装箱单（Detailed Packing List）、包装提要（Packing Summary）、重量证书（Weight Certificate/Certificate of Weight）、磅码单（Weight Memo）等。

其中，装箱单、重量单以及尺码单是实际业务中用得最多的包装单据。

知识四　原产地证书

一、原产地证书（Certificate of Original）

（一）原产地证书的概念

原产地证书是出口商应进口商要求而提供的、由公证机构或政府或出口商出具的证明货物原产地或制造地的一种证明文件。

原产地证书是贸易关系人交接货物、结算货款、索赔理赔、进口国通关验收、征收关税的有效凭证，它还是出口国享受配额待遇、进口国对不同出口国实行不同贸易政策的凭证。

（二）原产地证书的作用

（1）确定产品的关税待遇，提高市场竞争力的重要工具。

（2）证明产品内在品质或结汇的依据。

（3）进行贸易统计的依据。

（4）货物进口国实行有差别的数量控制、进行贸易管理的工具。

二、原产地证书的种类

原产地证书一般可分为以下几种：

（1）普通产地证（Certificate of Origin）。又称一般原产地证，是国际贸易中使用最多的产地证，简称产地证（C. O.）。一般原产地证书可以分为两种：一种由中国国际贸易促进委员会（简称CCPIT）签发，另外一种由中国进出口检验检疫中心（简称CIQ）签发。

（2）区域性经济集团互惠原产地证书。目前主要有《中国—东盟自由贸易区优惠原产地证明书》（FORM E）、《亚太贸易协定原产地证明书》（FORM B）、《中国与巴基斯坦自由贸易区原产地证明书》（FORM P）、《中国—智利自由贸易区原产地证书》（FORM F）、《中国—新西兰自由贸易区优惠原产地证明书》（FORM N）、《中国—新加坡自由贸易区优惠原产地证明书》、《中国—秘鲁自由贸易协定原产地证书》等。该类原产地证书一般由商检局签发。

（3）制造商或生产厂家出具的产地证。根据进口商的不同要求，进口国海关除认可由出入境检验检疫局或中国国际贸易促进委员会签发的中国原产地证外，有时也认可由出口商、生产厂家等出具的证明货物原产地的文件。因此，如果信用证对产地证的条款仅为"Signed Certificate of Origin In Triplicate"，没有加注签发机构的要求，甚至可以出具出口商或厂家的产地证明。

（4）普惠制产地证（Generalized System of Preference Certificate of Origin）。是根据发达国家给予发展中国家的一种关税优惠制度——普遍优惠制签发的一种优惠性原产地证。采用的是格式A，证书颜色为绿色。在对外贸易中，可简称为FORM A或GSP FORM A。普惠制产地证由商检局签发。

普惠制的原则包括普遍原则、非互惠原则和非歧视原则。普遍原则是指发达国家应对发展中国家的制成品和半成品给予普遍的优惠待遇；非互惠原则是非对等的，指发达国家应单方面给予发展中国家优惠关税待遇，而不要求发展中国家给予同等待遇；非歧视原则是指应对所有的发展中国家都给予优惠待遇，不应区别对待，也不应有例外。

享受普惠制待遇的商品必须符合下列条件：

（1）原产地标准。一切商品均可分为两类：一类为"完全原产地"，即商品完全是受惠国出产或制造，没有使用任何进口原料或零部件；另一类为全部或部分使用了进口原料或零部件（包括来源不明的原料和零部件）生产的产品。从普惠制的角度来说，受惠国出口的商品要获得享受普惠制关税的待遇，该出口商品必须在受惠国进行生产和制造，其中所使用的进口原料或零部件必经过充分的加工，使这些进口原料或零部件有实质性的改变，或者符合给惠国提出的其他条件。

（2）商品要符合直接运输的原则。出口商品不但要在受惠国生产或制造，而且必须直接从受惠国运往给惠国。通过过境国的，必须在过境国海关监管之下，没有投入当地市场销售或交付当地使用，更不能在那里进行其他再加工。

（3）必须提供有效的证明文件，即普惠制原产地证明书（申报和证明联合）格式A，简称GSP FORM A，及其他有关的单证。FORM A产地证书是受惠国的原产品出口到给惠国时享受减、免关税优惠待遇的法律凭证，它不同于一般产地证书（简称C/O）。一般产地证书是享受最惠国待遇的有效证件，普惠制FORM A产地证则是享受普惠制减、免税待遇的有效证件。普惠制产地证可以由受惠国的商检机构或权威机构签发。

知识五　受益人证明

一、受益人证明的概念

受益人证明（Beneficiary's Certificate）是一种由信用证的受益人（即出口商）出具的证明，以便证明自己履行了信用证规定的任务或证明自己按信用证的要求办事，如证明所交货物的品质、证明运输包装的处理、证明按要求寄单等。受益人证明一般无固定格式，内容多种多样，以英文制作，通常签发一份。

二、受益人证明的基本要求

（1）单据名称。这种单据的名称因所证明事项的不同而略有差异，可能是寄单证明、寄样证明（船样、样卡和码样等）、取样证明，也可能是证明货物产地、品质、唛头、包装和标签情况、电抄形式的装运通知、证明产品生产过程、证明商品业已检验、环保与人权方面的证明（非童工、非狱工制造）等。

（2）证明上通常会显示发票号、合同号或信用证号以表明与其他单据的关系。

（3）证明的内容应严格与合同或信用证的规定相一致。

（4）因属于证明性质，按有关规定证明人（受益人）必须签字。

（5）单据一般都应在规定的时间内作出。

知识六　船公司证明

一、船公司证明的概念

船公司证明（Shipping Company's Certificate）是船公司或其代理说明所载船舶某些特定事项的证明文件，是进口商为了了解货物运输情况或为了符合进口国当局规定而要求出口商提交的单据。

二、船公司证明的种类

常见的船公司证明主要有以下几种：

1. 船舶本身的证明文件

（1）集装箱船只证明（Certificate of Container Vessel）。进口商或银行在合同/信用证中规定货物须装集装箱船并出具相应证明的，可由受益人自行制作并加盖有关签发人的图章，也可在运输单据上加以注明。

（2）船龄证明。有些国家/地区来证规定装载货物的船舶的船龄不得超过15年，受益人必须要求船代或船公司出具载货船只的船龄证明书（Certificate to evidence the ship is not over 15 years old or is under 15 years of age），这样的要求主要目的在于禁止使用老龄船，保护货物运输安全。

（3）船籍证明（Certificate of Registry）。用于证明船舶所属国籍。

（4）船级证明（Confirmation of Class）。有的信用证规定提供英国劳合社船级证明，如"Class certificate certifying that the shipment is made by a seaworthy vessel which is classified 100A1 issued by Lloyds or equivalent classification society"，劳合社的船级符号为LR，标志为

100A1，"100A"表示该船的船体和机器设备是根据劳氏规范和规定建造的，"1"表示船舶的装备如船锚、锚链和绳索等处于良好和有效的状态，对这样的要求船公司或其代理通常应予以满足。国际上著名的船级社有英国劳合社、德国船级社（GL）、挪威船级社（DNV）、法国船级社（BV）、日本海事协会（NK）、美国船级社（ABS）等。

2. 运输和航行证明

（1）航程证明（Certificate of Itinerary）。主要说明航程中船舶停靠的港口，一些阿拉伯国家开来的信用证中，往往要求在提单上随附声明一份，明确船籍、船名、船东及途中所经港口顺序，出口方须按要求签发此类证明并按证明中所述行驶、操作船舶。

（2）转船证明（Certificate of Transshipment）。出口方出具转船证明书，说明出口货物将在中途转船且已联系妥当，并由托运人负责将有关转船事项通知收货人。

（3）货装具名船舶证明。如信用证要求："A certificate from the shipping company or its agent stating that goods are shipped by APL（意思是要求出口方提供由船公司或其代理出具的货装美国总统轮船公司的证明）。"

（4）船长收据（Captain's Receipt）。有的信用证规定，样品或单据副本由载货船只的船长代交给进口商，并提供船长收据，如委托船长带去而未取得船长收据将影响出口商收汇，这种情况常见于近洋运输。

3. 航运组织和公约证明

（1）班轮公会证明（Conference Line Certificate）。信用证规定货物须装班轮公会船只时，向银行所提交的单据中应包括船公司或船代出具的证明。

例1：信用证要求"A certificate issued by the carrier, shipping Co. or their agents certifying that shipment has been effected by conference line and/or regular line vessels only covered by Institute Classification Clause to accompany the documents"，其意思是由承运人、船公司或他们的代理签发证明，证实货物业已装运在符合伦敦协会船级条款的班轮公会船只或定期船上，该船证随单据提交。

例2：某信用证要求"Shipping company's certificate stating that the carrying vessel has entered P&I Club and should be attached with the original documents"，其意思是要求船证应明确载货船舶是船东保赔协会成员并应随附正本证明。

（2）黑名单证明。典型的是阿拉伯国家所要求的抵制以色列证明（Certificate of Boycott Israel）。其通常规定为："The vessel carrying the goods is not Israeli and will not call at any Israeli ports while carrying the goods and that the vessel is not banned entry to the port of the Arab States for any reasons whatever under the laws and regulations of such sates allowed（船上所装货物为非以色列原产，船不经停任何以色列港口，船只可依法自由进入阿拉伯国家法律和法规所容许进出的港口）。"

（3）SMC、DOC和SOLAS。这几个缩略语近年来常出现在信用证的要求中，SMC（Safety Management Certificate 船舶安全管理证书）和DOC（Document of Compliance 安全符合证书，也有人称其为船/港保安符合证书）是按照《国际安全管理规则》（ISM）的规定载货船舶应在船上拥有的必要证书。我国海事局按ISM的规章将DOC发给船公司，其船舶则可获得SMC。如果船公司没有相应证书，那么就没有办法按信用证要求来出具此类证明。

三、船公司证明示例

广州续航国际货运代理有限公司应广州市时尚服装有限公司的委托，按照相应的信用证以及实物情况，向船公司索要了相关证明。

CERTIFICATE BY SHPPING COMPANY

TO WHOM IT MAY CONCERN：

L/C NO. 3820214247
L/C DATE：JUN 10，2013

WE HEREBY CERTIFY THAT THE CARRYING STEAMER IS NOT A BLACKLISTED SHIP NOR OF ISRAE-LI NATIONALITY AND SHE IS NOT SCHEDULED TO CALL AT ANY ISRAELI PORTS.

COSCO CONTAINER LINES CO.，LTD
船公司盖章

技能一　出口许可证的申领和填制

一、出口许可证的申领

（一）申领所需文件和材料

（1）各类进出口企业申领出口许可证时，应向发证机关提供的文件和材料一般包括：①出口许可证申请表。申请表（正本）需填写清楚并加盖申领单位公章，所填写内容必须规范；②出口合同（正本复印件）；③申领单位的公函或申领人的工作证，代办人员应出示委托单位的委托函；④非外贸单位（指没有外贸经营权的各机关、团体和企事业单位，下同）申领出口许可证，需提供其主管部门（司、局级以上）证明；⑤第一次办理出口许可证的申领单位，应提供外经贸部或经其授权的地方外经贸主管部门批准企业进出口经营权的批准文件（正本复印件）；⑥外商投资企业第一次申领出口许可证，应提供政府主管部门批准该企业的批准证书和营业执照（复印件），由发证机关存档备案。

（2）一般贸易项下的出口，应提交的材料包括：①属配额管理商品，国家部委各类进出口企业应提交外经贸部出口配额审批部门的批件，各地各类进出口企业应提交各地外经贸主管部门的出口配额批件；②属军民通用化学品，应提交化工部的批件；③属制毒化学品，应提交外经贸部的批件；④重水应提交外经贸部的批件；⑤计算机应提交外经贸部批准的《出口计算机技术审查表》；⑥属配额有偿招标商品，应提交有关招标委员会下发的《申领配额有偿招标商品出口许可证证明书》；⑦属无偿招标商品，应提交有关招标委员会下发的中标证明书。

（3）进料加工复出口，属占用出口额度的商品，国家部委各类进出口企业应提交外经贸部批准的出口配额文件和进料加工的批件；各地各类进出口企业应提交各地外经贸主管部门批准的出口配额和进料加工的批件。属非占用额度的进料加工复出口商品，国家部委各类进出口企业应提交外经贸部的批准文件和进料加工登记手册。钢材、生铁、锌、食糖等商品的进料加工复出口，全国各类进出口企业应提交外经贸部的批件及进料加工登记手册。

（4）非贸易项下的出口，应提交的文件和材料包括：①出运样品。非外贸单位出口货样时，每批货样价值高于5 000元、不超过1万元的，应提交上级主管部门（司、局级以上）出具的公函。各类进出口企业，出运实行许可证管理的货样，每批货样价值高于5 000元的，应按一般贸易管理规定申领出口许可证；②出运展品。非外贸单位主办出国展销会所带物品，凡需要在外销售或展销会后不带回国的，应提交经外经贸部批准的举办展览会的批件。外经贸部授权的部委直属总公司主办出国展览会所带在外销售的物品，属许可证管理商品，应提交经外经贸部批准的举办展览会的批件。

（二）申领程序

1. 申请

申请即由申领单位或个人（以下简称"领证人"）向发证机关提出书面申请函件。申请的内容包括：出口商品（货物）名称、规格、输往国别/地区、数量、单价、总金额、交货期、支付方式（即出口收汇方式）等。同时，还需向发证机关交验有关证件或材料。

外贸公司凭合同正本（或复印件）；非外贸单位凭主管部门（厅、局级）的批准件；文物，凭文物主管部门的批准件；书刊，凭出版主管部门的批准件；名人字画（只限近代、现代），凭文化部的批准件；黄金白银（不含饰品），凭中国人民银行总行的批准件；专利、诀窍、传统技艺，凭国家专利局或主管部门的批准件；居民或村民，凭街道办事处或村民委员会出具的说明情况的证明函和购货发票办理有关手续方可出境。属于下列情况的，还需提供有关证件或材料：

（1）经批准享有出口经营权的外贸企业，第一次向发证机关申领出口许可证时，应提交主管部门批准成立公司（企业）的批文、公司（企业）章程、营业执照以及出口商品经营目录等复印件一套。

（2）经批准成立的外商投资企业，第一次向发证机关申领出口许可证时，应提交有关部门关于项目合同的批件、营业执照以及经国家外经贸部认可的年度出口计划等复印件一套。

2. 审核、填表

发证机关收到上述有关申请材料后进行审核。经同意后，由领证人按规定要求填写《中华人民共和国出口许可证申请表》（下称出口许可证申请表）。

3. 输入电脑

填好的出口许可证申请表，由申请单位加盖公章后送交发证机关，经审核符合要求的，由发证机关将申请表各项内容输入电脑。

4. 发证

发证机关在出口许可证申请表送交后的三个工作日内，签发《中华人民共和国出口许可证》，一式四联，将第一、二、三联交领证人，凭此向海关办理货物出口报关和银行结汇手续，同时收取一定的办证费用。

二、出口许可证的缮制

凡申领出口许可证的单位，应按规范填写出口许可证申请表。出口许可证申请表和出口许可证的格式基本一致，填写规范如下：

1. 出口商

（1）配额管理出口商品，应填写出口配额指标单位的进出口企业全称。

（2）一般许可证管理出口商品，应填写有出口经营权的各类进出口企业的全称。

（3）还贷、补偿贸易项目出口，应填写有出口经营权的代理公司全称。

（4）非外贸单位经批准出运货物，此栏填写该单位名称。

（5）企业编码，应按外经贸部授权的发证机关编定的代码填写（下同）。

2. 发货人

（1）配额招标商品（包括有偿和无偿招标）的发货人与出口商必须一致。

（2）其他出口配额管理商品的发货人原则上应与出口商一致，但与出口商有隶属关系的除外。

（3）还贷出口、补偿贸易出口和外商投资企业委托代理出口时，发货人与出口商可以不一致。

3. 出口许可证号

由发证机关编排。

4. 出口许可证有效截止日期

（1）实行"一批一证"制的商品，其许可证有效期自发证之日起最长为 3 个月。供港澳地区（不包括转口）的鲜活冷冻商品的许可证有效期为 1 个月。

（2）不实行"一批一证"制的商品、外商投资企业和补偿贸易项下的出口商品，其许可证有效期自发证之日起最长为 6 个月。

（3）许可证证面有效期如需跨年度时，可在当年将许可证日期填到次年，最迟至次年的 2 月底。

5. 贸易方式

贸易方式主要有：一般贸易、易货贸易、补偿贸易、进料加工、来料加工、外商投资企业出口、边境贸易、出料加工、转口贸易、期货贸易、承包工程、归还贷款出口、国际展销、协定贸易、其他贸易等。

（1）进料加工复出口，此栏填写"进料加工"。

（2）外商投资企业进料加工复出口，此栏填写"外商投资企业出口"。

（3）非外贸单位出运展卖品和样品每批价值在 5 000 元以上的，此栏填写"国际展销"。

（4）各类进出口企业出运展卖品，此栏填写"国际展销"，出运样品填写"一般贸易"。

6. 合同号

（1）指申领许可证、报关及结汇时所用出口合同的编码。

（2）原油、成品油及非贸易项下的出口，可不填写合同号。

（3）展品出运时，此栏应填写外经贸部批准办展的文件号。

7. 报关口岸

指出运口岸，此栏允许填写三个口岸，但只能在一个口岸报关。

8. 进口国（地区）

指最终目的地，即合同目的地，不允许使用地域名（如"欧洲"）。

9. 支付方式

此栏可填写的内容有：信用证、托收、汇付、本票、现金、记账和免费等。

10. 运输方式

可填写海上运输、铁路运输、公路运输、航空运输、邮政运输、固定运输等。

11. 商品名称和编码

按外经贸部发布的出口许可证管理商品目录的标准名称填写。

12. 规格、等级

规格、等级栏，用于对所出口商品作具体说明，包括具体品种、规格（如水泥标号、钢材品种等）、等级（如兔毛等级）。同一编码商品的规格型号超过四种时，应另行填写出口许可证申请表。"劳务出口物资"也应按此填写。出运货物必须与此栏说明的商品品种、规格或等级相一致。

13. 单位

指计量单位。非贸易项下的出口商品，此栏以"批"为计量单位，具体单位在备注栏中说明。

14. 数量、单价及总值

数量表示该证允许出口商品的多少。此数值允许保留一位小数，凡位数超出的，一律四舍五入。计量单位为"批"的，此栏均为"1"。单价是指与计量单位相一致的单位价格，计量单位为"批"的，此栏则为总金额。

15. 备注

填写以上各栏未尽事宜。

三、出口许可证的示例

中华人民共和国出口货物许可证（EXPORT LICENCE OF THE PEOPLE'S REPUBLIC OF CHINA）

1. 出口商　　　　编码　4401028747453 Exporter 广州市时尚服装有限公司	3. 出口许可证号 Export License No. 11 – 12 – 974506
2. 发货人 Consignor 广州市时尚服装有限公司	4. 出口许可证有效截止日期 Export Licence Expiry Date 2013 年 9 月 5 日
5. 贸易方式 Terms of Trade 一般贸易	8. 进口国（地区） Country/Region 美国
6. 合同号 Contract No. 20130601	9. 支付方式 Payment 信用证
7. 报关口岸 Place of Declaration 黄埔关区	10. 运输方式 Mode of Transport 海上运输

11. 商品名称 Description of Goods　男士牛仔裤				商品编码 Code of goods　6203.4290.62	
12. 规格、等级 Specification	13. 单位 Unit	14. 数量 Quantity	15. 单价 Unit Price	16. 总值 Amount	17. 总值折美元 Amount in USD
10,000 件男士牛仔裤	件	10,000	USD12.00	USD120,000.00	USD120,000.00
18. 总计 Total		10,000		USD120,000.00	USD120,000.00

19. 备注 Supplementary Details	20. 发证机关盖章 Issuing Authority's Stamp & Signature 21. 发证日期 Licence Date 2013 年 6 月 5 日

商务部监制　　　　　　　　　　　　　　　　　　　　本证不得涂改，不得转让

技能二　商业发票的缮制

一、商业发票的形式

商业发票没有统一规定的格式，每个出具商业发票的单位都有自己的发票格式。虽然格式各有不同，但是商业发票填制的项目大同小异。一般来说，商业发票应该具备以下主要内容：

1. 首文部分

首文部分应该列明商业发票的名称、发票编号、合同号码、发票的出票日期和地点以及船名、装运港、卸货港、发货人、收货人等。这部分一般都是印刷的项目，后面留有的空格需填写。

2. 正文部分

发票的正文主要包括唛头、商品名称、货物数量、规格、单价、总价、毛重/净重等内容。

3. 结文部分

发票的结文一般包括信用证中加注的特别条款或文句。发票的结文还包括发票的出票人签字。发票的出票人签字一般在发票的右下角，一般包括两部分内容：一是出口商的名称（信用证的受益人）；二是出口公司经理或其他授权人的手签，有时也用手签图章代替手签。

二、各栏目的具体缮制方法

1. 发票编号（Invoice No.）

发票编号由各公司统一编号。商业发票作为中心票据，其他票据的号码均可与此号码相一致，如汇票号码、出口报关单号码及附属单据号码等，一般均与发票号码一致。

2. 地点及日期（Place & Date）

出票地点和日期通常在发票右上角联在一起。

（1）出票地点应为信用证规定的受益人所在地，通常是议付所在地。

（2）在全套单据中，商业发票是签发日最早的单据。它只要不早于合同的签订日期，不迟于提单的签发日期即可。

3. 合同号码（S/C No.）

合同号码应与信用证上列明的一致，一笔交易牵涉几个合同的，应在商业发票上表示出来。

4. 信用证号（L/C No.）

当采用信用证支付货款时，需要填写信用证号码。若信用证没有要求在商业发票上标明信用证号码，此项可以不填。当采用其他支付方式时，此项不填。

5. 收货人/抬头人（Consignee）

此栏前通常印有"To"，"Sold to Messrs"，"For Account and Risk of Messrs"等。

抬头人即买方名称，应与信用证中所规定的严格一致。如果信用证中没有特别的规定，则将信用证的申请人或收货人的名称、地址填入此栏。如果信用证中没有申请人的名字，则用汇票付款人。总之，按信用证缮制。

例如：信用证申请人为"ABC Co.，Ltd. New York"，但又规定"Invoice to be made out in the name of XYZ Co.，Ltd. New York"，则发票的抬头写后者。

6. 启运地及目的地（From…To…）

启运地要填上货物自装运地（港）至目的地（港）的地名，有转运情况应予以表示。这些内容应与提单上的相关部分一致，如果货物需要转运则要注明转运地。

例如：From Qingdao To New York. USA. W/T Shanghai.

7. 唛头及件数（Marks and Numbers）

一般标准唛头由以下四部分组成：

（1）客户名称缩写。

（2）参考号（可以用发票号码/合同号码/订单号码代替）。

（3）目的港。

（4）件数。

注意事项：

（1）如果无唛头，可以打上 N/M（No Mark）。

（2）发票中的唛头应与提单上的唛头相一致。

（3）如果来证规定唛头，可按照来证缮制。

8. 数量及货物描述（Quantity and Description）

信用证支付方式下的商业发票对货物描述应严格与信用证的描述一致。如属托收方式的，商业发票对货物的描述内容可参照合同的规定结合实际情况进行填制。

货物描述的内容一般包括合同的四个主要条款：数量条款、品质条款、包装条款、详见合约（这是为了避免重复出现已在合约中订明的内容）。

例如：2500 Doz Gloves，Article No. FS23，Packed in 12 Bags，as per contract No. 3311234

有时候来证在有关货物内容引导词的引导下，还包括其他不属于这一类的内容，如有关价格、装运等条款。在制单时，应把这些内容分别填写在合适的单据和栏目中。

信用证引导货物内容的词或词组主要有：

（1）Description of goods。

（2）Covering shipment of。

（3）Description of merchandise。

（4）Covering the following goods by。

（5）Covering Value of。

（6）Shipment of goods。

9. 单价（Unit Price）

单价包括计价货币、计价单位、单位价格金额和贸易术语四部分，如信用证有具体规定，则应与信用证一致。商业发票金额应与汇票金额相同，且不能超过信用证总金额。

例如：USD60 PER SET FOB DALIAN。

在商业发票正中下方，通常印有"有错当查"（E & O. E），即"Errors and Omissions Excepted"（错误和遗漏除外），表示发票的制作者在发票一旦出现差错时，可以纠正的意思。

注意事项：

（1）商业发票的单价必须与信用证上的单价完全一致。

（2）一定要写明货币名称、计量单位。

（3）贸易术语关系到买卖双方的风险划分、费用负担问题，同时也是海关征税的依据，应正确缮制。

10. 总值（Amount）

除非信用证上另有规定，货物总值不能超过信用证总金额。

（1）实际制单时，来证要求在商业发票中扣除佣金的，则必须扣除。折扣与佣金的处理方法相同，例如，来证要求"From Each Invoice 8 Percent Commission Must Be Deducted"，且总额为"USD20,000.00 FOBC8 OSLO"，则填在价格栏中的金额的计算如下：

```
FOBC8   OSLO   USD20,000.00
—C8    USD1,600.00
 FOB   OSLO   USD18,400.00
```

有时证内无扣除佣金的规定，但金额正好是减去佣金后的净额，发票应显示减去佣金，否则发票金额超过信用证的金额；有时合同规定佣金，但来证金额内未扣除，而且证内也未提及佣金事宜，则发票不宜显示，等货款收回后另行汇给买方。在 CFR 和 CIF 价格条件下，佣金一般应按扣除运费和保险费之后的 FOB 价格计算。

（2）有时，来证要求在成交价格为 CIF 时，分别列出运费、保险费，并显示 FOB 的价格，制单时可按照如下格式填写：

TOTAL FOB VALUE　$20,000.00

FREIGHT　$1,200.00

INSURANCE　$900.00

TOTAL CIF VALUE　$22,100.00

如来证上有过分苛刻的要求，可要求对方修改条款。

11. 声明文句

信用证要求在商业发票上特别加列船名、原产地、进口许可证号码等声明文句时，制单时必须一一详列。常用的声明字句有：

（1）证明所到货物与合同或订单所列货物相符。

如：We certify that the goods named have been supplied in conformity with Order No. 123.

兹证明本发票所列货物与第 123 号合同相符。

（2）证明原产地。

如：We hereby certify that the above mentioned goods are of Korean Origin.

或者：This is to certify that the goods named herein are of Korean Origin.

兹证明所列货物产自韩国。

（3）证明不装载于或停靠限制的船只或港口。

如：We certify that the goods mentioned in this invoice have not been shipped on board of any vessel flying Japanese flag or due to call at any Japanese port.

兹证明本发票所列货物不装载悬挂日本国旗或驶靠任何日本港口的船只。

（4）证明货真价实。

如：We certify that this invoice is in all respects true and correct both as regards to the price and description of the goods referred herein.

兹证明本发票所列货物在价格和品质规格各方面均真实无误。

（5）证明已经航邮有关单据。

如：This is to certify that two copies of invoice and packing list have been airmailed directly to the applicant immediately after shipment.

兹证明商业发票、装箱单各两份，已于装运后立即直接航邮开证人。

12. 出单人签名或盖章

商业发票只能由信用证中规定的受益人出具。除非信用证另有规定，如果用影印、电脑处理或者复写方法制作出来的发票，应该在作为正本的发票上注明"正本"（ORIGI-NAL）的字样，并且由出单人签字。

《跟单信用证统一惯例》（以下称《UCP600》）规定商业发票可不必签字，但有时来证规定发票需要手签的，则不能盖胶皮签字章，必须手签。对墨西哥、阿根廷的出口商品，即使信用证没有规定，也必须手签。

三、商业发票示例

广州铭翔国际货运代理有限公司应广州市时尚服装有限公司的委托，按照相应的信用证以及实物情况，制作了相关的商业发票。

ISSUER GUANGZHOU FASHION COMPANY NO. 1 NANJING ROAD GUANGZHOU GUANGDONG CHINA	COMMERCIAL INVOICE （ORIGINAL）	
TO ABC TRADING CO. , LTD 388 Atlantic Ave Brooklyn NY 11217 USA	NO.	DATE
	2013062001	20130620

（续上表）

TRANSPORT DETAILS			S/C NO.	L/C NO.
			20130601	3820214247
FROM GUANGZHOU TO NEWYORK BY SEA			TERMS OF PAYMENT L/C	
Marks and Numbers N/M	Description of Goods MEN'S JEANS	Quantity 10,000PAIRS	Unit Price	Amount
			USD12.00/PAIR CIF NEWYORK	USD120,000.00
Total：10,000PAIRS				USD120,000.00
SAY TOTAL：SAY U.S. DOLLARS ONE HUNDRED AND TWENTY THOUSAND ONLY.				
			GUANGZHOU FASHION COMPANY 何先生	

技能三　包装单据的缮制

在实际业务中，最常用的包装单据是装箱单，因此，本书重点介绍一下装箱单的制作方法。

一、装箱单的基本内容

1. 装箱单名称（Packing List）

应按照信用证的规定使用，通常用"Packing List"或"Packing Specification"或"Detailed Packing List"表示。如果来证要求用中性包装单（Neutral Packing List），则包装单名称填"Packing List"，但包装单内不填卖方名称，不能签章。

常见的单据名称有：

- PACKING LIST（NOTE）装箱单
- WEIGHT LIST（NOTE）重量单
- MEASUREMENT LIST 尺码单
- PACKING LIST AND WEIGHT LIST 装箱单/重量单
- PACKING NOTE AND WEIGHT NOTE 装箱单/重量单
- PACKING LIST AND WEIGHT LIST AND MEASUREMENT 装箱单/重量单/尺码单
- PACKING NOTE AND WEIGHT NOTE AND MEASUREMENT 装箱单/重量单/尺码单
- WEIGHT AND MEASUREMENT LIST 重量单/尺码单

- WEIGHT AND MEASUREMENT NOTE 重量单/尺码单
- PACKING AND MEASUREMENT LIST 装箱单/尺码单
- PACKING AND MEASUREMENT NOTE 装箱单/尺码单

2. 编号（No.）

与商业发票号码一致。

3. 合同号或销售确认书号（Contract No. / Sales Confirmation No.）

注明此批货的合同号或者销售合同书号。

4. 唛头（Shipping Mark）

与商业发票一致，有的注明实际唛头，有时也可以只注明"as per invoice No. xxx"。

5. 箱号（Case No.）

又称包装件号码。在单位包装货量或品种不固定的情况下，需注明每个包装件内的包装情况，因此，包装件应编号。

例如：Carton No. 1 ~ 5 ……

Carton No. 6 ~ 10……

有的来证要求此处注明"CASE NO. 1—UP"，UP 是指总箱数。

6. 货号（Name of Commodity）

按照商业发票，与发票内容一致。

7. 货物描述（Description & Specification）

要求与商业发票一致。货名若有总称，应先注总称，然后逐项列明详细货名。与前5、6项栏对应逐一注明每一包装件的货名、规格、品种。

8. 数量（Quantity）

应注明此箱内每件货物的包装件数。

例如："bag 10""drum 20""bale 50"，合同栏同时注明合计件数。

9. 毛重（Gross Weight）

注明每个包装件的毛重和此包装件内不同规格、品种、花色货物各自的总毛重（Sub Total），最后在合计栏处注明总货量。若信用证或合同未要求，不注亦可。如为"Detailed Packing List"，则此处应逐项列明。

10. 净重（Net Weight）

注明每个包装件的净重和此包装件内不同规格、品种、花色货物各自的总净重（Sub Total），最后在合计栏处注明总货量。若信用证或合同未要求，不注亦可。如为"Detailed Packing List"，则此处应逐项列明。

11. 箱外尺寸（Measurement）

注明每个包装件的尺寸。

12. 合计（Total）

此栏对5、8、9、10栏进行合计。

13. 出票人签章（Signature）

应与商业发票相同，如信用证规定包装单为"中性包装"，则在包装单内不应出现买卖双方的名称，不能签章。

92

注意事项：

第一，有的出口公司将两种单据的名称印在一起，当来证仅要求出具其中一种时，应将另外一种单据的名称删去。单据的名称，必须与来证要求相符。如信用证规定为"Weight Memo"，则单据名称不能用"Weight List"。

第二，两种单据的各项内容，应与商业发票和其他单据的内容一致。如装箱单上的总件数和重量单上的总重量，应与商业发票、提单上的总件数或总数量相一致。

第三，包装单所列的情况，应与货物的包装内容完全相符。如货物用纸箱装，每箱200盒，每盒4打。

第四，如来证要求这两种单据分别开列时，应按来证办理，提供两套单据。

第五，如来证要求在这两种单据（或其中一种）上要求注明总尺码时，应照办，此单据上的尺码应与提单上注明的尺码一致。

第六，如来证要求提供"中性包装清单"（Neutral Packing List）时，应由第三方填制，不要注明受益人的名称。这是由于进口商在转让单据时，不愿将原始出口商暴露给其买主，故才要求出口商出具中性包装单据。如来证要求用"空白纸张"（Plain Paper）填制这两种单据时，在单据内一般不要表现出受益人及开证行名称，也不要加盖任何签章。

商业发票与装箱单的区别：

商业发票与装箱单在形式上比较相近，但是它们的内容不同。

（1）商业发票主要说明货物的价格和总值，而装箱单主要说明货物的包装。

（2）商业发票中的数量是计价数量，而装箱单中既有计价数量，又有包装数量。

（3）商业发票中不应有净重和毛重，而装箱单既有净重，又有毛重。

二、装箱单示例

广州续航国际货运代理有限公司应广州市时尚服装有限公司的委托，按照相应的信用证以及实物情况，制作了相关的装箱单。

ISSUER GUANGZHOU FASHION COMPANY NO. 1 NANJING ROAD GUANGZHOU GUANGDONG CHINA		PACKING LIST	
TO ABC TRADING CO., LTD 388 Atlantic Ave. Brooklyn USA			
		INVOICE NO. 2013062001	DATE 20130620

（续上表）

Marks and Numbers	Description of Goods	PACKAGE	G. W.	N. W.	MEAS
N/M	MEN'S JEANS	1,000CTNS	6KG	5KG	0.06CBM
	Total：	1,000CTNS	6,000KGS	5,000KGS	60CBM

SAY TOTAL：SAY ONE THOUSAND CARTONS ONLY.

GUANGZHOU FASHION COMPANY
何先生

技能四　原产地证书的缮制

一、一般原产地证书缮制的主要内容

1. 出口商（Exporter）

出口商名称必须经检验检疫局登记注册，其名称、地址必须与注册档案一致。必须填明在中国境内的出口商的详细地址、国名（CHINA）。如果出口单位是其他国家或地区某公司的分公司，申请人要求填境外公司名称时可填写，但必须在中国境内的出口商名称后加上 ON BEHALF OF（O/B）或 CARE OF（C/O），再加上境外公司名称。

2. 收货人（Consignee）

收货人的名称、地址和国别一般应填写最终收货人的信息，即提单通知人或信用证上特别声明的收货人，如最终收货人不明确或为中间商时可填"TO ORDER"字样。

3. 运输方式和路线（Means of Transport and Route）

填明装货港、目的港名称及运输方式（海运、空运或陆运）。经转运的，应注明转运地，格式为"FROM…TO…BY…（VIA…）"。多式联运要分阶段说明。

4. 目的地（Country/Region of Destination）

指货物最终运抵港、国家或地区，一般应与最终收货人（第2栏）一致。不能填写中间商的国家和名称。

5. 签证机构专用栏（For Certifying Authority Use Only）

此栏留空。签证机构在签发发证书、补发证书后或加注其他声明时使用。

6. 唛头及包装号（Marks and Numbers）

此栏应照实填写出口发票上所列唛头的完整的图案、文字标记及包装号。如唛头多、本栏填不下，可填在第7、8、9栏的空白处；如还不够，可以附页填写。如图案文字无法缮制，可附复印件，但须加盖签证机构印章。如无唛头，应填"N/M"字样。此栏不得出现"香港、台湾或其他国家和地区制造"等字样。

94

7. 商品名称、包装数量及种类（Number and Kind of Packages；Description of Goods）

此栏应填明商品总称和具体名称。在商品名称后需加上大写的英文数字并用括号加上阿拉伯数字及包装种类或度量单位。

如同批货物有不同品种则要有总包装箱数。最后应加上截止线（＊＊＊），以防止添加伪造内容。国外信用证有时要求填写合同、信用证号码等，可加在截止线下方空白处。

8. 商品编码（H. S. Code）

此栏要求填写四位数的 H. S. 税目号，若同一证书含有多种商品，应将相应的税目号全部填写。

9. 数量和重量（Quantity）

此栏应填写商品的计量单位。以重量计算的要填注毛重或净重。若同一证书包含有多种商品，则量值的填具必须与 7、8 栏中的商品名称、商品编码相对应，有的还必须填写总数。

10. 发票号与日期（Number）

此栏不得留空。必须按照所申请出口货物的商业发票填写。月份一律用英文缩写。该栏日期应早于或同于 11 栏和 12 栏的申报和签发日期。

11. 出口商声明（Declaration By the Exporter）

该栏由申领单位已在签证机构注册的人员签字并加盖企业中英文印章，手签人的签字与印章不得重合。同时填写申领地点和日期，该栏日期不得早于发票日期（第 10 栏）。

12. 签证机构注明（Certification）

申请单位在此栏填写签证日期和地点，然后由签证机构已授权的签证人签名、盖章。

签发日期不得早于发票日期（第 10 栏）和申请日期（第 11 栏）。如有信用证要求填写签证机关名称、地址、电话、传真以及签证人员姓名的，需仔细核对，要求准确无误。

二、一般原产地证示例

广州续航国际货运代理有限公司应广州市时尚服装有限公司的委托，按照相应的信用证以及实物情况，制作了相关的一般原产地证。

一般原产地证书示例

ORIGINAL	
1. Exporter GUANGZHOU FASHION COMPANY NO.1 NANJING ROAD GUANGZHOU GUANG-DONG CHINA	Certificate No.
2. Consignee ABC TRADING CO. LTD 388 Atlantic Ave Brooklyn NY 11217 USA	CERTIFICATE OF ORIGIN OF THE PEOPLE'S REPUBLIC OF CHINA
3. Means of Transport and Route FROM GUANGZHOU TO NEWYORK BY SEA	5. For Certifying Authority Use Only
4. Country / Region of Destination USA	

6. Marks and Numbers	7. Number and Kind of Packages; Description of Goods	8. H. S. Code	9. Quantity	10. Number and Date of Invoices
N/M	1,000CARTONS MEN'S JEANS * * * * * * * * * * * * * *	6203.4290.62	10,000PAIRS	2013062001 JUNE 20,2013

11. Declaration By the Exporter 　　The undersigned hereby declares that the above details and statements are correct, and that all the goods were produced in China and that they comply with the Rules of Origin of the People's Republic of China.	12. Certification 　　It is hereby certified that the declaration by the exporter is correct.
GUANGZHOU FASHION COMPANY	**CIQ**
GUANGZHOU　　JULY 13,2013　　何先生	JULY 14，2013　　张三
------------------------ Place and date, signature and stamp of authorized signatory	------------------------ Place and date, signature and stamp of certifying authority

三、普惠制产地证的申领和缮制的主要内容

(一) 申领

申报人在本批货物出运前五日到商检机构办理申请事宜。申请时一般应提交以下资料：

(1)《普惠制产地证书申请书》一份。

(2) 出口商业发票（副本）一份。

(3) 装箱单一份。

(4) 普惠制产地证书一套。

(5) 对含有进口成分的出口商品申请签证，申请人应填写《含进口成分商品成本明细单》。

(6) 商检机构认为有必要提供的其他有关单证（如信用证、合同、报关单等），并如实解答商检机构提出的有关问题。对首次申请签证的单位，商检机构将派人员到生产现场作例行调查；对非首次申请签证的单位，商检机构对申报内容有疑问，或认为有必要时，也可派人员对产品的生产企业进行抽查。作出上述调查后，商检机构将填写《出口企业（或生产厂）普惠制签证调查记录》，以此作为是否同意签证的依据。被调查或抽查的单位有义务积极协助商检人员进行查核，提供必要的资料、证件和工作条件。

(二) 普惠制原产地证书 (A) 缮制的主要内容

1. 出口商名称、地址和国家 (Goods Consigned From)

出口商的地址应详细填写，包括街道名、门牌号码等。

2. 收货人名称、地址和国家 (Goods Consigned To)

根据信用证要求应填写给惠国的最终收货人名称（即信用证上规定的提单通知人或特别声明的收货人）。如果信用证未明确最终收货人，可以填写商业发票的抬头人，但不可填中间商的名称。

欧盟、挪威对此栏有非强制性要求。如果商品直接运往上述给惠国，而且进口商要求将此栏留空时，则可以不填。

3. 运输方式和路线 (Means of Transport and Route)

一般应填装货、到货地点（启运港、目的港）及运输方式（如海运、陆运、空运）等内容，对转运商品应加上转运港，如"VIA HONGKONG"。该栏一般还要填上预计离开中国的日期。对输往内陆给惠国的商品，如瑞士、奥地利，由于这些国家没有海岸，因此，如是海运，都需经第三国，再转运至该国，填证时应注明。

4. 供官方使用 (For Official Use)

此栏留空。属于下列特殊情况的，签证当局在此栏加注：

(1) 货物已出口，签证日期迟于出货日期，签发"后发"证书时，此栏盖上"ISSUED RETROSPECTIVELY"红色印章。

(2) 证书遗失、被盗或损毁，签发"复本"证书时盖上"DUPLICATE"红色印章，并在此栏注明原证书的编号和签证日期，并声明原发证书作废，其文字是"THIS CERTIFICATE

IS IN REPLACEMENT OF CERTIFICATE OF ORIGIN NO. DATED WHICH IS CANCELLED"。

5. 商品顺序号（Item Number）

如同批出口货物有不同品种，则按不同品种、发票号等分列"1""2""3"等，单项商品，此栏填"1"或不填。

6. 唛头及包装号（Marks and Numbers of Packages）

与一般原产地证书的填写相同。要求与发票的唛头填写一致，不能简单填写"按照发票（AS PER INVOICE NO.）"或者"按照提单（AS PER B/L NO.）"。唛头不能出现中国以外的国家（地区）制造的字样，如 MADE IN HONGKONG。货物无唛头时，应填写"N/M"（NO MARK）字样。

7. 包装件数、包装种类及商品的名称（Number and Kind of Packages；Description of Goods）

与一般原产地证书的填写相同。包装数量必须用大小写同时显示，如"FIVE THOUSAND（5,000）CARTONS OF MOTORCYCLES"。商品名称要具体，不能使用如"服装"（GARMENT）、"机器"（MACHINE）、"家具"（FURNITURE）等概括性用语，商品的型号、货号等可以不填。商品名称等内容填完后紧跟着下一行要打上表示结束的符号（＊＊＊），以防添加伪造内容。另外，如果信用证要求加注合同号、信用证号码等，可加注在结束符号下方。

8. 原产地标准（Origin Criterion）

此栏是国外海关审核的核心项目。对含有进口成分的商品，国外要求严格，一旦弄错容易导致退证查询。

（1）如果本商品完全是出口国自产的，不含任何进口成分，出口到所有给惠国，填"P"。

（2）如果出口商品有进口成分，出口到欧盟、挪威、瑞士和日本，填"W"，其后加上出口产品的 H. S. 税目号，如"W42.02"。条件：①产品列入了上述给惠国的"加工清单"，符合其加工条件；②产品未列入"加工清单"，但产品生产过程中使用的进口原材料和零部件要经过充分的加工，产品的 H. S. 税目号不同于所用的原材料或零部件的 H. S. 税目号。

（3）含有进口成分的产品，出口到加拿大，填"F"。条件：进口成分的价值未超过产品出厂价的 40%。

（4）含有进口成分的产品，出口到波兰，填"W"，后面加上产品的 H. S. 税目号。条件：进口成分价值未超过离岸价（FOB）的 50%。

（5）含有进口成分的产品，出口到俄罗斯、乌克兰、哈萨克斯坦、捷克、斯洛伐克五国，填"Y"，其后加上进口成分价值占该产品离岸价格的百分比，如"Y38%"。条件：进口成分的价值未超过产品离岸价（FOB）的 50%。

（6）输往澳大利亚、新西兰的商品，此栏可以留空。

9. 毛重和其他数量（Gross Weight or Other Quantity）

此栏应填写商品的数量，如 1,000 PIECES（SETS/ PAIRS/ DOZ）等。如以重量计算的则填毛重，只有净重的，填净重亦可，但要注明 N. W.（NET WEIGHT）。

10. 发票日期和号码（Number and Date of Invoices）

与一般原产地证书填写相同。此栏填写申请出口货物的商业发票日期和号码，第一行填号码，第二行填日期。此栏不得留空。为避免对月份、日期的误解，月份一律用英文缩写表述，如"MAY 10，2012"。

11. 签证当局的证明（Certification）

签证单位要填写商检局的签证地点、日期。商检局签证人经审核后在此栏（正本）签名，盖签证印章。本栏日期不得早于发票日期（第10栏）和申报日期（第12栏），而且应早于货物的出运日期（第3栏）。

12. 出口商声明（Declaration By the Exporter）

在生产国横线上填"中国"（CHINA），进口国横线上填最终进口国，进口国必须与第3栏目的港的国别一致，如转运内陆目的地，应与内陆目的地的国别一致。

申请单位应授权专人在此栏手签，标上申报地点、日期，并加盖申请单位中英文印章，手签人手迹必须在出入境检验检疫局注册备案。此栏日期不得早于第10栏发票日期（最早是同日）。

四、普惠制原产地证书示例

ORIGINAL

1. Goods consigned from (Exporter's business name, address, country) GUANGZHOU FASHION COMPANY NO. 1 NANJING ROAD GUANGZHOU GUANGDONG CHINA	Reference No.　　　　GZ01/3468/7534 GENERALIZED SYSTEM OF PREFERENCES CERTIFICATE OF ORIGIN F FORM F (Combined declaration and certificate)
2. Goods consigned to (Consignee's name, address, country) ABC TRADING CO. , LTD 388 Atlantic Ave Brooklyn NY 11217 USA	FORM A Issued in --- (country) See Notes overleaf
3. Means of transport and route (as far as known) FROM GUANGZHOU TO NEWYORK BY SEA	4. For official use

5. Item number	6. Marks and numbers of packages	7. Number and kind of packages; description of goods	8. Origin criterion (see Notes overleaf)	9. Gross weight or other quantity	10. Number and date of invoices
1	N/M	1000CARTONSMEN'S JEANS ＊＊＊＊＊＊＊＊＊＊＊＊＊	P	10,000 PAIRS	2013062001 JUN 20,2013

（续上表）

11. Certification	12. Declaration by the exporter
It is hereby certified, on the basis of control carried out, that the declaration by the exporter is correct. CIQ GUANGZHOU　JULY 13，2013　张三	The undersigned hereby declares that the above details and statements are correct, that all the goods were produced in CHINA and that they comply with the origin requirements specified for those goods in the Generalized System of Preferences for goods exported to USA GUANGZHOU JULY 13，2013　何先生
Place and date, signature and stamp of certifying authority	Place and date, signature and stamp of authorized signatory

技能五　受益人证明的缮制

一、受益人证明的缮制要点

1. 单据名称

按照信用证规定填写具体名称，如"BENEFICIARY'S CERTIFICATE"（受益人证明）、"BENEFICIARY'S STATEMENT"（受益人声明）、"BENEFICIARY'S DECLARATION"（受益人申明）。

2. 出证日期

按照实际出具日期填写，应在信用证要求的范围内。需考虑与信用证的内容一致，如信用证全套副本单据已经在装船后3天内寄给开证申请人，那么受益人证明的出具日期应该是寄出单据之后的日期。

3. 抬头人

此类证明一般采用笼统名称，如"TO WHOM IT MAY CONCERN"（致有关人士）。

4. 事由

一般填写商业发票号、信用证号或合同号。

5. 证明内容

按照信用证要求填写。

6. 受益人名称及签字

证明的右下方应有出口公司的签章才能生效。

100

二、受益人证明示例

广州续航国际货运代理有限公司应广州市时尚服装有限公司的委托，按照相应的信用证以及实物情况，制作了相关的受益人证明。

GUANGZHOU FASHION COMPANY

NO. 1 NANJING ROAD GUANGZHOU GUANGDONG CHINA

FAX：0086 – 020 – 35686235　TEL：0086 – 020 – 35686235

BENEFICIARY'S CERTIFICATE

DATE　JULY 21，2013

TO WHOM IT MAY CONCERN：

L/C NO. 3820214247

L/C DATE：JUN 10，2013

WE HEREBY CERTIFY THAT ONE SET OF COPIES OF SHIPPING DOCUMENTS HAS BEEN SENT TO THE APPLICANT WITHIN 5 DAYS AFTER SHIPPMENT.

GUANGZHOU FASHION COMPANY

何先生

....

Authorized Signature

小　结

本任务主要介绍了出口许可证、商业发票、装箱单、原产地证明、受益人证明、船公司证明等出口业务和国际货运代理业务中最常见的单据，熟练掌握它们填制和审核。

思考题

1. 简述出口许可证的作用和申领程序。
2. 简述商业发票的种类和内容。
3. 简述包装单据的种类和作用。
4. 简述原产地证书的申领时间。
5. 简述普惠制的三个原则。
6. 简述受益人证明的作用。
7. 简述船公司证明的出具人。

任务五　海洋货物运输保险的办理

【主要学习内容】

知识目标：

1. 海洋货物运输保险的承保范围。
2. 海洋货物运输保险的险别与条款。
3. 海洋货物运输保险投保时需注意的问题。

技能目标：

1. 海洋货物运输保险单据的填制。
2. 保险金额与保险费的计算。

任务描述：

在货物装运之前，广州续航国际货运代理有限公司接受广州市时尚服装有限公司的委托，根据信用证中对该批货物保险的要求，于2013年7月18日向中国人民财产保险公司广州分公司办理相应投保事宜。

知识一　海洋货物运输保险的承保范围

国际货物运输要经过很多环节和长距离的运输，一般采用海运。海运的风险很大，货物在整个运输过程中，难免会遇到自然灾害或意外事故等情况导致货物遭受损失，所以一般要投保国际货物运输保险。海运货物运输保险的承保范围包括风险、损失和费用。

一、海运货物保险承保的风险

海运货物运输保险中的风险包括两类：一类是海上风险；一类是外来风险。

（一）海上风险

海上风险又称海难，是指海上发生的自然灾害和意外事故。

1. 自然灾害

自然灾害是指由于自然界的变异而产生的具有破坏力量的现象，是不以人的意志为转移的，如雷电、暴风雨、海啸、洪水等。

2. 意外事故

意外事故是指由于偶然的、难以预料的原因造成的事故，如船舶搁浅、触礁、沉没、互撞或与流冰或其他固体物，如与码头碰撞以及失火、爆炸等原因造成的事故。

按照国际保险市场的一般解释，海上风险并非局限于海上发生的灾害和事故。那些与海上航行有关的发生在陆上或与海陆、海河或驳船相连接之处的灾害和事故，如地震、洪水、火灾等，也属于海上风险。对货物原有的缺陷、发货人的故意损失、商品的特征、货物的自然耗损以及运输迟延等原因导致的损失不包括在海上风险范围之内。

（二）外来风险

外来风险是指由海上风险以外的其他外来原因引起的风险，包括一般外来风险和特殊外来风险。一般外来风险包括偷窃、雨淋、短量、渗透、破碎、串味、受潮、受热、钩损和锈损等，特殊外来风险包括战争、罢工、拒收、交货不到等。

二、海运货物保险承保的损失

海运货物保险承保的损失是指货物在海运过程中，由于承保范围内的海上风险或外来风险所造成的损失或灭失，简称海损。海损按照损失的程度可以分为全部损失和部分损失。

（一）全部损失

全部损失是指被保险货物在运输过程中遭遇风险而导致货物实际全部灭失或推定全部灭失，简称全损。全损又分为实际全损和推定全损。

（1）实际全损又称绝对全损，是指被保险货物完全灭失或已经失去使用价值或原有用途。如100立方米的棉花发生火灾全部烧成灰烬；水泥被水浸泡后完全结成硬块等。

构成保险标的实际全损的情况有下面几种：被保险货物的实体已完全灭失；被保险货物遭受严重损害，已丧失原有用途和价值；被保险人对被保险货物的所有权已无可挽回地被完全剥夺；载货船舶失踪并达到一定期限（一般为6个月）仍杳无音讯。如船舶全部沉入海底、船只被盗、货物被占、货物被海水浸湿，已完全失去使用价值都可以看作实际全损。

（2）推定全损是指货物发生事故后，实际全损已经不可避免，或者为了避免发生实际全损所需要支出的费用与继续将货物运抵目的地的费用之和超过了保险价值。在这种情况下，被保险人可以要求保险人按照保险金额予以全部赔偿。但是残损的货物，必须交给保险公司处理。这种做法，在法律上称为"委付"。

委付：

委付是指被保险人在保险标的发生推定全损时，将货物的一切权利、义务都转移给保险人，然后要求保险人按全损给予赔偿的一种做法。委付的条件是：要将被保险货物全部进行委付，不得附带任何条件。委付经保险人同意后才能生效，但保险人应当在合理时间内将接受委付或不接受委付的决定通知被保险人。委付一经保险人接受，不得撤回。但当被保险人要求做推定全损赔偿时，必须向保险人发出"委付通知"，经保险人同意后才能做全部损失处理。

例如，汽车运往销售地销售，每辆售价10 000美元。途中船舶遇险，导致货物遭受严重损失。若要修理汽车，所需要的修理费用，再加上继续运往目的地费用，每辆车将超过10 000美元。此时，被保险人有权要求保险公司按投保金额予以全部赔偿，并将残损汽车交保险公司处理。

（二）部分损失

部分损失是指货物的损失没有达到上述全部损失的程度。按照损失产生的原因不同，部分损失可以分为共同海损和单独海损。

（1）共同海损是载货船舶在海运途中遇到灾害、事故，威胁到船、货的共同安全，为了解除这种威胁，维护船、货的共同安全或使航程得以继续完成，由船方有意识地、合理地采取措施而做出的某些特殊牺牲（如抛货）或某些额外的费用支出（如雇佣拖轮拖拉搁浅的船舶）。

共同海损的构成条件：

第一，船方在采取紧急措施时，必须确有危及船、货的共同危险存在，且危险是不可避免地发生的，而不是主观臆测的。

第二，共同海损的危险必须是危及船、货双方的共同安全的，采取的措施是为了解除船、货的共同危险。若是仅为了维护船舶一方或货物一方的利益而采取措施所造成的损失，则不能看作是共同海损。

第三，共同海损的牺牲必须是有意识的、合理的行为所导致的，其支出的费用是额外的，且做出的牺牲和支出的费用是有效果的。无效果，则无报酬。

第四，共同海损的损失必须是共同海损措施的直接后果，即损失是由解除危险的措施造成的，而不是由风险本身造成的。

共同海损的牺牲和费用的支出都是为了船、货和运费免于损失，因而应该由全体受益人，即船方、货方和运费收入方按照最后获救的价值的多少、共同按比例来分摊，这种分摊叫做共同海损分摊。然后各方再向各自的保险人进行索赔，共同海损分摊涉及的因素比较多，一般由专门的海损理算机构进行理算。

（2）单独海损是指被保险货物受损后，未达到全部损失的程度，仅为部分损失，而这部分损失不属于共同海损，它只涉及船舶或货物所有人单方面的利益损失，并不涉及其他方；同时仅指保险标的本身的损失，不包括由此而引起的费用损失。例如，载货船舶在海上航行遇到风浪，海水入舱造成部分货物受损；又如某公司装运100箱货物出口，在运输途中，有10箱货被船上水管流出的热水浸泡损坏，这些情况都属于单独海损。

共同海损和单独海损的区别和联系：

1. 共同海损和单独海损的区别主要表现为：

第一，在损失的构成上，共同海损既包括货物牺牲，也包括因采取共同海损措施而引起的费用的损失；单独海损仅指货物本身的损失，不包括费用损失。

第二，在损失的原因上，共同海损是为了解除或减轻承保风险而人为采取合理措施造成的；而单独海损是由于承保风险直接造成的船货损失。

第三，在损失的承担上，共同海损的损失是由受益人按获救财产价值的大小比例来分摊；而单独海损的损失由受损方自己承担。

2. 共同海损和单独海损的联系表现为：

一般来说，单独海损先发生，进而引起共同海损，在采取共同海损措施之前的部分损失，一般被列为单独海损。

三、海运货物保险承保的费用

海运货物运输保险中的费用是为抢救受损货物，以及为防止损失进一步扩大而形成的费用，又称为海上费用，一般由保险人支付。海上费用包括施救费用和救助费用两种。

（一）施救费用

施救费用是指被保险货物在遭遇承保责任范围内的灾害事故时，被保险人或其代理人、雇佣人或受让人，为了避免或减少货物的损失，采取各种抢救措施所支出的合理费用。

（二）救助费用

救助费用是指被保险货物遭遇承保范围内的灾害事故时，由保险人和被保险人以外的第三者采取救助措施并获得成功，由被救助方给予救助方的一种报酬。救助费用一般被列为共同海损的费用项目，因为通常它是在船、货双方遭遇共同危险的情况下，为了共同安全由其他船舶前来救助而支出的费用。在我国，中国贸促会、海事仲裁委员会制定有"海上救助契约格式"，这个格式采取的是"无效果，无报酬"的原则。

施救费用和救助费用的区别：

（1）采取行为的主体不同。施救是由被保险人或代理人采取的行为；救助是保险人和被保险人以外的第三人采取的行为。

（2）给付报酬的原则不同：施救不论有无效果，都要赔偿；救助必须有效果才会有报酬。

（3）保险人的赔偿责任不同：施救可以在保险货物本身的保额以外再赔一个保额，而保险人对救助费用的赔偿责任以不超过获救财产的价值为限，即救助费用与保险货物本身损失的赔偿金额两者相加，不得超过货物的保险价值。

（4）救助行为一般总是与共同海损联系在一起，而施救行为并非如此。

海上保险的基本原则：

（1）损失填补原则。是指被保险人在保险合同约定的保险事故发生后，保险人对其遭受的实际损失应当进行充分补偿的原则。

（2）可保利益原则。是指只有对保险标的具有可保利益的投保人与保险人签订的海上保险合同才具有法律效力，保险人才承担保险责任的原则。

（3）近因原则。是指只有造成保险标的损失的原因在保险责任范围之内，保险人才负有给予保险赔偿的责任的原则。

（4）最大诚信原则。是指签订保险合同的各方当事人必须最大限度地按照诚实与信用原则协商签订保险合同的原则。

知识二 海洋货物运输保险的险别与条款

海洋货物运输保险的险别，按照能否单独投保，可以分为基本险和附加险。基本险可以单独投保，附加险不能单独投保，只有在投保一种基本险的基础上才能加保附加险。

一、基本险

基本险也称主险。我国海洋货物运输保险条款包括三种基本险别，即平安险、水渍险和一切险。

（一）平安险

平安险按其英文意思是"不负责单独海损"，仅对全部损失和共同海损负责赔偿。随着国际航运和国际贸易的发展，这一险别经过了多次修改和补充，已经超出了原责任范围。现在平安险的承保责任范围是：

（1）被保险货物在运输途中由于恶劣气候、雷电、海啸、地震、洪水等自然灾害所造成整批货物的实际全损或推定全损。

（2）由于运输工具遭受搁浅、触礁、沉没、与流冰或其他物体碰撞以及失火、爆炸等意外事故造成货物的全部或部分损失。

（3）在运输工具已经发生搁浅、触礁、沉没、焚毁等意外事故的情况下，货物在此前又在海上遭受恶劣气候、雷电、海啸等自然灾害所造成的部分损失。

（4）在装卸或转运时由于一件、数件或整箱货物落海造成的全部或部分损失。

（5）被保险人对遭受承保责任范围内危险的货物采取抢救、防止或减少货损的措施而支付的合理费用，但以不超过该批被救货物的保险金额为限。

（6）运输工具遭遇海难后，在避难港口由于卸货所引起的损失，以及在中途港、避难港由于卸货、仓储及运送货物所产生的特别费用。

（7）共同海损的牺牲、分摊和救助费用。

（8）运输契约订有"船舶互撞责任"条款，根据该条款规定应由货方偿还船方损失。

（二）水渍险

水渍险的承保责任范围除平安险所承保的全部责任外，还包括被保险货物在运输途中，由于恶劣气候、雷电、海啸、地震、洪水等自然灾害所造成的部分损失。

（三）一切险

一切险的承保责任范围除包括上面的平安险和水渍险的各种责任外，还负责被保险货物在运输中由于一般外来风险所造成的全部或部分损失，如偷窃、破损、受潮受热、淡水雨淋、短量和包装破裂等。一切险不能和一般附加险一起投保，因为一切险中包括一般附加险。但是一切险可以和特殊附加险一起投保，例如一切险加保战争险或罢工险等。而平安险和水渍险可以加保一般附加险或特殊附加险。

上述三种基本险别，被保险人可以从中选择一种进行投保。险别不同，保险责任的范围也不同。一切险的保险范围和责任最大，水渍险次之，平安险最小，因此，其保险费率也相对应的由高到低。需要注意的是，一切险如果要和附加险一起投保的话，只能是和下面要讲的附加险中的特殊附加险一起进行投保，而不能和一般附加险一起进行投保，但是平安险和水渍险就可以和附加险中的一般附加险和特殊附加险一起进行投保。

二、附加险

附加险可分为一般附加险和特殊附加险两类。

（一）一般附加险

一般附加险是指由于一般外来风险所造成的全部或部分损失，包括：偷窃、提货不着险；淡水雨淋险；短量险；混杂、玷污险；渗透险；破损、破碎险；串味险；钩损险；受潮、受热险；包装破裂险和锈损险 11 种险别。

（二）特殊附加险

特殊附加险包括：战争险；罢工险；舱面险；进口关税险；拒收险；黄曲霉素险；交货不到险和货物出口到中国香港（包括九龙）或中国澳门存仓火险责任扩展条款。被保险货物运抵目的地中国香港或中国澳门卸离运输工具后，若直接存放于保单载明的过户银行所指定的仓库，本保险对存仓火灾的责任至银行收回抵押款、解除货物的权益为止或运输险责任终止时起满 30 天为止。这一保险是为了保障过户银行的利益，货运代理通过银行办理押汇业务，在货主未向银行归还货款前，货物的权益属于银行。因此，保险单上必须注明过户给放款银行。在此阶段，货物即使到达目的港，收货人也无权提取货物，货物一般存放在过户银行指定的仓库中，若货物在仓库期间发生火灾，保险人负责赔偿。

三、海洋货物运输保险承保责任的起讫期限

（一）基本险的责任起讫期限

平安险、水渍险和一切险的承保责任的起讫期限采用"仓至仓条款"。

根据国际保险市场的习惯做法，中国人民保险公司的海洋运输货物保险条款规定的基本险保险责任起讫期限采用"仓至仓条款"，即规定保险公司对被保险货物所承担的保险期限是：从被保险货物远离保险单上载明的启运港发货人的仓库开始，包括正常运输过程中的海上、陆上、内河和驳船运输在内，一直到货物运达保险单所载明的目的港收货人的仓库为止。该条款中所说的"远离"，是指货物一经离开发货人仓库，保险责任即开始；所指"到达"，是指货物一经进入收货人仓库，保险责任即终止。对在仓库内发生的损失不负责赔偿。

如果货到目的港后，因港口泊位拥挤或提单迟到等无法控制的原因，不能及时运到收货人仓库，则保险有效期可延长 60 天。60 天届满时，不论被保险货物有没有进入收货人的仓库，保险责任均告终止；如果货物在 60 天内运达收货人仓库，则以运达时间为保险

责任终止的时间。若收货人收货后，并不运往仓库，就对货物进行分配、转运，则保险责任终止于分配、转运之时。

（二）海运战争险的起讫期限

海运战争险的承保责任的起讫期限采用"岸到岸条款"。战争险的责任起讫与基本险的责任起讫不同，不采用"仓至仓条款"，其责任起讫期限仅限于水上危险。它规定保险责任从货物装上保险单上所载明的启运港的海轮或驳船时开始，直到卸离保险单上所载明的目的港海轮或驳船为止。如果货物不卸离海轮或驳船，则保险责任最长延至货物抵达目的港之日午夜的起算，满 15 天为止。如果在中途港转船，则不论货物在当地卸载与否，保险责任以海轮抵达该港或卸货地点的当日午夜起算，满 15 天为止，待货物再装上续运的海轮时，保险公司仍继续负责。

（三）罢工险的责任起讫期限

罢工险的责任起讫期限采用"仓至仓条款"。

（四）扩展保险期限

被保险人可以要求扩展保险期限。例如，我们对某些内陆国家的出口业务，如在港口卸货转运内陆，无法按保险条款规定的保险期限在卸货后 60 天内到达目的地时，即可以申请扩展。经保险公司出具证明予以延长，但是需加收一定的保险费。但在办理扩展责任时必须注意，在买卖合同的保险条款中对扩展期限和扩展地点应作具体明确的规定。对于没有铁路、公路、内河等正常运输线路的地区，除非事先征得保险公司的同意，一般不能规定扩展保险责任，对于散装货一般也不办理扩展保险责任。

四、保险公司的除外责任

不论是平安险、水渍险或一切险，根据保险公司保险条款的规定，对于下列各项损失和费用，保险公司不负责赔偿：
（1）被保险人的故意行为或过失行为所造成的损失。
（2）属于发货人责任所引起的损失。
（3）被保险货物的自然耗损、本质缺陷、特征以及市场价格跌落所引起的损失或费用。
（4）在保险责任开始前，被保险货物已存在的品质不良或数量短差所造成的损失。
（5）属于海洋运输货物战争险条款和货物运输罢工险条款规定的责任范围和除外责任。
（6）运输迟延所引起的损失或费用。

知识三　投保时需注意的问题

一、投保时所申报的情况必须属实

投保单中涉及的货物名称、装载的工具以及包装的性质等，因会影响到保险人对投保是否接受和按什么费率承保，所以内容必须真实。如有不实，保险人将有权按照最大诚信原则解除合同或者不负赔偿责任。

二、投保单的内容必须同买卖合同及信用证上的有关规定相一致

由于保险单是以投保单为依据出立的，如果投保人不按照合同的规定填写投保单，保险人据此出立的保险单就会与合同的规定不符，收货人也就可以拒绝接受这种保险单。另外，在信用证付款方式下，投保的内容还应与信用证规定的内容相符，如果在货物、保险金额、险别、币种、保险单据等方面如果有出入的话，银行会因"单证不符"而拒绝议付。

三、对进口货物尽可能保到内陆目的地

国际贸易中收货人的收货地点往往在内陆，但是常用的 CIF 贸易术语却只规定将货物运到目的港。如果保险也同贸易术语一样只将货物保到港口，则从港口到内陆段所发生的损失就得不到保障。尤其是保一切险时，很多损失在港口是无法发现的，只有在货物运达内陆目的地经检验后才能确定，如果只保到港口易出现扯皮现象，以保到内陆为宜。当然，有些内陆地点由于运输条件过差，保险公司明确不保。这时，收货人最好专门办理内陆运输货物保险。

四、投保的险别和条件要符合贸易合同的规定

不符合合同规定的做法极易导致贸易纠纷，如投保的险别小于买卖合同的规定，合同要求一切险，却投保了水渍险；又如合同要求不计免赔额，但保险单有免赔额的规定。对于一些较为特殊的险别要求，如买方要求投保拒收险，其应事先与保险公司协商是否接受、保险费率多少和保险条件如何等事宜。

五、错误和遗漏

投保后如果发现有错误和遗漏，要及时向保险公司申请更改，特别是涉及保险金额的增减、保险目的地变更、船名错报等，都应立即通知保险公司，否则可能导致不能获赔或保险合同失效。

技能一　海洋货物运输保险单据的填制

在实际业务中，常见的保险单据主要有保险单和保险凭证两种形式，如果保险双方当事人协商修改或变更保险单条款的内容也是可以的，即所谓的批单。

一、保险单的概念和填制的主要内容

（一）保险单的概念

国际货物运输保险单简称保险单，又称大保单或保单，是保险人与被保险人之间订立保险合同关系的正式凭证，反映保险人与被保险人之间的权利和义务关系，具有法律效力，对双方当事人都具有约束力。其内容除载明被保险人、保险标的名称、数量或重量，以及唛头、运输工具、险别、起讫地点、保险期限、保险币值和保险金额等项目外，还有保险人的责任范围以及保险人和被保险人的权利和义务等方面的详细条款，是完整的承保文件。当发生保险范围内的货物损失时，它不仅是被保险人或是保险权益受让人向保险公司索取赔偿或对保险公司上诉的正式文件，同时也是保险公司理赔或应诉的主要依据。

保险单是可转让的单据，通常是被保险人向银行进行议付或押汇的单证之一。在 CIF 合同中，保险单是出口方必须向进口方提供的单据之一。所以在填制保险单时应认真仔细，不得涂改。特别对于以 CIF 条件成交的货物，在货物发运后向银行或是向进口方交单时一定要交付保险单的正本，并且要在保险单背面进行背书，背书的方式与海运提单一样，背书的目的是说明出口方同意将保险单所载明的权益转让给被背书人。保险单的背书分为记名背书和空白背书两种。

（二）保险单填制的主要内容

（1）正本份数：一般有三份正本。

（2）发票号次：根据发票号进行填写。

（3）保险单号次：应写保险公司指定的号码，且作为本保险单的编号。

（4）被保险人：即保险的抬头，应做成指示性比较好，方便背书转让的形式。

（5）唛头和号码。

（6）包装和数量。

（7）保险货物项目。

（8）保险金额：一般按最低发票的总值再加 10% 进行计算。

（9）保费和费率。

（10）装载、运输工具。

（11）开航日期和起讫地点。

（12）承保险别。

（13）货损检验与理赔代理人。

（14）赔付地点。

（15）保险签发的日期和地点。

（16）签章。

中保财产保险有限公司 The People's Insurance (Property) Company of China, Ltd				
发票号码 Invoice No.	2013062001		保险单号次 Policy No.	MDT1307162

<table>
<tr><td colspan="5" align="center">海 洋 货 物 运 输 保 险 单
MARINE CARGO TRANSPORTATION INSURANCE POLICY</td></tr>
<tr><td>被保险人
Insured</td><td colspan="4">GUANGZHOU FASHION COMPANY</td></tr>
</table>

中保财产保险有限公司（以下简称本公司）根据被保险人的要求，及其所缴付约定的保险费，按照本保险单承担险别和背面所载条款与下列特别条款承保下列货物运输保险，特签发本保险单。

This Policy of Insurance witnesses that the People's Insurance (Property) Company of China, Ltd (hereinafter called "The Company"), at the request of the Insured and in consideration of the agreed premium paid by the Insured, undertakes to insure the undermentioned goods in transportation subject to conditions of the Policy as per the Clauses printed overleaf and other special clauses attached hereon.

保险货物项目 Descriptions of Goods	包装 Packing	单位 Unit	数量 Quantity	保险金额 Amount Insured
MEN'S JEANS	CARTON	PAIR	10,000	USD132,000.00

承保险别 Conditions	货物标记 Marks of Goods
ALL RISKS	N/M

总保险金额 Total Amount Insured	SAY USD ONE HUNDRED AND THIRTY-TWO THOUSAND ONLY.

保费 Premium	As arranged	载运输工具 Per conveyance S. S	PRINCESS V. 352	开航日期 Slg. on or abt	JULY 20, 2013
启运港 From	HUANGPU		目的港 To	NEWYORK	

所保货物，如发生本保险单项下可能引起索赔的损失或损坏，应立即通知本公司下述代理人查勘。若有索赔，应向本公司提交保险单正本（本保险单共有　　份正本）及有关文件。若一份正本已用于索赔，其余正本则自动失效。

In the event of loss or damage which may result in acclaim under this Policy, immediate notice must be given to the Company's Agent as mentioned here under. Claims, if any, one of the Original Policy which has been issued in 　　original (s) together with the relevant documents shall be surrendered to the Company. If one of the Original Policy has been accomplished, the others to be void.

（续上表）

赔款偿付地点 Claim payable at	NEWYORK		
日期 Date	JULY 19，2013	在 at	GUANGZHOU
地址 Address	GUANGZHOU		中保财产保险有限公司 The People's Insurance（Property）Company of China，Ltd 李四

二、投保时间和 CIF 成交条件风险划分

（一）投保时间

对于以 CIF、CIP 等价格术语成交的货物，其保险应由出口方进行办理并支付相关的保险费，投保一般是在货物离开工厂仓库或出口商仓库之前。在 FOB、FAS、FCA 等贸易条件下，如果进口方委托出口方代其办理保险手续，投保时间应与 CIF、CIP 等价格术语投保的时间一致。如果没有明确说明投什么险，则应该至少投保平安险。

（二）CIF 成交条件的风险划分

在该术语下，尽管由出口方办理保险并支付保险费用，但出口方承担的风险若按 2010 年贸易术语的规定则仍然在货物装上船（2000 年贸易术语规定的是货物越过船舷之前）之前，货物装上船后的风险由进口方承担。不能认为出口方办理了保险，就应承担全部运输过程的风险责任。一般只是说保险由谁来办理，而不是风险由谁来承担，即风险的划分界限。

在 FOB、FAS、FCA 等贸易条件下，按照国际惯例应由进口方来办理保险，但是在实际业务操作中，进口方一般委托出口方来办理，在此出口方可以接受也可以不接受，办理保险是进口方的义务，并不能因为委托了出口方来办理保险而改变双方货物交接的风险划分。

三、保险凭证

保险凭证又称小保单，是保险单的简化形式，它是保险人签发给被保险人、证明货物已经投保和保险合同已经生效的文件。它与保险单不同的是背面不附有保险条款。这种保险凭证具有与保险单同等的法律效力，但是缺乏完整的独立性，需要依赖其他文件，即保险当事人的权利、义务以及相关保险责任范围的约定要以保险公司的正式条款为准。因此，如果信用证明确要求保险单时，银行就不会接受保险凭证。

保险凭证样单

华泰保险
Huatai Insurance

安达集团　合作联盟
ACE Group Strategic Partner

CERTIFICATE OF LIABILITY INSURANCE	DATE (MM/DD/YY) 09/04/2006
PRODUCER	THIS CERTIFICATE IS ISSUED AS A MATTER OF INFORMATION ONLY AND CONFERS NO RIGHTS UPON THE CERTIFICATE HOLDER. THIS CERTIFICATE DOES NOT AMEND, EXTEND OR ALTER THE COVERAGE AFFORDED BY THE POLICIES BELOW.

INSURED	**COMPANIES AFFORDING COVERAGE**
	COMPANY A　Huatai Insurance Company of China Limited
	COMPANY B　/
	COMPANY C　/
	COMPANY D　/

COVERAGE

THIS IS TO CERTIFY THAT THE POLICIES OF INSURANCE LISTED BELOW HAVE BEEN ISSUED TO THE INSURED NAMED ABOVE FOR THE POLICY PERIOD INDICATED, NOTWITHSTANDING ANY REQUIREMENT, TERM OR CONDITION OF ANY CONTRACT OR OTHER DOCUMENTS WITH RESPECT TO WHICH THIS CERTIFICATE MAY BE ISSUED OR MAY PERTAIN, THE INSURANCE AFFORDED BY THE POLICIES DESCRIBED HEREIN IS SUBJECT TO ALL THE TERMS, EXCLUSIONS AND CONDITIONS OF SUCH POLICIES. LIMITS SHOW MAY HAVE BEEN REDUCED BY PAID CLAIMS.

TYPE OF INSURANCE	POLICY NUMBER	POLICY EFFECTIVE DATE (MM/DD/YY)	POLICY EXPIRATION DATE (MM/DD/YY)	LIMITS IN THOUSANDS	
GENERAL LIABILITY ☐COMMERCIAL GENERAL LIABILITY ☒PRODUCTS LIABILITY ☐CLAIM MADE　☒OCCURRENCE				GENERAL AGGREGATE	
				PRODUCTS AGGREGATE	
				PERSONAL & ADV INJURY	
☐ BROAD FORM VENDORS ☒DESIGNATED FORM VENDORS				EACH OCCURRENCE	
				FIRE DAMAGE (ANY ONE FIRE)	
				MED EXP(ANY ONE PERSON)	

PRODUCTS COVERED

DESCRIPTION OF OPERATIONS/LOCATIONS/VEHICLES/SPECIAL ITEMS

CERTIFICATE HOLDER	CANCELLATION
Additional Insured:	SHOULD ANY OF THE ABOVE DESCRIBED POLICIES BE CANCELLED BEFORE THE EXPIRATION DATE THEREOF, THE ISSUING COMPANY WILL ENDEAVOR TO MAIL ___DAYS WRITTEN NOTICE TO THE CERTIFICATE HOLDER NAMED TO THE LEFT. BUT FAILURE TO MAIL SUCH NOTICE SHALL IMPOST NO OBLIGATION OR LIABILITY OF ANY KIND UPON THE COMPANY, ITS AGENTS OR REPRESENTATIVE.
CERT. No: 01	**AUTHORIZED REPRESENTATIVE**

四、批单

批单是保险双方当事人协商修改和变更保险单条款的一种单据，也是保险合同变更时最常用的书面单证。批单实际上是对已经签订的保险合同进行修改补充或增减内容的批注，一般由保险人出具。批单列明的变更条款内容事项，要由保险人签章，一般附贴在原保险单或保险凭证上。批单的法律效力优先于原来的保险单同类条款。凡是经过批单改过的内容都要以此批单为准；多次批单，应以最后的批改为准。批单也是保险合同的重要组成部分。在实际业务中，批单应粘贴在原保险单上，并在骑缝处盖章。

技能二　保险金额和保险费的计算

一、保险金额的计算

保险金额是被保险人对保险标的实际投保的金额，是保险人承担保险责任的标准和计收保险费的基础。在被保险货物发生保险责任范围内的损失时，保险金额就是保险人赔偿的最高限额。因此，投保人投保运输货物保险时，一般应向保险人申报保险金额。

（一）出口货物的保险金额

一般是按货物 CIF 发票金额加一成（即加成率为 10%）计算。按 CIF 价格术语计算主要是为了使被保险人在货物发生损失时，不仅货价的损失可获补偿，已支付的运费和保险费也能获得补偿；加一成投保主要是为了在货物发生损失时被保险人所支出的费用（开证费、电报费、借款利息、税款等）及预期利润能获得补偿。

对于加成投保的问题，在国际商会《跟单信用证统一惯例》及《2010 年国际贸易术语解释通则》中均有规定。前者的规定是：最低保险金额为"货物的 CIF 或 CIP 金额加 10%"；后者的规定是：最低保险金额为"合同规定的价格另加 10%"。按照后者的规定，保险金额可能高于 CIF 价格，需另加 10%。

当然，保险加成率 10% 并不是固定的。保险人同被保险人可以根据不同的货物、不同地区进口价格与当地市价之间的不同差价、不同的经营费用和预期利润水平，约定不同的加成率。在我国的出口业务中，保险金额一般也是按 CIF 加成 10% 计算的。如果国外商人要求将保险加成提高到 20% 或 30%，其保险费差额部分应由国外买方负担；同时，国外要求的加成率如果超过 30%，应先征得保险公司的同意，且在签订贸易合同时不能贸然接受，以防由于加成过高、保险金额过大，引发道德风险。

保险金额的计算公式是：保险金额 = CIF 货价 × （1 + 加成率）

例如，CIF 货价为 105 美元，加成率为 10%，则保险金额为 115.5 美元。

保险金额既然以 CIF 价格为基础计算，如果对外报价为 CFR 而对方要求改报 CIF，或者在 CFR 合同下卖方代买方办理保险，都不能以 CFR 价格为基础直接加保险费计算，而应先把 CFR 价格转化为 CIF 价格再加成计算保险金额。从 CFR 价格换算为 CIF 价格时，应利用下列公式：CIF＝CFR／［1－（1＋加成率）×保险费率］。

例如：某公司出口一批商品到欧洲某港口，原报 CFR 欧洲某港口，总金额为 10 000 美元，投保一切险及战争险，一切险费率为 0.6%，战争险费率为 0.04%，保险加成率为 10%，则改报 CIF 价格为：

CIF＝10 000／［1－（1＋10%）×（0.6%＋0.04%）］＝10 070.90（美元）

如果出口时按 CFR 成交，买方要求卖方按照 CIF 价格加成 10% 代办投保，可用下列公式直接从 CFR 价格计算保险金额：

保险金额＝CFR／［1－（1＋加成率）×保险费率］×（1＋加成率）

按上例，该批货物的保险金额是：

保险金额＝10 000／［1－（1＋10%）×（0.6%＋0.04%）］×（1＋10%）＝11 077.99（美元）

（二）进口货物的保险金额

我国进口货物一般以进口货物的 CIF 价格为准，通常不再加成。如果按照 CFR 或 FOB 价格成交，则按照预约保险合同适用的特约保险率、平均保险费率和平均运费率直接计算保险金额。

按 CFR 进口时：保险金额＝CFR 货价×（1＋特约保险费率）

按 FOB 进口时：保险金额＝FOB 货价×（1＋平均运费率＋特约保险费率）

二、保险费的计算

投保人向保险人交付的保险费，是保险人承担保险赔偿责任的对价。保险人只有在被保险人承诺或实际支付保险费的条件下，才承担相应的保险责任。

保险费是保险人经营业务的基本收入，也是保险人用作支付保险赔款的保险基金的主要来源。每个被保险人应缴纳的保险费是以投保货物的保险金额为基础、按一定的保险费率计算出来的，计算公式如下：

保险费 ＝ 保险金额×保险费率

保险费率是保险人以保险标的危险性大小、损失率高低、经营费用多少等因素为依据，按照不同商品、不同目的地以及不同的投保险别加以规定的。目前中国人民保险公司的出口货物保险费率分为一般货物费率和指明货物费率两大类。

（一）一般货物费率

适用于所有海运出口的货物，凡投保基本险别（平安险、水渍险和一切险）的海运出口货物，均需依照"一般货物费率表"中的标准收保险费。

（二）指明货物费率

对于一些在运输途中极易因为外来风险引起短少、破碎和腐烂等损失且损失率较高的货物，通常需将它们单独列出，如粮油、土畜、轻工类产品等。对这类货物通常会加收一种附加费率，即指明货物费率。

我国的进口货物保险也有两种费率表，即"特约费率表"和"进口货物费率表"。"特约费率表"仅适用于同保险公司签订有预约保险合同的各投保人。它不分国别和地区，对某一大类商品只订一个费率，有的也不分货物和险别，实际上它是一种优惠的平均费率。"进口货物费率表"适用于未与保险公司订有预约保险合同的逐笔投保的客户，分为"一般货物费率表"和"特价费率表"两项。一般货物费率按不同的运输方式，分地区、分险别制定，但部分商品适用于除"特价费率表"中列出的商品以外的其他一切货物。至于"特价费率表"，是对一些指定的商品投保一切险时采用的。

小 结

本任务主要介绍了海洋货物运输保险的承保范围，主要有风险、损失和费用；海洋货物运输保险的险别与条款，主要有基本险和附加险；海洋货物运输保险承保责任的起讫期限；保险公司的除外责任；海洋货物运输保险投保时需注意的问题；海洋货物运输保险单据的填制和保险金额与保险费的计算等。

思考题

1. 什么是共同海损？它的构成条件是什么？
2. 举例说明推定全损和委付。
3. 简述平安险、水渍险和一切险各自承保的责任范围和它们之间的关系。
4. 简述承保责任的起讫期限。
5. 简述保险公司的除外责任。
6. 保险金额和保险费如何计算？
7. 保险凭证和批单的含义是什么？

任务六　出口货物交接

【主要学习内容】

知识目标：

出口货物交接主要当事人的业务范围。

技能目标：

出口货物交接的基本程序。

任务描述：

广州续航国际货运代理有限公司按照广州市时尚服装有限公司的委托，应该在 2013 年 7 月 17 日办理提取集装箱的手续，并按照计划在 2013 年 7 月 18 日早上 8：00 将集装箱拖车拉到发货人工厂。装货之后，集装箱返回黄埔港集装箱码头，准备装船。

集装箱发放通知单
CONTAINER RELEASE ORDER

请凭签发的集装箱发放通知单办理集装箱及集装箱设备的发放手续。

Please release the specified container &container equipment against this container release order.

用箱人/运输人（CONTAINER USER /HAULIER）			提箱地点（PLACE OF DELIVERY）	
广州市时尚服装有限公司			广州	

船名/航次 （VESSEL/VOYAGE NO.）	提单号（B/L NO.）	集装箱经营人 （CONTAINER OPERATOR）	集装箱号 （CONTAINER NO.）
PRINESS/v. 352			CBHU3202732 CBHU3202733

铅封号 （SEAL NO.）	尺寸 （SIZE）	类型 （TYPE）	状态（STATUS）	运载工具牌号 （TRUCK, WAGON, BARGE NO.）
	20	GP	□重箱/ ☑空箱 FULL　EMPTY	粤 A　RP 267 粤 A　DM 386

发往地点 （DELIVERED TO）	返回地点 （PLACE OF RETURN）	免费使用期限 （FREE TIME PERIOD）	外运签章 （ISSUED BY）
		7 月 17 日至 8 月 20 日	

出场目的（PURPOSE OF GATE-OUT）

□拆箱　　　　□重箱装船　　　□检验　□起租　□堆存　□熏蒸
DEVANNING　FULL FOR LOADING INSPECTION ON HIRE STORAGE FUMIGATION

☑装箱　　　　□空箱装船　　　□修理　　□退租　□清洗
VANNING　EMPTY FOR LOADING REPAIRING　OFFHIRE　CLEANING

2013 年 7 月 17 日

集装箱及设备交接单
EQUIPMENT INTERCHANGE RECEIPT

OUT 出场

日期（DATE）：2013 年 7 月 18 日   0016582

用箱人/运箱人（CONTAINER USER/HAULIER）			提箱地（PLACE OF DELIVERY）
箱号 CONTAINER No.	尺寸/类 SIZE/TYPE	铅封号 SEAL No.	船名/航次（VESSEL/VOYAGE No.） 营运人（CNTR OPTR）
			提单号（B/L No.）
			免费期限（FREE TIME PERIOD）

出场时间 （TIME OUT）	出场目的/状态 （PPS OF GATE-OUT/STAUS）	返场时间 （TIME IN）	返场目的/状态（PPS OF GATE-IN /STATUS）

出场检查记录（INSPECTION AT THE TIME OF INTERCHANGE）

普通箱 （GP CONTAINER）	冷藏箱 （RF CONTAINER）	特种箱 （SP CONTAINER）	发电机 （GEN SET）
☐ 正常 ☐ 异常	☐ 正常 ☐ 异常	☐ 正常 ☐ 异常	☐ 正常 ☐ 异常

损坏记录及代号(DAMAGE & CODE)

BR	D	M	DR	DL
破损 (BROKEN)	凹损 (DENT)	丢失 (MISSING)	污箱 (DIRTY)	危标 (DGLABEL)

左侧(LEFT SIDE)   右侧(RIGHT SIDE)   前部(FRONT)   集装箱内部(CONTAINER INSIDE)

顶部(TOP)   底部(FLOOR BASE)   箱门(REAR)

如有异状，请注明程度及尺寸(REMARK)。

除列明者外，集装箱及设备交接是完好无损，铅封完好无损。

用箱人/运箱人签 （CONTAINER USER/HAULIER'S SIGNATURE）	箱管员签 （CONTAINER MANAGER'S SIGNATURE）	场站值班签 （CLERK'S SIGNATURE）

场站收据

Shipper（发货人） GUANGZHOU FASHION COMPANY NO. 1 NANJING ROAD GUANGZHOU GUANGDONG CHINA FAX：0086 - 020 - 35686235 TEL：0086 - 020 - 35686235	D/R No.（编号） （实际托运人章）

Consignee（收货人） TO ORDER	场站收据 DOCK RECEIPT

Notify Party（通知人） ABC TRADING CO., LTD 388 Atlantic Ave Brooklyn NY 11217 USA FAX：001512543175 TEL：001512543175	Date（日期）：JULY 18, 2013

Pre-carriage By （前程运输）	Place of Receipt （收货地点）	
Ocean Vessel（船名） Voy. No.（航次） PRINCESS V. 352	Port of Loading （装货港） HUANGPU	场站章

Port of Discharge（卸货港） NEWYORK	Place of Delivery（交货地点）	Final Destination for the Merchant's Reference （目的地）

Container No. （集装箱号） CBHU3202732 CBHU3202733	Seal No.（封志号） Marks & Nos.（标记与号码） N/M SEAL NO.：G2013713 G2013714	No. of Containers or Packages.（箱数或件数） 2×20GP	kind of Package： Description of Goods （包装种类与货名） 1,000CARTONS MEN'S JEANS	Gross Weight 毛重 （公斤） 6,000	Measurement 尺码 （立方米） 60
TOTAL NUMBER OF CONTAINERS OR PACKAGES（IN WORDS） 集装箱数或件数合计（大写）	SAY ONE THOUSAND CARTONS ONLY.				

（续上表）

Container No.（箱号）Seal No.（封志号）Pkgs.（件数）Container No.（箱号）Seal No.（封志号）Pkgs.（件数）		
	Received（实收）	By Terminal Clerk（场站员签字）

FREIGHT & CHARGES	Prepaid at（预付地点）	Payable at（到付地点）	Place of Issue（签发地点）
	Total Prepaid（预付总额）	No. of Original B（s）/L（正本提单份数）	BOOKING（订舱确认）APPROVED BY

Service Type on Receiving Service Type on Delivery Reefer Temperature Required（冷藏温度） □ – CY □ – CFS □ – DOOR □ – CY □ – CFS □ – DOOR	°F	℃

TYPE OF GOODS（种类）	□ Ordinary（普通）	□ Reefer（冷藏）	□ Dangerous（危险品）	□ Auto（裸装车辆）	危险品	Class： Property： IMDG Code Page： UN No.
	□ Liquid（液体）	□ Live Animal（活动物）	□ Bulk（散货）	□＿＿＿＿		

知　识　出口货物交接主要当事人的业务范围

　　目前在我国的进出口业务中，绝大多数货物是采用集装箱运输的，因此，本书主要以集装箱货物交换的程序和单据为主；对于非集装箱货物，其业务程序省去了提箱、装箱和入场站等步骤，可以直接将货物运进港口指定的仓库或者货位，待海关手续完结后就可以装船发运，其业务程序比较简单，这里不再赘述。

一、货运代理公司在集装箱出口货运中的主要业务

　　货运代理公司是发货人和承运人之间业务的主要衔接者，其货运代理业务的服务水平

直接影响发货人和承运人业务能否顺利进行，进而影响相关各方的利益，因此，货运代理公司应有明确的业务范围。

（1）货运代理公司应协助发货人（卖方）在合同或信用证规定的装运期限内准备好全部出口货物，其数量、品质、包装、标志等必须符合合同或信用证的规定，包装应适于集装箱运输。

（2）与船公司或者集装箱公司协调，保证货物所需要的空集装箱。

（3）对于整箱货，货运代理公司应申请空箱，协助发货人安排装箱，并在装箱完毕后将货箱运至集装箱码头堆场，取得经码头堆场签署的场站收据。在装箱运箱的同时，应及时安排报关，并配合海关做好检验、放行、加铅封等工作，以免影响装船。

（4）对于拼箱货，货物经报关后运至集装箱货运站，由货运站负责装箱并签署场站收据。

（5）如果出口货物是以 CIF 价格条件成交，货运代理公司可接受发货人委托，代其办理投保相关手续，并支付保险费，也可以由发货人自行办理投保。

（6）若是预付运费，发货人只要出示经码头堆场签署的入场站收据，支付全部运费后，承运人或其代理人即签发提单。若是到付运费，在付清运费后，只用出示提单（即签发提单）。此外，在对签发清洁提单有异议时，发货人可向承运人出具保证书以取得清洁提单。

二、集装箱货运站（CFS）的出口货运业务

集装箱货运站是集装箱运输的产物，集装箱运输的主要特点之一是船舶在港时间短，这就要求有足够的货源，一旦卸船完毕，即可装满船开航。集装箱货运站的主要业务是集散货物。集装箱货运有两种类型：一种是港口型；另一种是内陆集散型。集装箱货运站的业务如下：

（一）办理货物交接

货物不足一箱，即所谓的拼箱货，一般都运至集装箱货运站，由集装箱货运站根据所托运货物的类型、性质、目的港将其与其他货物一起拼装在集装箱内，并负责将已装货的集装箱运至码头堆场。

集装箱货运站根据订舱单接收前来托运的货物时，应查明这些货物是否已订舱，如果货物已订舱，货运站会要求货运托运人提供场站收据、出口许可证，然后检查货物的件数是否与场站收据相符、货物的包装是否正常、能否适合集装箱运输，如无异常情况，货运站即在场站收据上签字。反之，应在场站收据的备注栏内注明不正常的情况，然后再签字。如不正常的情况较严重，可能影响以后的运输安全，应同有关当事人联系决定是否接收这些货物。

（二）积载装箱

集装箱货运站根据货物到站的情况，在货物达到一定数量后，即开始配箱、装箱。配箱时应注意：

（1）当不同货物混装在同一箱内时，应根据货物的体积和重量、外包装的强度、货物的性质等情况，将货物区分开，把包装牢固的货物和重货装在底部，包装不牢的货物和轻货应装在箱子上部。

（2）货物在箱内的重量分布应均匀，如果箱子某一部分的负荷过重，则有可能使箱子底部发生弯曲或有脱开的危险。

（3）在进行货物堆码时，应根据货物的包装强度决定堆码的层数。

（4）货物与货物之间应加隔板或隔垫器材，避免货物相互擦伤、沾湿、污损。

（5）应根据货物的不同种类、性质、包装，选用不同规格的集装箱。

货物装箱时应注意：

（1）货物的装载应严密整齐，货物之间不应留有空隙，这样不仅可以充分利用箱内容积，也可以防止因货物互相碰撞而造成损失。

（2）应使用清洁、干燥的垫料（如胶合板、草席、缓冲器材、隔垫板等），如果使用潮湿物料，则容易发生货损事故。

（3）在装箱完毕后，应采取必要的措施，防止箱口附近的货物倒塌。

（4）对装载的货物应系牢，防止在运输中摇晃、紧急制动、碰撞时发生货损事故。

（三）制作装箱单

集装箱货运站在进行货物装箱时，应制作集装箱装箱单，单据必须准确、清楚。

（四）将装载的货箱运至码头堆场

货物装箱完毕后，集装箱货运站在海关监督下加海关封志，并签发场站收据。同时，应尽快与码头堆场取得联系，将已装货的集装箱运至码头堆场。

对于整箱货，一般不再回集装箱货运站，而是直接将已装货物的集装箱运至码头堆场，等待装船。

三、集装箱码头堆场（闸口）的主要业务

集装箱码头堆场的主要业务是办理集装箱的装卸、转运、装箱、拆箱、收发、交接保管、堆存、捆扎、掏载、搬运以及承揽货源等。此外，还应洽商集装箱的修理、冲洗、熏蒸和有关衡量等工作。

（一）集装箱的交接

发货人和集装箱货运站将由其代理人负责装载的集装箱货物运至码头堆场时，设在码头堆场大门（即闸口）的门卫对进场的集装箱货物核对订舱单、场站收据、装箱单、出口许可证等单据，同时，还应检查集装箱的数量、号码、铅封号码是否与场站收据记载相一致，箱子的外表状况以及铅封有无异常情况。若发现异常情况，门卫应在场站收据栏内注明；若情况严重，可能影响运输安全，应与有关当事人联系后，决定是否接收这部分货物。对进场的集装箱，堆场应向发货人、运箱人签收设备收据，并签署场站收据。

（二）制订堆场作业计划

制订堆场作业计划是对集装箱在堆场内进行装卸、搬运、储存、保管的安排，这是为

了经济、合理地使用码头堆场和有计划地进行集装箱装卸工作而制订的，堆场作业计划的主要内容有：

（1）确定空箱、实箱的堆放位置和堆高层数。

（2）装船的集装箱应按到港的顺序、集装箱的种类、规格、载重分别堆放。

（3）同一货主的集装箱应尽量堆放在一起。

（三）集装箱的装船

为了能在最短的时间内完成装船工作，码头堆场应在船舶到港受载前，根据订舱单先后到港的卸箱顺序，制订船舶积载图和装船计划，等船靠泊后，码头堆场根据场站收据和装箱单，按装船计划装船。装船完毕后，由船方在装箱单、码头收据、积载图上签字，作为确认货物装船的凭证。

（四）对特殊集装箱的处理

对堆存在场内的冷藏集装箱应及时接通电源，每天还应定时检查冷藏集装箱和冷冻机的工作状况是否正常，箱内温度是否保持在货物所需要的限定内。在装卸和出入场内时，应及时切断电源。

对于危险品集装箱，应根据可暂时存放和不能存放两种情况分别处理。能暂存的货箱应堆存在有保护设施的场所，而且堆放的数量不能超过许可限度；对于不能暂存的货箱应在装船预定时间内，进场后即装上船舶。

（五）与船公司的业务关系

集装箱码头堆场应保证：

（1）根据船期表提供合适的泊位。

（2）船舶靠泊后，计划提供足够的劳力和机械设备，以保证船舶速遣。

（3）适当掌握和注意船方设备，不违章操作。

船公司应保证：

（1）向码头确保船期，在船舶到港前一定时间内提出确切到港通知。如果船期改变，应及时通知码头。

（2）装船前 2 ~ 10 天左右提供出口货运资料，以满足堆场制订堆场计划、装船计划之需要。

（3）应及时提供船图，以保证正常作业。如果船公司不能按时提供有关资料，则有失去靠泊机会的可能。

船公司与码头堆场的主要业务有：

（1）收、发箱作业以及其附属业务。

（2）缮制设备收据，签署场站收据。

（3）装、卸箱作业，以及船边至堆场之间的搬运、整理等工作。

（4）缮制装、卸箱清单、将积载图报送代理公司。

（5）接收装、卸箱货物的作业，缮制装箱单。

（6）有关集装箱的堆存、转运、冲洗、熏蒸、修理等事项。

技　能　出口货物交接的基本程序

一、提取空箱

发货人或其代理人应在预定的装运期之前联系船公司或其代理人，提取已经预订的集装箱。提取空箱时，船公司或其代理人应该开具提箱通知单。发货人或其代理人凭提箱通知单到指定的集装箱货运站或堆场提取空箱。

（一）空/重箱提箱通知单

空/重箱提箱通知单是由船公司或其代理人根据发货人或其代理人的订舱情况开具的提箱通知单，集装箱货运站或堆场凭此通知单核对舱单并准予放箱或收箱。空/重箱提箱通知单内容有：

（1）编号：由发箱方编制填写。

（2）提货单位：指集装箱的使用单位，通常是指发货人。

（3）提箱原因：填写"出口"或留白。

（4）集装箱目的地：指集装箱装完货物后，运往何处，是去 CFS 还是 CY。

（5）船名及航次：指装载此集装箱的船舶名称及航次号。

（6）提单号：指租船订舱时由船公司给定的提单号码。

（7）拖货时间：指去工厂装货的时间。

（8）拖货地点：指工厂地点。

（9）联系电话：指工厂联系人的电话。

（10）集装箱管理员/发箱人：由 CFS 或 CY 的集装箱管理人员签字。

（11）运输部门司机/收箱人：由拖车司机或集装箱使用人（即发货人）签字。

（12）交换时间：指集装箱出场站的时间。

（13）提箱有效期：指提箱的最后期限，超出此期限，需重新签发空/重箱提箱通知单。

（14）批准发箱单位：发箱单位盖章。

空/重箱提箱通知单通常是一式三份，发箱人留存一份，司机留存一份，用箱人留存一份。

（二）集装箱设备交接单

发货人或其代理人凭空/重箱提箱通知单到集装箱货运站或集装箱堆场提取空箱时，应与场站工作人员一起检查集装箱的内外情况，看是否有损坏或污染等情况，并签署集装箱设备交接单，作为双方划分集装箱使用责任的依据。因此，在签署集装箱设备交接单时一定要仔细检查，避免因疏忽而承担本不应该承担的责任或损失。

设备交接单（Equipment Receipt），也称设备收据，是集装箱及与集装箱运输有关的

124

机械设备交接的单证，当集装箱或有关的机械设备进出 CFS 或 CY 时，应由集装箱所有人或其代理人与用箱人或其拖箱人或其代理人共同签收设备交接单，据此划分、明确双方各自对集装箱或相关设备应承担的责任。

设备交接单一共有五联：①船代留底联；②堆场联；③用箱人联；④海关进口货物报关单联；⑤提单（正、副本）。普通货物：已装船提单；集装箱货物：收妥代运提单。第一张背面印有交接使用条款，主要内容是集装箱及设备在货方使用期内，产生的费用以及遇有设备及所装货物发生损坏、灭失情况的责任划分，及对第三者发生损害赔偿责任的承担。设备交换一般在场、站大门口办理。设备包括集装箱、底盘车、台车及电动机等。交接单分"出门"和"进门"两种。

设备交接单作为集装箱以及其他机械设备交换的证书，由借方和出借方共同签字。当集装箱或机械设备在集装箱码头堆场或货运站借出、回收时，由码头堆场或货运站制作设备收据，经双方签字后，作为两者之间设备交接的证书。其主要内容有：

（1）集装箱、机械设备的所有人应提供完好的、并具有合格有效证书的设备、集装箱。

（2）集装箱、机械设备交接时，用箱人、运箱人若无异议，则表示该箱子、机械设备处于良好状态。

（3）用箱人在接收集装箱和有关机械设备后，在使用期内应保持其良好状态，并应负责对该集装箱和机械设备进行必要的维修、保养。

（4）用箱期间，不论是何种原因引起的有关箱子或机械设备的丢失、损坏，均由用箱人负责赔偿，但自然耗损除外。

（5）用箱期间，因使用箱子、机械设备不当所引起的对第三者的损害，由用箱人负责赔偿。

（6）用箱人应在规定的时间、地点，将箱子和机械设备如同租赁时的状况交还给出租人，不论是由于何种原因引起的延期交还，用箱人应支付附加费用。

（7）用箱人只有在事先得到出租人允许的情况下，才可将箱子和机械设备转租给第三者，但原出租人和用箱人之间的责任、义务等各项规定并没有任何改变。

（8）在规定的归还期之前发生箱子或机械设备的灭失、损坏，以及不能修复或已无法修复的情况时，用箱关系即告终止。与此同时，用箱人即应办理赔偿事项，但在赔偿时应扣除已使用的折旧费。

"出门"时，工作人员与用箱人、运箱人应按设备收据共同审核以下内容：

（1）用箱人名称、地址。

（2）"出门"时间、"出门"目的。

（3）集装箱箱号、规格、铅封号，注明是空箱还是实箱。

（4）有关机械设备的情况，正常还是异常。

"进门"时，工作人员与用箱人、运箱人应按设备收据共同审核以下内容：

（1）集装箱、机械设备归还日期。

（2）集装箱、机械设备归还时的外表情况。

（3）集装箱、机械设备归还人名称、地址。

（4）整箱货箱号、地址。

（5）集装箱箱号、规格、铅封号。

（6）"进门"目的。

（7）拟装船舶的船名、航次、航线、卸箱港。

这里需要说明的是，拼箱货是需要发货人将货物送到集装箱货运站装箱的。因此，对于拼箱货来说，没有提箱的环节，也就不需要提箱通知单和设备交接单。

二、重箱集港

发货人或其代理人提取空箱后，即开始组织装箱。装箱完毕后，集装箱应集中到港口堆场准备装船。在集装箱进入堆场大门时，堆场工作人员除了核查设备交换单外，还要签署场站收据。

（一）场站收据（Dock Receipt）

1. 场站收据的概念

场站收据也称码头收据或港站收据，是承运人委托集装箱堆场或集装箱货运站收到集装箱整箱货或拼箱货后签发的收据。场站收据由发货人或其代理人编制，并跟随货物一启运至集装箱堆场或货运站，由接收货物的人在收据上签字后交还给发货人，证明托运的货物已收到。场站收据的作用，相当于传统运输中的大副收据，它是发货人向船公司换取提单的凭证。如果同一批货物装有几个集装箱，场站通常先凭装箱单验收，直到最后一个集装箱验收完毕时，才由场站管理员在场站收据上签收。

接收货物的人在签署场站收据时，应仔细审核收据上所记载的内容与运来的货物实际情况是否一致，如果货物的实际情况与收据上记载的内容不一致，必须修改；如果发现货物外表或箱子外表有损坏或有异样时，则一定要在收据的备注栏内加批注，说明货物或箱子的实际情况。码头收据的签署，不仅表明承运人已收到货物，同时也明确表明承运人对收到的货物已开始负有责任。

2. 场站收据的作用

与传统件杂货运输使用的托运单证比较，场站收据是一份综合性单证，它把货物托运单（订舱单）、装货单（关单）、大副收据、理货单、配舱回单、运费通知等单证汇成一份，这对于提高集装箱货物托运效率和流转速度有很大意义。一般认为场站收据的作用有：

（1）船公司或船代确认订舱并在场站收据上加盖有报关资格的单证章后，将场站收据交给托运人或其代理人，意味着运输合同开始执行。

（2）是出口货物报关的凭证之一。

（3）是承运人已收到托运货物并对货物开始负有责任的证明。

（4）是换取海运提单或联运提单的凭证。

（5）是船公司、港口组织装卸、理货、配载的资料。

（6）是运费结算的依据。

（7）如信用证中有规定，可作为向银行结汇的单证，但其不是物权凭证。

3．场站收据的构成

场站收据是集装箱运输中重要的出口单证，其组成格式在不同的港口、场站有所不同，下表以十联单的格式来说明场站收据的组成情况。

表 1 - 1　场站收据的构成

序号	名称	颜色	用途
1	集装箱货物托运单——货方留底	白色	托运人留存备查
2	集装箱货物托运单——船代留底	白色	编制装船清单、积载图、预制提单
3	运费通知（1）	白色	计算运费
4	运费通知（2）	白色	运费收取通知
5	装货单——场站数据副本（1）	白色	报关并作为装货指示
	附页：缴纳出口货物港杂费申请书	白色	港方计算港杂费
6	大副联——场站数据副本（2）	粉红色	报关，船上留存备查
7	场站收据	淡黄色	报关，船公司或其代理人凭以签发提单
8	外理留底	白色	缮制货物流向单
9	配舱回单（1）	白色	货运代理缮制提单等
10	配舱回单（2）	白色	根据回单批注修改提单

集装箱进入堆场后，由堆场工作人员按照堆场作业程序编制集装箱配载图，并协调船公司安排装船计划，保证船到港后能以最快的速度装船。

（二）船长收据

货物按照场站计划装船完毕后，由船长或大副签发船长收据，表示船方已接收货物，船方开始对货物承担责任。等到货物全部装上船舶，就可以拿船长收据去船公司换取已装船的清洁提单，关于提单的知识将在接下来的任务中作介绍。

小　结

本任务主要介绍了国际货运代理公司在集装箱出口货运中的主要业务；集装箱货运站的出口货运业务；集装箱码头堆场的主要业务以及货物交接的基本程序，提取空/重集装箱等。

思考题

1．简述货运代理公司在出口集装箱中的主要业务。
2．简述集装箱货运站出口货运的主要业务。
3．简述集装箱码头堆场的主要业务。
4．简述集装箱出口的货物交接基本程序。

任务七　出口报检与报关

【主要学习内容】

知识目标：

1. 报检基础知识。

2. 报关基础知识。

技能目标：

1. 检验检疫的基本程序（指出境货物）。

2. 出境货物报检单的填制。

3. 进出口货物的报关程序。

4. 进出口货物报关单的填制。

任务描述：

广州续航国际货运代理有限公司应该在提取集装箱、装货、集港之前（或同时），填制出境货物报检单，准备好检验检疫局要求的出口许可证、商业发票、装箱单、合同、信用证等随附单据，在规定的时间（2013 年 7 月 12 日）内向检验检疫局申报，取得出境货物通关单。

待检验检疫局放行后填制出口货物报关单，于 2013 年 7 月 16 日向海关进行申报，海关对发货人提交的单据进行审核之后，查验货物合格后，于当天对货物予以放行。铅封号为：G2013713、G2013714。

知识一　报检的基础知识

一、出入境货物检验检疫的含义

出入境货物检验检疫是指在国际贸易中，由出入境检验检疫机构对货物的质量、数量、重量、包装、安全、卫生以及装运条件等进行检验检疫，并对涉及人、动物、植物的传染病、病虫害、疫情等进行检疫的工作。检验检疫工作是保证国际贸易活动能够顺利进行的重要环节，也是一个国家为保障国家安全、维护国民健康、保护动物、植物和环境而采取的技术法规和行政措施。按业务内容不同，出入境货物检验检疫可分为出入境商品检验、出入境动植物检疫和出入境卫生检疫三部分。

二、检验检疫机构及其职能

（一）国家质量监督检验检疫总局

1988 年初，根据第九届全国人大第一次会议通过的国务院机构改革方案，原国家进出口商品检验局、原卫生部卫生检验局和原农业部动植物检疫局三个单位合并，组建国家出入境检验检疫总局，隶属于海关总署管理，也就是我们通常所说的"三检合一"。

2005 年，国务院决定国家质量技术监督局与国家出入境检验检疫局合并，组建中华人民共和国国家质量监督检验检疫总局，简称国家质检总局。国家质量监督检验检疫总局是国务院主管全国质量、计量、出入境商品检验、出入境动植物检疫、出入境卫生检疫和认证认可、标准化等工作，并行使行政执法职能的直属机构。

（二）国家质量监督检验检疫总局对出入境检验检疫的主要职责

（1）组织起草有关质量监督检验检疫方面的法律、法规草案，拟定质量监督检验检疫工作的方针政策，制定和发布有关规章、制度；组织实施与质量监督检验检疫相关的法律、法规，指导、监督检验检疫的行政执法工作；负责全国与质量监督检验检疫有关的技术法规工作。

（2）组织实施出入境检验检疫、鉴定和监督管理；负责国家实行进出口许可制度的民用商品出入境检验管理；组织进出口商品检验检疫的前期监督和后续管理工作。

（3）拟定出入境检验检疫综合业务规章制度；负责口岸出入境检验检疫业务管理；负责商品普惠制原产地证和一般原产地证的签证管理。

（4）组织实施出入境卫生检疫、传染病监测和卫生监督工作；管理国外疫情的收集、分析、整理；提供信息指导和咨询服务。

（5）组织实施出入境动植物检疫和监督管理，管理国内外重大动植物疫情的收集、分析、整理；提供信息指导和咨询服务；依法负责出入境转基因生物及其产品的检验检疫工作。

（6）组织实施进出口食品和化妆品的安全、卫生、质量监督检验和监督管理；管理进出口食品和化妆品生产、加工单位的卫生注册登记，管理出口企业对外卫生注册工作。

（7）组织实施进出口商品法定检验和监督管理；监督管理进出口商品的鉴定和外商投资财产价值的鉴定；管理国家实行进口许可证制度的民用商品入境验证工作，审查法定检验商品绵延和组织办理敷衍；组织进出口商品检验检疫的前期监督和后续管理工作；管理出入境检验检疫标志（标识）、进出口安全质量许可并负责监督管理。

（8）依法监督管理质量检验机构；依法审批并监督管理涉外检验、鉴定机构（含中外合资、合作的检验、鉴定机构）。

（9）管理与协调质量监督检验检疫方面的国际合作与交流；代表国家参加与质量监督检验检疫有关的国际组织或区域性组织，签署并负责执行有关国际合作协定、协议和议定书，审批与实施有关国际合作与交流项目；按规定承担技术型贸易壁垒协议和卫生与植物检疫协议的实施工作，管理上诉协议的通报和咨询工作。

（10）垂直管理出入境检验检疫机构；对省（自治区、直辖市）质量技术监督机构实行业务领导。

（11）承办国务院交办的其他事项。

目前，国家质量监督检验检疫总局在进出境检验及监督管理工作中所依据的基本法律包括：《中华人民共和国进出口商品检验法》（以下简称《商检法》）、《中华人民共和国进出口商品检验法实施条例》（以下简称《商检法实施条例》）、《中华人民共和国国境卫生检疫法》（以下简称《卫生检疫法》）、《中华人民共和国进出境动植物检疫法实施条例》（以下简称《动植物检疫法实施条例》）、《中华人民共和国国境卫生检疫法实施细则》（以下简称《卫生检疫法实施细则》）和《中华人民共和国食品卫生法》（以下简称《食品卫生法》）等。

（三）国际上的检验检疫机构

随着我国对外贸易的发展和改革开放的深入，越来越多的国际检验检疫机构与我们国家的质量监督检验检疫总局以及企业建立联系与交流。目前国际上大多数主权国家一般都设有专门的检验检疫机构，这些机构从组织的性质上来分，有官方的，有同业公会、协会或民间私人经营的，也有半官方的；从经营的业务范围来分，有综合性的和专业性的。检验检疫机构的名称也多种多样，如检验机构、公证行、鉴定机构、公证鉴定人、实验室或宣誓衡量人等。其中有些比较著名的检验检疫机构由于其检验比较公正、合理、科学，已被许多国家认可，其鉴定结果也成为商品进入国际市场的通行证，比如日本海事鉴定协会（NKKK）、美国食品药物管理局（FDA）、美国保险人实验室（UL）、法国国家实验室检测中心（LNE）、瑞士日内瓦通用鉴定公司（SGS）等。

三、报检的概念

报检是指有关当事人根据法律、行政法规的规定以及对外贸易合同的约定或证明履约的需要，向检验检疫机构申请检验、检疫、鉴定，以获准出入境或取得销售使用的合法凭证以及某种公证证明所必须履行的法定程序和手续。

四、报检的范围和方式

（一）报检的范围

报检的范围一般包括四个方面：一是法律、行政法规规定必须由检验检疫机构实施检验检疫的；二是输入国家或地区规定必须凭检验检疫机构出具的证书才能入境的；三是有关国际条约或与我国有协议或协定的规定必须经检验检疫的；四是对外贸易合同约定必须凭检验检疫机构签发的证书才能进行交接和结算的。

1. 法律、行政法规规定必须由检验检疫机构实施检验检疫的报检范围

根据《中华人民共和国进出口商品检验法》及其实施条例、《中华人民共和国进出境动植物检疫法》及其实施条例、《中华人民共和国国境卫生检疫法》及其实施细则、《中

华人民共和国食品卫生法》等有关法律、行政法规的规定，以下对象在出入境时必须向检验检疫机构报检，由检验检疫机构实施检验检疫或鉴定工作：

（1）列入《出入境检验检疫机构实施检验检疫的进出境商品目录》的货物。

（2）入境废物、进口旧机电产品。

（3）出口危险货物的包装容器。

（4）进出境集装箱。

（5）进境、出境、过境的动植物、动植物产品及其他检疫物。

（6）装载动植物、动植物产品和其他检疫物的装载容器、包装物、铺垫材料，进境动植物性包装物、铺垫材料。

（7）来自动植物疫区的运输工具，装载进境、出境、过境的动植物、动植物产品及其他检疫物的运输工具。

（8）进境拆解的废旧船舶。

（9）出入境人员、交通工具、运输设备以及可能传播传染病的行李、货物和邮包等物品。

（10）旅客携带物（包括微生物、人体组织、生物制品、血液及其制品、骸骨、骨灰、废旧物品和可能传播传染病的物品，以及动植物、动植物产品和其他检疫物）和携带伴侣动物。

（11）国际邮寄物（包括动植物、动植物产品和其他检疫物、微生物、人体组织、生物制品、血液及其制品以及其他需要实施检疫的国际邮寄物）。

（12）其他法律、行政法规规定需经检验检疫机构鉴定的应检对象。

2. 输入国家或地区规定必须凭检验检疫机构出具的证书方准入境的报检范围

有的国家发布法令或政府规定，要求一些来自中国的入境货物须凭检验检疫机构签发的证书方可入境。如一些国家和地区规定，对来自中国的动植物、动植物产品、食品，凭我国检验检疫机构签发的动植物检疫证书以及有关证书方可入境；又如一些国家或地区规定，从中国输入货物的木质包装，装运前要进行热处理、熏蒸或防腐等除害处理，并由我国检验检疫机构出具熏蒸/消毒证书，货到时凭熏蒸/消毒证书方准验放货物。因此，凡出口货物输入国家和地区有此类要求的，报检人须经检验检疫机构实施检验检疫或进行除害处理，取得相关证书。

3. 有关国际条约规定必须经检验检疫的报检范围

随着加入世界贸易组织和其他一些区域性经济组织，我国已成为一些国际条约、公约和协定的成员。此外，我国还与世界几十个国家缔结了有关商品检验或动植物检疫的双边协定、协议，认真履行国际条约、公约、协定或协议中的检验检疫条款是我们的义务。因此，凡国际条约、公约或协定规定须经我国检验检疫机构实施检验检疫的出入境货物，报检人须向检验检疫机构报检，由检验检疫机构实施检验检疫。

4. 对外贸易合同约定须凭检验检疫机构签发的证书才能进行交接、结算的报检范围

对外贸易合同是买卖双方通过协商，确定双方权利和义务的书面协议，一经签署即发生法律效力，双方都必须履行合同规定的权利与义务。然而在国际贸易中，买卖双方相距遥远，难以做到当面点交货物，也不能亲自到现场查看履约情况。为了保证对外贸易的顺

利进行，保障买卖双方的合法权益，通常需要委托第三方对货物进行检验检疫或鉴定，并出具检验检疫鉴定证书，以证明卖方已经履行合同，买卖双方凭证书进行交接、结算。此外，对某些以成分计价的商品，由第三方出具检验证书便是计算货款的直接依据。因此，凡对外贸易合同、协议中规定以我国检验检疫机构签发的检验检疫证书为交接、结算依据的进出境货物，报检人须向检验检疫机构报检，由检验检疫机构按照合同、协议的要求实施检验检疫或鉴定并签发检验检疫证书。

（二）报检的方式

报检的方式一般有两种：一是采用书面报检方式；二是采用电子报检方式。这与报关的方式一样。

五、报检单位与报检员

报检工作是由报检单位的报检员负责办理的，报检单位是发生报检行为的主体，报检员是负责办理具体出入境检验检疫报检业务的执行人员。报检人是对履行出入境检验检疫/申报程序和手续并承担相应业务和法律责任的报检单位和报检员的统称。

（一）报检单位

按其登记的性质可将报检单位分为自理报检单位和代理报检单位两种类型。

1. 自理报检单位

自理报检单位是指根据我国法律法规办理出入境检验检疫报检/申报，或委托代理报检单位办理出入境检验检疫报检/申报手续的出入境货物或其他报检物的收发货人、进出口货物的生产、加工、储存和经营单位等，在首次报检时需办理备案登记手续，取得报检单位代码后，方可办理相关检验检疫报检/申报手续。

自理报检单位主要包括：①有进出口经营权的国内企业；②进口货物的收货人或其代理人；③出口货物的生产企业；④出口货物运输包装及出口危险货物运输包装的生产企业；⑤中外合资、中外合作、外商独资企业；⑥国外（境外）企业、商社常驻中国代表机构；⑦进出境动物隔离饲养和植物繁殖生产单位；⑧进出境动植物产品的生产、加工、储存、运输单位；⑨向进出境动植物、动植物产品、装载容器、包装物、交通运输工具等提供药剂熏蒸和消毒服务的单位；⑩有进出境交换业务的科研单位；⑪其他需报检的单位。

2. 代理报检单位

代理报检单位是指在工商行政管理部门注册登记，并经工商注册所在地直属检验检疫局注册登记，取得代理报检单位注册登记证书，在许可的报检区域内，依法接受当事人委托，为当事人办理报检/申报业务的境内法人。

为规范代理报检单位的行为、维护各方的合法权益，国家质检总局对代理报检单位实行注册登记制度。代理报检单位必须具备以下资格：①申请单位应取得工商行政管理部门颁发的企业法人营业执照或营业执照，注册资金在150万元以上；②符合《出入境检验检疫代理报检管理规定》和国家质检总局规定的有关要求；③申请单位应具备固定经营场所以及符合开展代理报检业务所需的条件和设施，建立健全、行之有效的代理报检管理制度；④拥有不少于 10 名经检验检疫机构考试合格并取得报检员资格证的人员，并与每个报检员签有合法的劳动合同，为每个报检员缴纳社会保险；⑤申请单位要实事求是地提交声明，声明符合《出入境检验检疫代理报检管理规定》的有关条款；⑥申请单位需符合国家质检总局规定的其他条件。

各地检验检疫机构不受理未经注册登记的代理报检单位的报检业务。

（二）报检员

报检员是获得国家质检总局规定的从业资格、在国家质检总局设在各地的检验检疫机构注册、办理出入境检验检疫报检业务的人员。其必须服务于某一个报检单位而不能独立其外。报检员是联系报检单位与检验检疫机构的桥梁，报检员素质的高低直接影响检验检疫工作的效率和质量。因此，报检员必须熟悉和掌握相关的法律法规、有关工作程序与要求，具备相应的基础知识，做到依法办事，避免因其工作失误影响正常的出入境检验检疫工作秩序，导致报检人不必要的经济或其他损失，避免因其对检验检疫法律法规的不了解而产生违法违规行为。为加强对报检员的管理，检验检疫机构实行凭证报检制度，报检员报检时应主动出示其报检员资格证。

国家质检总局统一管理全国报检员的注册管理工作，各直属检验检疫局负责所管辖地区报检员的注册管理工作，各地检验检疫机构负责报检员的日常监督管理，检验机构对报检员日常的报检行为实施差错登记管理制度。

根据国家质检总局的规定，凡年满 18 周岁、具有高中或者中等专业学校以上学历、具有完全民事行为能力及良好的品行以及符合国家质检总局规定的其他条件，并参加全国统一考试合格后，取得报检员资格证的人，即具备报检员资格；取得报检员资格证后，应由在检验检疫机构登记并取得报检单位代码的企业向登记所在地检验检疫机构提出报检员注册申请并提交相关材料，经所在地检验检疫机构批准，取得报检员资格证，即完成报检员注册。2 年内未从事报检业务的，报检员资格证自动失效。

对于报检员资格证失效的、被吊销不满 3 年的、已在检验检疫机构注册为报检员且未办理注销手续的，检验检疫机构不予注册。报检员注册申请人隐瞒有关情况或者提供虚假材料申请注册的，检验检疫机构不予受理或者不予注册，并会给予警告。以欺骗、贿赂等不正当手段，取得报检员注册的，经查实，检验检疫机构对其报检员注册予以撤销并收缴其报检员资格证。

六、出境货物报检的分类

出境货物报检可分为出境一般报检、出境换证报检、出境货物预检报检。

（一）出境一般报检

出境一般报检是指法定检验检疫出境货物的货主或其代理人，持有关单证向产地检验检疫机构申请检验检疫，取得出境放行证明及其他单证报检。对于出境一般报检的货物，检验检疫合格后，在当地海关报关的，由报关地检验检疫机构签发《出境货物通关单》，货主及其代理人持《出境货物通关单》向当地海关报关；在异地海关报关的，由产地检验检疫机构签发《出境货物通关单》或"换证凭条"，货主或其代理人持出境货物通关单或"换证凭条"向报关地的检验检疫机构申请换发《出境货物通关单》。

（二）出境换证报检

出境换证报检是指经产地检验检疫机构检验检疫合格的法定检验检疫出境货物的货主及其代理人，持产地检验检疫机构签发的《出境货物换证凭单》或"换证凭条"向报关地检验检疫机构申请换发《出境货物通关单》的报检。对于出境换证报检的货物，报关地检验检疫机构按照国家质检总局规定的抽查比例进行查验。

（三）出境预检报检

出境货物预检报检是指货主或其代理人持有关单证向产地检验检疫机构申请对暂时还不能出口的货物预先实施检验检疫的报检。预检报检的货物经检验检疫合格的，检验检疫机构签发《出境货物换证凭单》；正式出口时，货主或其代理人可在检验检疫有效期内持此单向检验检疫机构申请办理放行手续。申请预检报检的货物必须是经常出口的、非易腐烂变质的、非易燃易爆的商品。

知识二　报关的基础知识

一、报关的含义

报关是指进出境货物收发货人、进出境运输工具负责人、进出境物品的所有人或他们的代理人向海关办理货物、物品或运输工具进出境手续及相关海关事务的过程。

需要说明的是，在进出境活动中，经常使用"通关"这个概念。两者既有联系又有区别，两者都是针对运输工具、货物、物品的进出境来说的，但是报关是从海关行政管理相对人的角度来说的，仅指向海关办理进出境手续及相关手续；而通关不仅包括海关行政管理相对人向海关办理有关手续，还包括海关对进出境运输工具、货物、物品依法进行监督管理，核准其进出境的管理过程。

另外，对出口货物还需要报检，一般来说，报检手续的办理要先于报关手续的办理。

二、报关的分类

进出口货物收发货人、进出境运输工具负责人、进出境物品的所有人或者他们的代理人等海关行政管理相对人履行报关义务时，根据其所涉及的报关对象、报关目的以及报关行为性质的不同，可以将报关分为以下三类：

（1）根据报关的对象不同，可以分为运输工具报关、货物报关和物品报关。

（2）根据报关的目的不同，可以分为进境报关和出境报关。

（3）根据报关行为性质不同，可以分为自理报关和代理报关。

自理报关是收发货人自己办理报关业务的报关形式；代理报关是接受进出口货物收发货人的委托，代理其报关业务的行为，它可以分为直接代理报关（以委托人的名义进行报关活动）和间接代理报关（以自己的名义进行报关活动）。

三、报关的基本内容

报关的基本内容主要包括进出境运输工具报关、进出境货物报关和进出境物品报关。

四、我国海关的性质与任务

《中华人民共和国海关法》（下文简称《海关法》）规定："中华人民共和国海关是国家的进出境监督管理机关。海关依照本法和其他法律、行政法规，监管进出境的运输工具、货物、行李物品、邮件物品和其他物品，征收关税和其他税费，查缉走私，并编制海关统计。"

（一）海关的性质

（1）海关是国家行政机关，非立法机关。国务院是我国最高的行政机关，海关总署是国务院内设的直属机构。

（2）海关是国家进出境的监督管理机关。

（3）海关的监督管理是国家行政执法活动。

（二）海关的任务

海关的任务包括：一是监督管理进出境运输工具、货物、行李物品、邮递物品和其他物品，即监管任务；二是征收关税和其他税费，即征税；三是查缉走私；四是编制海关统计和办理其他海关业务。

五、我国海关的法律体系

法律体系是指由一个国家的全部现行法律法规按照不同的部门、层次所组成的有机整体，海关的法律体系作为我国现行法律的一个分支，具有相对的独立性和完整性。海关的法律体系根据制定主体和效力的不同，可以分为：①《海关法》，由全国人大常委会于1987年1月22日通过，同年7月1日起开始实施；②行政法规，由国务院制定，如《原产地条例》；③海关规章，由海关总署制定，如《报关员资格考试及资格证书管理办法》等。

六、海关的权力

《海关法》在规定海关任务时，为了保证任务的完成，赋予了海关相关的权力。海关的权力是国家为了保证海关依法履行职责，通过《海关法》和其他相关法律法规赋予其对运输工具、货物和物品的监督管理职能，属于公共行政职权，其行使权力也受到一定范围和条件的限制，并应当接受执法监督。

海关权力的主要内容有检查权、查阅复制权、查问权、查验权、稽查权、连续追缉权、扣留权、行政处罚权、佩戴和使用武器权和强制执行权等。

海关权力行使的基本原则有：合法原则、适当原则、依法独立行使原则和依法受到保护原则。

七、海关的管理体制与组织机构

（一）海关的管理体制

海关作为国家进出境的监督管理机关，为了履行其进出境监督管理职能、提高管理效率、维持正常的管理秩序，必须建立完善的管理体制。

《国务院关于改革海关管理体制的决定》规定："全国海关建制归中央统一管理，成立海关总署作为国务院直属机构，统一管理全国海关机构和人员编制、财务以及业务。"从此海关恢复了集中统一管理的垂直领导管理体制。国务院设立海关总署，统一管理全国海关。海关依法独立行使职权，对海关总署负责。国家在对外开放的口岸和海关监管业务集中的地点设立海关，海关的隶属关系不受行政区划的限制。

（二）海关的组织机构

海关机构的设置分为海关总署、直属海关和隶属海关三级，隶属海关由直属海关领导，对直属海关负责；直属海关由海关总署领导，对海关总署负责。

为了打击走私，由海关总署、公安部联合组建缉私局，设在海关总署，它既是海关总署的内设机构，也是公安部的一个序列局，实行海关总署和公安部双重领导，以海关领导为主的体制。海关总署缉私局下设直属海关分局，直属海关分局下设隶属海关分局。

八、报关员的概念

报关员是指取得报关员从业资格证，并在海关注册，向海关办理进出口货物的报关业务人员。报关员不像律师和会计师一样是自由职业者，每个报关员只能受雇于一个报关单位，并且在一定范围内从事报关工作。

九、报关员的资格

（一）报关员资格考试

报关员资格全国统一考试由海关总署组织，并负责确定考试原则、制定考试大纲、规则；指导、监督各地海关具体实施考试，处理考试中的重大问题；组织阅卷、公布成绩等。

我国《海关法》规定，报关员资格考试的报名条件是：具有中华人民共和国国籍；年满 18 周岁，具有完全民事行为能力；具有大学专科及以上学历。西部地区可以放宽到高中和中专；对于应届大专毕业生，在其没有毕业之前可以报名参加考试，但是报关员资格证要等到毕业后获得大专毕业证才能拿到。

（二）报关员资格的取得

海关总署核定并公布报关员资格考试合格分数线，直属海关及受委托的隶属海关根据合格分数线，公布成绩合格、可以申请报关员资格的考生名单。根据海关公布的名单可以申请报关员的考生，应当自考试合格分数线公布之日起 6 个月内向原报名海关申请报关员资格。

报关员资格证是从事报关工作的资格证明，由海关总署统一制定，取得报关员资格证者可以按照规定向海关申请报关员资格注册。

十、报关员注册

报关员注册是指报关单位所在地直属海关或受其委托的隶属海关，对通过报关员资格考试、依法取得报关员资格证的人员提出注册申请，依法作出准予报关员注册的决定，并颁发报关员证的行为。

报关员注册的有效期是 2 年。报关员需要延期报关员注册有效期的，应当办理报关员注册延期手续。报关员未办理注册延期手续，自有效期满，其报关员注册自动终止。

十一、报关员的执业范围和执业禁止行为

（一）执业范围

报关员只能在一个报关单位执业。报关企业及其跨关区分支机构的报关员，应当在所在报关企业或者跨关区分支机构的报关服务的口岸地或海关监管业务集中的地点执业。报关员还应当在所在报关单位授权范围内执业。

（二）执业禁止行为

（1）故意制造海关与报关单位、委托人之间的矛盾纠纷。

（2）假借海关名义，以明示或暗示的方式向委托人索要委托合同约定以外的报酬或其他财物。

（3）同时在两个或两个以上的报关单位执业。

（4）私自接受委托办理报关业务，或私自收取委托人的酬金和其他财物。

（5）将报关员证转借或转让他人，允许他人持本人报关员证书执业。

（6）涂改报关员证。

（7）其他利用执业之便谋取不正当利益的行为。

十二、报关的形式

根据《海关法》第二十五条规定："办理进出口货物的海关申报手续，应当采用纸质

报关单和电子数据报关单的形式。"因此，办理进出境货物的申报手续，可以采用"纸质报关单"和"电子数据报关单"两种形式，且两种具有同等的法律效力。

纸质报关单，是指国际货物的收发货人或代理人的报关企业，按照海关《进出口货物报关单填制规范》的要求，填制纸质报关单，并向海关当面递交报关单及其随附单证的一种申报方式。

电子数据报关单，是指国际货物的收发货人或其代理人或代理的报关企业，按照海关《进出口货物报关单填制规范》的要求，预先通过计算机管理系统向海关发送报关单的电子数据，然后再向海关同时递交纸质的报关单及其随附单证的一种申报方式。

目前，采用"电子数据报关单"形式的申报方式主要有以下四种：

1. 终端申报方式

进出口货物的收发货人或其代理人在海关规定的报关地点，委托经海关登记注册的预录入企业，使用连接海关计算机系统的电脑终端录入报关单电子数据，预录入后，可以直接将报关单电子数据发送至海关计算机系统中。海关审单人员可以在其计算机上直接查看相关报关单信息。

2. 委托 EDI 方式

进出口货物的收发货人或其代理人在海关规定的报关地点，委托经海关登记注册的预录入企业，使用 EDI 方式录入报关单电子数据，预录入后，也可直接将报关单电子数据发送至海关的计算机系统中。

3. 自行 EDI 方式

进出口货物的收发货人或其代理人在本企业办公地点使用 EDI 方式自行录入报关单电子数据。

目前，我国海关使用的 H2000 电子数据通关系统是在集中式数据库的基础上建立的全国统一海关信息作业平台，不仅提高了海关管理的整体效能，而且也大大简化了进出口企业的报关手续，为企业节省了通关时间，提高了工作效率。

4. 网上申报方式

进出口货物的收发货人或其代理人在本企业办公地点连接因特网，通过"中国电子口岸"系统自行录入报关单电子数据。"中国电子口岸"系统，简称"电子口岸"，是与进出口贸易管理有关的国家 12 部委利用现代计算机信息技术，将各部委分别管理的进出口业务信息电子底账数据集中存放在公共数据中心，为政府管理机关提供跨部门、跨行业的联网核查，为企业提供网上办理各种进出口业务的国际信息系统。

电子口岸系统和海关 H2000 通关系统连接起来，构成了覆盖全国的进出口贸易服务和管理的信息网络系统。进出口企业在其办公室就可以上网向海关及其他有关部委办理与进出口贸易有关的各种手续，与进出口贸易有关的海关及国家各有关部委也能在网上对进出口贸易进行有效管理。

进出口货物的收发货人或其代理人在委托录入或自行录入报关单数据的计算机上接收到海关发送的"不接受申报"报文后，应根据报文提示修改报关单内容后重新申报；一旦接收到海关发送的"接收申报"报文，即表示电子申报成功。

进出口货物的收发货人或其代理人向海关申报，一般情况下先以电子数据报关单形式申报，后提交纸质报关单。在某些边远地区，没有配备电子通关系统的海关，进出口收发货人或其代理人可单独以纸质报关单形式向海关申报。在实行无纸通关的海关，进出口货物的收发货人或其代理人可单独以电子数据报关单形式向海关申报。

十三、报关申请的相关单证

准备申报单证是报关员开始进行货物申报工作的第一步，是整个报关工作能否顺利进行的关键一步。申报单证可分为基本单证、特殊单证、预备单证、报关单四大类。

1. 基本单证

基本单证指进出口货物的货运单据和商业单据，包括提单及提货单（进口）、装货单（出口）、商业发票、装箱单。

2. 特殊单证

特殊单证指进出口许可证件、国家外贸主管部门的批准文件，海关核发、签发或批准的加工贸易《登记手册》，特殊减免《税征免税证明》和暂准进出境货物《担保申请》等。

3. 预备单证

预备单证指在办理进出口货物申报手续时，海关有可能查阅或收取的证件，包括贸易合同、原产地证明书、进出口企业的有关证明文件等。

4. 报关单

报关单是由报关员按照海关的规定格式填制的申报单。

进出口货物的收发货人或其代理人应向报关员提供基本单证、特殊单证、预备单证，报关员审核这些单证后据此填制报关单。报关单是主要单证，而基本单证、特殊单证、预备单证（需要提交时）是随附单证。

准备申报单证的基本原则是：基本单证、特殊单证、预备单证必须齐全、有效、合法；报关单填制必须真实、准确、完整。

技能一　出境货物检验检疫的基本程序

一、报检

出境报检是指进出口商或其代理人将属于检验检疫范围的出境商品向检验检疫机构申请检验检疫的行为。报检时必须向检验检疫机构提供以下单据：

（1）出境货物报检时，应填写《出境货物报检单》，并提供外贸合同或销售确认书或订单、信用证、有关函电、生产经营部门出具的厂检结果单原件、检验检疫机构签发的《出境货物运输包装性能检验结果单》（正本）。

（2）凭样品成交的，需提供样品。

（3）经预检的货物，在向检验检疫机构办理换证放行手续时，应提供该检验检疫机构签发的《出境货物换证凭单》（正本）。

（4）产地与报关地不一致的出境货物，在向报关地检验检疫机构申请《出境货物通关单》时，应提交产地检验检疫机构签发的《出境货物换证凭单》（正本）或"换证凭条"。

（5）出口危险货物时，必须提供《出境货物运输包装性能检验结果单》（正本）和《出境危险货物运输包装使用鉴定结果单》（正本）。

（6）预检报检的货物，还应提供货物生产企业与出口企业签订的贸易合同。尚无合同的，需在报检单上注明检验检疫的项目和要求。

（7）按照检验检疫的要求，提供相关其他特殊单证。

报检一般是在装运期前七天申报，但对某些检验检疫局有特殊要求的商品，应按照规定的时间向检验检疫局申报。

二、抽样

检验检疫机构接受报检后，须及时派人到货物堆存地点进行现场检验鉴定。其内容包括货物的数量、重量、包装、外观等项目。现场检验一般采取国际贸易中普遍使用的抽样法。抽样时须按规定的抽样方法和一定的比例随机抽样，以便样品能代表整批商品的质量。常用的抽样方式有：

（1）登轮抽样。进口大宗商品时，采取在卸货过程中登轮抽样的方法，可随卸货进度、按一定的比例抽取各个部位的代表性商品，然后经过混合、粉碎、缩分，取得代表性的检验样品。

（2）甩包抽样。例如进口橡胶，数量很大，按规定以10%抽样，可以采取在卸货过程中，每卸10包抽1包，供抽样用。这样既可使抽样工作进行便利，又能保证样品的代表性。

（3）翻垛抽样。出口商品在仓库中密集堆垛、难以对不同部位抽样时，如有条件可进行适当翻垛，然后进行抽样。这种方式要多花一定的劳力。

（4）出厂、进仓时抽样。在仓容紧张、翻垛困难的情况下，对出口商品可事先联系，安排在出厂或进仓时进行抽样，同时加强批次管理工作。

（5）包装前抽样。为了避免出口商品抽样时的拆包损失，特别是对用机器打包的商品，在批次分清的前提下，采取在包装前进行抽样的办法。

（6）生产过程中抽样。有些出口商品，可在生产加工过程中，根据生产批次，按照规定随生产抽样，以保证其代表性，检验合格后再进行包装。

（7）装货时抽样。出口大宗散装商品时，有条件的可在装船时进行抽样。如原油用管道装货时，可定时在管道中抽取样品；出口食盐的可在装船时每隔一小时抽样一次。这种样品的代表性很好。

（8）开沟抽样。出口散装矿产品，抽样困难，且品质又不够均匀，一般视垛位大小，挖掘长宽2~3米、深1米的沟，以抽取代表性样品。

（9）流动间隔抽样。大宗矿石产品抽样困难，可结合装卸环节，在输送带上定时抽取有足够代表性的样品。

不论采取上述哪种形式的抽样，所抽取的样品必须遵循抽样的基本原则，即能代表整批商品的品质。

三、检验检疫

目前，国家质量监督检验检疫总局对出境商品的检验检疫实行"一次报检、一次取样、一次检验检疫、一次卫生除害处理、一次收费、一次发证放行"的工作规程和"一口对外"的国际通用的检验检疫模式。新的检验检疫规程极大地提高了检验检疫效率，使出口商便于发运货物。

检验检疫机构的施检工作人员根据抽样和现场检验记录，仔细核对合同及信用证对品质、规格、包装等的规定，弄清楚检验的依据、标准，采用检验检疫规定的方法实施检验检疫。

四、签证与出境货物放行

根据原国家出入境检验检疫局和海关总署 2000 年 1 号联合公告的规定，对列入《出入境检验检疫机构实施检验检疫的进出口商品目录》范围内的出境货物，经检验检疫合格的，签发《出境货物通关单》。海关凭报关地检验检疫机构签发的《出境货物通关单》验放，对于国外有要求签发有关检验检疫证书的，检验检疫机构根据对外贸易关系人的申请，经检验检疫合格的，签发相应的检验检疫证书。经检验检疫不合格的，签发《出境货物不合格通知单》。

（一）签证

1. 检验检疫证书的签发程序

出入境检验检疫证书的签发程序包括审核、制证、校对、签署和盖章、发证/放行等环节。施检过程的抽样记录、检验检疫结果记录、拟稿等环节在各检验检疫施检部门完成，其他环节均在检务部门完成，包括审核证稿及其全套单据、缮制各种单证。经过校对单证、签署和盖章后发证，完成签证工作的最后一个环节，也是检验检疫工作程序的最后一个环节。检务部门收到施检部门的证稿后，在两个工作日内完成出境签证，特殊情况除外。

2. 签证日期和有效期

检验检疫机构签发的单证一般以验讫日期作为签发日期。出境货物的出运期限及有关检验检疫单证的有效期如下：

（1）一般货物为 60 天。

（2）植物和植物产品为 21 天，在北方冬季可适当延长至 35 天。

（3）鲜活类货物为 14 天。

（4）交通工具卫生证书用于船舶的有效期为 12 个月，用于飞机、列车的有效期为 6

个月；除鼠/免于除鼠证书为 6 个月。

（5）国际旅行健康证明书有效期为 12 个月，预防接种证书有效期限参照有关标准执行。

（6）出口换证凭单以标明的检验检疫有效期为准。

（7）信用证要求在装运港装船时检验的，签发单证日期为提单日期 3 天内（含提单日）。

（二）出境货物放行

在本地报关的出境货物，经检验检疫合格后，签发《出境货物通关单》（两联）。正本由报检人持有，用于在海关办理通关手续。

1. 产地检验检疫，产地放行

放行的要求为：检验检疫机构审核对外贸易合同/信用证、发票、装箱单等是否齐全，《出境货物通关单》、检验检疫有关证书与外贸的相关单据是否一致（证证相符），以及检验检疫签发的所有单证与出境货物的品质（如重量、包装等）是否一致（货证相符）。

2. 产地检验检疫，口岸查验放行

口岸查验放行时，检验检疫机构查验所需的对外贸易合同/信用证、发票、装箱单、产地检验检疫机构出具的《出境货物换证凭单》等单据是否齐全，《出境货物换证凭单》与其他外贸单据是否一致（证证相符）。同时口岸检验检疫机构按照规定对货物进行查验，核查《出境货物换证凭单》与出境货物是否一致（货证相符），对于证证相符、货证相符的，签发《出境货物通关单》放行。《出境货物换证凭单》可以并批和分批使用。

在正常情况下，检验检疫总局完成以上四个步骤，货物的检验检疫工作即告完成。如果有特殊情况，需要办理更改、撤销或复验等业务，应该向检验检疫总局办理，接下来将详细介绍。

五、更改

已报检的出入境货物，检验检疫机构尚未实施检验检疫或虽已实施检验检疫但尚未出具单证的，由于某种原因，报检人需要更改报检信息的，可以向受理报检的检验检疫机构申请，经审核后按规定进行更改。

检验检疫机构尚未实施检验检疫、品名更改后与原报检不是同一种商品的，不能更改。

检验检疫机构已实施检验检疫但尚未出具单证，品名、数/重量、检验检疫要求、包装等重要项目更改后与原报检不一致的，或者更改后与输出、输入国家地区法律法规的规定不符的，不能更改。

办理更改应注意以下事项：

（1）填写《更改申请书》，说明更改的理由和更改的事项。

（2）提供有关函电等证明文件，并提交原单证。

（3）变更合同或信用证的，需提供新的合同或信用证。

六、撤销

报检人向检验检疫机构报检后，因故需撤销报检的，可提出申请，并书面说明理由，经检验检疫机构批准后按规定办理撤销手续。

报检后 30 天内未联系检验检疫事宜的，做自动撤销报检处理。

办理撤销应办注意以下事项：

（1）填写《更改申请书》，说明撤销的理由。

（2）提供有关证明材料。

七、重新报检

报检人在向检验检疫机构办理报检手续并领取检验检疫证书后，有下列情况之一的应该重新报检：

（1）超过检验检疫有效期的。

（2）变更输入国家或地区，并有不同检验检疫要求的。

（3）改换包装或重新拼装的。

（4）已撤销报检的。

重新报检的要求有：

（1）按规定填写《出境货物报检单》，交附有关函电等证明单据。

（2）交还原发的证书或单证，不能交还的应按有关规定办理。

八、复验

如果报检人对检验检疫机构的检验结果有异议，可以向做出检验结果的检验检疫机构或者其上级检验检疫机构申请复验，也可以向国家质检总局申请复验。受理复验的检验检疫机构或者国家质检总局负责组织并实施复验。检验检疫机构或者国家质检总局对同一检验结果只进行一次复验。报检人对检验检疫机构、国家质检总局作出的复验结论不服的，可以依法申请行政复议，也可以向人民法院提起行政诉讼。

（一）复验工作程序和工作时限

复验工作程序如下：

（1）报检人提出复验申请。

（2）检验检疫机构或国家质检总局对申请材料进行审核，符合规定的予以受理。

（3）检验检疫机构或国家质检总局组织并实施复验。

（4）实施复验的检验检疫机构或国家质检总局作出复验结论。

工作时限：受理复验的检验检疫机构或者国家质检总局应当自收到复验申请之日起 60 日内作出复验结论；技术复杂、不能在规定时限内作出复验结论的，经本机构负责人批准可以适当延长，但延长期限最多不超过 30 日。

（二）复验申请的时限和条件

（1）报检人申请复验，应当在收到检验检疫机构做出的检验结果之日起 15 日内提出，因不可抗力或者其他正当理由不能申请复验的，可以申请期限中止。从中止的原因消除之日起，申请期限继续计算。

（2）报检人申请复验，应当保证和保持原报检商品的质量、重量、数量符合原检验时的状态，并保留其包装、封识、标志。

（三）复验申请应提供的单据

（1）申请复验时，报检人应填写《复验申请表》。

（2）原报检所提供的证单和资料。

（3）原检验检疫机构出具的检验证书或证单。

（四）复验申请的受理

检验检疫机构或国家质检总局自收到复验申请之日起 15 日内，对复验申请进行审查并作出如下处理。

（1）复验申请符合有关规定的，予以受理，并向报检人出具《复验申请受理通知书》。

（2）复验申请内容不全或随附证单资料不全的，向报检人出具《复验申请材料补正告知书》，限期补正；逾期不补正的，视为撤销申请。

（3）复验申请不符合有关规定的，不予受理，并出具《复验申请不予受理通知书》，书面通知申请人并告知理由。

（五）复验申请的费用

（1）申请复验的报检人应当按照规定缴纳复验费用。

（2）受理复验的检验检疫机构或者国家质检总局的复验结论认定属原检验的检验检疫机构责任的，复验费用由原检验检疫机构负担。

技能二　出境货物报检单的填制

一、适用范围

适用于出境货物（包括废旧物品、集装箱空箱、包装铺垫材料等）的报检。

二、主要内容与填制说明

（1）报检单位：指向检验检疫机构申报检验检疫、鉴定业务，并已在检验检疫机构登记注册的单位及代理。报检单位一般应加盖公章，经备案，可以使用"报检专用章"。

（2）编号：此栏由检验检疫机构受理报检员按国家要求填写。

（3）报检单位登记号：指报检单位在检验检疫机构的登记号和代理报检单位在检验检疫机构的注册号。

（4）联系人：报检单位（或代理报检单位）的报检员（或代理报检员）的姓名。

（5）电话：报检员或代理报检员的联系电话。

（6）报检日期：填写检验检疫机构实际受理报检的日期。

（7）发货人：根据不同情况填写，预报检时，可以填写生产单位；出口报检时，应填外贸合同中的卖方或信用证受益人。

（8）收货人：预报检时可填出口公司名称；出口报检时填外贸合同中的买方。

（9）货物名称：按外贸合同、信用证填写，若为废旧货物应注明。

（10）H.S.编码：按海关统计商品分类目录中的编码填写。

（11）产地：指本批货物的具体生产地名称。

（12）数/重量：按实际申报的数/重量填写。

（13）货物总值：按本批货物合同、信用证或发票上所列的总值填写。

（14）包装种类及数量：按实际运输包装种类和数量填写，如"500箱纸箱"，若是木质包装还要注明材质及尺寸。

（15）运输工具名称号码：填写运输本批货物的运输工具的船名、车号及航班号，预报检时可填"×××"。

（16）贸易方式：常见的贸易方式有一般贸易、边境贸易、进料加工、来料加工、补偿贸易、其他贸易等，按本批货物的实际贸易方式填写。

（17）货物存放的地点：指本批货物存放的地点。

（18）合同号：预报检时，填国内购销合同号；出口报检时，填外贸合同号。

（19）信用证号：预报检时，可填"×××"；出口报检时，以信用证方式结汇的，填本批货物的信用证号；非信用证方式结汇的，填"×××"。

（20）用途：指本批货物的用途，如种用、食用、观赏或演艺、伴侣、实验、药用、饲用、其他等。

（21）发货日期：本批货物的装运日期。预报检时可填"×××"。

（22）输往国家（地区）：可填写贸易合同中买方（进口方）所在的国家（地区）或货物的最终销售国。

（23）许可证/审批号：对已实施许可制度/审批制度的货物，报检时填写质量许可证编号或审批单编号。

（24）启运地：指装运本批货物离境的交通工具的启运口岸城市名称。

（25）到达口岸：指装运本批货物的交通工具最终抵达目的地停靠的口岸名称。

（26）生产单位注册号：指生产/加工本批货物的单位在检验检疫机构的检疫卫生注册登记编号。

（27）集装箱规格、数量及号码：按实际装箱情况填写。

（28）合同、信用证订立的检验检疫条款或特殊要求：指贸易合同或信用证中贸易双方对本批货物特别约定而订立的质量、卫生等条款和报检单位对本批货物检验检疫的特别要求，报检单位应在此栏明确提出，不能遗漏。如需分批出证时，应在此栏填写分批出证的数量及需特别注明的内容。

（29）标记及号码：按货物的实际标记（唛头）填写。

（30）随附单据：按实际提供的单据，在对应的"□"上打"√"；未列出的，在空白处添加。

（31）需要单证名称：需要检验检疫机构出具的单证，在对应的"□"上打"√"，并注明所需单证的正副本数量，未列出的，在空白处添加。

（32）检验检疫费：由检验检疫机构人员填写。

（33）报检人郑重声明：报检员必须亲笔签名。

（34）领取证单：由领证人在领证时填写实际领证日期并签名。

中华人民共和国出入境检验检疫
出境货物报检单

报检单位（加盖公章）：广州市时尚服装有限公司　　　　　*编　号 442200363299999

报检单位登记号：4401786108　　联系人：张三　　电话：35686235　　报检日期：2013 年 7 月 12 日

发货人	（中文）广州市时尚服装有限公司					
	（外文）GUANGZHOU FASHION COMPANY					
收货人	（中文）					
	（外文）ABC TRADING CO. , LTD					
货物名称（中/外文）	H. S. 编码	产地	数/重量	货物总值	包装种类及数量	
男式牛仔裤 MEN'S JEANS	6203.4290.62	中国	10,000 件	USD120,000.00	1,000 箱	
运输工具名称号码	PRINCESS V. 352	贸易方式	一般贸易	货物存放地点	广州市南京路 1 号	
合同号	20130601	信用证号	3820214247	用途	其他	
发货日期	2013 - 7 - 20	输往国家（地区）	美国	许可证/审批号	11 - 12 - 974506	
启运地	广州	到达口岸	纽约	生产单位注册号	4401028747453	

集装箱规格、数量及号码	2×20GP

合同、信用证订立的检验检疫条款或特殊要求	标 记 及 号 码	随附单据（画"✓"或补填）	
	N/M	☑合同	□包装性能结果单
		☑信用证	☑许可/审批文件
		☑发票	□
		□换证凭单	□
		☑装箱单	□
		□厂检单	□

需要证单名称（画"✓"或补填）	*检验检疫费

（续上表）

□品质证书 ___正___副	□植物检疫证书 ___正___副	总金额	
□重量证书 ___正___副	□熏蒸/消毒证书 ___正___副	（人民币元）	
□数量证书 ___正___副	☑出境货物换证凭单 _1_ 正 _2_ 副		
□兽医卫生证书 ___正___副	□	计费人	
□健康证书 ___正___副	□		
□卫生证书 ___正___副	□	收费人	
□动物卫生证书 ___正___副	□		

报检人郑重声明：	领 取 证 单	
1. 本人被授权报检。		
2. 上列填写内容正确属实，货物无伪造或冒用他人的 厂名、标志、认证标志，并承担货物质量责任。 　　　　　　　签名：_张三_	日期	
	签名	

注：有"＊"号栏由出入境检验检疫机关填写 　　　　　　　　　◆国家出入境检验检疫局制

[1-2 (2000-1-1)]

技能三　进出口货物的报关程序

一、报关的基本程序

报关的基本程序可以分为三个阶段：前期阶段、进出口阶段和后续阶段。

（一）前期阶段

前期阶段是指进出口货物收发货人或其代理人根据海关对进出境货物的监管要求，在货物进出口之前，向海关办理备案手续的过程，主要包括在保税加工货物进口之前、特定减免税货物进口之前、暂准进出境货物进出口之前等向海关办理备案手续的过程。

（二）进出口阶段

进出口阶段是指进出口货物收发货人或其代理人根据海关对进出境货物的监管要求，在货物进出口时，向海关办理进出口申报、配合查验、缴纳税费、提取或装运货物等四个环节手续的过程。

（三）后续阶段

后续阶段是指进出口货物收发货人或其代理人根据海关对进出境货物的监管要求，在出口货物进储存、加工、装配、使用、维修后，在规定的时间内，按照规定的要求，向海关办理上述进出口货物的核销、销案、申请解除监管等手续的过程，主要是保税加工货物、特定减免税货物、暂准进境货物等。

二、一般进出口货物的报关程序

一般进出口货物的报关程序没有前期阶段和后续阶段，只有进出口阶段，由四个环节构成，即进出口申报、配合查验、缴纳税费、提取或装运货物。

（一）进出口申报

进出口申报是指进出口货物的收发货人、受委托的报关企业，在规定的期限、地点采用电子数据报关单和纸质报关单形式，向海关报告进出口货物的实际情况，并接受海关审核的行为。

1. 申报地点

在一般情况下，出口货物的发货人或其代理人在货物的出境地海关申报；进口货物一般在进境地海关申报。

2. 申报期限

出口货物的申报期限为货物运抵海关监管区后、装货的 24 小时之前。进口货物的申报期限为自装载货物的运输工具申报进境之日起 14 日内。

3. 申报日期

申报日期是指申报数据被海关接受的日期，不论是以电子数据报关单方式申报，还是以纸质报关单方式申报，海关接受申报数据的日期即为申报日期。

4. 申报前看货取样

为了做到如实申报，报关员必须认真检查货物的情况，确认货物与申报单证一致。出口货物发货人可以在出口货物运入海关监管区前确认货物。

5. 提交报关单以及附随单证

出口货物发货人或其代理人完成电子申报后，在计算机上打印纸质报关单，连同必需的随附单证，向指定的海关进行申报，由海关审核，确定是否要进行查验。

6. 修改申报的内容或撤销申报

海关接受申报以后，原则上报关单以及随附单证的内容不得进行修改，申报也不得撤销。但是如果有正当理由，经海关同意，可以修改申报内容或者在撤销申报后重新申报。

海关接受申报后，对报关单位所提交的单证进行审核，即审单。审单是海关监管的第一环节，它不仅为海关监管工作中的查验和放行环节奠定基础，也为海关征税、统计和缉私工作提供了可靠的单证和资料。

（二）配合查验

海关查验是指海关为了确定进出口货物收发货人向海关申报的内容是否与进出口货物的真实情况相符，或者为了确定商品的归类、价格、原产地等，依法对进出口货物进行实际核查的执法行为。

1. 查验的时间和地点

查验的时间与地点由海关决定。当海关决定查验时，会将查验的决定书以书面通知的形式发予出口货物发货人或其代理人，约定查验的时间。查验一般在海关正常的工作时间内进行，查验地点一般在海关的监管区内。因容易受到自然因素的影响，不宜在海关区域内查验，或因其他特殊原因，需要在海关监管区外进行查验的货物，经申请后，海关可以派人到海关监管区外实施查验。

2. 查验的方法

海关实施查验可以彻底查验，也可以抽查。彻底查验是指对一票货物逐件开拆包装，验核货物实际情况；抽查是指按照一定的比例、有选择地对一票货物中的部分货物验核实际状况。查验操作可以分为人工查验和设备查验。海关可以对已经查验的货物进行复验。

径行查验是指海关在进出口收发货人或其代理人不在场的情况下，对进出口货物进行开拆包装查验，鉴定货物是否有违法嫌疑。海关径行查验时，存放货物的海关监管场所的经营人、运输工具负责人应当到场协助，并在查验记录上签名确认。

3. 配合查验

海关查验时，进出口货物收发货人或其代理人应当到场配合海关进行查验，并负责配合搬移货物。陪同查验的报关员应了解和熟悉所申报货物的实际情况，并回答海关的询问，提供海关查验货物时所需要的单证或其他资料等。

查验记录准确清楚的，配合查验人员应立即签名确认。配合查验人员若不签名，海关查验人员在查验记录中应予以注明，并由货物所在监管场所的经营人签名证明。

4. 货物损害赔偿

在查验过程中，或者证实海关在径行查验过程中，因为海关人员的责任造成被查验货物损坏的，进出口货物收发货人或其代理人可以要求海关赔偿。海关赔偿的范围仅限于在实施查验过程中，由于海关人员的责任造成被查验货物损坏的直接经济损失。

进出口货物收发货人或其代理人在海关查验时对货物是否受到损坏没有提出异议，事后发现货物损坏的，海关不承担赔偿责任。

（三）缴纳税费

进出口货物收发货人或其代理人将报关单以及随附单证提交给货物进出境指定海关，海关对报关单进行审核，对需要查验的货物先由海关查验，然后核对计算机计算的税费，开具税款缴款书和收费票据。进出口货物收发货人或其代理人在规定时间内，持缴款书或收费票据向指定的银行办理税费交付手续；在实行中国电子口岸网上缴税和付费的海关，进出口货物收发货人或其代理人可以通过电子口岸接收海关发出的税款缴款书和收费票据，在网上向指定银行进行电子支付税费。一旦银行收到了缴款成功的信息，即可报请海关办理货物放行手续。

（四）提取或装运货物

进口货物收货人或其代理人签收海关加盖海关放行章戳记的进口提货凭证，凭此到货物进境地的港区、机场、车站、邮局等海关监管仓库办理提取进口货物的手续。

出口货物发货人或其代理人签收海关加盖海关放行章戳记的出口装货凭证，凭此到货物出境地的港区、机场、车站、邮局等海关监管仓库，办理将货物装上运输工具离境的手续。

进出口货物收发货人或其代理人，办理完提取进口货物或装运出口货物的手续以后，若需要海关签发有关货物的进口、出口货物报关单证明联或办理其他证明手续的，都可以向海关进行申请。

（1）申请签发报关单证明联主要有：进口付汇证明联、出口收汇证明联和出口退税证明联。

（2）办理其他证明手续，例如出口收汇核销单和进口货物证明书等。

三、出口货物报关单示例

中华人民共和国海关出口货物报关单

预录入编号：520120367388312447 　　　　　　　　　海关编号：520120367388312447

出口口岸　5201 黄埔港关	备案号		出口日期	申报日期 2013－7－16
经营单位　442200363299999 广州市时尚服装有限公司	运输方式 江海运输	运输工具名称 PRINCESS V. 352		提运单号 COS130720
发货单位　442200363299999 广州市时尚服装有限公司	贸易方式 一般贸易	征免性质 一般征税		结汇方式 信用证
许可证号 11－12－974506	运抵国（地区） 美国	指运港 纽约		境内货源地 广州
批准文号 815778234	成交方式 CIF	运费 502/3500/3	保费 502/3800/3	杂费
合同协议号 20130601	件数 1,000	包装种类 纸箱	毛重（公斤） 6,000	净重（公斤） 5,000
集装箱号　CBHU3202732 CBHU3202733	随附单据 出境货物通关单		生产厂家	
标记唛码及备注 N/M				

项号	商品编号	商品名称、规格型号	数量及单位	最终目的国（地区）	单价	总价	币制	征免
1	6203.4290.62	男式牛仔裤	10,000 件 5,000 公斤	美国	12.00	120,000.00	(502) 美元	照章 征税
税费征收情况								

（续上表）

录入员 录入单位	兹声明以上申报无讹并承担法律责任	海关审单批注及放行日期（签章）	
		审单	审价
报关员			
	申报单位（签章） 广州市时尚服装有限公司	征税	统计
单位地址：广州市南京路 1 号		查验	放行
邮编 电话 填制日期			

小　结

本任务主要介绍了报检基础知识和报关基础知识两个部分，报检基础知识的主要内容包括：出入境检验检疫的含义，检验检疫机构及其职能，报检的概念、范围和方式，报检单位与报检员，出入境检验检疫的报检分类；报关基础知识的主要内容包括：报关的含义、分类、基本内容，我国海关的性质和任务，我国海关的法律体系，海关的权力，海关的管理体制与机构，报关员的概念、资格、注册，报关员的执业范围和执业禁止行为，报关的形式，报关申报单相关单证。基本技能主要介绍了报检的基本程序、报检的填制以及报关的基本程序。

思考题

1. 简述报检与报关的概念。
2. 简述报检与报关的范围和方式。
3. 什么是报检员？什么是报关员？
4. 我国海关的性质和任务是什么？
5. 简述报关员的执业范围和执业禁止行为。
6. 简述报检和报关的基本程序。
7. 简述前期报关、进出境报关以及后续报关的规定。

任务八　提单的签发和确认

【主要学习内容】

知识目标：

1. 海运提单的概念、作用和种类。
2. 其他运输合同证明：海运单、电子提单和电放提单。

技能目标：

1. 海运提单的签发、背书与填制。
2. 装船通知。

任务描述：

　　广州续航国际货运代理有限公司于 2013 年 7 月 16 日向海关进行申报，海关在 2013 年 7 月 18 日对该批货物放行，码头场站收到放行通知后，按照预定的装船时间 2013 年 7 月 20 日装船，交付运费后收到船公司签发的全套提单。

　　装船后，按照信用证的规定，2013 年 7 月 20 日广州市时尚服装有限公司向进口商发送了装船通知。

知识一　海运提单的概念、作用和种类

一、海运提单的概念

　　我国《海商法》第七十一条规定："提单，是指用以证明海上货物运输合同和货物已经由承运人接收或者装船，以及承运人保证据以交付货物的单证。提单中载明的向记名人交付货物，或者按照指示人的指示交付货物，或者向提单持有人交付货物的条款，构成承运人据以交付货物的保证。"

　　提单（Bill of Lading，B/L）在国际班轮运输中既是一份非常重要的业务单据，又是一份非常重要的法律文件，是国际海上货物运输中最具有特色的运输单据。在国际贸易中，提单也起到了贸易单证的作用，是一种有价证券。作为有价证券，提单是物权凭证又是债权凭证，它同时代表物权和债权；提单是要式证券，提单上的记载必须依据法律规定而为；提单是文义证券，它所代表的权利以提单上记载的内容为准；提单是准流通证券，它可以通过交付或者背书加交付转让；提单是设权证券，通过签发提单可以创设原本不存在的权利；提单是缴还证券，提单上的权利的实现必须以交还提单为要件。

二、海运提单的作用

根据法律规定，提单具有以下三个主要的功能或作用。

1. 海上货物运输合同的证明（Evidence of The Contract of Carriage）

提单是运输合同成立的证明。如果在签发提单之前，承、托双方另有约定，且该约定又不同于提单条款规定的内容，则以该规定为准。如果在签发提单之前，承、托双方并无约定，且托运人在接受提单时又未提出任何异议，这时才可将提单条款推定为合同条款的内容，从而约束承、托双方，提单才能从运输合同成立的证明转化为运输合同本身。

当提单转让给善意的第三人（提单的受让人、收货人等）以后，承运人与第三人之间的权利、义务等就按提单条款的规定处理，即此时提单就是第三人与承运人之间的运输合同。我国《海商法》第七十八条第一款规定："承运人与收货人、提单持有人之间的权利、义务关系，依据提单规定确定。"

2. 货物已由承运人接管或装船的收据（Receipt for The Goods Shipped）

首先，货物的原始收据不是提单，而是大副收据或者是场站收据。

"收货待运提单"是证明承运人已接管货物、具有明显的货物收据功能的单证。

"已装船提单"是在货物装船后、根据货物的原始收据——大副收据等签发的，提单上记载有证明收到货物的种类、重量、标志、外表状况等内容。此外，由于国际贸易中经常使用 FOB、CFR 和 CIF 三个传统的价格术语，在这三个传统的装运合同（Shipment Contract）价格术语下，是以将货物装船象征卖方将货物交付给买方，货物装船时间也意味着卖方的交货时间，所以，提单上还记载有货物装船的时间。用提单来证明货物的装船时间是非常有必要的，因此，作为履行贸易合同的必要条件，如果卖方未将货物按时装船，银行就不会接受该提单。

提单作为货物收据的作用，看其在托运人或收货人手中而有所不同。对托运人来说，提单只是承运人依据托运人所列提单内容收到货物的初步证据（Prima Facie Evidence），换言之，如果承运人有确实证据证明他在事实上未收到货物，或者在收货时实际收到的货物与提单所列的情况有差异，承运人可以通过一定方式减轻或者免除自己的赔偿责任；但对善意接受提单的收货人，提单是承运人已按托运人所列的内容收到货物的绝对证据（Conclusive Evidence）。承运人不能提出相反的证据否定提单内所记载的内容。

3. 承运人交付货物的物权凭证（Document of Title）

承运人或其代理人在目的港交付货物时，必须向提单持有人交货。在这种情况下，即使是真正的收货人，如果不能递交正本提单，承运人也可以拒绝对其放行货物。也就是说，收货人是根据提单物权凭证的功能，在目的港以提单相交换来提取货物的。

提单作为物权凭证的功能是用法律的形式予以确定的，提单的转移就意味着提单上所记载货物的转移，提单的合法受让人或提单持有人就有权要求承运人交付提单上所记载的货物。除提单中另有规定外，提单的转让是不需要经承运人的同意的。

提单具有物权凭证的功能使提单所代表的"物权"可以随提单的转移而转移，提单中所规定的权利和义务也随着提单的转移而转移。若货物在运输过程中遭受损坏或灭失，货物的风险也会随提单的转移而转移给了提单的受让人。提单的受让人能否得到赔偿将取决于有关海上货物运输的法律、国际公约和提单条款的规定。

提单的转让受时间限制。在办理提货手续前，提单是可以转让的。一旦办理了手续，该提单就不能再转让了。

三、海运提单的种类

随着世界经济的发展，国际海上货物运输中所遇到的海运提单（Ocean B/L or Marine B/L）的种类越来越多。通常使用的提单为全提式提单（Long Form B/L），或称为繁式提单，即提单上详细列有承运人和提单关系人之间的权利、义务等条款。此外，还有简式提单（Short Form B/L），即提单上印有"Short Form"字样，而背面没有印刷有关承运人与提单关系人权利、义务的条款，或者背面简单列有注明以承运人全式提单所列条款为准的提单。有时信用证会明确规定不接受简式提单。

（一）以货物是否已装船为标准

1. 已装船提单（On Board B/L；Shipped B/L）

已装船提单指整票货物全部装船后，由承运人或其代理人向托运人签发的货物已经装船的提单，该提单上除了载明其他通常事项外，还须注明装运船舶名称和货物实际装船完毕的日期。

2. 收货待运提单（Received for Shipment B/L）

收货待运提单简称待装提单或待运提单，是指承运人虽已收到货物单但尚未装船，应托运人要求而向其签发的提单。由于待运提单上没有明确的装船日期，而且又不注明装运船舶的名称，因此，在跟单信用证的支付方式下，银行一般不接受这种提单。

当货物装船后，承运人在待运提单上加注装运船舶的名称和装船日期，就可以使待运提单成为已装船提单。

（二）以提单收货人一栏的记载为标准

1. 记名提单（Straight B/L）

记名提单指在提单"收货人"一栏内具体填上特定的收货人名称的提单。记名提单只能由提单上所指定的收货人提取货物。记名提单不得转让。

记名提单可以避免因转让而带来的风险，但也失去了其代表货物可转让流通的便利。银行一般不愿意接受记名提单作为议付的单证。

2. 不记名提单（Open B/L；Bearer B/L）

不记名提单指在提单"收货人"一栏内记明应向提单持有人交付货物（To The Bearer 或 To The Holder）、或在提单"收货人"一栏内不填写任何内容（空白）的提单。不记名提单无需背书即可转让，也就是说，不记名提单由出让人将提单交付给受让人即可转让，谁持有提单，谁就有权提货。

3. 指示提单（Order B/L）

指示提单是指在提单"收货人"一栏内只填写"凭指示"（To Order）或"凭某人指

示"（To The Order of ××）字样的提单。指示提单经过记名背书或空白背书转让。指示提单除由出让人将提单交付给受让人外，还应背书，这样提单才能转让。

如果提单的"收货人"一栏只写"To Order"，则是托运人指示提单。在托运人未指定收货人或受让人以前，货物仍属于托运人。

如果提单的"收货人"一栏只填写了"To The Order of ××"，则称为记名指示提单。在这种情况下，由记名的指示人指定收货人或受让人。记名的指示人（"××"）可以是银行，也可以是贸易商等。

（三）以货物外表状况有无批注为标准

1. 清洁提单（Clean B/L）

清洁提单指没有任何有关货物残损、包装不良或其他有碍于结汇的批注的提单。

事实上提单正面已印有"外表状况明显良好"（In Apparent Good Order and Condition）的词句，若承运人或其代理人在签发提单时未加任何相反的批注，则表明承运人确认货物装船时外表状况良好的这一事实，并且必须在目的港将接收装船时外表状况良好的货物交付给收货人。在正常情况下，承运人向银行办理结汇时，都应提交清洁提单。

2. 不清洁提单（Unclean B/L or Foul B/L）

清洁提单是指承运人在提单上加注货物及包装状况不良或存在缺陷，如水湿、油渍、污损、铁蚀等批注的提单。承运人通过批注，声明货物是在外表包装状况不良的情况下装船的，在目的港交付货物时，若发现货物损坏可归因于这些批注的范围，从而减轻或免除自己的赔偿责任。在正常情况下，银行拒绝以不清洁提单办理结汇。

实践中，当货物及包装状况不良或存在缺陷时，托运人会出具保函，并要求承运人签发清洁提单，以便能顺利结汇。由于这种做法掩盖了提单签发时的真实情况，因此，承运人将会承担由此而产生的风险责任。承运人凭保函签发清洁提单的风险有以下几种：

（1）承运人不能以保函对抗善意的第三人，因此，承运人要赔偿收货人的损失；然后承运人根据保函向托运人追偿赔款。

（2）如果保函具有欺骗性质，则保函在承运人与托运人之间属于无效，承运人要独自承担后果，而不能向托运人追偿赔款。

（3）承运人接受了具有欺骗性质的保函后，不但要承担赔偿责任，而且还会丧失责任限制的权利。

（4）虽然承运人通常会向"保赔协会"（P&I CLUB：Protection and Indemnity）投保货物运输责任险，但如果损失早在承运人接受货物以前就已经发生，"保赔协会"是不负责任的，责任只能由承运人自负。

（5）如果承运人是在善意的情况下接受了保函，该保函也仅对托运人有效。但是，托运人经常会抗辩：货物的损坏并不是由包装表面缺陷所致，而是由承运人在运输过程中没有履行其应当适当、谨慎地保管和照料货物的义务所致。因此，承运人要向托运人追偿也是很困难的。

当然，实践中承运人接受保函的情况还是时有发生的，这主要是因为当事人根据商业信誉，会履行自己的保证。

（四）以不同的运输过程为标准

1. 直达提单（Direct B/L）

直达提单是指由承运人签发的，货物从装货港装船后，中途不经过转船而直接运抵卸货港的提单。

2. 转船提单（Trans shipment B/L or Through B/L）

直达提单是指在装货港装货的船舶不直接驶达货物的目的港，而要在中途港换装其他船舶运抵目的港，由承运人为这种货物运输所签发的提单。

3. 多式联运提单（Combined Transport B/L；Inter-model Transport B/L；Multi-model Transport B/L）

多式联运提单是指货物由海路、内河、铁路、公路和航空等两种以上不同运输工具共同完成全程运输时所签发的提单，这种提单主要用于集装箱运输。多式联运提单一般由承担海运区段运输的船公司签发。

（五）以提单签发人不同为标准

1. 班轮公司所签提单（班轮提单）（Liner B/L）

班轮公司所签提单指在班轮运输中，由班轮公司或其代理人所签发的提单。在集装箱班轮运输中，班轮公司通常为整箱货签发提单。

2. 无船承运人所签提单（Non-Vessel Operating Common Carrier B/L）

无船承运人所签提单是指由无船承运人或其代理人所签发的提单。在集装箱班轮运输中，无船承运人通常为拼箱货签发提单，因为拼箱货是在集装箱货运站内装箱和拆箱的，而货运站又大多有仓库，所以也有人称其为仓提单（House B/L）。当然，无船承运人也可以为整箱货签发提单。

（六）以签发提单时间为标准

1. 预借提单（Advanced B/L）

预借提单是指由于信用证规定的装运期或交单结汇期已到，而货物尚未装船或货物尚未装船完毕时，应托运人的要求而由承运人或其代理人提前签发的已装船提单，即托运人为能及时结汇而从承运人处借用的已装船提单。

当托运人未能及时备妥货物，或者船期延误使船舶不能如期到港，托运人估计货物装船完毕的时间可能要超过信用证规定的装运期甚至结汇期时，就可以采取从承运人那里借出提单用以结汇的办法。但是，承运人签发预借提单要冒极大风险，因为这种做法掩盖了提单签发时的真实情况。许多国家法律的规定和案例表明，一旦货物损坏，承运人不但要负责赔偿，而且还会丧失享受责任限制和援用免责条款的权利。

2. 倒签提单（Anti-date B/L）

倒签提单是指在货物装船完毕后，应托运人的要求，由承运人或其代理人签发的提单，但是该提单上记载的签发日期早于货物实际装船完毕的日期，因此它是托运人从承运人处得到的以早于货物实际装船完毕的日期作为提单签发日期的提单。由于是倒填日期签发提单，所以称为"倒签提单"。

由于货物实际装船完毕的日期晚于信用证规定的装运日期，若仍按实际装船日期签发提单，肯定会影响结汇，为了使签发提单的日期与信用证规定的装运日期相吻合，以便结汇，托运人就可能要求承运人仍按信用证规定的装运日期签倒签提单。承运人签倒签提单的做法同样掩盖了真实的情况，因此，也要承担由此而产生的风险责任。

3. 顺签提单（Post-date B/L）

顺签提单是指在货物装船完毕后，承运人或其代理人应托运人的要求而签发的提单，但是该提单上记载的签发日期晚于货物实际装船完毕的日期，因此它是托运人从承运人处得到的以晚于该票货物实际装船完毕的日期作为提单签发日期的提单。由于顺填日期签发提单，所以称为"顺签提单"。

由于货物实际装船完毕的日期早于有关合同装运期限的规定，如果按货物实际装船日期签发提单将影响合同的履行，所以托运人就可能要求承运人按有关合同装运期限规定的"顺签日期"签发提单。承运人顺签提单的做法也掩盖了真实的情况，因此，也要承担由此而产生的风险与责任。

（七）其他特殊提单

1. 舱面货提单（On Deck B/L）

舱面货提单是指将货物积载于船舶露天甲板，并在提单上记载"On Deck"字样的提单，也称甲板货提单。

积载在船舱内的货物（Under Deck Cargo，又称舱内货）比积载于舱面的货物所遇到的风险要小，所以承运人不得随意将货物积载于舱面运输。但是，按商业习惯允许装于舱面的货物、法律规定应装于舱面的货物、承运人与托运人协商同意装于舱面的货物可以装于舱面运输。另外，由于集装箱运输的特殊性，通常有1/3以上的货物要装于甲板，所以不论集装箱是否装于舱面运输，提单上一般都不记载"On Deck"字样，商业上的这种做法已为有关各方当事人所接受。

2. 并提单（Omnibus B/L）

并提单是指应托运人的要求，承运人将同一船舶装运的相同港口、相同货主的两票或两票以上货物合并而签发的提单。

托运人为节省运费，会要求承运人将属于最低运费提单的货物与其他提单的货物合在一起只签发一套提单，即将不同装货单号下的货物合起来签发相同提单号的一套提单。

3. 分提单（Separate B/L）

分提单是指应托运人的要求，承运人将属于同一装货单号下的货物分开，并分别签发的提单（多套提单）。

托运人为满足商业上的需要，会要求承运人为同一票的多件货物分别签发提单，如有三件货物时，分别为每一件货物签发提单，这样就会签发三套提单，即将相同装货单号下的货物分开签发不同提单号的提单。

4. 交换提单（Switch B/L）

交换提单是指在直达运输的条件下，应托运人的要求，承运人同意在约定的中途港凭启运港签发的提单换发以该中途港为启运港的提单，并记载有"在中途港收回本提单，另换发以中途港为启运港的提单"或"Switch B/L"字样的提单。

由于商业上的原因，为满足有关装货港的要求，托运人会要求承运人签发这种提单。

签发交换提单的货物在中途港不换装其他船舶，而是由承运人收回原来签发的提单，再另签一套以该中途港为启运港的提单，承运人凭后者交付货物。

5. 交接提单（Memo B/L）

交接提单指由于货物转船或联运或其他原因，在不同承运人之间签发的不可转让、不能作为物权凭证的提单。交接提单只具有货物收据和备忘录的作用。

有时由于一票货物会由不同的承运人来运输或承运，为了便于管理，更是为了明确不同承运人之间的责任，就需要制作交接提单。

6. 过期提单（Stale B/L）

过期提单指由于出口商在取得提单后未能及时到银行议付，提单因不及时而过期，形成过期提单，也称滞期提单。

在信用证支付方式下，根据《跟单信用证统一惯例》的规定，如信用证没有规定交单的特定期限，则要求出口商在货物装船日后 21 天内到银行交单议付，也不得晚于信用证的有效期限。超过这一期限，银行将不予接受。过期提单是商业习惯上的一种提单，但它在运输合同下并不是无效提单，提单持有人仍可凭此要求承运人交付货物。

知识二　其他运输合同证明：海运单、电子提单和电放提单

一、海运单

（一）海运单的产生

自从公元 1500 年提单问世后，海运中货物权利的转移就一直是通过提单的转让来实现的，提单成了国际海运的唯一凭证。但是，近 500 年的实践足以将利用提单在目的港交货的不便和风险全部暴露出来。

一是如果按正本提单放货，当货到而提单未到收货地或收货人还未经承兑或付款取得正本时，就会出现因货等提单而引起的延迟卸货或码头拥挤现象。

二是由于海运提单是所卸货物的物权凭证，取得提单的人就有权支配该货物，即使第三者非法得到或捡到提单，也可以取货。因此，提单对收货人来说就存在着一定的风险。

要解决这两个问题，就要在不必使用提单的情况下，尽量使用海运单（Sea Waybill），使货物一到目的港，就能及时卸交。1990 年 6 月，在国际海事委员会第 34 届大会上，全票通过了 1990 年《国际海事委员会海运单统一规则》。

（二）海运单的性质

（1）海运单是发货人和承运人之间的货物运输合同的证明。

（2）海运单是一种物流单证，不是货物的物权凭证，故不能转让。

（三）海运单的作用

（1）它是承运人收到由其照管的货物的收据证明。

（2）它是承运人与托运人之间订立海上货物运输合同的证明。

（3）在解决经济纠纷时作为货物担保的基础。

（四）海运单的使用

海运单作为契约证明，应根据承托双方统一的条件来签发，经托运人的请求，可以签发两份或两份以上正本。运输契约的海运单通常签发一份正本。

海运单流转的程序是：①船公司签发海运单给托运人；②船公司在船舶到达卸货港前约一个星期向海运单标明的具体收货人发出到货通知；③收货人签署到货通知，并退还给船代理；④船代理据此签发提货单给收货人；⑤船抵港后，收货人凭提货单提货。

（五）提单与海运单的区别

提单是货物的象征，提单的合法持有人有权凭提单正本要求承运人交付货物。在国际市场上，提示提单和不记名提单的持有人可以转让提单，或是凭提单向银行办理质押贷款。提单的转让一般通过背书来完成，包括记名背书与空白背书两种方式，记名背书即在提单背面签字盖章，不另作其他记载。海运单，仅仅具有提单的前两个属性，它不是物权凭证，不能流通转让，而是承运人将货物交付给其所载明的收货人的依据。当前，由于海运单提货方便，费用节省，可以防止假单据欺诈，而且利于电子数据交换系统的使用，因此其适用范围正在逐渐扩大。尽管如此，提单仍然是最主要的海运单据。

二、电子提单

（一）电子提单的概念

电子提单是指通过电子数据交换系统（Electronic Data Interchange，EDI）传递的有关海上货物运输合同的数据。电子提单不同于传统提单，它是无纸单证，即按照一定规则组合而成的电子数据。各有关当事人凭密码通过 EDI 进行电子提单相关数据的流转，既解决了因传统提单晚于船舶到达目的港、不便于收货人提取货物的问题，又具有一定的交易安全性，因而有着广阔的应用前景。

INCOTERMS 和 UCP 明确规定允许使用电子提单。1990 年在国际海事委员会第 34 届大会上通过了《国际海事委员会电子提单规则》，该规则可以由当事人协议使用。1996 年，联合国国际贸易法委员会也通过了《联合国国际贸易法委员会电子商务示范法》。1997 年，我国交通部颁布了《国际海上集装箱运输电子数据管理办法》，为我国有关电子提单的使用和管理提供了相关依据。

传统的书面提单是一张提货凭证，因此，对货物权利的转移是通过提单持有人的背书而实现的；而电子提单转移是利用 EDI 系统根据特定密码通过计算机进行的，因此，它具有许多传统提单无法比拟的作用。

虽然电子提单的使用加速了单证流转，但在流转过程中欺诈行为时有发生。为了进一步完善电子提单的使用规则，国际海事委员会于 1990 年 6 月 24 日至 29 日在巴黎召开了国际海事委员会第 34 届大会，大会通过了《国际海事委员会电子提单规则》（CMI Rules for Electronic Bill of Lading），本规则是当前指导电子提单使用的法律依据。

（二）电子提单至今没有被广泛应用的原因

虽然电子提单克服了传统纸质提单的众多缺陷，在效率、安全、成本、适应性等方面具有强大的竞争优势，但电子提单至今并没被广泛应用于国际航运业中，原因主要有：①技术方面的限制因素，主要表现为电子提单流转模式自身的缺陷和互联网安全性的缺陷；②法规制度方面的限制因素，主要表现为电子提单的物权凭证功能的缺失和有效制度的缺失；③电子贸易环境方面的限制因素等。

总的来说，技术和法规制度上的缺陷弱化了电子提单的有效性和流通性，运作不畅的电子贸易环境禁锢着电子提单的发展空间。但这三个方面是相互影响、互为前提的，技术层面的缺陷将随着电子技术的发展而得以解决，那么技术层面的需求必然要求以与其相适应的法律制度作支撑，当法律上缺陷和制度上的不足得以完善时，统一的国际技术标准和规范的 EDI 平台也得以建立，进而适于电子提单运作的贸易环境也就自然得到完善。当阻碍电子提单广泛应用的三大主要障碍逐一克服之后，电子提单将逐渐取代传统的纸质提单而成为市场的主流，此时阻碍电子提单广泛应用的另一原因是专业人才的短缺，但会被市场机制自然调解。

三、电放提单

（一）电放提单的概念

电放提单是船公司或其代理人应托运人的申请在其出具电放保函的条件下，收回全套正本提单（如果已签发给托运人）后，向托运人签发的加盖有 "TELEX RELEASE" 或 "SURRENDERED" 字样的提单或提单副本。电放即承运人在签发了电放提单后，以电传、电报等通讯方式通知其在卸货港的代理人，无需凭正本提单即可将该票货物交付给指定的收货人。

（二）电放提单产生的背景或原因

1993 年初，在国际集装箱班轮近洋航线上出现了电放提单，至今已有十多年的历史，且在国际近洋运输中占有一定比例。电放提单是以传统提单为基础的一种变通做法，主要是为了解决目的港"货到单未到"的问题。因为传统正本提单业务中，提单是承运人在目的港据以交付货物的凭证，承运人在目的港交货时"认单不认人"。但随着国际集装箱运输的普及、货物装卸速度加快、船舶在海上的航行速度加快，使货物从装运港到卸货港的时间大大减少，而提单的流转速度却没有加快，仍然需要经过多次背书、检查、邮寄等环节才能最终到达收货人的手中，很容易造成"货等单"的情况。在"货等单"的情况下，如果坚持凭正本提单提货，势必造成货物在目的港压船、压港，港口费用和仓储费用也将大幅增加。实务中通常是承运人凭收货人出具的保函做无单放货，但无单放货却违反了提单制度的规定，承运人应对提单的合法持有人承担违约或侵权责任；而电放提单在目的港提货时无需凭正本提单提货和交货，所以，电放提单是解决"货等单"问题及无单放货问题的自然选择。

电放提单虽是为解决"货等单"及无单放货等问题而出现的"商业创造"，但它并不具有提单的物权凭证的特性，"SURRENDERED"字样即表明签发此单的承运人放弃物权凭证及提货凭证的功能，不可背书转让。因此，电放提单只具备海上货物运输合同证明及承运人接收货物收据的特性，是承运人收到货物的初步证据（除非承运人有确凿的相反证据，否则该电放提单即表明承运人已经收到该单上所记载的货物）。

技能一　海运提单的签发、背书与填制

一、海运提单的签发

船公司或其代理通常在发货人或其代理结清运费（运费预付）及其他费用（如拖箱费、装箱费、港口费、改签费等）后，向其签发提单。提单的签发主要有以下几种形式：

（一）正常签发

货运代理凭场站签署的场站收据，与船公司或其代理人结清运费及其他费用后，向其换取提单。在实际业务中，船公司或其代理人在正式签发提单之前，一般要将提单传真给货运代理公司或是发货人确认后，再正式签发提单；如果需要通过邮寄方式将提单寄送给货运代理公司或是发货人，应在"名址单"上标明诸如"提单号""发票号""核销单号""许可证号""配额号"等单据要素，以备日后查证。提单的签发内容主要包括签发人、签发时间、地点及份数等。

（二）非正常签发

1. 电放

电放就是发货人（出口商）在向船公司办理海运手续时，申请电放并且出具电放保函，这样船公司就不出具正本提单，只给复印件，出口人把提单复印件传真给目的港的收货人，收货人只凭借传真复印件就可以提取货物，而不需要正本提单。"电放"即"电报放货"，是指船公司或其代理凭发货人出具的正本"保函"，以电报的方式通知其在目的港的分支机构或其代理，凭船公司的放货电报直接向收货人放货。

2. 凭保函签发倒签提单

如果发货人要求签发倒签提单，船公司或其代理视具体情况决定是否接受发货人的要求；如果接受倒签申请，则应要求其出具发货人的正本"倒签保函"，并承诺由其承担由此产生的一切责任与损失。

3. 凭保函签发预借提单

如果发货人要求签发预借提单，船公司或其代理人视具体情况决定是否接受发货人的要求；如果接受其申请，则应要求发货人提供正本"预借保函"，船公司或其代理凭此保函签发预借提单。

4. 凭保函签发清洁提单

如果发货人要求签发清洁提单，船公司或其代理视具体情况决定是否接受发货人的要求；如果接受其申请，则应要求发货人出具正本"保函"，并承诺由其承担由此产生的一切责任和损失。注意保函只能在承运人和发货人之间有效，不能对抗善意的第三人。关于保函本书在前面介绍海运提单的种类即不清洁提单时具体讲授了承运人凭保函签发清洁提单的风险问题，在此不再具体介绍了。

船公司或其代理在签发提单时，应仔细查看每张正本提单是否都签全了证章，并确定是否需要手签，以免漏项，给发货人和收货人带来不必要的麻烦。能有资格签发提单的人只有三个：承运人本人、载货船船长和经承运人授权的代理人。

出口电放保函：

致：某某国际船务代理有限公司

兹有如下经由贵公司代理船舶排载的货物：

船名/航次：   提单号：   目的港：

货名：   柜量：

集装箱号/箱封号：

我们兹确认授权贵公司对上述集装箱/货物进行电放，贵公司可将集装箱交付给收货人：

地址/电话/传真/联系人：

我们在此保证承担贵公司、贵公司的委托人及代理因电放上述集装箱/货物而承担的任何法律责任和后果。

货运代理：（公章）   托运人：（公章）

   年   月   日   年   月   日

二、海运提单的背书

提单是物权凭证，不论是记名提单、不记名提单还是指示提单，在凭提单提货或是换取提货单时，收货人都应在提单上记载提货的意思表示。通常由收货人在提单的背面盖章或签字。

关于提单转让的规定，记名提单不能背书转让；不记名提单，无需背书就可以转让；指示提单只有经过记名背书或空白背书才能转让。所以背书与转让是不同的概念。

通常说的背书是指指示提单在转让时进行的背书。背书是转让人在提单背面写明或者不写明受让人并签名的手续。实践中，背书有记名背书、指示背书和不记名背书三种形式。

（一）记名背书

记名背书是指背书人在背书时需要将被背书人（即提单受让人）的名称写在提单背面的某个位置，将来收货人在写明自己名称的位置上盖章并签字。经过记名背书的指示提单将成为记名提单性质的指示提单。

（二）指示背书

指示背书是指背书人在提单背面写明"凭某某指示或指定"的字样，同时由背书人签名的背书形式。经过指示背书的指示提单还可以继续进行背书，但是背书必须连续。

（三）不记名背书

不记名背书，也叫做空白背书，是指背书人在提单背面写上自己的名字，无需在提单上写被背书人的名称，将来只需收货人在提单背面的任何位置写上自己的名称并盖章签字即可。

背书的目的是背书人向承运人证明其同意将提单所载明的货物权益转让给被背书人。在目的港，当收货人持背书人的提单向承运人提货时，背书人和被背书人是承运人检查的主要内容。实践中采用指示背书的比较多。

三、海运提单的内容及填制方法

海运提单是出口业务中极为重要的单据之一，海运提单内容的正确与否直接关系到出口商能否顺利结汇、进口商能否顺利提取货物。因此，在本部分学习中应重点掌握海运提单的内容以及填制方法。

（一）海运提单内容的一般介绍

海运提单的格式并不统一，每家船公司都有自己的格式，但其具体内容和项目基本一致。通常海运提单包括正面条款和背面条款。

1. 提单正面条款

（1）由托运人提供并填写的部分：托运人、收货人、被通知人、货名及件数、标志及件数、重量和体积等。

（2）由承运人印就与填写的部分：常见的印就内容有外表状况良好条款、内容不知条款及承认接受条款。

2. 提单背面条款

提单背面条款主要是规定承运人与货方之间的权利、义务和责任豁免，是处理双方争议时的主要依据。

在实际业务中所用到的海运提单，其背面内容通常是提前印制的固定条款，无需发货人与承运人讨论或更改，发货人或承运人只需对提单正面的条款进行说明。在下面的内容中，将结合业务资料背景，对海运提单的正面内容作详尽的介绍。

（二）海运提单的正面条款

1. 提单号码（B/L No.）

由承运人或其代理人按该航次所属的提单顺序编号，不需要发货人填写。

2. 发货人（Shipper）

又称托运人，即货物的实际发货人，一般是出口商或是信用证的受益人，应填写名称和地址。托收支付方式下的提单发货人栏应按合同规定的卖方填制；信用证支付方式下的提单发货人栏一般填信用证的受益人名称和地址。如果信用证受益人并不实际办理交货，而是由第三者交货或办理交货，只要信用证没有禁止以第三者为发货人时，本栏允许以信用证之外的第三者作为发货人，但必须慎重。

3. 收货人（Consignee）

在信用证支付方式下，本栏应严格按信用证的规定填写。本栏常见填写方式主要有以下三种：

（1）指示式。这种方式最普遍，多数信用证都使用这种方式。指示式又可分为空白指示式和记名指示式。

①空白指示式。即在本栏填"To order"，然后在提单背面由发货人签字进行背书。背书分为空白背书和记名背书。空白背书即背书人在提单背面签字盖章而不记载被背书人的名称；记名背书即背书人除了在提单背面签字盖章外，还要记载被背书人的名称。

②记名指示式。记名指示式又分为发货人指示式、银行指示式和收货人指示式三种。

发货人指示式，即在本栏填"To order of shipper"，但发货人必须在提单背面背书，可以空白背书，也可以记名背书，如何背书应按信用证和合同的规定。

银行指示式，即在本栏填"To order of ××× bank"。

收货人指示式，即在本栏填"To order of ××× co., Ltd"。

银行指示式和收货人指示式，发货人均不需背书。在实践中，发货人指示式和银行指示式较多见，因为开证行付款后，其物权不掌握在银行手中，而是掌握在收货人手中，因此，开证行不愿意接受收货人指示式的做法。

（2）记名式。在本栏直接填入某某人的名称，如填"××× Co., Ltd"，发货人不需背书，也无指示字样，而是特定×××公司为收货人。目前这种做法较少见，因为记名式除了收货人本人以外，提单不能转让，承运人只能将货交给特定人，因此开证行不愿接受此种做法。

（3）不记名式。即在本栏留空不填，或填入"To bearer"（本人抬头），意即谁持有该提单，其物权即归谁。不记名式提单可以转让，是仅凭交付即可转让，不需背书或任何转让手续。所以它风险比较大，目前国际上很少使用。

本栏的填法：如是信用证支付方式下的提单，要严格按信用证的规定办理；如是托收方式下的提单，一般填"To order"或填"To order of shipper"，然后由发货人背书。不能做成收货人指示式，因为代收行和发货人均无法控制物权；也不能做成银行指示式，根据《托收统一规则》的规定，事先未征得银行同意，货物不应直接运交给银行或做成银行指示性抬头。

4. 被通知人（Notify Party）

因为提单的收货人栏经常是指示式，甚至是不记名式，船方无法及时通知实际收货人，所以提单设立"被通知人"栏，以便船方在货到目的港后能及时给收货人或其代理人发出到货通知，使其按时办理有关手续。所以被通知人就是收货人或其代理人。"被通知人"栏需提供详细地址，即使信用证未规定详细地址，为了单证一致，提单正本按信用证规定的无地址的被通知人填制，但其副本一定要加注详细的地址。被通知人的地址应该是目的港的地址。信用证规定的被通知人后如有"Only"一词提单也应照填，不能省略。

托收方式下的提单，本栏可按合同的买方名称填制。

信用证方式下关于"Notify Party"的要求一般有以下几种情况：

（1）NOTIFYING APPLICANT…

（2）NOTIFYING ××× COMPANY LTD AND ADDRESS…

此栏的主要目的是便于船公司在船到达目的港时能够和收货人联系。

5. 海运船名、航次号（Ocean Vessel，Voy. NO.）

本栏应填写实际承运货物的船舶名称，由发货人或者货运代理按照其租船订舱的船名填写。

6. 装运港（Port of loading）

即实际启运港的名称，它必须符合信用证和合同的规定。

在信用证或合同中，经常会遇到没有规定具体装运港名称的情况，只是笼统地规定某个范围内的港口。在这种情况下，填制提单时一定要填写确定的具体装货港，而不能把信用证或合同中笼统的规定搬到提单中。例如，信用证没有规定具体的装货港口，但实际装货港是青岛港，这里应该填写"QINGDAO"，而不能写成"CHINESE MAIN PORTS"。

7. 卸货港（Port of discharge）

即具体卸货港名称，它必须与信用证及合同的规定一致。

与装货港相似，在信用证或合同中，也经常会遇到没有规定具体卸货港名称的情况，只是笼统地规定在某个范围内的港口。在这种情况下，填制提单时同样要填写确定的具体卸货港，而不能把信用证或合同中笼统的规定搬到提单中，但也不能超出信用证规定的范围。

若在 FOB 条件下，由买方派船接货，信用证笼统地规定卸货港名称（如"Japanese Port"等），而对方又未通知具体卸货港，可将笼统的港口名称填写入本栏。

若信用证规定在卸货港名称后加有"in transit to ×××（内陆）"，这是买方需要货到指定卸货港后再以陆运方式转运到内陆。如果买卖合同规定货物 CIF 或 CFR 方式运到某卸货港，其转运责任及其费用应由买方自理。在这种情况下，提单的"卸货港"栏不能加"in transit to ×××（内陆）"，可在"货方提供的项目（particulars furnished by merchants）"栏中空白处（即在第 10 ~ 16 栏之间）加注"in transit to ×××（内陆）"，否则变成卖方负责转运至内陆并负担其费用。而且当海运提单是港至港提单，如果海运后承运人再负责转运至内陆，变成海陆联运，则应签发联合运输提单。

8. 最终目的港（Final Destination）

一般在海运提单下，卸货港即目的港，所以若在第 7 栏填了实际卸货港名称，本栏可不填。

若是转运货物，可在第 7 栏填转运港名称，本栏填最终目的港名称。同时也可再在"货方提供的项目"栏中注明转运字句。如果是联运，这个栏目填联运的最终目的地。

9. 正本提单份数（Number of Original B（S）/L）

提单有正本提单和副本提单之分，一般说的提单都是正本提单，副本提单只能用于日常业务，不具有法律效力。

信用证项下的正本提单签发的份数要依据信用证的规定办理，托收支付方式下的正本提单，一般签发两份或三份都可以。在本栏填列的份数可以用英文表示，如"two""three"等。如信用证规定"full set clean on board bills of lading …"，并未规定具体份数，就按"UCP500"的规定，"开立全套正本提单可以是仅有一份正本提单或是一份以上的正本提单"。所以"全套"可以理解为签发一份、两份或三份以上均可，但一般常用两份或三份为一套提单。

正本提单在正面应注明"正本"（ORIGINAL）字样。

例如，若提单的要求为"3/3 SET OF ORIGINAL CLEAN ON BOARD OCEAN BILLS OF LADING MADE OUT TO ORDER WITH 3 NON-NEGOTIATIONABLE COPIES AND BLANK

ENDORSED MARKED FREIGHT TO PREPAID NOTIFYING APPLICANT"，在这种情况下，此栏目应正规填写"THREE"，填"3"是不规范的写法，业务中不应提倡，如果信用证中提单要求为"FULL SET OF CLEAN ON BOARD BILLS OF LADING…"，则应按照船公司实际签发的提单份数填写。"3/3 SET OF …"的意思是要求船公司或其代理签发三份正本提单，发货人向议付银行交三份提单。"FULL SET OF …"的意思是船公司或其代理签发几份正本提单，发货人就向议付银行交几份提单。

10. 标志和号码（Marks & Nos.）

标志和号码也叫运输标志，俗称"唛头"。唛头应与实际货物以及其他单据一致。如果信用证中规定唛头，则也应与信用证一致，内容排列的顺序以及形状均不得更改。唛头一般包括收货人的简称或代码、合同号、目的港名称、件数或件号等。

在实务中，如果是无唛头的情况（如散装货等），可填"NO MARK"或"N/M"。

11. 集装箱号及集装箱封号（Number of Containers and Seals）

对于集装箱货物，这个栏目填集装箱号码以及海关放行后锁集装箱用的铅封号码。如果是非集装箱货物，本栏空白。

在实务中，集装箱号按实际订舱时船公司所确定的填写；集装箱封号是在向海关申报后，由海关审单放行时向发货人或其货运代理发放的用于锁集装箱的铅封号码。填写时应注意铅封号码要与集装箱号相对应，否则会给收货人在目的港提货时造成不必要的麻烦。

12. 件数和包装种类（Number and Kind of Packages）

件数是指包装数量或包装单位的数量。这里的包装是指运输包装，不能填内包装。如果提单项下商品的包装单位不止一种时，应分别表示。总包装数量应填"PACKAGES"，而不应填写其中的某种包装。如80箱，其中包括60木箱和20纸箱，可以如下表示："60wooden cases；20cartons；80packages"。多种包装单位分别表示时，则14和15栏也应该分别表示。

包装种类是指包装的外表形式，比如是纸箱还是木箱或是桶等外表形态。应按照实际装货的包装件数和包装种类填写，同时应该考虑与信用证要求的数量和包装种类相一致。如果信用证要求不得分批装运，那么此栏应该和信用证中的包装数量相一致，否则会被开证行拒付；如果信用证允许分批装运，每一批次的包装数量及其总和应该与信用证对各批次以及总包装数量的要求相一致；如果是多个规格或是多个产品，此栏应填写总的包装数量，即将每个规格或每个产品的包装数量之和填在此栏，而不是某一个产品的包装数量。

本栏的包装数量需与第17栏的大写合计件数一致。如果是散装货无件数，本栏可填写"in bulk（散装）"，第17栏则留空不填。

13. 货名（Description of Goods）

本栏要与信用证规定的货名以及其他单据的货名一致。如果货名繁多、复杂，则银行接受货名描述，用统称表示，但不得与信用证中货物的描述有抵触。如果信用证规定以法语或其他语种描述货名时，本栏也应按其语种表示。

14. 毛重（千克）（Gross Weight）

除信用证有特别规定外，本栏应填货物的实际毛重，和包装数量的相对应，并以千克表示。若裸装货物没有毛重，只有净重时，应在净重前加注："N. W.（Net Weight）"。提单中的重量应与其他的重量一致。

15. 尺码（Measurement）

即指货物体积，该货的实际尺码，以立方米即"Cubic Metre"为计算单位，小数点以后保留三位。它应和货物的包装数量以及毛重相对应。如果在 FOB 条件下，有的应本栏留空。

本栏所表示的尺码及上述第 14 栏表示的毛重主要供船方计算运费使用，所以既要与其他单据一致，还必须真实地表示货物的实际尺码与重量，不得有误。例如，中国远洋运输公司提单在背面条款中有这样的规定："承运人有权在装运港或目的港对发货人所报的货物数量、重量、尺码与内容进行查验。若所付的运费低于本来支付的运费，则承运人有权向货主收取货主对承运人的违约赔偿金，按实际货物与报错运费的两倍差额收取。"

16. 运费条款（Freight Clause）

此栏与价格术语有关，应按信用证规定填列。若信用证未具体规定，应按价格条款而定（托收方式也按价格条款而定）。如 FOB 和 FAS 等价格条件应填 "Freight collect/Freight to collect"（运费到付）或 "Freight payable at destination"（运费在目的港付）；如 CIF 和 CFR 等价格条件应填 "Freight prepaid"（运费预付）或 "Freight paid"（运费付讫）。对于集装箱运输，还应该说明集装箱运费的起止条件术语，如 CY/CY、CY/CFS 或 DOOR/DOOR 等方式。

个别信用证规定所有单据（包括提单）须注明信用证号码或其他声明时，提单可在本栏空白处注明。

17. 大写（In Words）合计件数（Total Packages）

以文字的形式写出第 12 栏的包装总件数，并在文字最后写上"ONLY"。

如果信用证没有明确规定具体的总包装件数，一般按照实际货物的总包装件数填写。

从第 10 栏至第 16 栏各项目的内容和资料由发货人提供，所以承运人为了免责，有的提单也在本栏的左侧规定："Particulars furnished by merchants"（各项目是由货主提供），其意思是承运人对此不负责。

18. 运费和费用（Freight and Charges）

在实际业务中，运费和费用一般是不对外公开的，除非信用证有特殊规定。因此，此栏一般是空的或填写 "Freight and charges as arranged"。

19. 契约文句

任何格式的提单正面都印有契约文句。例如，中国远洋运输公司提单上有四个契约文句：

（1）装船或收货条款："Shipped on board the vessel named above in apparent good order and condition unless otherwise indicated the goods or packages specified herein and to be discharged at the above mentioned port of discharge or as thereto as the vessel may safely get and be always afloat."上述外观良好的货物或包装除另有说明者外已装在上述指明船舶，并应在上述的卸货港或该船只所能安全到达并维持浮泊的附近地点卸货。

（2）内容不知悉条款："The weight, measure, marks, numbers, quality, contents and value, being particulars furnished by the shipper, are not checked by the carrier on loading."由发货人提供的重量、尺码、标记、品质、内容以及价值各项目，承运人于装运时并未进行核对。

（3）承认接受条款："The shipper , the consignee and the holder of this bill of lading hereby expressly accept and agree to all printed , written or stamped provisions, exception and conditions of this bill of lading , including those on the back hereof." 发货人、收货人以及本提单的持有人明确的接受并同意本提单包括背面上印刷、书写或盖印的一切条款、免责事项和条件。

（4）签署条款："In witness whereof , the carrier or his agents signed bills of lading all of this tenor and date , one of which being accomplished , the other to stand void . Shippers are requested to note particularly the exceptions and conditions of this bill of lading with reference to the validity of the insurance upon their goods." 为证明以上各项，承运人或其代理人已签署各份内容和日期一样的本提单，其中一份已完成提货手续，其余各份均告失效。要求发货人特别注意本提单中关于该货物保险效力的免责事项和条件。

一般称上述契约文句为提单正面条款。各轮船公司提单的契约文句虽然不完全一样，但其内容含义基本相同。

20. 签单地点和日期（Place and Date of Issue）

签单地点就是承运人业务所在的地点，一般承运人在装运港设有代理人，所以签单地点多数是承运人接管货物或装运的地点；签单日期是提单上所列货物实际装船完毕的日期。

提单如果在第19栏装船条款中已明确规定"已装上述指名船只"（Shipped on board the vessel above）的预先印就条款，在这种情况下的签单日期即被视为装船日期或装运日期，而且签单日期不得晚于信用证规定的装运日期。如果信用证规定要求"已装船"的港至港提单，而提单又没有这样预先印就的类似已装船条款，则该提单必须由承运人另加注"已装船"（Shipped on board）等字句，并再批注日期及签字。在这种情况下该批注日期将被视为装船日期或装运日期。如果不加此批注，就无法满足信用证中已装船的要求，从而影响结汇。

如果一批货物分几个装运港装于同一条船上至同一目的港，签发几个不同日期提单，则以较迟的日期视为装船日期或装运日期。应该注意，在实务中，提单的签单日期一定要在信用证的最晚装运期范围内，否则会造成单据与信用证要求不同，无法议付。

21. 承运人（Carrier）

即承担运输的船公司的名称，也可以是无船承运人的公司名称。虽然船公司提单的格式不同，但在提单的上端均印有作为承运人的船公司的名称。提单上的承运人名称是非常重要的项目，UPC500第二十三条对银行接受海运提单的条件，首先规定提单表面要注明承运人的名称。因此此栏是不需要另外填写的。

22. 承运人签字（Signed for the Carrier）

此栏是承运人签字处，证明承运人已收到货物。任何一种运输单据必须由其承运人盖章才能生效，这是承运人的义务。《1978年联合国海上货物运输公约》第十四条规定："当承运人或实际承运人接管货物时，承运人必须按托运人的要求签发给托运人一份提单。"

《UCP600》第二十三条关于港至港的海运提单的签字范围作了这样限制：

——承运人或作为承运人的具名代理人或代表。

——船长或作为船长的具名代理人或代表。

承运人或船长的任何签字或签证，必须表明"承运人"或"船长"的身份。代理人代表承运人或船长签字或签证时，也必须表明所代表的委托人的名称和身份，即注明代理人是代表承运人或船长签字或签证。

签字分两种，一种格式是（船长或船公司）签字＋"AS CARRIER"；另一种格式是（船公司在装货港的代理人）签字＋"AS AGENT OF CARRIER…COMPANY LTD"（船公司名称）。

在实际业务中，海运提单是由船公司或船公司的代理人依据发货人或发货人的货运代理人提供的装货单（俗称下货纸）制作的。因此，发货人或货运代理人除了应掌握装货单的制作，更应该掌握如何审核提单的内容，并判断提单是否符合信用证或合同的要求。

中远集装箱运输有限公司海运提单

1. Shipper Insert Name, Address and Phone	B/L No.
GUANGZHOU FASHION COMPANY NO. 1 NANJING ROAD GUANGZHOU GUANGDONG CHINA FAX：0086－020－35686235 TEL：0086－020－35686235	COS130720 中远集装箱运输有限公司 COSCO CONTAINER LINES TLX：33057 COSCO CN FAX：＋86（021）6545 8984 ORIGINAL
2. Consignee Insert Name, Address and Phone	
TO ORDER	
3. Notify Party Insert Name, Address and Phone (It is agreed that no responsibility shall attach to the Carrier or his agents for failure to notify)	Port-to-Port or Combined Transport **BILL OF LADING**
ABC TRADING CO. , LTD 388 Atlantic Ave Brooklyn NY 11217 USA FAX：001512543175 TEL：001512543175	RECEIVED in external apparent good order and condition except as other wise noted. The total number of packages or unites stuffed in the container, the description of the goods and the weights shown in this Bill of Lading are furnished by the Merchants, and which the carrier has no reasonable means of checking and is not a part of this Bill of Lading contract. The carrier has Issued the number of Bills of Lading stated below, all of this tenor and date, one of the original Bills of Lading must be surrendered and endorsed or signed against the delivery of the shipment and whereupon any other original Bills of Lading shall be void. The Merchants agree to be bound by the terms and conditions of this Bill of Lading as if each had personally signed this Bill of Lading. SEE clause 4 on the back of this Bill of Lading (Terms continued on the back hereof, please read carefully). ＊Applicable Only When Document Used as a Combined Transport Bill of Lading.
4. Combined Transport ＊	5. Combined Transport ＊	
Pre-carriage by	Place of Receipt	
6. Ocean Vessel Voy. No.	7. Port of Loading	
PRINCESS V. 352	HUANGPU	
8. Port of Discharge	9. Combined Transport ＊	
NEWYORK	Place of Delivery	

（续上表）

Marks & Nos. Container / Seal No.	No. of Containers or Packages	Description of Goods（If Dangerous Goods，See Clause 20）	Gross Weight（Kgs）	Measurement
N/M CBHU3202732 CBHU3202733 SEAL NO.： G2013713 G2013714	2×20GP 1,000 CAR- TONS	MEN'S JEANS FREIGHT PREPAID	6,000	60CBM
		Description of Contents for Shipper's Use Only（Not part of This B/L Contract）		

10. Total Number of containers and/or packages（in words）：SAY ONE THOUSAND CARTONS ONLY.

Subject to Clause 7 Limitation					
11. Freight & Charges	Revenue Tons	Rate	Per	Prepaid	Collect
				PREPAID	
Declared Value Charge					

Ex. Rate：	Prepaid at	Payable at	Place and date of issue
	GUANGZHOU		JULY 20，2013
	Total Prepaid	No. of Original B（S）/L	Signed for the Carrier
		THREE（3）	COSCO CONTAINER LINES

LADEN ON BOARD THE VESSEL			
DATE	JULY 20，2013	BY	COSCO CONTAINER LINES

技能二　装船通知

一、装船通知的概念和作用

装船通知（Shipping Advice）是出口方在货物装船后给进口方的通知，目的是让进口方了解货物已装船发运，可准备付款和接货。

在以 FOB 或 CFR 条件成交、需进口方自行投保运输险的情况下，装船通知应在装船后无迟延地发出，以便进口方办理投保手续；如有延误导致损失，应由出口方负责。

进口方为避免出口方因疏忽而未及时通知，往往在信用证中明确规定出口方必须按时发出装船通知，并规定在议付时必须提供装运通知的副本与其他单据一并提交银行议付。装船通知并无统一格式，但其内容必须符合信用证的规定。

二、装船通知的主要内容

装船通知的主要内容如下：

（1）发货人：只写发货人全称，不写地址。

（2）收货人：填写实际的收货人，即使信用证或合同要求是指示式的。

（3）船名：按提单填写。

（4）货物名称、货物数量以及货物的总金额：按提单填写。

（5）装货港：与提单一致。

（6）目的港：与提单一致。

（7）开航时间：是指装运时间，而非船舶的实际开船时间。但对于班轮来说，通常是用装运时间来表示开航时间的。

（8）预抵港时间：这个时间是预计时间，而非实际到目的港的时间，具体时间应向船公司咨询。

装船通知是信用证中常见的单据，在制作装船通知时一定要对照信用证的要求，不仅应满足信用证对发出装船通知时间的要求，还应满足对装船通知内容的要求，否则会影响信用证的结汇。

SHIPPING ADVICE（装船通知）			
FROM	GUANGZHOU	DATE	JULY 20，2013
TO	NEWYORK	LETTER OF CREDIT NO.	3820214247

RE.　SHIPMENT OF CONTRACT NO.：20130601

Dear sirs：

We wish to advise that the following stipulated vessel will arrive at NEWYORK port.

On／about AUG 10，2013　Vessel's name：PRINCESS　Voy No.：V. 352

We will appreciate to see that the covering goods would be shipped on the above vessel on the date of L/C called.

GUANGZHOU FASHION COMPANY

何先生

小 结

本任务主要介绍海运提单的概念、作用和种类；海运单的产生、性质、作用、使用以及与海运提单的区别；电子提单和电放提单的概念和具体操作；海运提单的签发、背书与填制；装船通知等。

思考题

1. 简述海运提单的概念和作用。
2. 简述海运提单的种类。
3. 简述海运提单应如何背书。
4. 简述海运提单由谁签发、签发的地点和时间。
5. 简述海运提单与海运单有什么区别。
6. 简述指示提单的作用。
7. 简述装船通知的作用。
8. 简述海运单、电子提单和电放提单的概念和具体操作。

任务九　海运运费的计算

【主要学习内容】
知识目标：
1. 班轮运价和班轮运费的构成。
2. 班轮运费的计收标准和计算步骤。
技能目标：
班轮运费的计算。

任务描述：
　　广州续航国际货运代理有限公司在货物按照运输合同规定的时间装船后，立即给广州市时尚服装有限公司发出了装船信息，并与其结算了运费和其他相关费用，交接了海运提单，将业务单据存档。

知识一　班轮运价和班轮运费的构成

一、班轮运价

班轮运价是班轮公司为运输货物而向货主收取的单位货物的价格，也就是班轮公司为运输单位货物所消耗的人力、物力以及为运输货物所支付的有关方面的费用。

影响班轮运价的因素主要有运输成本、货物本身的价值和特性、运输量的大小、航程的距离、燃油的价格和船员的工资水平以及航运市场供求关系的变化等。班轮运价一般由班轮公司通过定期公布的运价本得以体现。运价本，也称为运价表，是班轮公司承运货物时向托运人据以收取费用的费率表的汇总，一般有等级费率表和列名费率表两种不同的形式。

二、班轮运费的构成

班轮运费是承运人完成货运任务后向托运人收取的报酬。运费等于运价与运量之积，可表示为：

$$F = f \times Q$$

公式中，F 为运费；f 为运价；Q 为运量。

班轮运费一般由基本运费和附加运费构成，即：

班轮运费 = 基本运费 + $\sum$ 附加运费（$S = 1, 2, 3\cdots, n$）

计费公式：$F = Fb + \sum S$。

公式中，F 表示班轮运费总额，Fb 表示基本运费，$\sum S$ 表示各项附加费的总和。

（一）基本运费

基本运费是班轮从装运港到目的港的基本费用，它构成班轮运费的主体，根据基本运价（Basic Freight Rate）和计费吨计算出来。基本运价按航线上基本港之间的运价给出，是计算班轮基本运费的基础。基本运价主要是按照成本定价原则确定的，影响运价的主要因素是各种成本支出，包括船舶的折旧费、燃油费、修理费、港口使用费（如装卸费、吨税和港口踢波等费用）、管理费、船员工资等。基本运价形式多样，如普通货物运价、个别货物运价、等级运价、协议运价、集装箱运价等。

（二）附加运费

附加运费是由于有些货物需要特殊处理，或者由于突发事件或客观情况，船方为了弥补在运输中的额外开支而加收的费用。班轮运输中的附加费名目繁多，主要包括：

（1）燃油附加费。这是由于燃油价格上涨而加收的费用，是一项主要的附加费，几乎所有的航线都有这种附加费。它的计算多采用基本运费乘以燃油附加费率的方法。

（2）港口附加费。这是由于一些港口设施差、装卸效率低或者港口使用费过高而增加了承运人的运输成本，承运人为了弥补这些损失而加收的附加费。

（3）港口拥挤附加费。这是由于港口拥挤、船舶抵港后需要长时间等泊，为弥补船期的损失而加收的附加费。

（4）绕航附加费。这是由于某些原因船舶不能按正常航线而必须绕道航行，从而增加了开支而加收的附加费。当航线恢复正常时，该项费用即取消。

（5）货币贬值附加费。这是由于国际金融市场汇率发生变化，为弥补支付运费的货币贬值造成的经济损失而收取的费用。

（6）转船附加费。对于那些运往非挂靠港口、数量没有达到直航要求或者目的港口不在班轮航线上、需要在中途港转运的货物而加收的费用，要注意的是，转船附加费应为基本运费加上燃油附加费后再乘以转船附加费率。

（7）直航附加费。这是托运人要求承运人将其托运的货物从装货港不经过转船而直接运抵航线上某一非基本港时所加收的附加费。该非基本港本来班轮是不去挂靠的，但如果在班轮的航线上，港口条件适合停泊，特别是装载的货物达到一定重量，如有班轮公司规定商品在 400 公吨以上，有的规定在 1 000 公吨以上，船舶是可以挂靠的，但要交纳一定数量的费用，这种费用就叫直航附加费。

（8）选卸港附加费。这是由于买卖双方贸易的需要，在货物托运时尚不能确定具体卸货港，需要在两个或两个以上的卸货港中选择，为此而加收的费用。一般要求发货方在货物抵达第一个卸货港 48 小时前告知船方选择。

（9）变更卸货港附加费。这是由于某种原因，发货方要求改变原来规定的卸货港而加收的费用。如改卸货港口的运价低于原卸货港口的运价，则已收运费不予退还。

（10）超重、超长附加费。一件货物的毛重或者长度超过规定重量（一般规定为 3 公吨）或者长度（一般规定为 9 米），视为超重货物或者超长货物。由于这类货物装卸和配载比较困难，故需要增加开支，为此而加收的费用就是超重、超长附加费。

（11）洗舱费。船舶运输散装油类货物时，装货前要洗刷船舶使之符合装运条件，有的还要经过检验部门验收并出具证明，因此，租船人要交纳一定费用。

知识二　班轮运费的计收标准和计算步骤

一、班轮运费的计收标准

根据商品种类的不同，班轮运费一般可以采用以下几种计收标准：

（1）按货物的毛重计收，即重量吨，在运价表中用"W"表示，一般以每 1 公吨为计算单位，公吨以下取两位小数，也有按长吨或短吨计算的。

（2）按货物的体积计收，即尺码吨，在运价表中用"M"表示，一般以1立方米为计算单位，也有按40立方英尺为1尺码吨计算的。

（3）按货物的毛重或者体积计收，在运价表中用"W/M"表示，由船公司选择其中收费较高的一种计收运费。按照惯例，凡1重量吨货物其体积超过1立方米或者40立方英尺的即按体积收费；反之，凡1重量吨货物其体积不足1立方米或者40立方英尺，即按重量计收运费。

（4）按货物的价格计收运费，也称从价运费。在运价表中用"Ad Val"或"A. V."表示。一般按货物的FOB价格的一定百分比计算运费。

（5）按货物重量、体积或者价值三者中最高的一种计收，在运价表里，以"W/M"或"A. V."来表示。

（6）按货物重量或尺码选择其高者，再加上从价运费计收。在运价表中以"W/M plus A. V."表示。

（7）按货物的件数计收，适用于包装固定且包装内的数量、重量、体积固定不变的货物。如汽车、火车头等，按辆计费；活牲畜如牛、羊等，论头计费。

（8）临时议定运价。即由货主与船公司临时协商议定，适用于大宗低值货物，如粮食、豆类、煤炭、矿砂等。

（9）起码费率，是指按每一提单上所列的重量或体积所计算出的运费，尚未达到运价表中规定的最低运费时，则按最低运费计收。

应当注意，如果不同商品混装在同一包装内，则全部运费按其中较高者计收。同一票商品若包装不同，其计费标准及等级也不同。托运人应该按不同包装分列毛重及体积，才能分别计收运费，否则全部货物均按较高者收取运费。另外，同一提单内若有两种或两种以上不同货物，托运人应分别列出不同货物的毛重或体积，否则全部货物均将按较高者收取运费。

二、班轮运费的计算步骤

班轮运费的计算在航运实务中是一项重要的工作。准确无误的计算将会避免不必要的商务纠纷、赔偿，同时也会树立良好的企业形象。计算运费的基本步骤是：

（1）根据装货单留底联或托运单查明所运货物的装货港和目的港所属的航线。注意的项目有：目的港或卸货港是否是航线的基本港；是否需要转船；是否要求直达；如果有选卸港，则选卸港的个数和港名。

（2）了解货物的名称、特征、包装状态，是否为超重或者超长货件、冷藏货物。

（3）从货物分级表中查出货物所属等级，确定应采用的计费标准。如属未列名货物，则参照性质相近货物的等级及计算标准计算，并作出记录，以便日后进一步验证是否需要更正所属等级。

（4）查找所属航线等级费率表，找出该等级货物的基本费率。

（5）查出各项应收附加费的计费办法及费率。

（6）列出各项数据并进行具体计算。

如果是从价运费，则按规定的百分率乘以 FOB 货物价值即可。

计算运费时的注意事项：

1. 根据一般费率表规定：不同等级的商品若混装在一个包装内（集装箱除外），则全部货物按其中收费较高的商品计收运费。

2. 同一种货物因包装不同而计费标准不同，但托运时如果未申明具体包装形式，全部货物均要按运价较高的包装计收运费。

3. 同一提单内有两种以上不同计价标准的货物，托运时如果未分列货名和数量，计价标准和运价全部要按较高者计算。

4. 对无商业价值的样品，凡体积不超过 0.2 立方米、重量不超过 50 公斤的，可向船公司申请免费运送。

技　能　班轮运费的计算

一、集装箱班轮运费的计费方法

一般班轮运费的计收方法适用于、同时也被广泛应用于计算集装箱的运费和其他费用，即在费率表中规定了基本运费和附加运费，并给出了费率和计算方法。不过，由于在整个运输过程中，货物要装箱、拆箱，而这些作业既可以由承运人负责进行，也可以由托运人自行负责进行。随之，费用的负担责任也就确定。所以不同情况下的运费计算办法也就有所不同。

集装箱班轮运输中的基本运费的计算方法有以下两种：

（1）采用与计算普通杂货班轮运输基本运费相同的方法，对具体的航线按货物的等级和不同的计费标准来计算基本运费。

（2）对具体航线按货物等级及箱型、尺寸的包箱费率（Box Rate），或仅按箱型、尺寸的包箱费率而不考虑货物种类和级别计算基本运费。包箱费率指对单位集装箱计收的运费率，也称为"均一费率"（Freight All Kinds，FAK）。采用包箱费率计算集装箱基本运费时，只需要根据具体航线、货物等级以及箱型、尺寸所规定的费率乘以箱数即可。

在使用第一种计算方法时，由于集装箱货物的交接方式较多，因此就有不同的具体计算方法，包括拼箱货运费计算和整箱货运费计算。拼箱货的海运运费计算与普通杂货班轮运输货物的运费计算方法相似。整箱货的运费计算虽然有"最低运费"和"最高运费"的原则，但实践中并不使用。

集装箱班轮运输中的附加费也与杂货班轮运输中的情况相似。但是，实践中有时会将基本运费和附加运费合并在一起，以包干费（All In Freight）的形式计收运费。此时的运价称为包干费率，又称"全包价"（All In Rate，AIR）。

二、班轮运费的计算

例1：某公司出口2 000箱文具到科威特，每箱毛重45KG，体积0.06CBM，货物由青岛装中外运船公司的轮船运往科威特港，试计算应付船公司多少运费。

解：查运价本得知，文具属于9级货物，计收标准为W/M，科威特所属波斯湾航线，青岛至科威特基本费率为89美元/FT，直航附加费为6美元/FT。

因为每箱的实际毛重0.045MT小于尺码吨0.06CBM，所以该批货为轻泡货物，取尺码吨为计费重量。

该批货的运费为：OF = 0.06 × 2 000 × (89 + 6) = 11 400（USD）

注：FT为运费吨（Freight Ton）之意，OF为海洋运费Ocean Freight之意，下文同。

例2：海口某外贸公司向中远集运托运一批文具，运到吉大港，该票货物体积为22CBM，毛重17.5MT，需从深圳转船，基本运费率为USD85/FT，转船附加费为USD5/FT，计费标准为W/M。试计算：

（1）外贸公司应向中远集运支付多少运费？

（2）如果改用集装箱运输，海运费的基本费率为USD950/TEU，燃油附加费率为20%，货币贬值附加费率为10%，外贸公司应向中远集运支付多少运费？

（3）若不考虑杂货运输和集装箱运输的其他费用，从节省海运运费的角度考虑，托运人应采用哪种托运方式？

解：

（1）因为该票货物的体积大于实际毛重，所以计费吨为22FT，运费为：

OF = (85 + 5) × 22 = 1 980（USD）

（2）因为该票货物的毛重和体积均小于1个20英尺集装箱的载重标准和内容积，所以只选用一个20英尺的集装箱，运费为：

OF = 950 × (1 + 20%) × (1 + 10%) = 1 254（USD）

（3）在不考虑其他费用的情况下，采用集装箱运输的运费小于散杂货运输的运费，所以采用集装箱运输比较经济。

小 结

班轮运价是班轮公司为运输货物而向货主收取的单位货物的价格，班轮运费是班轮公司为运输单位货物所消耗的人力、物力以及为运输货物所支付的有关方面的费用。班轮运费一般由基本运费和附加运费构成。基本运费是从装运港到目的港的基本费用，它构成班轮运费的主体，根据基本运价和计费吨计算出来。基本运价按航线上基本港之间的运价给出，是计算班轮基本运费的基础。附加运费是由于有些货物需要特殊处理，或者由于有突发事件或客观情况，船方为了弥补在运输中额外开支而加收的费用。本任务还介绍了班轮运费的计收标准、计算步骤、计算时应注意的问题以及集装箱班轮运费的计费方法，重点掌握班轮运输的计算。

思考题

1. 简述班轮运费的构成。
2. 简述班轮运费的计收标准。
3. 简述班轮运费的计算步骤。

综合练习

一、单选题

1. 下列哪项属于远东——北美航线的港口？（   ）
   A. 东京港   B. 安特卫普港   C. 汉堡港   D. 费利克斯托港
2. 下列哪项属于远东——北美东航线的港口？（   ）
   A. 洛杉矶   B. 新泽西港   C. 西雅图   D. 温哥华港
3. 国际货运代理企业通过一定的营销手段争取对货物的承运权，以期获得最好的经营效益的行为，称为（   ）。
   A. 揽货   B. 托运   C. 委托   D. 代理
4. 专供装运液体货而设置的集装箱被称为（   ）。
   A. 平台式集装箱   B. 开顶集装箱   C. 冷藏集装箱   D. 罐式集装箱
5. 下列哪项属于整箱交、整箱接的集装箱交接方式？（   ）
   A. 门和站   B. 场和站   C. 门和场   D. 场和场
6. 由船舶出租人向承租人提供约定的、由出租人配备船员的船舶，由承租人在约定的时间内按照约定的用途使用，并支付租金的租船方式称为（   ）。
   A. 航次租船   B. 光船租赁   C. 航次期租   D. 定期租船
7. 下列哪项属于航次租船的特点？（   ）
   A. 船舶出租人负责配备船员，并负担其工资和伙食
   B. 承租人在船舶营运方面拥有对船长、船员的指挥权，有权要求船舶出租人予以撤换
   C. 承租人负责船舶的营运调度，并负担船舶营运中的可变费用，不负担固定费用
   D. 船舶出租人占有和控制船舶，负责船舶的营运调度、配备和管理船员
8. 船舶出租人向承租人提供不配备船员的船舶，在约定的时间内由承租人占有、使用和营运，并向出租人支付租金的一种租船方式称为（   ）。
   A. 航次租船   B. 光船租赁   C. 航次期租   D. 定期租船
9. 由船舶出租人向承租人提供船舶，在指定的港口之间，以完成航次运输为目的，按实际租用的天数和约定的日租金率计算租金的租船运输经营方式，称为（   ）。
   A. 航次租船   B. 光船租赁   C. 航次期租   D. 航次期租
10. FIO 是指（   ）。
   A. 出租人除了不承担装卸费外，也不承担平舱费和积载费
   B. 出租人装卸货物的责任与班轮运输方式下的船东责任相同
   C. 出租人要负担装货费和卸货费
   D. 出租人不负担装货费和卸货费
11. 出口货物装货单，俗称（   ）。

A. 托运单　　　　　　B. 托运书　　　　　　C. 订舱单　　　　　　D. 下货纸

12. 出口许可证有效期最长为（　　　　）个月。

A. 6　　　　　　　　B. 12　　　　　　　　C. 3　　　　　　　　D. 24

13. 出口方向进口方开列的发货价目清单，是买卖双方记账的依据，也是进出口报关交税的总说明，这种单据称为（　　　　）。

A. 装货单　　　　　　B. 商业发票　　　　　　C. 海关发票　　　　　　D. 包装单据

14. 美国打伊拉克属于（　　　　）。

A. 自然灾害　　　　　　B. 意外事故　　　　　　C. 一般外来风险　　　　　　D. 特殊外来风险

15. 水泥被水浸泡后完全结成硬块属于（　　　　）。

A. 实际全损　　　　　　B. 推定全损　　　　　　C. 共同海损　　　　　　D. 单独海损

16. 下列哪项不属于平安险承保的范围？（　　　　）

A. 自然灾害造成的全部损失　　　　　　　　B. 自然灾害造成的部分损失

C. 意外事故造成的全部损失　　　　　　　　D. 意外事故造成的部分损失

17. 空/重箱提箱通知单通常是一式（　　　　）份。

A. 3　　　　　　　　B. 4　　　　　　　　C. 5　　　　　　　　D. 6

18. 报关员注册的有效期是（　　　　）年。

A. 2　　　　　　　　B. 3　　　　　　　　C. 4　　　　　　　　D. 1

19. 当提单转让给善意的第三人（提单的受让人、收货人等）以后，承运人与第三人之间的权利、义务按（　　　　）的规定处理。

A. 买卖合同　　　　　　B. 运输合同　　　　　　C. 双方约定　　　　　　D. 提单条款

20. 在信用证规定的装运期或交单结汇期已到，而货物尚未装船或货物尚未装船完毕时，应托运人的要求而由承运人或其代理人提前签发的已装船提单称为（　　　　）。

A. 倒签提单　　　　　　B. 预借提单　　　　　　C. 顺签提单　　　　　　D. 过期提单

21. 海运提单签发的时间是（　　　　）。

A. 货物装船时　　　　　　　　　　　　B. 货物装船完毕时

C. 货物在港口交给承运人时　　　　　　D. 货物运到码头时

22. 超重、超长附加费的收取标准是一件货物的毛重或者长度超过规定重量（　　　　）公吨或者长度（　　　　）米，视为超重货物或者超长货物。

A. 3　9　　　　　　B. 9　3　　　　　　C. 3　6　　　　　　D. 6　9

23. 按货物的毛重或者体积计收，在运价表中用（　　　　）表示，由船公司选择其中收费较高的一种计收运费。

A. "W/M"　　　　　　　　　　　　　　B. "M/W"

C. "Ad Val" 或 "A. V."　　　　　　　　D. "W/M plus A. V."

二、多选题

1. 世界上最主要的海峡有（　　　　）。

A. 马六甲海峡　　　　　　B. 望加锡海峡　　　　　　C. 麦哲伦海峡　　　　　　D. 直布罗陀海峡

2. 世界上规模最大的三条航线是（　　　　）。

A. 远东——北美航线　　　　　　　　　　B. 远东——欧洲、地中海航线

C. 北美——欧洲、地中海航线　　　　　　D. 远东——南美航线

3. 下列哪些属于远东——欧洲、地中海航线的港口？（　　　　）

A. 东京港　　　　　　B. 安特卫普港　　　　　　C. 汉堡港　　　　　　D. 费利克斯托港

4. 马尔萨什洛克港属于哪条航线的港口？（　　　　）

A. 远东——北美航线
B. 远东——欧洲、地中海航线
C. 北美——欧洲、地中海航线
D. 跨大西洋航线

5. 下列哪些属于远东——北美东航线的港口？（　　　　）

A. 纽约港　　　　　B. 新泽西港　　　　　C. 查尔斯顿港　　　　　D. 新奥尔良港

6. 国际货运代理企业市场营销活动中开发新客户的方式有（　　　　）。

A. 人员揽货　　　　　B. 广告宣传　　　　　C. 销售促进　　　　　D. 公共关系

7. 揽货时应注意下列哪些事项？（　　　　）

A. 充分了解合作伙伴和目的国的货运法律

B. 建立服务优势，掌握报价技巧，协助商务人员签约

C. 资料收集及时、齐全，准确传递给操作员

D. 建立客户档案，协助客服人员做好客户关系管理

8. 揽货人员应具备哪些必备的自身条件？（　　　　）

A. 心理素质要好
B. 要爱岗敬业，具备良好的服务意识
C. 善于沟通，判断准确
D. 树立专业人士的形象

9. 国际货运代理企业揽货的技巧一般包括下列哪些内容？（　　　　）

A. 端正态度
B. 体现优势
C. 为顾客着想
D. 与承运人等保持良好的关系

10. 下列哪些属于国际货运代理企业的义务？（　　　　）

A. 按照委托人的指示处理委托事务的义务
B. 亲自处理委托人委托事务的义务
C. 按照诚实信用原则办理委托事务的义务
D. 不披露委托人、第三人的义务

11. 国际海上货物运输的特点有（　　　　）。

A. 运输能力强
B. 费用低
C. 风险大
D. 容易受到自然灾害的影响

12. 下列哪些属于班轮运输的特点。（　　　　）

A. "四固定"
B. 班轮公司和货主一般不订立书面合同
C. "一负责"
D. 班轮公司和托运人双方不计滞期费和速遣费

13. 集装箱运输的优点有（　　　　）。

A. 简化包装，大量节约包装费用
B. 提高货运质量，减少货损货差
C. 简化货运手续，降低货运成本
D. 高投资的运输方式

14. 集装箱的检查包括（　　　　）。

A. 外部检查　　　　　B. 内部检查　　　　　C. 箱门检查　　　　　D. 清洁检查

15. 共同海损和单独海损的区别主要表现为（　　　　）。

A. 损失的构成不同
B. 损失原因不同
C. 损失承担不同
D. 损失发生的先后顺序

16. 海上保险的基本原则有（　　　　）。

A. 诚信原则　　　　　B. 损失补偿原则　　　　　C. 近因原则　　　　　D. 保险利益原则

17. 我国海洋货物运输保险的基本险别，包括（　　　　）。

A. 平安险　　　　　B. 水渍险　　　　　C. 一切险　　　　　D. 附加险

18. 承运人委托集装箱堆场或集装箱货运站收到集装箱整箱货或拼箱货后签发的收据为（　　　　）。

A. 场站收据　　　　　B. 码头收据　　　　　C. 货物收据　　　　　D. 港站收据

19. 我国海关的任务是（　　　　）。

A. 监管　　　　　B. 征税　　　　　C. 缉私　　　　　D. 统计

20. 报关申请的基本单证有（　　　）。

A. 提单　　　　　　B. 提货单　　　　　　C. 装箱单　　　　　　D. 原产地证明书

21. 一般进出口货物的报关程序包括（　　　）。

A. 申报　　　　　　B. 查验　　　　　　C. 征税　　　　　　D. 装运或放行货物

22. 海运提单的作用有（　　　）。

A. 运输合同的证明　　B. 运输合同本身　　C. 货物所有权的凭证　D. 货物收据

21. 银行一般只接受下列哪些提单（　　　）。

A. 清洁提单　　　　　B. 不清洁提单　　　C. 已装船提单　　　D. 备运提单

22. 以提单收货人一栏的记载为标准，提单可以分为（　　　）。

A. 记名提单　　　　　B. 不记名提单　　　C. 清洁提单　　　　D. 指示提单

23. 海运提单签发的方式有（　　　）。

A. 正常签发　　　　　　　　　　　　　B. 电放

C. 凭保函签发倒签提单　　　　　　　　D. 凭保函签发清洁提单

24. 下列哪些人有资格签发提单？（　　　）

A. 承运人本人　　　　　　　　　　　　B. 经承运人授权的代理人

C. 载货船船长　　　　　　　　　　　　D. 经船长授权的代理人

三、判断题

1. 委托代理合同是国际货运代理人为委托人工作的依据。（　　　）

2. 国际货运代理委托关系成立的表现形式只能采用书面形式。（　　　）

3. 长滩是远东——北美东航线的港口。（　　　）

4. 集装箱，是指具有一定强度、刚度和规格，专供周转使用的大型装货容器，因其外形像一只箱子而得名，香港称之为"货箱"，台湾称之为"货柜"。（　　　）

5. 整箱货是指由货方负责装箱和计数、填写装箱单、并加封志的集装箱货物，通常只有一个发货人和一个收货人，所以承运人知道集装箱里面是什么货物。（　　　）

6. 拼箱货货主不知道自己的货物装在哪里，因为是由承运人装的货物。（　　　）

7. 门、场是整箱交、整箱接；站是拼箱交、拼箱接。（　　　）

8. 定期租船合同中规定了可用于在装卸港口装卸货物的时间、装卸时间的计算方法、滞期和速遣以及滞留损失等。（　　　）

9. 航次期租的特点是没有明确的租期期限，而只规定了特定的航次。（　　　）

10. 干散货船一般是指定期航行于货运繁忙的航线、以装运零星杂货为主的船舶。（　　　）

11. 在航次租船中，目前以"金康"合同格式应用最为普遍。（　　　）

12. 目前，常见的定期租船合同格式主要有"波尔的姆"合同和"土产格式"合同。（　　　）

13. 商业发票中不应有净重和毛重，而装箱单既有净重，又有毛重。（　　　）

14. 原产地证书是出口商应进口商要求而提供的、由公证机构或政府或出口商出具的证明货物原产地或制造地的一种证明文件。（　　　）

15. 普遍原则是指发达国家对发展中国家的制成品和半成品给予普遍的优惠待遇。（　　　）

16. 受益人证明是一种由信用证的受益人即出口商出具的证明，以便证明自己履行了信用证规定的任务或证明自己按信用证的要求办事。（　　　）

17. 委付的条件之一是要将被保险货物全部进行委付，并不得附带任何条件。（　　　）

18. 施救是由被保险人或代理人采取的行为；救助是保险人和被保险人以外的第三人采取的行为。（　　　）

19. 基本险可以单独投保，附加险只能和基本险一起进行投保，例如一切险可以和偷窃险一起进行

投保。（　　　）

20. 海运战争险和罢工险的责任起讫期限仅限于水上危险。（　　　）

21. 对于运输迟延所引起的损失或费用保险公司要进行赔偿。（　　　）

22. 海运提单可以进行流通转让，但是保险单不能进行流通转让。（　　　）

23. 保险凭证具有与保险单不同等的法律效力，保险单的法律效力比保险凭证大。（　　　）

24. 批单是对已经签订的保险合同进行修改补充或增减内容的批注，只能由保险人出具。（　　　）

25. 报关是指进出口货物收发货人、进出境运输工具负责人、进出境物品的所有人或他们的代理人向海关办理货物、物品或运输工具进出境手续及相关海关事务的过程。（　　　）

26. 以委托人名义进行的报关活动称为间接代理报关。（　　　）

27. 国家在对外开放的口岸和海关监管业务集中的地点设立海关，海关的隶属关系不受行政区划的限制。（　　　）

28. 海关机构的设置为海关总署、直属海关和隶属海关三级，隶属海关由直属海关领导，对直属海关负责；直属海关由海关总署领导，对海关总署负责。（　　　）

29. 报关员应当在所在报关单位授权范围内执业。（　　　）

30. 如果在签发提单之前，承托双方另有约定，且该约定又不同于提单条款规定的内容，则以该约定为准。（　　　）

31. 对托运人来说，提单只是承运人依据托运人所列提单内容收到货物的初步证据。（　　　）

32. 记名提单不能背书转让，指示提单可以背书转让，但是一定要写明被背书人的名称。（　　　）

33. 预借提单是指在货物装船完毕后，应托运人的要求，由承运人或其代理人签发的提单，但是该提单上记载的签发日期早于货物实际装船完毕的日期。（　　　）

34. 倒签提单是指在货物装船完毕后，承运人或其代理人应托运人的要求而签发的提单，但是该提单上记载的签发日期晚于货物实际装船完毕的日期。（　　　）

35. 海运提单和海运单的主要区别是海运提单可以背书转让，而海运单不可以。（　　　）

36. 海运提单一般签 3 份正本，副本根据实际情况可以多签几份，正本提单具有法律效力，但是副本提单不具有法律效力。（　　　）

四、计算题

1. 某票货物从张家港出口到欧洲费力克斯托港（FELIXSTOWE），经上海转船。装 2 个 20 英天集装箱，采用整箱交、整箱接的方式，上海到费力克斯托的费率是 USD1850.00/20'，张家港经上海转船，其费率在上海直达费力克斯托港的费率基础上加 USD100/20'，另有货币贬值附加费 10%，燃油附加费 5%。请问：托运人应支付多少运费？

2. 我国某出口商委托国际货运代理人出运一票货物，共装 10 个 20 英尺集装箱（TEU）。假设从国内某港口到国外某港口的基本费率是 USD1 600/20TEU，附加费 BAF 是 USD200/TEU，EBS 是 USD80/TEU，PSS 是 150/TEU，CAF 是 USD100/TEU。请问：

(1) 托运人应支付多少运费？

(2) 如果该出口商要求货运代理人报 "ALL IN RATE"，那么 "ALL IN RATE" 是多少？

(3) 如果该出口商要求货运代理人报 "ALL IN FREIGHT"，那么托运人应支付多少运费？

3. 甲公司出口 50 箱货物，每箱 41×34×29 立方厘米，每箱重 45 千克，查询为 10 级货物，计费标准为 W/M，基本运费率为 40 美元，转船附加费率为 21%，港口附加费率为 20%。请问：甲公司需支付多少运费？

4. 某公司出口一批货物，共 2 640 件，总重量为 38 吨，总体积为 125 立方米，由船公司装一个 20 英尺和两个 40 英尺的集装箱，从上海转船，在香港转船运到荷兰的鹿特丹港口。运费计算标准为 M，等级 1—8 级，从上海转船至鹿特丹港口的直达费和香港转船费率分别是 USD1 850/20，USD3 515/40 和

USD2 050/20，USD3 915/40。装箱费率为 USD120/20，USD240/40。请问：该批货物的总运费是多少？

5. 假设某公司出口一批货物，共 1 000 箱，能装入一个 20 英尺的集装箱。每箱体积为 40×30×20 立方厘米，每箱重 18 公斤，属于 10 级货物，按照 W/M 计收运费，海运的基本费率是 USD1 000/TEU，燃油附加费为 30%，请问该公司应支付多少运费？

6. 某外贸企业按 CIF 条件出口一批货物，CIF 总值为 8 000 美元，按发票金额加成 10% 投保一切险、战争险（一切险费率为 3%，战争险费率为 1%），请问该外贸企业：要交多少保险费？

7. 湖南某贸易公司向日本出口一批水果，发票金额为 20 000 美元，加一成投保了平安险加战争险，费率分别是 2% 和 1%。请问：保险金额和保险费是分别多少？

8. 一批出口货物 CFR 价格为 9 890 美元，买方要求卖方代为在中国投保，卖方委托 A 货运代理公司按 CIF 加一成投保，保险费率为 1%，请问：A 货运代理公司代卖方来计算该批货物的保险金额是多少，应交纳的保险费是多少？

9. 卖方出口一批体育用品，成交价为 CIF 目的港 20 000 美元，卖方与买方在买卖合同中未特别约定货物运输保险事项，卖方在中国人保财险（PICC）依据其海洋运输保险条款投保货物一切险，并附加战争险，保险费率分别为 0.8% 和 0.6%，试计算（分别列明计算公式）：

（1）卖方依据保险惯例如何确定货物的保险金额？

（2）请问该批货物的保险金额是多少？

（3）应缴纳多少保险费？

综合技能训练

各小组组建好货运代理企业之后，业务员们准备开始开展任务，请先回顾项目一中的项目引入内容，即国际海运出口货运代理业务的处理程序。

（一）操作目标

1. 熟悉出口合同的履行程序。

2. 在国际海运的出口业务中，熟练掌握国际货运代理的业务范围和业务程序操作。

3. 熟练掌握每个业务程序的主要内容和主要单据的填制。

4. 学会班轮运输费用的核算。

5. 培养学生上网搜索信息的能力。

6. 培养学生协调沟通、团队合作和解决问题等能力。

（二）应完成具体工作任务

1. 揽货

业务员小张获悉深圳市阳光有限公司（SHENZHEN SUNSHINE COMPANY）与英国伦敦的进口商 ENG TRADING CO., LTD 于 2013 年 7 月 3 日签订了关于台灯的进出口贸易合同，货物将于 2013 年 8 月 10 日之前装运，并得知广州市阳光有限公司正在寻找货运代理公司。请帮助小张去该公司揽货。

请以小组为单位设计揽货的程序和方法，注意业务应有的素质，并进行角色扮演。

2. 出口委托

凭借良好的沟通技巧及专业素养，业务员小张揽货成功，并得知深圳市阳光有限公司（SHENZHEN SUNSHINE COMPANY）与英国伦敦的进口商 ENG TRADING CO., LTD 签订了关于台灯的进出口贸易合同（合同编号：001），以及苏格兰皇家银行集团有限公司（Royal Bank of Scotland）开来的信用证（号码：RBS807097676）具体信息如下。请根据以上信息帮助小张制作一份国际货运代理委托书。

国际海运出口货运代理

深圳市阳光有限公司（SHENZHEN SUNSHINE COMPANY）与英国伦敦的进口商 ENG TRADING CO.，LTD 签订了关于台灯的进出口贸易合同（合同编号为：001），于 2013 年 7 月 10 日收到进口商通过苏格兰皇家银行集团有限公司（Royal Bank of Scotland）开来的信用证（号码：RBS807097676）。按照信用证的规定，应该在 2013 年 8 月 10 日之前将货物装运出口。

收到信用证之后，深圳市阳光有限公司开始安排货物的生产及货物运输的相关事宜。货物资料及运输条件如下：

商品名称：DESK LAMP 台灯	数量：10 000PCS
单价：USD8.00/PC	价格术语：CIF LONDON CY/CY
包装情况：10PCS/CTN	唛头：N/M
净重：4KG	毛重：5KG
尺寸：30cm×40cm×50cm	

信用证：

Sequence of total	27	1/1
Form of Doc. Credit	40A	IRREVOCABLE
Doc. Credit Number	20	RBS807097676
Date of Issue	31C	130710
Expiry	31D	DATE 130815 PLACE CHINA
Applicant	50	ENG TRADING CO.，LTD BIRMINGHAM ROAD SHENSTONE WOODEND NR LICHFIELD STAFFS U.K FAX：00447425900580 TEL：00447425900580
Beneficiary	59	SHENZHEN SUNSHINE COMPANY NO.1 NANSHAN ROAD SHENZHEN GUANGDONG CHINA FAX：0086 – 755 – 26787811 TEL：0086 – 755 – 26787811
Amount	32B	CURRENCY USD AMOUNT 80 000.00
Pos./Neg. Tol（%）	39A	10 / 10
Available with/By	41D	ANY BANK IN CHINA BY NEGOTIATION
Drafts at	42C	AT SIGHT
Partial Shipments	43P	ALLOWED
Transshipment	43T	ALLOWED
Loading in charge	44A	SHENZHEN CHINA
For Transport to	44B	LONDON
Latest Date of Shipment	44C	130810

（续上表）

Descript of Goods	45A	+ DESK LAMP AS PER S/C No.: 001, DATED JULY 3, 2013 + QTY10 000PCS + 10PCS/CTN + UNIT PRICE: USD8.00/PC CIF LONDON
Documents Required	46A	+ SIGNED COMMERCIAL INVOICE IN 3 COPIES INDICATING L/C NO.. + PACKING LIST/WEIGHT MEMO IN 3 COPIES INDICATING QUANTITY, GROSS AND NET WEIGHTS OF EACH PACKAGE. + FULL SET OF CLEAN ON BOARD BILLS OF LADING MADE OUT TO ORDER AND BLANK ENDORSED, MARKED "FREIGHT PREPAID" NOTIFYING THE APPLICANT. + SHIPPING ADVICE FAX TO THE APPLICANT WITHIN 5 DAYS AFTER SHIPMENT ADVISING L/C NO., NAME OF VESSEL, DATE OF SHIPMENT, NAME. + INSURANCE POLICY OR CERTIFICATE IN 1 ORIGINAL AND 1 COPY ISSUED OR ENDORSED TO THE ORDER FOR THE INVOICE PLUS 10 PERCENT COVERING ALL RISKS, INSTITUTE CARGO CLAUSES, INSTITUTE STRIKES. + BENEFICIARY'S CERTIFICATE CERTIFYING THAT ONE SET OF COPIES OF SHIPPING DOCUMENTS HAS BEEN SENT TO THE APPLICANT WITHIN 5 DAYS AFTER SHIPMENT. + SHIPPING COMPANY'S CERTIFICATE CERTIFY THAT THE CARRYING STEAMER IS NOT A BLACKLISTED SHIP NOR OF ISRAELI NATIONALITY AND SHE IS NOT SCHEDULED TO CALL AT ANY ISRAELI PORTS.
Additional Cond.	47A	SHIPPING MARKS: ENG 001 ENGLAND C/NO.: 1 – 100
Details of Charges	71B	ALL BANKING CHARGES OUTSIDE OF NEWYORK ARE FOR BENEFICIARY ACCOUNT
Presentation Period	48	DOCUMENTS WITH MORE THAN 15 DAYS AFTER B/L ARE NOT ACCEPTED
Confirmation	49	WITHOUT

3. 租船订舱

小张接受了深圳市阳光有限公司的委托后，缮制装货单，向船公司办理租船订舱手续。请按照已知信息制作出口货物装货单，并写出订舱步骤。

经过与船公司联系，获得订舱的基本信息如下：

船名：GOLD	航次号：V. 999
装运港：SHENZHEN	目的港：LONDON
集装箱号：CBU328473827、CBU328473828	

4. 出口单据准备

请按照任务 2、3 中的相关资料制作信用证要求的相关单据。

5. 海洋货物运输保险

请根据任务 2 中信用证的资料填制海洋货物运输保险单。

6. 出口货物交接

按照提箱、装箱、集港的顺序，填写提箱通知单、设备交接单、场站收据。

注意拖车时间是 2013 年 8 月 7 日。

7. 报检与报关

按照上述相关的资料填制出境货物报检单和报关单。

8. 提单的签发和确认

国际货运代理公司在 2013 年 8 月 7 日向海关申报，海关查验之后，在 2013 年 8 月 8 日放行该批货物，2008 年 8 月 9 日开始装船，8 月 10 日装船结束，船公司制作了海运提单。

请按照上述相关资料，填制海运提单。

注意：需要填制的相关单据请参照教材内容，同学们主要掌握每个具体任务的基础知识和基本技能，如每个任务需要哪些单证和如何填写。空白单据在此不一一列出。

（三）操作准备

1. 以小组为单位进行工作，将班级学生分成 5 组，A 组代表出口方、进口方；B 组代表货运代理公司；C 组代表船公司；D 组代表集装箱码头；E 组代表海关、检验检疫、保险公司、银行、集卡公司等其他部门。

2. 各组成员认真阅读和分析所给的材料，同时上网查阅相关的资料，了解自己在本票货物出口过程中要承担的角色和工作。

（四）操作过程

第一步：熟悉出口合同的履行程序。

第二步：熟悉化国际海运的出口业务中，国际货运代理的业务范围和业务处理程序。

第三步：掌握每个程序的主要工作内容。

第四步：具体业务程序完成后，小组以 PPT 的形式向大家进行成果展示。

第五步：小组再通过角色扮演将整个操作程序向大家模拟展示一遍。

第六步：接受其他学生和老师的提问并进行回答。

（五）操作结果

通过每组学生对自己小组成果的展示并接受学生和老师的提问，学生应该掌握了国际海运出口货运代理业务的操作程序和每个程序的主要工作内容。教师再根据每组学生的汇报情况进行点评和归纳总结，指出学生的优缺点、从中得到的启示，以便下次做得更好。

项目二　国际海运进口货运代理业务操作

本项目主要介绍国际货运代理人在国际海运进口过程中应掌握的相关理论知识和实践技能，整个项目以 FOB 成交条件的整箱货物的进口为例，介绍海运进口国际货运代理的业务操作程序。

任务描述：

广州光电有限公司（GUANGZHOU LIGHT COMPANY）以 FOB 条件从美国纽约的出口商 ABC TRADING CO.，LTD 进口一批货物——数控机床，共 10 个集装箱，货物于 2013 年 6 月 30 日在美国纽约港口装船。

为了业务上的方便，广州光电有限公司委托广州续航国际货运代理有限公司代其办理该票货物的进口手续，并将货物运至指定地点。

【项目导入】

一、进口合同履行的基本程序

在国际海运进口业务操作中，我方作为进口方，大多数是按照 FOB 条件并采用信用证付款方式成交货物。进口方的主要义务是付款和接收货物，但是为了确保合同的顺利履行以及按时收到合格的货物，进口方还应做好各种接货前的准备工作。所以按照这个条件成交的进口合同，其履行的基本程序是：

申请开立信用证、租船订舱、船期通知、办理货运保险、审单付款、接货准备、进口报关报检、提取货物和进口索赔等。

二、在国际海运进口的业务中，国际货运代理的业务范围和业务程序

基于进口合同履行的基本程序，在 FOB 成交条件的海运进口业务中，与国际海运货运代理相关的业务主要是：

揽货、委托、租船订舱、审单付款、办理保险、接货准备、报关与报检、提取货物、进口索赔等。

1. 揽货

揽货就是国际货运代理公司与客户直接洽谈后，通过电话、传真、网络、广告等各种方式，从客户那里争取货源、承揽货载的行为，这是国际货运代理公司办理相关业务的第一件事情。

2. 进口委托

国际货运代理公司承揽到货物以后，会及时与进口方签订国际海运进口委托书（即进口委托代理合同），明确双方的权利、义务和责任，明确国际货运代理公司的工作范围，例如委托其办理租船订舱、办理保险、审单付款、接货准备、报检与报关、提取货物、办理索赔等工作，国际货运代理公司必须在进口方授权的范围内进行相关的活动，产生的法律后果由进口方承担。

3. 租船订舱

接受委托以后，国际货运代理公司会及时与船公司取得联系，向船公司办理租船订舱手续，完成以后会及时将租船订舱的信息通知委托人即进口方，以便进口方将其所预订的船期通知出口方，出口方则根据船期情况准备好出口的货物。

4. 办理保险

出口方会根据买卖合同和运输合同规定的时间及时把货物装船，货物装船以后，出口方会立即发出货物装船的通知给进口方，进口方接到通知以后，应及时向保险公司办理投保事宜，或者委托国际货运代理公司代其办理。

5. 审单付款和赎单

出口方发运货物以后，会及时将单据通过议付行交到开证行或付款行，此时进口方应及时审单，做到单单相符、单证相符，然后向开证行或付款行进行付款，从而取得单据，这部分工作进口方可以委托国际货运代理公司来办理，也可以自己办理，本书在此假设进口方委托国际货运代理公司来办理。

6. 接货准备

进口方接到装船通知以后，应及时与国际货运代理公司取得联系，密切关注船舶的运行情况，了解船舶的到港时间，安排好货到港口的接货工作，接货工作会涉及船公司、集装箱码头、集装箱货运站和收货人等主要当事人，所以应明确上述当事人的主要业务范围。

得到船公司关于船舶的到港时间后（即船公司发出到货通知后），国际货运代理公司应及时与港口落实供船舶停靠的泊位，及时向船公司换取提货单（提货单的办理本书在接货准备任务中进行介绍）以及相关的其他工作等，以备报关、报检和提货时使用。

7. 报关与报检

船舶按照预定时间到港后，会把船舶上的货物卸下来（即卸船），此时要办理相关的报关和报检手续。

报检方面，如检验检疫局根据"商品编码"中的监管条件，确认此票货是否要做商检。如果要商检，则应办理检验检疫的申报手续，取得《进口货物报检单》，从而予以放行。

待检验检疫放行后，凭检验检疫通关单或盖放行章的入境检验检疫报验单向海关进行申报，配合海关对货物进行检验检疫，缴纳相关的税费，办理货物的海关放行手续。

当然，报关方面收货人如果有自己的报关行，可自行清关，也可以委托货运代理的报关行或其他有实力的报关行清关。报关资料一般包括：带背书正本提单或电放副本、装箱单、发票、合同、小提单等单证。海关的通关时间一般是一个工作日以内，特殊货物二到三个工作日。

8. 提取货物

提单换取提货单以后，凭海关盖放行章的提货单到港口货运部门办理提货手续。

9. 进口索赔

提取货物后，如果发现货物有毁损、灭失等情况，应及时与卖方、承运人或保险公司取得联系，准备好相关的单证和证据，可以分别向他们进行索赔。

在上述业务程序中，项目一已经介绍了揽货、出口委托、租船订舱、办理保险、报关与报检等相关内容，在此就不再讲授。

所以本项目将以 FOB 成交条件为例，主要介绍进口委托、审单付款和赎单、接货的准备工作、提取货物、办理索赔等相关内容。

任务一 进口委托

【主要学习内容】

技能目标：

国际进口货运代理委托书的填制。

学习背景：

2013 年 6 月 30 日广州光电有限公司收到了美国 ABC TRADING CO.，LTD 的装船通知，得知该批货物已经于当天装船，驶往广州。为了顺利接货，广州光电有限公司委托广州续航国际货运代理有限公司代其办理该票货物的进口手续，并签发委托书。

技 能 国际进口货运代理委托书的填制

货物进口委托人同国际货运代理人应签订《海运进口货物国内港口货运委托代理合同》，即国际进口货运代理委托书，委托人可直接向代理人签订长期或临时的委托代理合同。长期委托，其委托期可以在一年、两年或三年，如要终止委托代理合同，须根据合同规定提前一定期限、以书面形式通知代理人。临时委托以合同注明的委托事项或有效期为准。双方义务履行完毕，有关费用均已结清，合同即视为终止。凡是委托人已委托某国际货运代理公司为国内某港口货运代理的，委托人应通知有关单位，对同一委托事项，或同一时期不得另行委托其他单位做同一货运代理业务。双方委托代理关系建立，货运代理即表示接受委托，开始履行货物的进口代理业务。

代理人在港口办理进口货物的代理业务，委托人必须提供有关单证资料，作为代理人办理货运代理的依据。

（一）委托人提供的单证除了原贸易合同副本两份之外，还有：

（1）正本提单一份，提单副本两份。

（2）发票正本一份，副本两份。

（3）装箱单、重量单或磅码单三份及大件尺码、图纸一份。

（4）品质证明书两份。

（5）直接对台贸易须另提供产地证明书正本及其他所需单据。

（6）进口到货的保险单或保险公司国际货物预约保险启运通知书正本。

（7）进口许可证原件。

（8）关税减免证明原件。

（9）来料进料加工登记手册原件。

（10）动植物产品进口审批单正本。

（11）装船通知（含电传、电报）。

（12）危险品品质证明书，并注明国内、国际危规号及防范措施。

（13）特殊货物保管、运输的技术资料，并在合同上注明注意事项。

（14）其他有关文件原件。

（二）国际进口货运代理委托书通常应明确以下项目内容：

（1）委托人和代理人的全称，注册地址。

（2）代办事项的范围，即要求国际货运代理公司具体做哪些工作，明确了具体工作范围，一旦发生意外或其他事故情况，就能够分清双方的责任，也可以避免因双方职责不明所造成的损失等。

（3）委托方应该提供单证及时间，提供的时间应根据该单证需要的时间而定。

（4）服务费收取标准及支付时间、方式。

（5）委托方和代理方的特别约定事项。

（6）违约责任条款。

（7）有关海运费用、杂费及关税等的支付时间和方式。

（8）发生纠纷后，协商不成的解决途径及地点，解决争议的途径有协商、调解、仲裁和诉讼等，如果海事纠纷案件双方达不成协议，则多会采用仲裁的方式。

（9）委托书必须加盖双方公章并经法定代表人签字，这是委托书成立的条件。

进口委托书

委托单位名称	广州光电有限公司					
受理单位	广州续航国际货运代理有限公司			合同号		ABC20130602
船名航次	KING V. 888			提单号		COS892345
装运港	纽约	卸港码头	黄埔嘉利和大码头	靠泊时间		2013－07－28
商品编码	中英文货名	件数	毛重（KG）	净重（KG）		尺码（CBM）
8462911000	数控机床 cnc machines	100SETS	51 000	50 000		270

进口委托事项	换单	检验检疫	报关	代办保险	货运站拆箱	集装箱门到门	散货运输	随附单证	商业发票	装箱单	进口许可证	原产地证书	正本提单	合同	危险品申报	征免税表
	√	√	√			√			2	2	2	2	3	1		

单证特殊要求说明：	运输特殊要求说明：

进口委托书及声明事项：
（1）本进口业务委托书均由委托人填写。
（2）委托书一式两份，双方各执一份。
（3）费用结算按照协议规定。

委托单位：	受托单位：
广州光电有限公司 何先生	广州续航国际货运代理有限公司 张三

国际进口货运代理委托书的作用：①用来填制入境货物报检单和进口货物报关单；②明确双方的责任以及应该办理的事项范围；③为将来双方发生争议时提供法律依据。

小　结

本任务主要介绍国际进口货运代理货物委托书的填制，办理进口货运代理委托书是进口货运代理业务的开始，它是进口方和国际货运代理公司之间权利、义务和责任的划分依据。

思考题

上网搜索三份国际进口货运代理委托书，学会填制国际进口货运代理委托书。

任务二　审单和付款赎单

【主要学习内容】

技能目标：

审单和付款赎单。

任务描述：

2013 年 7 月 8 日，广州光电有限公司收到了开证行中国银行广州分行寄来的全套议付单据，随后其将单据和货款给了广州续航国际货运代理有限公司，要求广州续航国际货运代理有限公司来办理审单付款的手续。

技　能　审单和付款赎单

出口方装运货物以后，会把整套出口单据通过议付行交到进口方所在地开证行或付款行。单据到了开证行或付款行以后，开证行或付款行会马上通知进口方要求其付款赎单，如果进口方自己付款，拿到单据后，进口方会及时把单据交给国际货运代理公司，由国际货运代理公司代其换取提货单，如果是委托国际货运代理公司办理付款手续的话，进口方就要把相关的单证和货款交给国际货运代理公司，而且前进口方大都委托国际货运代理公司来完成付款赎单，因为国际货运代理公司对该业务比较熟悉，且与相关部门经常有业务来往。

国际货运代理公司接受进口方委托后，会代其去开证行或者付款行进行付款，付款后取得相关的单证，然后对单证进行审核，做到单单相符、单证相符。

一、审单

审单是付款的前置程序，国际货运代理人和银行必须认真地对单证进行审核，然后才能进行付款，付款以后，银行才会将单证给国际货运代理公司。

在国际贸易中，结算的工具有货币和票据，结算方式有汇款、托收和信用证。目前以汇款中的电汇方式居多，但是传统的结算方式还是以信用证结算方式比较多，现以信用证结算方式为例。货运代理必须提交与信用证相符合的单据，开证行和货运代理都必须对全套单据进行审核，银行和货运代理双方应密切配合，开证行应在收到单据次日起 5 个银行工作日内，审核并决定是否接受单据，并通知进口方。同时，按照我国习惯，进口方在接到银行通知的 3 个工作日内没有提出异议，即视为进口方同意信用证规定的条款，对外承担到期付款的责任。现将主要单据的审核要点简述如下：

（一）汇票

（1）信用证名下汇票，应加列出票条款（Drawn Clause），说明开证行，信用证号码及开证日期。

（2）金额应与信用证规定相符，一般应为发票金额。如单据内含有佣金或货款部分托收，则按信用证规定的发票金额的百分比开列，金额的大小写应一致。国外开来的汇票，也可以只有小写。

（3）汇票付款人应为开证行或指定的付款行。若信用证未规定，则应为开证行，不应以申请人为付款人。

（4）出票人应为信用证受益人，通常为出口商，收款人通常为议付银行。

（5）付款期限应与信用证规定相符。

（6）出票日期必须在信用证有效期内，不应早于发票日期。

（二）海运提单

（1）提单必须按信用证规定的份数全套提交，如信用证未规定份数，则一份也可算全套。

（2）提单应注明承运人名称，并经承运人或其代理人签名，或船长或其代理人签名。

（3）除非信用证特别规定，提单应为清洁已装船提单、预借提单或倒签提单等。若为备运提单，则必须加上装船备注，并由船方签署，注意收货人和通知方是否具体明确，海运提单是否连续背书。

（4）以 CFR 或 CIF 方式提交，提单上应注明运费已付。

（5）提单的日期不得迟于信用证所规定的最迟装运日期。

（6）提单上所载件数、唛头、数量、船名等应和发票相一致，货物描述可用总称，但不得与发票货名相抵触。

（三）商业发票

（1）发票应由信用证受益人出具，无需签字，除非信用证另有规定。

（2）商品的名称、数量、单价、包装、价格条件、合同号码等描述，必须与信用证严格一致。

（3）发票抬头应为开证申请人。

（4）必须记载出票条款、合同号码和发票日期。

（四）保险单

（1）保险单正本份数应符合信用证要求，全套正本应提交开证行。

（2）投保金额、险别应符合信用证规定。

（3）保险单上所列船名、航线、港口、启运日期应与提单一致。

（4）应列明货物名称、数量、唛头等，并应与发票、提单及其他货运单据一致。

（5）保险单是否和海运提单一样连续背书。

（五）产地证

（1）应由信用证指定机构签署。

（2）货物名称、品质、数量及价格等有关商品的记载应与发票一致。

（3）签发日期不迟于装船日期。

（六）检验证书

（1）应由信用证指定机构签发。

（2）检验项目及内容应符合信用证的要求，检验结果如有瑕疵者，可拒绝受理。

（3）检验日期不得迟于装运日期，但也不得距装运日期过早。

二、付款赎单

银行和国际货运代理公司对上述单证审核以后，如果做到了单单相符、单证相符，国际货运代理公司则会向银行付款，付款后从银行取得相关单证，即付款赎单。如果经银行配合审单，发现单证不符或者单单不符，应分不同情况进行处理。处理的方法有：拒绝支付货款；相符部分付款，不相符部分不付款；货到经检验合格后再付款；凭出口方出具的担保付款；开证行对外付款，但保留追索权；更正单据后付款等。

国际货运代理公司从银行取得的单证一般包括：商业发票；装箱单；海运提单或电放副本；合同（一般贸易）；原产地证书；出口国检验检疫证书；CIF 成交条件的保险单证书；对于许可或配额管理的商品，进口方提供进口许可证或配额证明；如果是加工贸易，需要提供加工手册；海关要求的其他单证。

这些单证的作用有：一是在办理进口货物检验检疫、海关通关以及港口提货等进口手续时，提交给相关部门进行核对；二是用来检查是否符合进口国家有关法律法规和政策的相关规定；三是用来检查是否符合提货的相关手续等。

小　结

出口方装运货物以后，会把整套出口单据通过议付行交到进口方所在地开证行或付款行。单据到了开证行或付款行以后，开证行或付款行会马上通知进口方要求其付款赎单。审单是付款的前置程序，国际货运代理人和银行必须认真地对单证进行审核，做到单单相符、单证相符，然后才能向银行付款，付款以后，银行才会将单证给国际货运代理公司（进口方）。如果经银行配合审单发现单证不符或者单单不符，应分不同情况进行处理。

思考题

1. 国际货运代理公司从银行取得的单证一般包括哪些？

2. 简述银行付款的条件。

3. 银行审核的单证包括哪些？一般如何进行审核？

任务三　接货的准备工作

【主要学习内容】

知识目标：

海运进口货运业务中相关当事人的业务范围。

技能目标：

接货的准备工作。

任务描述：

从提单上得知提单是由美国的 AMERICAN PRESIDENT LINES 签发的，广州续航国际货运代理有限公司随即在网上查询了船期表，确定船舶将于 2013 年 7 月 28 日到达黄埔港。同时，COSCO GUANG-ZHOU 也接到 AMERICAN PRESIDENT LINES 的通知，并通过广州光电有限公司与广州续航国际货运代理有限公司取得联系。

确定船期之后，广州续航国际货运代理有限公司持经过广州光电有限公司背书的提单，到 COSCO GUANGZHOU 换取提货单。

知　识　海运进口货运业务中相关当事人的业务范围

与出口业务相似，海运进口货运代理业务也会涉及船公司、集装箱码头堆场、集装箱货运站、收货人等主要的当事人，他们的业务范围与出口业务有一些不同，主要有以下几个方面。

一、船公司在集装箱进口货运中的业务

（一）做好卸船准备工作

由于集装箱船舶要求在最短的时间内卸完集装箱，因此，没有一个完整的卸船计划，集装箱则有可能停滞在码头上，影响船舶装卸，使码头工作陷入混乱，延迟对收货人的交货时间，从而在一定程度上削弱了集装箱运输能缩短装卸作业时间和提高船舶周转率的优越性。因此，船公司主管进口货运的人，应在船舶从最后装船港开出后，即着手制订船舶预计到港的计划，并从装船港代理那里得到有关货运单证。与此同时，与港方、收货人、海关和其他有关部门尽早取得联系，一旦船舶靠泊稳妥，尽快将集装箱卸下，并办理海关手续，做好交货准备工作。

从装船港代理取得的主要单证有：

1. 提单副本或码头收据副本

提单副本或码头收据副本是作为制订船舶预计到港通知书、交货通知书、交货凭证、货物舱单、动植物清单，以及答复收货人有关货物方面各种询问的依据。

2. 积载图

积载图是作为编制集装箱卸船计划、堆场计划、交货计划，以及有关集装箱、机械设备保管和管理的资料。

3. 集装箱装箱单

集装箱装箱单是作为办理保税内陆运输，以及办理货物从码头堆场运出手续，并作为集装箱货运站掏箱、分类、交货的依据。

4. 集装箱号码单

集装箱号码单是作为向海关办理集装箱暂时进口手续、设备管理的依据，以及作为与其他单据核对的依据。

5. 装船货物残损报告

凭装船货物残损报告向责任方提出索赔，是货损事故处理中的主要单证之一。

6. 特殊货物表

特殊货物表系向海关和有关方面办理危险品申报，以及冷藏货物、活牲畜等特殊货物的交货的依据。

（二）制作并寄送有关单据

船公司或其他代理公司在收到装船港寄来的单据后，应从速制作下述有关单据寄送有关方。

1. 船舶预计到港通知书

船舶预计到港通知书是向提单副本所记载的收货人或通知方寄送的单据，其内容和提单大致相同，除货物情况外，还记载该船预计抵港日期。普通船运输下，船公司一般没有给收货人船舶预计到港通知书的义务，也就是说可以不送。但在集装箱运输下，为了能使码头堆场顺利地进行工作，防止货物积压，使集装箱有效地利用而不发生闲置，加速周转，则有必要将货物预计到达的日期通知收货人，让收货人在船舶抵港前做好收货准备工作，等集装箱货物一从船上卸下即可提走。

2. 交货通知

交货通知是货物具体交付日期的通知，是在确定了船舶抵港日期和时间，并且决定了集装箱的卸船计划和时间后，船公司或其代理人把货物的交付时间通知收货人的单据。交货通知习惯上先用电话通知，然后寄送书面通知，以防止不必要的纠纷。

3. 货物舱单

货物舱单作为向海关申请批准卸货之用。

（三）卸船与交货

集装箱的卸船与交货计划主要由码头堆场负责办理，但收货人在接到船公司寄送的船舶预计到港通知书后，有时会通知船公司，在他方便的时间提货。对收货人的这一要求，船公司应转告集装箱码头堆场，在交货时尽可能满足收货人的要求。

（四）提货单的签发

除特殊情况外，船公司或其代理人只要收到正本提单，就有义务对提单持有人签发提货单。因此，提货单的签发是采用与正本提单相交换的形式进行的。提货单仅仅是作为交货的凭证，其不具有提单那样的流通性，只是记名的。

在签发提货单时，首先要核对正本提单签发人的签署、签发提单的日期、提单背书的连贯性，判定提单持有人是否正当。提货单应具有提单所记载的内容，如船名、交货地点、集装箱号码、铅封号、货物名称、收货人等交货所必须具备的项目。在到付运费和未支付清其他有关费用情况下，则应收讫后再签发提货单。

在正本提单尚未到达、而收货人要求提货时，可采用与有关银行共同向船公司出具担保书的办法，担保书内应保证：

（1）正本提单一到，收货人应立即交船公司或其代理人。

（2）由于提货没有凭正本提单，对船公司由此而遭受的任何损失，收货人应负一切责任。

此外，如果收货人要求更改提单上原指定的交货地点，船公司或其代理人应收回全部的正本提单后，才能签发提货单。提货单有五联：①到货通知书；②提货单（D/O）；③费用账单（1）；④费用账单（2）；⑤交货记录。

二、集装箱码头堆场在进口货运中的业务范围

（一）集装箱的卸船准备工作

集装箱定期班轮应根据协议和有关业务章程的规定，在船舶抵港前一定的时间内将船期计划通知港口，如果由于天气或其他原因未能按期到港必须提早通知。在船舶抵港前几天，码头堆场应从船公司或其代理人处取得以下有关单证：①货物舱单；②集装箱号码单；③积载图；④集装箱装箱单；⑤装船货物残损报告；⑥特殊货物表。

集装箱码头堆场根据这些单证安排卸货准备工作，并制订出集装箱的卸船计划、堆场计划、交货计划。

（1）集装箱卸船计划。为了减少船舶在港时间，卸船与装船往往同时进行，为使卸船工作有条不紊地进行，有必要制订卸船计划。制订卸船计划是为了能在最短的时间内装卸最大量的集装箱。

（2）集装箱堆场计划。集装箱能否合理地安置在码头内，除了影响卸船计划顺利执行外，还严重影响交货计划的执行。为了消除这种影响，有必要制订堆场计划。

（3）集装箱的交货计划。集装箱交货计划的目的是为了能使从船上卸下的集装箱不积压在码头堆场内，并尽快向最终目的地运输，或直接交给收货人。

（二）卸船与堆放

集装箱码头堆场根据制订的卸船计划从船上卸下集装箱，并根据堆场计划在堆场内存放集装箱。从船上卸下的集装箱在堆场内存放时应注意：①空箱与实箱应分开堆放；②了

解实箱内货物的详细情况；③是否需要安排中转运输；④在码头堆场内交货，还是在货运站交货；⑤预定交货日期。

（三）交付货物

从船上卸下的集装箱货物，交货对象大致可分为：收货人、集装箱货运站、内陆承运人三种。根据不同的交货对象，交货时应办理的手续有：

1. 交给收货人

当收货人或其代理人前来提取货物的集装箱时，应出具船公司或其代理人签发的提货单，经核对无误后，堆场将货箱交给收货人。交货时，码头堆场和收货人双方在交货记录上签字交接，如对所交接货物有批注，则应将该批注记入交货记录，交货记录是证明船公司责任终止的重要单证。

2. 交给集装箱货运站

如系拼箱货，由集装箱货运站从码头堆场将集装箱货物运至货运站，并由其拆箱人将货交给收货人。一般情况下进行的集装箱货物交接，由码头堆场与货运站共同在集装箱装箱单上签字，作为货物交接的收据。码头堆场与货运站是各自独立的，交接时应制作交货记录，并由双方签署，以明确对集装箱货物承担责任关系。

3. 交给内陆承运人

如集装箱货物需继续运往内地最终交货地点，码头堆场应在与船公司或其代理公司取得联系后，再把集装箱交给内陆承运人。在这种情况下，如果船公司对货物的责任终止于码头堆场，则应以交货记录进行交接。如果内陆承运人作为船公司的分包人，即船公司对全程运输负有责任时，码头堆场与内陆承运人只需办理内部交接手续，在集装箱运至最终交货地点后再办理交货记录。

码头堆场在将集装箱货物交给收货人时，应查核该货物是否发生了保管费、再次搬运费。另外，集装箱的使用是否超出了免费使用期，如已超出则应收取滞期费，在发生上述费用的情况下，码头堆场应在收取了这些费用后再交付集装箱费用。

集装箱码头堆场在交货工作结束后，应根据实际交货情况制作交货报告送交船公司，作为日后船公司据以处理收货人提出的关于货物丢失和损坏的索赔依据。

如果收货人一时未能前来提货，码头堆场应制作未交货报告送交船公司，船公司据以催促收货人早日提货，如果收货人仍不来提货，船公司可对货物采取必要的措施。

三、集装箱货运站在进口货运中的业务范围

拼箱货由集装箱货运站从码头堆场领取后，在货运站拆箱，并按提单分类，将货物交给前来提货的收货人。集装箱货运站主要的进口货运业务如下：

（一）做好交货准备

集装箱货运站应在船舶到港前几天，从船公司或其代理人处取得下列有关单证：①提单副本或场站收据副本；②货物舱单；③集装箱装箱单；④装船货物残损报告；⑤特殊货物表。

集装箱货运站根据上述单据做好拆箱交货准备工作。

（二）发出交货通知

在确定了船舶抵港日期和卸港计划后，货运站与码头堆场联系以确定提取集装箱的时间，根据这一时间，由集装箱货运站制订出拆箱和交货计划。

集装箱船舶在港期间，货运站有可能同时进行拆箱交货、接货装箱的作业，其业务相当繁忙紧张，为使拆箱的货物尽早让收货人提走，对收货人发出交货日期的通知是完全有必要的。交货日期的通知，也是计算集装箱货物保管费和再次搬运费的依据。

（三）从码头堆场领取载货的集装箱

集装箱货运站与码头堆场取得联系后，从堆场领取载货的集装箱，在进行集装箱货物交接时，码头堆场与货运站在集装箱装箱单上签字。另外，对出堆场的集装箱应办理设备交接手续，由堆场出具设备收据，双方在设备收据上签字。

（四）拆箱交货

集装箱货运站在码头堆场领取集装箱后，开始拆箱作业。在从箱内取出货物时，应按装箱单记载的从末尾向前的顺序进行，这是因为箱内的货物是按装箱的顺序记载的。拆箱后，应将空箱退还给码头堆场。

当收货人前来提货时，货运站要求收货人出具船公司签发的提货单，当提货单记载的内容与货物核对无误后，即可交货。交货时集装箱货运站应与收货人在交货记录上签字，如发现货物有异状，应将这种情况记入交货记录的备注栏内。

这种交货记录与普通船运输下的船舶记录具有同样的性质，是交货完毕的凭证，船公司对货物的责任以双方在交货记录上的签署为准。

（五）有关费用的收取

集装箱货运站在交付货物时，应查核该货物有无发生保管费和再次搬运费，如已发生，则应收取这些费用后再交货。

（六）制作交货报告和未交货报告

集装箱货运站在交货工作结束后，制作交货报告寄送船公司，船公司据以处理有关货物的损害赔偿。对未交货而积压在货运站的货，则应制作未交货报告寄送船公司，船公司据以催促收货人迅速提货，如收货人仍不来提货，船公司可对货物采取必要的措施。

四、国际货运代理公司在集装箱进口货运中的业务范围

国际货运代理公司在集装箱进口货运中的具体业务有：

（一）取得有关装船单据

货运代理人应与收货人密切联系，保证收货人向银行付款取得货运单据之后，能够及时将有关货运单据交给货运代理，以便货运代理办理接货前期手续，如换取提货单，准备报验、报关单证等。货运代理人在接到单据后，应仔细审核提单记载的事项和提单背书的连续性（对于指示式提单而言），以保证收货人持有提单的合法性。

（二）换取提货单

货运代理人在接到收货人交付的提单后,应及时到船公司或其代理人处将提单还给船公司或其代理人,据以取得提货单。

（三）报验、报关

货运代理人在船舶到港后,应在检验检疫机构和海关规定的时限内向检验检疫机构和海关申报,并办理相关的放行手续,在规定时间内取得检验检疫机构签发的相关检验检疫证书,供进口商验收货物或对外提出索赔。

（四）提取货物

在集装箱货物从船上卸下后,货运代理人凭盖有海关放行章的提货单到集装箱码头堆场或集装箱货运站提取货物,结算相关费用,将货物交付给收货人。通常,整箱货应去码头堆场提货,拼箱货则应去货运站提货,应注意的是,如果整箱货连同集装箱一起提取,还应办理集装箱设备交接手续。如果货物以 FOB 价格条件成交,货运代理人还负责协助收货人办理租船订舱事宜,并将有关船名、装船日期通知发货人;如果货物以 FOB 或 CFR 价格条件成交,货运代理人还应提示收货人及时办理货物投保事宜。

（五）索赔

如果在提取货物时,发现货物丢失、损坏的情况,应协助收货人向责任方提出损害赔偿,并准备相关索赔单证。

技　能　接货的准备工作

进口接货准备工作是进口货运环节中最重要的一环,准备工作的准确、细致程度决定了卸船、交货的速度和准确性,保证收货人及时安全收妥货物;如果接货准备工作延误或出现差错等,会影响收货人、港口码头堆场以及船公司等相关当事人的正常业务运作,造成不必要的损失,损害当事人的利益。因此,国际货运代理公司在接货的准备工作方面应非常准确、认真。作为国际货运代理公司应密切关注船舶的运行动态,及时掌握船舶的到港时间,协调好港口泊位,保证船舶到港后及时装卸;还要准备好单证,交清相关的费用,及时换取提货单,以便于及时提取货物。

一、确定船期

国际货运代理公司在接到进口方提交的装运港装船通知后,应密切联系船公司,随时掌握船舶的运行动态,做好接船和接货的准备工作。

根据我国有关规定,对进口集装箱货物,海上承运人应在船舶抵港前一定时间,例如近洋航线船舶在抵港 72 小时前进行船期预报和 24 小时前进行船期确报;远洋航线船舶在抵港 7 天前进行报告,并且采用传真、电传、邮寄等方式向卸货港的船舶代理人提供完整准确的提单副本、货物舱单、集装箱装箱单、场站收据副本、积载图、危险货物集装箱清单、危险货物说明书、冷藏集装箱清单等必要的卸船资料。于 24 小时内制作船舶预计到港通知书、交货通知、集装舱单等单证，并将这些资料分送港口、外轮理货、海关等单位，同时用《提货通知》通知收货人或其代理人。

收货人或其代理人在收到海上承运人或其代理人提供的进口单证资料后的次日，向港口提供货物流向和实际收货人的信息，并做好卸船接货准备。

港口的装卸公司、集装箱堆场或货运站的经营人接到上述单证后，为船舶进港和卸箱做好准备，码头堆场据此安排卸船计划。

二、提货通知书

根据我国集装箱管理规则，卸货港船公司或其代理应在规定的时间内向收货人或国际货运代理公司发送提货通知书：

（1）对于整箱交货的，填制整箱交货记录，在集装箱货物运达提单注明的交货地点后，卸货港船公司或其代理的业务部门应即日向收货人发出加盖本公司"进口业务专用章"的提货通知书，通知收货人或其代理人到通知书中指定的地点提取货物。

（2）对于拆箱交货的，填制拆箱交货记录，对于拆箱交付的进口集装箱货物，港口或内陆中转站、货运站应在卸船后或集装箱运抵内陆中转站、货运站后 4 天内拆箱完毕，并向收货人发出提货通知书，通知收货人或其代理人到通知书中指定的内陆中转站或货运站提取货物。

提货通知书

（Delivery Notice，D/N）

尊敬的广州光电有限公司贵公司（货运代理人）：

我方为您承运的 B/L：COS892345，S/C：ABC20130602 的货物将于 2013 年 7 月 28 日到达黄埔港，请贵方备好各种有效单证于 2013 年 8 月 4 日前来领取货物 。致谢！

广州中远集装箱船务代理有限公司

三、提货单的换取方式

收货人应在收到提货通知书后连同正本提单到船公司或其代理办事处办理换单事宜，即拿提货通知单和正本提单换取提货单，这是换取提货单的第一种方式。

按照提单的有关规定，除了特殊情况外，船公司或其代理人只要收到正本提单就有义务向提单持有人签发提货单。因此，提单经审核无误后，船公司或其代理应在提货单上加盖船公司或其代理的"进口提货章"，如果运费到付，则收货人先要付清运费，再办理换取提货单的手续。提货单的签发是采用与正本提单相交换的形式进行的。提货单和提单不一样，它不能流通转让，只能是记名的。

注意在签发提货单时，要核对正本提单签发人的签署、签发提单的日期、提单背书是否具有连续性，判定持有人是否正当，符合要求后才能签发提货单。它的记载内容应具有提单所记载的内容，如果运费和相关费用尚未付清，应付清之后才签发提货单。

如果发货人已经办理了电放手续，国际货运代理公司可以凭收货人出具的保函，连同副本提单向卸货港的船公司或其代理办事处办理电放提货手续，即拿副本提单和保函换取提货单，这是换取提货单的第二种方式。这样做的目的是便于收货人及早提货。

进口电放保函

致：（船公司或其代理）

船名：　　　　　　　航次：

提单号：　　　　　　柜数：

货名：　　　　　　　件数：

上述货物船公司已经做了电放指示，我公司特此担保，请贵公司予以办理相关放货手续。若由于此电放货物发生纠纷而致使贵公司遭受任何损失或支付任何费用（包括诉讼费用和律师费用），本公司愿意无条件承担一切损失赔偿责任并偿还支付费用和利息。

收货人：（签字或盖章）

日　期：

联系电话：

提货单
DELIVERY ORDER

_____地区、场、站收货人/通知方：	SAME AS CONSIGNEE TO ORDER OF GUANG-ZHOU LIGHT COMPANY	_____年_____月_____日	
船名	航次	启运港	目的港
KING	888	纽约	广州
提单号	交付条款	到付海运费	合同号
COS892345	DOOR – DOOR		ABC20130602
卸货地点	到达日期	进库场日期	第一程运输
	2013 – 07 – 28		

（续上表）

货 名	集装箱数	集 装 箱 号 / 铅 封 号	
数控机床	10×20'GP	CBHU00164290	1014621
		CBHU00164291	1014622
		CBHU00164292	1014623
		CBHU00164293	1014624
		CBHU00164294	1014625
		CBHU00164295	1014626
		CBHU00164296	1014627
		CBHU00164297	1014628
		CBHU00164298	1014629
件 数		100 PACKAGES	
重 量		51,000 KG	
体 积		270 CBM	
标 志		N/M	
请核对放货			

广州中远集装箱船务代理有限公司

凡属法定检验、检疫的进口商品，必须向有关监督机构申报。

小 结

进口货物的接货准备工作是进口货运的一个重要环节。本任务首先介绍了船公司、集装箱码头堆场、集装箱货运站、国际货运代理公司等四个主要当事人在海运进口货运业务中的业务范围。接着介绍了接货的准备工作：一是船期的确定，通过各种渠道关注船舶的运行动态，及时准确地掌握船舶到港的时间，协调好船舶的泊位，保证及时装卸；二是提货通知书的发送；三是提货单的换取，即拿提货通知单和正本提单去船公司或其代理办事处换取提货单，待船舶靠泊卸货后，进行报检和报关，凭盖有海关放行章的提货单办理提货手续。

思考题

1. 简述船公司在进口货运中的业务范围。
2. 简述集装箱货运站在进口货运中的业务范围。
3. 简述集装箱码头堆场在进口货运中的业务范围。
4. 简述国际货运代理公司在进口货运中的业务范围。
5. 简述提货单的签发手续。
6. 简述提货单和海运提单的区别。

任务四　进口提取货物

【主要学习内容】

技能目标：

1. 提货预约手续。
2. 提取货物的方式及延期提货后果处理。

任务描述：

办理完进口报检报关手续之后，广州续航国际货运代理有限公司获得了海关放行，并于2013年7月28日到码头堆场提取货物。

经办理了提货预约手续后，广州续航国际货运代理有限公司出具船公司AMERICAN PRESIDENT LINES签发的交货记录、设备交接单，经核对无误后，码头堆场将集装箱交给广州续航国际货运代理有限公司，双方在交货记录上签字交接，并进行集装箱交接。

技能一　提货预约手续

为便于码头结算港口费用、提前处理有关文件并安排移箱和做好交货准备，避免提货等待和交通堵塞等现象发生，码头堆场一般都规定收货人和其代理办妥提货手续后，应在码头堆场规定的时间内提前向码头商务受理部门办理提取的申请，即通常所称的"提货预约"。

码头堆场提货预约的一般程序如下：

（1）收货人或其代理将办理报关、报检手续的提货单及其他单据（提箱通知单、进场与出场设备交接单）送至码头堆场办理提货/箱申请。

（2）收货人或其代理填写提货"作业申请单"，说明提货申请的种类，比如整箱提货、拆箱提货、CFS仓库提货等，以及计划提箱/货的时间。

（3）堆场受理人员首先将提货单上的内容同计算机储存的船、货数据核对，检查是否单单相符、单货相符，提交的提货单是否手续齐全；其次根据收货人计划提箱日期，在费用账单上加盖费用收取截止章，并核算出应缴纳的港口费用，留下提货单作为放货依据，并在确定实际提货时间后，打印出正式的作业申请单一式六联，将客户联连同交货记录三联单交付收货人或其代理。

（4）收货人或其代理持作业申请单及交货记录三联单到码头收费部门交付港口费用，收费员收取费用后留下费用账单联作为收费依据，并在费用账单客户联上加盖费用收讫章。

（5）收取港口费用后，受理人员打印"提箱凭证"，在交货记录联、作业申请单申请人联加盖提箱放行章后，将其返还收货人或其代理。

（6）受理人员将作业申请单其他联分送堆场、货运站、调度、检查口等部门，以便这些部门（单位）凭此申请单安排作业计划。

技能二　提取货物的方式及延期提货后果处理

一、提取货物的方式

国际货运代理公司凭已办妥报检和报关手续的提货单、作业申请单、提箱凭证连同设备交接单等在规定的时间内到指定的码头堆场或货运站提箱或提取货物。提取货物的方式有整箱提货、拆箱提货和拼箱货在码头堆场或货运站提货三种，下面将逐一介绍。

（一）整箱提货

收货人或国际货运代理人将整箱集装箱货提离码头堆场前，须先向箱子承运人委托的管箱单位办理放箱手续。经管箱单位在设备交接单上加盖放箱章后，收货人或国际货运代理人再向营业所办理整箱提离手续。通常场站是承运人和收货人责任、费用划分的场所，故要求收货人结清所有有关费用，留下提货单，然后签署交货记录。收货人或货运代理人在码头堆场提取整箱集装箱货时，要出具船公司或代理人签发的交货记录、设备交接单。经核对无误后，码头堆场才能将集装箱交给收货人或货运代理人，双方应在交货记录上签字交接，并进行集装箱交接。

若集装箱在码头直接向内陆运输，收货人或货运代理人还要带交货记录、集装箱作业申请单或水路托运单向码头堆场办理托运手续。为此，提单上除填写通知方外，还必须填明实际收货人，码头堆场与相关的代理人取得联系后，再把集装箱交给内陆承运人。

（二）拆箱提货

当交货地点不具备整箱运输条件而必须拆箱散件运输时，收货人或国际货运代理人须凭经海关放行的交货记录填写整箱拆箱申请单，向码头陆运机构申请，经审核同意拆箱并加盖认可章后，方可在海关监管下进行拆箱作业。同时，收货方与码头堆场要办理箱、货的交接手续。

若整箱货拆箱在国际货运代理人或其他非承运人集装箱货运站拆箱提货时，可将整箱提运至集装箱货运站，在海关监管下拆箱后，进行货运站与收货人的交接，空箱由货运站负责返还码头堆码。

（三）拼箱货在码头堆场或货运站提货

拼箱货在码头堆场提货，在提货前要先向船公司委托的集装箱货运站或码头堆场取得联系，凭海关放行的交货记录从堆场领取货箱，并办理货箱交接手续。

收货人或国际货运代理人到货运站提货，应出示船公司或其代理人签发的提货单。货运站核对提货单记载内容与货物无误后，即可交货。交货时，货运站与收货人应共同在交货记录上签字。

二、延期提货后果处理

货运代理应在规定的时间内进行提货，如果超过时间提货则需要重新办理申请并支付额外的相关费用，甚至可能因超期提取而被海关没收等。

拆箱交付的进口集装箱货物，港口或内陆中转站、货运站应在卸船后或集装箱运抵内陆中转站、货运站后4天内拆箱完毕，并向收货人发出催提通知。

堆场交付的进口集装箱货物，收货人应于整箱卸入堆场后10天内提运。

集装箱卸船后，在港口交付的货物超过10天不提货，港口装卸企业可将集装箱或货物转栈堆放，由此发生的费用，由收货人负担；在10天内，因港口责任造成的集装箱或货物转栈的费用，由港口负担。

收货人超过规定期限不提货或不按期向指定地点归还集装箱的，应当按照有关规定或合同约定支付货物、集装箱堆存费及集装箱超期使用费。

自集装箱进境之日起3个月以上不提货的，海上承运人或港口可报请海关，按国家有关规定处理货物，并从处理货物所得的款项中支付有关费用。

国际货运代理人可根据货主的委托，选择自提货或者代运，若自提货则由货运代理办妥手续后，交由货主自己提货。若货主委托代运，则与传统进口货物相似，国际货运代理人可根据整箱货还是拼箱货以及交接方式，安排代运工作。

小 结

本任务主要介绍提货预约的手续和提取货物的方式及延期提货后果处理。提取货物应凭借已办妥报检和报关手续的提货单、作业申请单、提箱凭证连同设备交接单等单证，在规定的时间内到指定的集装箱码头堆场或集装箱货运站提箱或提货。提货人应对所提货物进行查验并在交货记录上签收确认，作为提货人已收货的凭证。提取货物的方式有整箱提货、拆箱提货和拼箱货在码头堆场或货运站提货三种。

思考题

1. 简述提货预约的手续。
2. 简述提取货物的三种方式及程序。

任务五　进口索赔

【主要学习内容】

知识目标:

1. 索赔的概念和提出索赔的原则。

2. 进口索赔对象的确定。

3. 进口索赔时应注意的问题。

技能目标:

保险索赔的一般程序。

　　货物在运输过程中,有可能会遇到自然灾害、意外事故等相关运输风险,从而导致货物的毁损或灭失,所以我们会对货物进行投保,以减少进口方的损失。如果以 CIF 成交条件出口,买方没有要求卖方投具体险别时,卖方会给买方投最低的平安险,如果买方自己投保,买方也不可能把什么险都投一遍,因为那样保险费会很高。基于上述情况分析,根据保险的相关知识,买方投保如果投中的话,保险公司会予以赔偿,但是如果投不中,有可能由买方自己承担责任。除了自然灾害、意外事故等情况,还有可能是卖方交货的质量有问题,则卖方要对买方承担责任;承运人签发了已装船的清洁提单,但是货物到目的地后,发现货物件数和提单不符,则承运人要承担责任等。

　　综上所述,进口方提出的索赔有三种情况:一是进口方向卖方提出索赔;二是进口方向承运人提出索赔;三是进口方向保险公司提出索赔。当然在实际业务处理中,以进口方向保险公司提出的索赔居多。所以本任务首先介绍什么是索赔,索赔的原则是什么,索赔要具备什么条件,向谁进行索赔,在什么时间内进行索赔,索赔时应注意哪些问题等。然后再简单介绍进口方向保险公司索赔时,应做好哪些方面的工作。

知识一　索赔的概念和提出索赔的原则

一、索赔的概念

　　索赔是指合同一方当事人由于违约使另一方当事人遭受损失,受损方向违约方要求损害赔偿的行为;而违约方对受损方提出的索赔进行处理称为理赔。由此可见,索赔和理赔是一个问题的两个方面。对受损方而言是索赔,对违约方而言是理赔。而进口索赔是指进口方向违约方要求的损害赔偿。

二、提出索赔的原则

导致国际海运事故发生的原因很多，其规模和损失因事故的不同而不同。在客观上，认定损失的大小和原因就比较困难；而在主观上，由于托运人或进口方与承运人分别考虑自己的利益，对货运事故的原因归结和损失大小更是认知不同，从而难以界定事故的责任，这也是法律诉讼的原因，所以坚持提出索赔的原则很重要。主要包括以下几个方面：

（一）实事求是的原则

实事求是是双方沟通的基础，也是解决纠纷的关键，也就是根据所发生的实际情况分析原因，确定责任人及责任范围。

（二）有根有据的原则

在提出索赔时，应掌握造成货损事故的有力证据，依据合同有关条款、国际公约和法律规定以及国际惯例有根有据地提出索赔。

（三）合情合理的原则

合情合理就是根据事故发生的事实，准确地确定损失程度和金额，合理地确定责任方应承担的责任。根据不同的情况，采用不同的解决方式、方法，使事故合理、尽早地处理。

（四）注重实效的原则

注重实效就是货损索赔中应注重实际效益。如果已经不可能得到赔偿，而仍然坚持诉讼，则只能是浪费时间和财力。如果能收回一部分损失，切不可因等待全额赔偿而放弃。

知识二　进口索赔对象的确定

索赔对象的确定，也就是说发生货运事故，应该由谁来承担责任，有什么法律依据和事实依据等。从上面的介绍可知，索赔的对象有可能是卖方、承运人或者保险公司。下面将分析哪些情况下分别应由卖方、承运人或保险公司来承担赔偿责任。

（1）向卖方提出索赔的情况有：原装货物数量不足；货物的品质与合同规定不符；包装不牢固导致货物受损；未在合同规定的装运期内交货等。根据这些情况，进口方可以凭有关机构出具的鉴定证书，并根据买卖合同有关条款的规定，向卖方提出索赔。

（2）向承运人提出索赔的情况有：承运人签发了已装船的清洁提单，承运人在目的地交付的货物数量少于提单、运单等运输单证中所记载的货物数量；承运人在运输单证上未对所运输的货物作出保留批注，收货人提货时发现货物残损、缺少，且是承运人的过失；货物的毁损和灭失是由于承运人免责范围以外的责任所致。根据这些情况，进口方有权凭有关机构出具的鉴定资料，并根据货物运输合同的有关条款规定，向承运人提出索赔。

（3）进口方根据保险合同的规定，向保险公司提出索赔的情况有：承保责任范围内货物的毁损和灭失；承保责任范围内，由于自然灾害或意外事故等原因使货物遭受损害。根据这些情况，进口方可以凭有关证书、文件等向保险公司提出索赔。之后，保险公司可根据情况，在取得代位求偿权后，向有关责任人提出索赔。

总之，进口方除了根据上述货物的买卖合同、运输合同和保险合同向责任方进行索赔外，进口方还可根据其他合同，如仓储合同等，要求责任方承担相关的赔偿责任。

知识三　进口索赔时应注意的问题

在进口业务中，进口方在办理对外索赔时，应注意下列问题：

一、确定违约的性质与程度

违约发生后，索赔人首先要按照买卖合同以及其他文件（如运输合同、保险合同）的规定与违约事实确定违约责任的承担人。只有确定了责任人，才能正确地向对方提出索赔。

所以索赔人必须具有索赔权，提出货物索赔的人原则上是货物的所有人，是提单上记载的收货人或者合法提单的持有人。但是，根据收货人提出的"权益转让书"，也可能由具有代位求偿权的货物保险人或其他有关当事人提出索赔。货运代理人接受货主的委托，也可以办理货运事故的索赔事宜。所以在本任务中，假设国际货运代理公司代理进口方办理相关索赔事宜。

其次，如果违约属于不可抗力的范围，应当按照合同或有关法律的规定，无偿免除违约方的合同义务，或允许其延期履行合同。此外，索赔方还要正确认定违约的程度，以便制作合理的索赔方案。

二、备齐索赔的证件

对外索赔需要提供足够的索赔证件。首先，应填制索赔清单，并附随商检机构签发的检验证书、发票、装箱单以及提单副本。其次，对于不同的索赔对象，还要另附各自相关证件，向出口方索赔时，如是 FOB 或 CFR 合同，要附保险单一份；向船公司索赔时，要附船长及港务局理货员签字的理货报告及船长签字的短卸或残损证明；向保险公司索赔时，还要附保险公司与买方的联合检验报告等。在问题没有解决之前，索赔的商品应当保持原状，有的还要拍照存查，以便必要时作举证之用。

三、确定合理的索赔金额

除了向船公司和保险公司索赔时金额要按照特定的方法计算外，向出口方索赔的金额应与对方违约所造成的损失相等，即应根据商品的价值和损失程度计算，还可包括支出的有关费用，如商检费、装卸费利息及合理的预期利润等。

四、把握好索赔的期限

索赔必须在规定的时间内提出,即索赔的时效问题。例如买卖合同中,交易双方一般是通过检验条款和索赔条款明确规定索赔期限的,买方应在期限内提出索赔;如果没有具体时间,则是货物的品质保证期;如果上述情况都没有,则买方必须在发现货物不符情况后的一段合理时间内提出,否则就丧失了索赔权利。最长的索赔时效是买方收到货物之日起不超过2年。海运的诉讼时效,《汉堡规则》规定为2年。《中华人民共和国保险法》(下文简称《保险法》)规定向保险公司提出索赔的诉讼时效为2年,即从被保险货物在最后卸载港全部卸离海轮后起算,最多不超过2年。否则,索赔人提出的索赔在时效过后难以得到赔偿。

五、防止出口方借故推卸责任

凡是属于出口方直接承担责任的,应直接向出口方提出索赔,有时也可以给出口方一段合理的时间,让其继续履行合同的义务,或者采用减价、交付替代物、修理货物以及拒绝接受货物等方法。但是不管怎样,在出口方同意赔偿之前,应妥善保管货物,以防止出口方制造借口向其他方面推卸责任。

目前,我国的进口索赔工作,若属于船方和保险公司的责任,一律由外运公司代办;若属于出口方的责任,则由进口方直接办理。为了做好索赔工作,要求外贸公司、外运公司、保险公司、商检机构以及订货单位等有关各方密切配合,做到检验结果正确,证据属实,理由充分,赔偿责任明确、合理,并及时向有关责任方提出索赔,以保证进口货物遭受的损失能够按期得到应有的补偿。

技　能　保险索赔的一般程序

进出口货物在保险责任有效期内发生属于保险责任范围内的损失,被保险人(投保人或保险单受让人)可按照保险单的有关规定向保险公司提出索赔。如果是卖方办理的投保手续,则卖方在交货以后会将保险单背书转让给进口方,当进口方收到货物,发现货物有损失时,进口方可以要求保险公司予以赔偿。进口方在向保险公司索赔时,应做好下列工作:

一、损失通知

当进口方发现货物已经遭受保险责任范围内的损失时,应立即通知保险公司,要求保险公司派相关人员到场,并采取相关的措施,会同有关方面进行检验,勘察损失程度,调查损失原因,确定损失的性质和责任等。

二、向有关责任方提出索赔

发现货物残损、短少等以后，除了向保险公司报损外，还应向理货部门索要残损或短少的证明，如果货物是第三方造成的损失，保险公司赔偿后，可以向第三方行使代位求偿权。

三、采取合理的施救和救助等措施

被保险的货物受到损失后，被保险人应采取理应可以采取的措施，防止损失的进一步扩大，如果没有采取相关措施，导致损失扩大，则扩大的部分被保险人不能要求保险公司赔偿。当然，被保险人合理必要的支出费用应由保险公司进行赔偿。

四、准备好相关的单证

例如准备好索赔申请书、提单、保险单、装货单、货物残损检验证书、货物残损单、索赔清单等。当然一定要在规定的时间内提出索赔。我国的《保险法》规定向保险公司提出索赔的诉讼时效为 2 年，即从被保险货物在最后卸载港全部卸离海轮后起算，最多不超过 2 年。否则，索赔人提出的索赔在时效过后难以得到赔偿。

小　结

索赔是指合同一方当事人由于违约使另一方当事人遭受损失，受损方向违约方要求损害赔偿的行为。而违约方对受损方提出的索赔进行处理称为理赔。由此可见，索赔和理赔是一个问题的两个方面。对受损方而言是索赔，对违约方而言是理赔。而进口索赔是指进口方向违约方要求的损害赔偿。

提出索赔的原则是实事求是、有根有据、合情合理和注重实效；索赔应具备的条件是索赔人应具备索赔权、责任方有实际赔偿责任、金额确定和在规定的时间内提出索赔；进口索赔对象有卖方、承运人和保险公司；进口索赔时应注意一些问题以及进口保险索赔的一般程序等。

思考题

1. 简述保险索赔的一般程序。
2. 简述索赔应准备哪些单证。
3. 简述保险索赔的有效期。
4. 简述索赔对象的确定。
5. 简述索赔时应注意哪些问题。

综合练习

一、单选题

1. 近洋航线船舶在抵港（　　　　）小时前进行船期预报和（　　　　）小时前进行船期确报。
   A. 72　　24　　　　　B. 72　　36　　　　C. 24　　72　　　　　　D. 48　　24

2. 堆场交付的进口集装箱货物，收货人应于整箱卸入堆场后（　　　）天内提运。
   A. 10　　　　　　　B. 4　　　　　　　C. 15　　　　　　　D. 7

3. 自集装箱进境之日起（　　　）个月以上不提货的，海上承运人或港口可报请海关按国家有关规定处理货物，并从处理货物所得的款项中支付有关费用。
   A. 3　　　　　　　B. 4　　　　　　　C. 6　　　　　　　D. 1

4. 海运的诉讼时效，《汉堡规则》规定为（　　）年。
   A. 2　　　　　　　B. 1　　　　　　　C. 3　　　　　　　D. 4

5. 向保险公司提出索赔的诉讼时效，我国的《保险法》规定为（　　　）年，即从被保险货物在最后卸载港全部卸离海轮后起算。
   A. 2　　　　　　　B. 1　　　　　　　C. 3　　　　　　　D. 4

6. 下列关于提货单的说法正确的是（　　　　）。
   A. 是物权凭证
   B. 能够背书转让
   C. 可以是不记名的
   D. 必须是记名的

7. 下列关于提货单和海运提单说法正确的是（　　　　）。
   A. 提货单不能背书转让，而所有的海运提单都可以背书转让
   B. 提货单和海运提单都能背书转让
   C. 提货单必须是记名的，而海运提单不一定记名
   D. 提货单和海运提单都可以记名，也可以不记名

二、多选题

1. 国际进口货运代理委托书应包括下列哪些内容？（　　　　）
   A. 委托人和代理人的全称，注册地址
   B. 代办事项的范围
   C. 服务费收取标准及支付时间、方式
   D. 委托方应该提供的单证及提供的时间

2. 关于对海运提单的审核，说法正确的是（　　　　）。
   A. 提单的日期不得迟于信用证所规定的最迟装运日期
   B. 以 CFR 或 CIF 方式成交，提单上应注明运费已付
   C. 提单必须按信用证规定的份数全套提交，如信用证未规定份数，则一份也可算全套
   D. 海运提单是否连续背书

3. 经银行配合审单发现单证不符或者单单不符，应分不同情况进行处理，方法有（　　　　）。
   A. 拒绝支付货款
   B. 相符部分付款，不相符部分不付款
   C. 货到经检验合格后再付款
   D. 凭出口方出具的担保付款

4. 船公司在集装箱进口货运中的业务有（　　　　）。
   A. 做好卸船准备工作
   B. 制作并寄送有关单据
   C. 卸船与交货
   D. 提货单的签发

5. 集装箱码头堆场在进口货运中的业务范围有（　　　　）。
   A. 集装箱的卸船准备工作
   B. 卸船与堆放
   C. 交付货物
   D. 提货单的签发

6. 在船舶抵港前几天，码头堆场应从船公司或其代理人处取得以下哪些单证？（　　　）

A. 货物舱单　　　　　　　　　　　B. 积载图

C. 装船货物残损报告　　　　　　　D. 集装箱装箱单

7. 集装箱货运站在进口货运中的业务范围有（　　　）。

A. 做好交货准备　　　　　　　　　B. 发出交货通知

C. 拆箱交货　　　　　　　　　　　D. 制作交货报告和未交货报告

8. 国际货运代理公司在进口货运中的业务范围有（　　　）。

A. 取得有关装船单据　　　　　　　B. 换取提货单

C. 报验、报关　　　　　　　　　　D. 提取货物

9. 提货单换取的方式有（　　　）。

A. 正本提单和到货通知书　　　　　B. 副本提单和到货通知书

C. 副本提单和保函、到货通知书　　D. 副本提单就可以直接换取提货单

10. 提取货物的方式有下列哪几种？（　　　）

A. 整箱提货　　　　　　　　　　　B. 拼箱货在码头堆场或货运站提货

C. 拆箱提货　　　　　　　　　　　D. 整箱货在码头堆场或货运站提货

11. 提出索赔的原则有（　　　）。

A. 实事求是的原则　　　　　　　　B. 有根有据的原则

C. 合情合理的原则　　　　　　　　D. 注重实效的原则

12. 下列哪些情况可以向卖方索赔？（　　　）

A. 原装货物数量不足　　　　　　　B. 包装不牢固导致货物受损

C. 货物的品质与合同规定不符　　　D. 未在合同规定的装运期内交货

13. 下列哪些情况可以向承运人索赔？（　　　）

A. 包装不牢固导致货物受损

B. 承运人签发了已装船的清洁提单，承运人在目的地交付的货物数量少于提单、运单等运输单证中所记载的货物数量

C. 承运人在运输单证上未对所运输的货物作出保留批注，收货人提货时发现货物残损、缺少，且是承运人的过失

D. 货物的灭失或损害是由于承运人免责范围以外的责任所致

14. 进口索赔时应注意的问题有（　　　）。

A. 确定违约的性质与程度　　　　　B. 备齐索赔的证件

C. 把握好索赔的期限　　　　　　　D. 防止出口方借故推卸责任

15. 保险索赔的一般程序包括（　　　）。

A. 损失通知　　　　　　　　　　　B. 向有关责任方提出索赔

C. 采取合理的施救和救助等措施　　D. 准备好相关的单证

16. 国际货运代理公司凭已办妥报检和报关手续的（　　　）等在规定的时间内到指定的堆场或货运站提箱或提取货物。

A. 提货单　　　　　　　　　　　　B. 作业申请单

C. 提箱凭证　　　　　　　　　　　D. 设备交接单

三、案例分析题

（一）某公司以 CIF 条件出口一批货物，有 1 000 箱，即期信用证付款，货物装运后，凭已装船清洁提单和已投保一切险和战争险的保险单，向银行收妥付款。货到目的港后经进口人复验，发现下列情况：

1. 该批货物共有 10 个批号，抽查 20 箱，发现其中 2 个批号涉及 200 箱内含沙门氏细菌，超过进口

213

国标准。

2. 收货人只实收 998 箱，短少 2 箱。

3. 有 5 箱货物外表状况良好，但箱内货物共短少 60 千克。

4. 有 10 箱货物因运输途中遭遇暴风雨，已经发霉变质。

试分析以上情况，进口人应分别向谁索赔，并说明理由。

（二）我国 A 公司与某国 B 公司签订购买化肥的 CFR 合同。A 公司为这批货物投了水渍险。船舶在航行途中突然起火，造成部分化肥烧毁。在船长命令救火的过程中又造成部分化肥湿毁。由于船舶在装运港的延误，使该船到达目的地时正好遇上化肥价格下跌，A 公司在出售余下的化肥时，价格不得不大幅度下降，给 A 公司造成了很大的损失。请问：

1. 途中烧毁的化肥属于什么损失，责任应由谁承担？

2. 途中湿毁的化肥属于什么损失，责任应由谁承担？

（三）2000 年 10 月 16 日，Y 保险公司承保自德国汉堡运往中国上海的货物。投保人为 B 公司，收货人是 W 进口公司，保险条款为一切险加战争险。该批货物于 2000 年 10 月 6 日装船，Z 货运公司签发了以 A 货运公司为承运人的已装船清洁提单，承运船舶为"H 轮"。该批货物于 2000 年 11 月 6 日到达上海港，2000 年 11 月 16 日收货人 W 公司从码头提货，开箱后发现货物有水湿现象，2000 年 11 月 17 日中国外轮理货公司出具了发现货物水湿的报告，Y 保险公司在目的港的检验代理人 A 公司对受损货物进行检验并出具了检验报告，认定货损原因系承运船舶在运输过程中所导致。请问：

1. W 进口公司可以要求谁承担赔偿责任？为什么？

2. 如果保险公司赔偿了 W 进口公司，它能否向"H 轮"行使权利？行使的是什么权利？

3. 如果货物全部都损失，不能再使用了，W 进口公司能否把货物的全部权利和义务转移给保险公司，要求保险公司赔偿他的全部损失呢？这种权利和义务的全部转移在《保险法》中叫做什么？W 进口公司一旦转移，而对方又接受了，能否撤销？

综合技能训练

各小组组建好货运代理企业之后，业务员们准备开始开展任务，请先回顾"项目二"中的项目引入内容，即国际海运进口货运代理业务处理程序。

（一）操作目标

1. 熟悉进口合同的履行程序。

2. 在国际海运进口的业务中，熟练掌握国际货运代理的业务范围和业务程序操作。

3. 熟练掌握每个业务程序的主要知识内容和主要单据的填制。

4. 培养学生上网搜索信息的能力。

5. 培养学生协调沟通、团队合作和解决问题等能力。

（二）应完成的具体工作任务

1. 进口委托书的填制

佛山旭日化工有限公司（FOSHAN SUNRISE LTD.）从德国 MEC CO.，LTD. 进口化工设备砂磨机 847989909，2013 年 7 月 30 日收到 Deutsche Bank Group 开来的编号为 DBG23897465 的信用证。8 月 13 日收到中国银行佛山支行发来的编号为 PL0987646 的提单。

业务员黄云联系广州续航国际货运代理有限公司的业务员常山，委托其公司代理进口货运事项。请根据已知条件和业务需要补充相关资料，制作一份国际货运代理委托书。

2. 审单付款和赎单

签委托书时，佛山旭日化工有限公司把商业发票、装箱单、提单等随附单据交给广州续航国际货运代理有限公司，请根据所学知识审核上述单据。

3. 接货的准备工作

接到广州中远集装箱船务代理有限公司的提货通知后，广州续航国际货运代理有限公司开始着手接货的准备工作，请根据业务相关资料和所学知识填制进口货物的提货单。

4. 提取货物

（1）请查阅相关知识，根据之前业务资料填制进口报检单与报关单。

（2）根据所学知识，简述提取该批货物的方式及程序。

5. 进口索赔

成功提取货物之后，广州续航国际货运代理有限公司开箱后发现货物有水湿现象，2013 年 8 月 30 日中国外轮理货公司出具了发现货物水湿的报告，保险公司在南沙港的检验代理人 A 公司对受损货物进行了检验并出具了检验报告，认定货损原因系承运船舶在运输过程中所导致。请问：

（1）进口公司佛山旭日化工有限公司可以要求谁承担赔偿责任？为什么？

（2）如果保险公司赔偿了佛山旭日化工有限公司，它能否向船公司行使权利？行使的是什么权利？

注意：需要填制和审核的相关单据请参照教材内容，同学们主要掌握每个具体任务的基础知识和基本技能，单据在此不一一列出。

（三）操作准备

1. 以小组为单位进行工作，具体是将班级学生分成 5 组，A 组代表出口方、进口方；B 组代表货运代理公司；C 组代表船公司；D 组代表集装箱码头；E 组代表海关、检验检疫机构、保险公司、银行、集卡公司等其他部门。

2. 各组成员认真阅读和分析所给的材料，同时上网查阅相关的资料，了解自己在本票货物进口手续中要承担的角色和工作。

（四）操作过程

第一步：熟悉进口合同的履行程序。

第二步：熟悉在国际海运进口的业务中，国际货运代理的业务范围和业务处理程序。

第三步：掌握每个程序的主要工作内容。

第四步：具体业务程序完成后，小组以 PPT 的形式向大家进行成果展示。

第五步：小组再通过角色扮演，将整个操作程序向大家模拟展示一遍。

第六步：接受其他学生和老师的提问并进行回答。

（五）操作结果

通过每组学生对自己小组成果的展示并接受学生和老师的提问，学生应该掌握了国际海运进口货运代理业务的操作程序和每个程序的主要工作内容。教师再根据每组学生的汇报情况进行点评和归纳总结，指出学生优缺点，使学生从中得到启示，以便下次做得更好。

项目三　　国际航空出口货运代理业务操作

本项目主要介绍国际货运代理人在国际航空出口过程中应掌握的相关理论知识和实践技能，整个项目以 CIP 成交条件的整箱货物的出口为例，介绍航空出口国际货运代理的业务操作程序。

任务描述：

广州甲有限责任公司（以下简称"广州甲公司"）以 CIP 条件出口一批化学分析仪器给美国纽约乙有限责任公司（以下简称"美国乙公司"），共 5 台，合同号为 123458，按照合同规定，货物于 2013 年 5 月 12 日前在广州白云国际机场装运。为了业务上的方便，广州甲公司考虑委托广州续航国际货运代理有限公司（以下简称"续航国际货运代理"）代理其办理出口货物的订舱、报关报检等发运手续，续航国际货运代理接受委托以后，向广州白云国际机场货运部门办理订舱手续，并定于 2013 年 5 月 10 日由广州白云国际机场至美国纽约的 CA1234 航班承运该批货物，并将货物运到指定地点。合同规定结算 T/T。

业务资料如下：

商品名称：化学分析仪器

数量：5 台

包装：木箱

单价：USD. 5,000.00

总额：USD. 25,000.00

净重：30 千克/箱

毛重：34 千克/箱

尺寸：$60 \times 45 \times 80$cm

始发机场：广州白云国际机场

目的机场：美国纽约肯尼迪国际机场

【项目导入】

国际航空出口货运代理业务的总流程大致可以分为 20 个环节：

市场销售→委托运输→审核单证→预配舱→预订舱→接受单证→填制货运单→接受货物→标记和标签→配舱→订舱→出口报关→出仓单→提板箱→装板箱→签单→交接发运→航班跟踪→信息服务→费用结算

对一些流程合并简化后，可表示为下图：

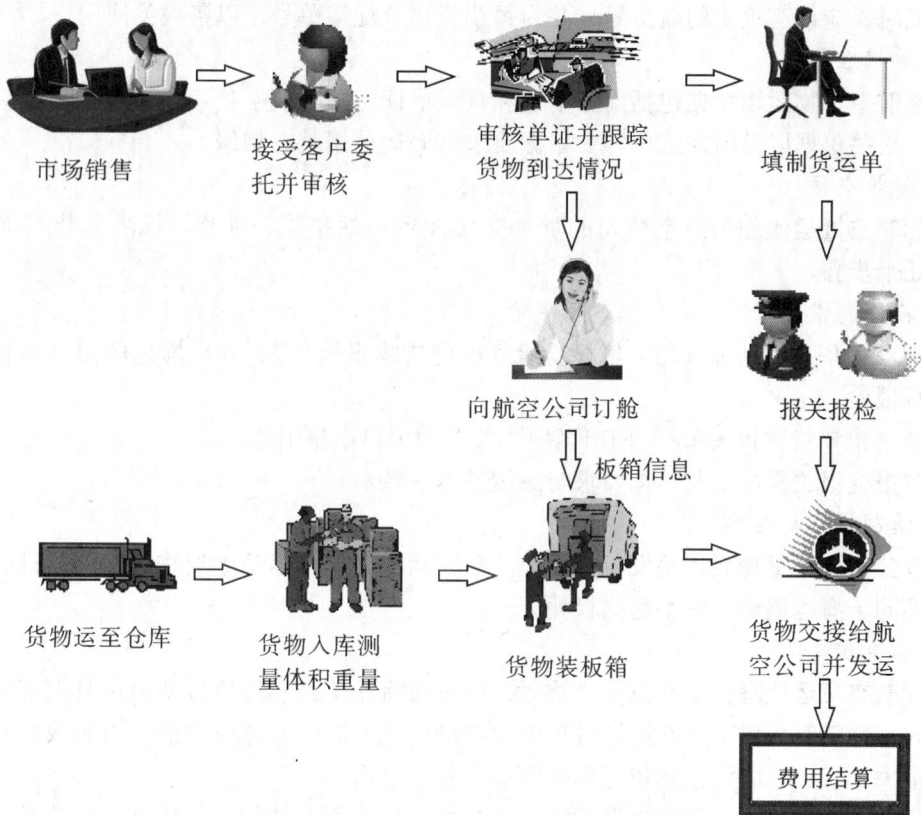

图 3 - 1　国际航空出口货运代理业务流程图

1. 委托运输

航空货运代理公司与发货人就有关出口货物运输事宜协商一致后，可以由发货人或航空货运代理公司制作国际货运委托书，委托书须由发货人加盖公章，作为双方委托和接受委托的依据。对于长期出口或出口量大的单位，航空货运代理公司一般都会与之签订长期的代理协议。

2. 订舱

国际航空货运代理接受发货人的委托后，应按照委托书内容及发货人要求，选择最佳的航线和最佳的承运人，同时为发货人争取最低、最合理的运价。

订舱是国际航空货运代理向航空公司申请运输并预订舱位的行为，包括配舱和订舱，通常是同时进行的。

配舱，国际航空货运代理汇总所接受的同一航线各发货人委托的货物情况，根据与航空公司确定的舱位容量，按照已受理委托货物的重量和/或体积、数量及货物类别，参照航空公司航班的机型、箱板型号、高度规定，合理安排装箱或装板装载，以提高箱或板的使用效率，最大限度地利用空间和舱位。

217

按照配舱情况，确定订舱数量，即可向航空公司正式提出运输申请，订妥舱位。航空公司接受订舱后，签发舱位确认书（舱单），同时给予装货箱板领取凭证，表示舱位订妥。订舱完成时，应该有确定的航班号，并为每票货物分配运单号，以备报关使用。

3. 单据准备

国际航空货物运输单据包括商务单证和货运单证。国际航空货运代理接收单据后，准备报检、报关单据以及航空运单等。单据要求与海运单据基本相似。

4. 货物交接

国际航空货运代理与航空公司的货物交接大致包括接货、理货、标签、装箱（板）、安检等几个步骤。

5. 报检、报关

填制《中华人民共和国出入境检验检疫出境货物报检单》，到出境地的出入境检验检疫局进行报检。

填制《出口货物报关单》，向出境地海关办理出口申报手续。

出口报检报关程序以及单据要求与海运基本一致。

6. 填制航空货运单

航空公司接受货物后，签发航空运单。航空运单是航空运输中货物交接的凭证，但航空运单不同于海运提单，它不是物权凭证。

7. 信息传递

国际航空货运代理公司在发运货物后，应及时将航班号、运单号和出运日期等信息告知发货人，并随时提供货物在运输过程中的准确信息，同时，还应将盖有海关放行章的出口货物报关单、出口收汇核销单等单据寄送发货人。

对于集中托运货物，还应将发运信息预报给收货人所在地的国外代理，以便其及时接货、及时查询、及时分拨处理。

在下面的内容中，将会对委托和订舱、单据准备和货物交接、国际航空运单的填制等流程进行深入学习。报检报关环节虽然是国际航空出口货物运输中的重要环节，但其程序和单据要求与海运基本一致，这里就不再赘述。除此之外，还将对航空运费的核算作重点介绍。

任务一　委托和订舱

【主要学习内容】

知识目标：

1. 国际航空货物运输组织。

2. 国际航空运输的特点和种类。

3. 民用航空运输飞机及集装器简介。

4. 国际航空运输地理和时差计算。

技能目标：

1. 国际航空货运揽货。
2. 国际航空货运委托。
3. 国际航空货运订舱。

任务描述：

　　广州续航国际货运代理公司和广州甲公司达成合作意向之前，需要向广州甲公司展开揽货工作，为此应做哪些准备工作？在双方接洽过程中，应向广州甲公司介绍哪些情况？

　　根据具体的业务资料，广州甲公司需要填写国际航空货物托运书，双方签订航空货运代理协议，明确其代理范围。

知识一　国际航空货物运输组织

　　在我国，国际航空货物运输是仅次于国际海洋运输的另一种运输方式。从事国际货物运输行业的从业人员必须要了解世界性国际航空货物运输组织。本单元主要介绍与国际航空货物运输有关的国际航空运输组织。

一、国际民用航空组织（ICAO）

　　国际民用航空组织是由各国政府组成的国际航空运输机构，是联合国的一个专门机构，其最高权力机构是成员国大会，总部设在加拿大的蒙特利尔，现有 190 个成员国。

　　其职责包括：发展航空导航的规则和技术；预测和规划国际航空运输的发展以保证航空安全和有序发展。

　　国际民用航空组织前身是 1919 年根据《巴黎公约》成立的空中航行国际委员会（ICAN）。由于第二次世界大战之后航空业的快速发展，产生了一系列的政治上和技术上的问题，需要一个国际间的组织来协调。因此，在美国政府的邀请下，52 个国家于 1944 年 11 月 1 日至 12 月 7 日参加了在芝加哥召开的国际会议，签订了《国际民用航空公约》（通称《芝加哥公约》）。1947 年 4 月 4 日，《芝加哥公约》正式生效，国际民航组织也因之正式成立。同年 5 月 13 日，国际民用航空组织正式成为联合国的一个专门机构。1947 年 12 月 31 日，空中航行国际委员会终止，并将其资产转移给国际民用航空组织。

　　国际民用航空组织的宗旨和目的主要有以下几点：

（1）保证全世界国际民用航空安全地、有秩序地发展。

（2）鼓励为和平用途的航空器的设计和操作艺术。

（3）鼓励国际民用航空应用的航路、机场和航行设施。

（4）满足世界人民对安全、正常、有效和经济的航空运输的需

要；防止因不合理的竞争而造成经济上的浪费。

（5）保证缔约国的权利充分受到尊重，每一缔约国均有经营国际空运的公平机会。

（6）避免缔约国之间的差别待遇。

（7）促进国际航空器的飞行安全。

（8）促进各国和平交换空中通过权。

中国是《国际民用航空公约》的创始缔约国之一，1946 年成为正式成员。1971 年 11 月，国际民用航空组织通过决议，承认中华人民共和国为中国唯一合法代表。1974 年 2 月，我国政府正式恢复参加该组织并于当年当选为二类理事国后一直连任。在 2004 年第 35 届大会上，我国当选为一类理事国并连任至今。

二、国际航空运输协会（IATA）

国际航空运输协会是一个由各国航空公司组成的非政府的联合组织，其会员必须是持有国际民用航空组织的成员国颁发的定期航班运输许可证的航空公司。它的前身是六家航空公司参加的国际航空交通协会，负责处理航空公司之间的业务以及航空公司与其他方面的关系问题。协会于 1944 年成立，并在 1945 年 12 月被予以法人地位。协会总部设在蒙特利尔，全球 7 个地区设有办事处。该协会的目的是调解有关商业飞行上的一些法律问题，简化和加速国际航线的客货运输，促进国际航空运输的安全和世界范围内航空运输事业的发展。该协会的会员分为正式会员和准会员两类，申请加入国际航空运输协会的航空公司如果想成为正式会员，必须符合以下条件：①批准其申请的政府是有资格成为国际民用航空组织成员的国家政府；②在两个或两个以上国家间从事航空服务，其他航空公司可以申请成为准会员。目前，全球共有 300 多家航空公司加入该协议，中国大陆共有 13 家航空公司成为国际航空运输协会下的航空公司。

国际航空运输协会的基本职能包括：国际航空运输规则的统一；业务代理；空运企业间的财务结算；技术上的合作；参与机场活动；协调国际航空客货运价；航空法律工作；帮助发展中国家航空公司培训高级人员和专门人员。

协会的宗旨是：为了世界人民的利益，促进安全、正常和经济的航空运输，扶植航空交通，并研究与此有关的问题；对于直接或间接从事国际航空运输工作的各空运企业提供合作的途径；与国际民用航空组织及其他国际组织协力合作。凡是国际民用航空组织成员国的任何空运企业，经其政府许可都可以成为会员。从事国际飞行的空运企业为正式会员，只经营国内航班业务的为准会员。

国际航空运输协会的活动分为三种：①同业活动——代表会员进行会外活动，向具有权威的国际组织和国家当局申述意见，以维护会员的利益；②协调活动——监督世界性的销售代表系统，建立经营标准和程序，协调国际航空运价；③行业服务活动——承办出版物、财务金融、市场调研、会议、培训等服务项目。通过上述活动，统一国际航空运输的规则和承运条件，办理业务代理及空运企业间的财务结算，协调运价和班期时刻，促进技术合作，参与机场活动，进行人员培训等。

国际航空运输协会制定的多边联运协议（MITA），其主要职能是为成员航空公司进行旅客、行李、货物的接收、中转、更改航程及其他相关程序提供统一的标准，成员航空公司间可互相销售而不必再签双边联运协议。这一协议使成员公司相互接受运输凭证，使用标准的国际航空运输协会客票和货单，将世界各航空公司各自独立的航线，结合成为有机的全球性航空运输网络，促进了国际航空运输的发展。

三、国际航空电信协会（SITA）

国际航空电信协会是联合国民用航空组织认可的一个非营利性的组织，是航空运输业国际领先的电信、信息技术解决方案的集成供应商，专门承担国际航空公司通信和信息服务的合资性组织，于 1949 年由 11 家欧洲航空公司的代表在比利时的布鲁塞尔创立。SITA适应航空运输的快速发展，其发展策略由原来的网络提供者转变为一个整体方案的提供者，未来将为航空业提供因特网和公司内网之间的综合服务。目标是带动全球航空业信息技术的发展，提高全球航空公司的竞争能力。

中国民航于 1980 年 5 月加入 SITA，此后 SITA 在我国成立办事处，中国现有会员已达11 家，且 SITA 货运系统已在中国国际航空股份有限公司和中国货运航空公司使用，但该系统在货运收益方面的功能较弱，操作复杂，稳定性较差，无法共享，成本高。

四、中国航空运输协会（CATA）

中国航空运输协会，简称中国航协，是依据我国有关法律的规定，以民用航空公司为主体，由企业法人、事业法人和社会团体法人自愿参加结成的、行业性的、不以营利为目的，经我国民政部核准登记注册的全国性社团法人，成立于 2005 年 9 月 26 日。

中国航协的基本宗旨是：遵守宪法、法律法规和国家的方针政策。按照社会主义市场经济要求，努力为航空运输企业服务，为会员单位服务，为旅客和货主服务，维护行业和航空运输企业的合法权益，促进中国民航事业健康、快速、持续地发展。

知识二　国际航空运输的特点和种类

一、国际航空运输的特点

航空货运虽然起步较晚，但发展异常迅速，特别是受到现代化企业管理者的青睐，原因之一就在于它具有许多其他运输方式所不能比拟的优越性。概括起来，航空货物运输的主要特征有：

1. 运送速度快

从航空业诞生之日起，航空运输就以快速而著称。到目前为止，飞机仍然是最快捷的交通工具，常见的喷气式飞机的经济巡航速度大都在每小时 850 ~ 900 公里左右。快捷的交通工具大大缩短了货物在途时间，对于那些易腐烂、变质的鲜活商品，时效性、季节性强的报刊、节令性商品，抢险品、救急品的运输，这一特点显得尤为突出。可以这样说，运送速度快加上全球密集的航空运输网络才有可能使我们从前可望而不可即的鲜活商品开辟远距离市场，使消费者享有更多的利益。运送速度快，在途时间短，也使货物在途风险降低，因此，许多贵重物品、精密仪器也往往采用航空运输的形式。当今国际市场竞争激烈，航空运输所提供的快速服务也使得供货商可以对国外市场瞬息万变的行情即刻作出反应，迅速推出适销产品占领市场，获得较好的经济效益。

2. 不受地面条件影响，深入内陆地区

航空运输利用天空这一自然通道，不受地理条件的限制。对于地面条件恶劣、交通不便的内陆地区非常合适，有利于当地资源的出口，促进当地经济的发展。

3. 安全、准确

与其他运输方式相比，航空运输的安全性较高，从 2004 年 11 月 22 日到 2010 年 8 月 23 日，我国航空运输连续安全飞行 2 102 天，2 150 万小时，创造了我国民航有史以来最长的安全周期记录。2011 年全球航空业的事故从 2010 年的每百万航班 0. 61 起降至每百万航班 0.37 起，达到创纪录的最低点。航空公司的运输管理制度也比较完善，货物的破损率较低，如果采用空运集装箱的方式运送货物，则更为安全。

4. 节约包装、保险、利息等费用

由于采用航空运输方式，货物在途时间短，周转速度快，企业存货可以相应的减少。一方面有利于资金的回收，减少利息支出，另一方面企业仓储费用也可以降低。又由于航空货物运输安全、准确，货损、货差少，保险费用较低。与其他运输方式相比，航空运输的包装简单，包装成本少。这些都导致企业隐性成本的下降，收益的增加。

当然，航空运输也有自己的局限性，主要表现在航空货运的运输费用较其他运输方式更高，不适合低价值货物；航空运载工具——飞机的舱容有限，对大件货物或大批量货物的运输有一定的限制；飞机飞行安全容易受恶劣气候影响等。

二、航空运输的种类

国际航空运输的种类主要有班机运输和包机运输，但是随着国际航空运输业的发展，又出现了集中托运和航空快递两种新型的国际航空运输方式。

（一）班机运输

班机运输是指在固定的航线上定期开航的、有固定始发站和到达站的货机运输方式。在货物数量较大较集中且比较稳定的航线上可以使用全货机，否则可以使用客货混合班机。

由于班机运输有固定的航线，固定的始发站、经停站及目的港站，固定的航期，并在一定时间内有相对固定的收费标准，对进出口商来讲，可以在贸易合同签署之前预期货物的启运和到达时间，核算运费成本，合同的履行也较有保障，因此，成为多数贸易商的首选航空货运形式。特别是近年来货运业竞争加剧，航空公司为体现航空货运的快速、准确的特点，不断加强航班的准班率（航班按时到达的比率），强调快捷的地面服务，在吸引传统的鲜活货物、易腐货物、贵重货物、急需货物的基础上，又提出为企业特别是跨国企业提供后勤服务的观点，正努力成为跨国公司分拨产品、半成品的得力助手。

班机运输通常采用客货混合机型，航班以客运服务为主，货物舱位有限，不能满足大批量货物及时出运的要求，往往只能分批运输。另外，不同季节同一航线客运量的变化也会直接影响货物装载的数量，使得班机运输在货物运输方面存在很大的局限性。

（二）包机运输

包机运输是指航空公司按照约定的条件和费率，将整架飞机租给一个或若干包机人，从一个或几个航空站装运货物运至指定目的站的空运方式。包机分为整机包机和部分包机两种形式。部分包机业务中，航空公司通常采取固定包舱和非固定包舱的形式。包机运输适合于大宗货物运输，费率低于班机运输。

包机运输可以解决班机运输舱位不足的矛盾；包机运输不用中转，这样既可以节省时间，也可以减少货损、货差或货物灭失；在空运旺季，包机运输能缓解航班紧张状况；包机运输尤其对鲜活易腐货物（如海鲜、活动物、鲜花等）的运输带来更多方便。

（三）集中托运

集中托运是指托运人（实际业务中通常是货运代理）将若干单独发运的货物组成整批货物后再向航空公司托运，采用一份航空总运单集中发运到同一目的站，由集中托运人在目的地指定的代理收货，再根据集中托运人签发的航空分运单分拨给每一个实际收货人的运输方式。

集中托运能够节省运费、提高服务质量、提早结汇，从而加速资金周转。但集中托运的出运时间不好确定，对一些鲜活易腐货物以及急需货物不宜采用这种运输方式；对一些特殊货物也不宜采用集中托运方式，如贵重物品、活体动物、尸体、骨灰、危险品、外交信函及可享受优惠运价的货物。

（四）国际航空快递

国际航空快递是指具有独立法人资格的企业（通常是航空快递企业）利用航空运输，将进出境的货物或物品从发件人（Consignor）所在地通过自身或其代理网络按照向发件人承诺的时间内运达收件人的一种快速运输方式。这种运输方式尤其适合当今国际商务中的一些轻、小且时效性较强的物品，如商务文件、资料、银行单证、合同，这类物品通常也被称为"快件文件"。快递业务中，除快件外，还有"快件包裹"，这类包裹通常是一些贸易成交的小型样品或急需用的返修零配件等。

与其他运输方式相比，航空货物运输虽是目前最为快捷的运输方式，但一般的航空运输多是利用客机的腹舱载货，载货量有限，且由于飞机续航能力有限，洲际航空货运都需要经过多次中转运输，因此，对一些限时送达的货样或客户急需的配件货物还是显得力不从心，多有延误，有时在中转过程中还会弄丢货物或对货样造成损坏。航空快递业便顺应了时代发展的需求，其运送速度快，在运送途中的时间短，降低了货物的在途风险，所以许多贵重物品、精密仪器等通常也采用航空快递形式进行运输。

知识三　民用航空运输飞机及集装器简介

一、民用航空运输飞机

（一）按机身的宽窄，飞机可以分为窄体飞机和宽体飞机

1. 窄体飞机（Narrow-body Aircraft）

窄体飞机的机身宽约 3 米，旅客座位之间有一条走廊，这类飞机往往只在其下货舱装运散货。

常见的窄体飞机：

—Airbus Industries　　　A318，A319，A320，A321

—Boeing　　　　　　　B707，B717，B727，B737，B757

—McDonnell Douglas　 DC-8，DC-9，MD-80series，MD90

B737　　　　A320　　　　A380

图 3-2　窄体飞机机舱示意图

2. 宽体飞机（Wide-body Aircraft）

宽体飞机的机身较宽，客舱内有两条走廊，三排座椅，机身宽一般在 4.72m 以上，这类飞机可以装运集装箱货物和散货。

常见的宽体飞机：

—Airbus Industries　　　A300-B，A310，A330，A340，A380，A350

—Boeing　　　　　　　B747，B767，B777

—Lockheed　　　　　　L1011 Tristar

—McDonnell Douglas　 DC-10，MD-11

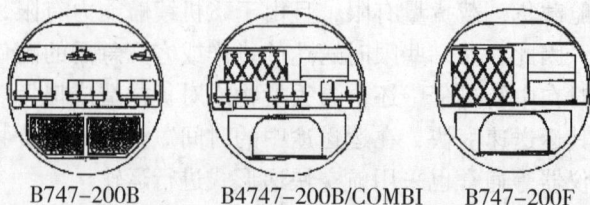

B747-200B　　　B4747-200B/COMBI　　　B747-200F

图 3-3　宽体飞机机舱示意图

3. 飞机舱位结构

一般飞机主要分为两种舱位：主舱（Main deck）、下舱（Lower deck），但波音747分为三种舱位：上舱（Upper deck）、主舱、下舱。

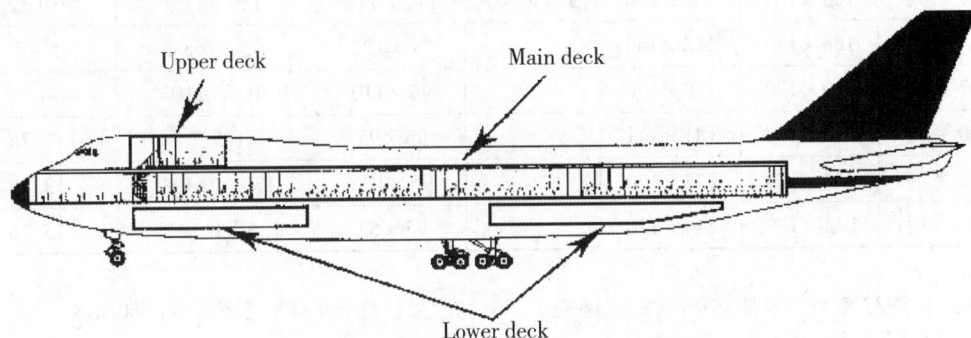

图3-4　波音747全货机舱位结构

（二）按飞机使用用途，民用飞机可划分为三种

1. 全货机

全货机的主舱及下舱全部用来载货。

2. 全客机

全客机只在下舱载货。

3. 客货混用机

客货混用机的主舱前部用于载客，主舱后部及下舱用于载货。

（三）飞机的装载限制

1. 重量限制

由于飞机结构的限制，飞机制造商规定了每一货舱可装载货物的最大重量限额。任何情况下，所装载的货物重量都不得超过此限额，否则，飞机的结构有可能遭到破坏，影响飞行安全。

飞机装载重量的限制主要有：对飞机的主货舱和下货舱的部分舱位的装载量限制、累积装载量限制、联合装载量限制及两侧装载量不对称的限制。

2. 容积限制

由于货舱内可利用的空间有限，因此，这也成为运输货物的限制条件之一。轻泡货物已占满货舱内的所有空间而没有到重量限额，相反，高密度货物（业内称为重货）的重量已达到限额而货舱内仍会剩余很多空间却无法利用。所以，通过采用混运装载，即将轻泡货物与重货混装，这样的装载方式比较经济。

3. 舱门限制

由于货物只能通过舱门装入货舱内，货物的尺寸必然会受到舱门的限制。具体机型的舱门尺寸限制详见下表（表3-1）。

表 3 – 1　不同机型货舱舱门尺寸、货舱总容积及货物载量表

| 机型 | 前舱门 | 后舱门 | 主舱门 | 散舱门 | 货舱总容积 | 货物载量 |
	cm	cm	cm	cm	cm	ton
B737 系列	86 × 122	89 × 122			30 ~ 40	2 ~ 3
B747 系列	168 × 264	168 × 264	304 × 340	112 × 119	120 ~ 175	60 ~ 120
B757 系列	108 × 140	112 × 140		81 × 122	50 ~ 68	5 ~ 7
B767 系列	340 × 170	178 × 170		96 × 110	100 ~ 110	15
A300 系列	270 × 178	181 × 171		95 × 95	115. 7	13. 76
A330 系列	244 × 170	244 × 170		95 × 106	136 ~ 161. 4	13. 76
A340 系列	244 × 170	244 × 170		95 × 63	136 ~ 161. 4	13. 76

注：① B737 系列机型属于窄体机，无散舱，不接托盘货，货物单件毛重不能超过 80KGS；
　　② B757 系列机型限制不接托盘货。

4. 地板承受力限制

飞机货舱内每一平方米的地板可承受一定的重量，如果超过它的承受能力，地板和飞机结构很有可能遭到破坏。如 B737 系列、A319 系列机型的地板承受力为 732kg/m²。

在实际操作中，可以按下面的公式计算：

地板承受力 = 货物的重量/地板接触面积

计算出地板承受货物实际的压强，如果超过飞机的地板承受力最大限额，应使用 2 ~ 5cm 厚的垫板，加大底面面积，可以按下面的公式计算：

垫板面积 = 货物的重量/地板承受力限额

二、航空货运集装器

在航空货物运输初期货物都是以散件形式运输，当大型宽体飞机投入运营后，为免除大批量货物装载和卸载的麻烦，开始使用集装箱、集装板及集装棚等集装设备进行集装运输。集装运输是将一定数量的单位货物装入集装器作为运输单元进行运输，集装运输的优势有：减少货物装运的时间，减少地面等待时间，提高工作效率；减少货损货差等差错事故，提高运输质量；节省货物的包装材料和费用；有利于组织联合运输和门到门服务。

按注册和非注册来分类，集装器可分为注册和非注册两种，按集装器种类可划分为集装箱、集装板和集装棚三种。

（一）集装箱

集装箱是一个独立的箱体，能直接与飞机上的装载和固定系统结合，无需任何附属

设备。

1. 空运集装箱的分类

空运集装箱一般分为陆空联运集装箱、主货舱集装箱、下货舱集装箱及一些特殊集装箱，如保温箱，马厩、牛栏等运载活体动物箱及运载汽车的运输设备等。陆空联运集装箱有 20 英尺和 40 英尺两种，高和宽均为 8 英尺，此种集装箱只能装在全货机或客机的主舱；主货舱集装箱的高度在 163cm 以上，只能装在全货机或客机主舱；下货舱集装箱的高度在 163cm 以下，只能装在宽体机的下舱。

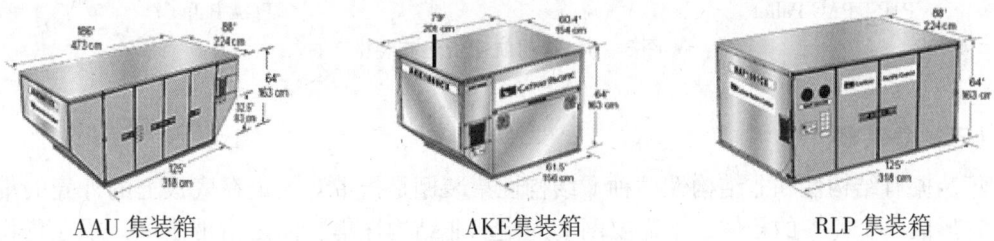

AAU 集装箱　　　　　　　AKE集装箱　　　　　　　RLP 集装箱

图 3 - 5　常用航空货运集装箱

2. 集装箱代号的组成

在集装箱的面板和四周会标有一定的代号，如 AKE24307CA、AKH02126AF 等代号，用以表示集装器的类型、尺寸、外形、与机型的适配、是否注册等。

（1）前三位为字母，其表示的含义分别为：

第一位字母代表集装器的类型。A：注册飞机集装箱；B：非注册飞机集装箱；R：保温的注册飞机集装箱；M：保温的非注册飞机集装箱；F：非注册的飞机集装板；P：注册的飞机集装板；N：注册的飞机集装板网套；G：非注册的集装板网套；U：非结构的集装棚；V：汽车运输设备；H：马厩；X、Y、Z 仅供航空公司内部使用。

第二位字母代表集装器底板尺寸（单位：cm）。

A：224×318　　　　B：224×274　　　　E：224×135　　　　G：224×606

K：153×156　　　　L：153×318　　　　M：244×318

第三位字母代表集装器的外形及与飞机的适配性，即集装器的外形是否适合某种机型货舱的锁定系统。

A：适用于 B747F 上舱集装箱；E：适用于 B747、A310、DC10、L1011 的下货舱无叉眼装置的半型集装箱；N：适用于 B747、A310、DC10、L1011 的下货舱有叉眼装置的半型集装箱；P：适用于 B747combi 上舱、B747、A310、DC10、L1011 下舱的集装板。

（2）中间 4 位或 5 位数字为序号。

（3）最后两位字母表明集装器的所有人或注册人，通常是由航空公司的两字代码来表示。

（二）集装板和网套

集装板是一个具有标准尺寸的、由平整底面和中间夹层的硬铝合金制成的夹板，四边带有卡锁轨或网带卡锁眼；网套的作用是把货物固定在集装板上，网套的固定是靠专门的卡锁装置来实现的。

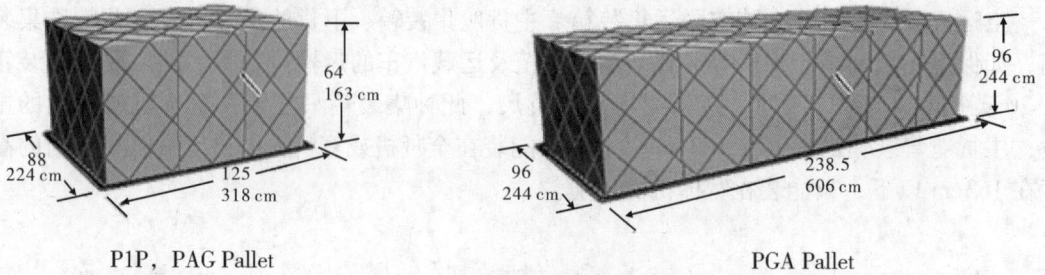

64
163 cm

96
244 cm

88
224 cm

125
318 cm

96
244 cm

238.5
606 cm

P1P，PAG Pallet

PGA Pallet

图 3 - 6　常用航空货运集装板

（三）集装棚

集装棚有结构性和非结构性两种。结构性集装棚是指带有固定在底板上的外壳的集装器，它形成一个完整的箱体，不需要网套固定。非结构性集装棚是指带棚罩，罩在货物与网套之间的集装器。

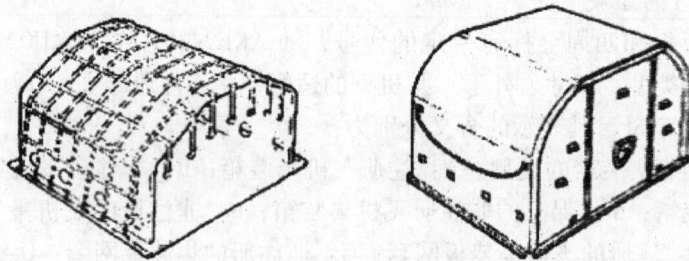

图 3 - 7　常用航空货运集装棚

知识四　国际航空运输地理和时差计算

一、国际航空运输地理

为便于世界各国航空公司的合作和业务联系，又考虑到世界不同地区的社会经济与贸易状况的差异，国际航空运输协会（以下简称国际航协）（IATA）在制定运价规章的过程中，将世界划分为三个航空运输业务区：ARETC1、ARETC2 和 ARETC3，简称为 TC1 区、TC2 区和 TC3 区（TC：Traffic Conference Area），如图 3 - 8 所示。

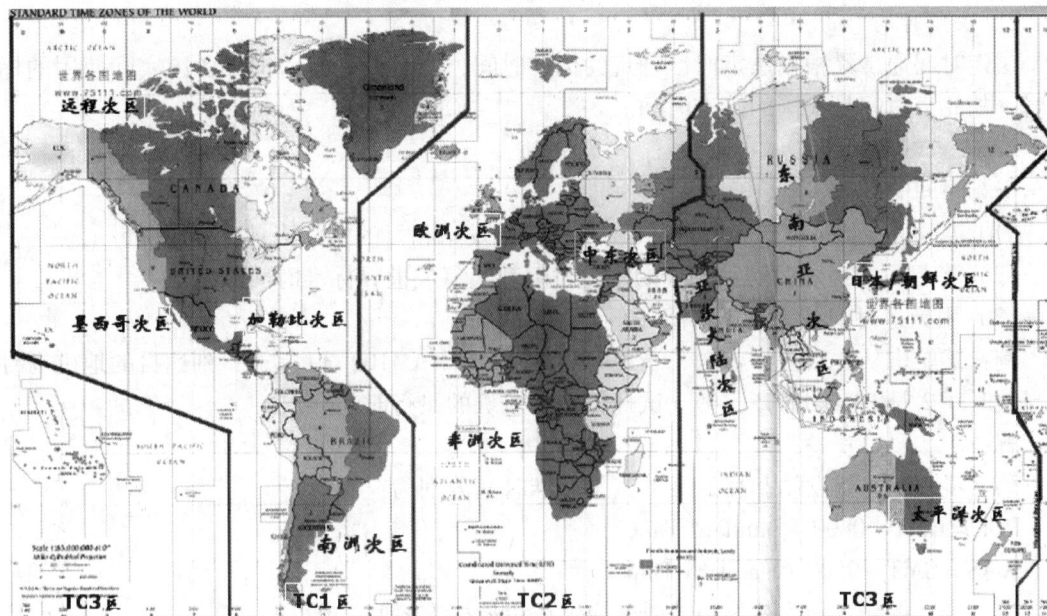

图 3 – 8　国际航协三大分区图

1. TC1 区的区域范围

TC1 区东临 TC2 区、西接 TC3 区，北起格陵兰岛，南至南极洲，主要包括北美洲、拉丁美洲及附近岛屿和海洋。TC1 区又分为四个次区：加勒比次区、墨西哥次区、远程次区及南美次区。

2. TC2 区的区域范围

该区东临 TC3 区、西接 TC1 区，北起北冰洋诸岛，南至南极洲，包括欧洲、非洲、中东及附近岛屿。分为三个次区：欧洲次区、非洲次区及中东次区。

3. TC3 区的区域范围

该区东临 TC1 区，西接 TC2，北起北冰洋，南至南极洲，包括亚洲（除中东包括的亚洲部分国家）、大洋洲及太平洋岛屿的广大地区。分为四个次区：亚次大陆次区、东南亚次区、太平洋次区和日本/朝鲜次区。

二、国际航空运输时差计算

由于地球自转造成了经度不同的地区时刻的不同，当飞机跨越经度时，会产生时刻上的不统一，所以，时差换算对于更好地安排国际航班尤为重要。

1. 世界标准时间

1884 年的国际经度会议上确定了以平太阳时为基础的标准时刻度，平太阳时即是日常用的手表时间。标准时刻规定，按经度线把地球表面划分为 24 个标准时区，本初子午线所在的时区为零时区，也称中时区，中时区的区时被称为世界标准时（Greenwich Mean Time，GMT）。

2. 法定时间

法定时间通常是根据法定时区确定的标准时间，该时间是目前世界各国实际使用的标准时，如北京时间是我国的标准时间。

3. 飞行时间的计算

飞行时间的计算步骤：

（1）从 International Time Calculator 中找出始发站和目的站的当地标准时间。

（2）将起飞的当地时间和到达的当地时间都换算成世界标准时间 GMT。

（3）用到达时间减去起飞时间即得到飞行时间。

例：某航班从北京去华盛顿，当地时间 2 月 10 日 AM10：30 起飞，到达目的地机场时为当地时间 2 月 10 日 PM15：45。试计算本次航班的飞行时间。

解：

第一步，找出始发站和目的站的当地标准时间分别为：

PEK = GMT + 0800（Standard Time）

WAS = GMT − 0500（Standard Time）

第二步，将起飞和到达的当地时间换算成世界标准时间 GMT。

北京的 GMT 为：10：30 − 0800 = 2：30

华盛顿的 GMT 为：15：45 + 0500 = 20：45

第三步，用到达时间减去起飞时间，即是飞行时间。

20：45 − 2：30 = 18：15

所以，本次航班的飞行时间为 18 小时 15 分钟。

技能一 国际航空货运揽货

国际航空货运代理的角色之一是航空公司的代理，其职责的一部分即是为航空公司货物运输的舱位进行销售工作，承揽航空运输货物。

一个优秀的航空货运代理公司都会对所经营区域的经济发展和行业企业组成有着深刻、细致的了解，货运代理公司会了解哪些行业、哪些企业的产品适合使用航空运输，并对市场的发展趋势、城市经济的未来发展规划等进行了解和分析，从而为自己的企业寻找业务发展机会。所以大多优秀的航空货运代理公司都会有相当数量的销售人员或销售网点从事市场销售工作。

而作为航空货运代理公司的一名有揽货任务的营销员，需要紧跟市场的不断变化发展，适应新型的公司和新出现的管理模式，如及时制生产、虚拟企业、快速响应客户需求等，这些新型管理模式要求企业对市场快速反应，因此，对物流的要求也相应的是快速运输。航空货运代理营销员不仅要对本公司的业务流程非常熟悉，而且还要能在变化的市场面前，迅速把握时机，准确洞悉客户的需求，提供合理优质的服务。

在向客户进行销售开拓业务时，需向出口单位介绍本公司的业务范围、服务项目、各项收费标准等，特别要向其介绍优惠运价以及本公司的服务优势等。

双方一旦达成合作意向，对于初次合作的客户，有的公司会签订航空货运代理协议书，尤其是长期出口或出口量大的客户，航空货运代理公司一般都会与之签订长期的代理协议。航空货运代理协议书范例如下：

【航空货运代理协议书范例】

航空货运代理协议书

合同号：（___GZ_____/）

甲方：广州续航国际货运代理有限公司
　　　地址：广州市沙太路 888 号阳光大厦 1501　　　邮编：510000
　　　电话：86 – 20 – 84472211　　　　　　　　传真：86 – 20 – 84472233

乙方：
　　　地址：
　　　电话：　　　　　　　　　　　　　　　传真：

　　甲方系专业国际货运代理公司，乙方系货主或货主的代理人，为有利于双方之间长久、稳定和便捷的业务关系，特制订本协议书，并共同遵守如下条款。

　　一、委托
　　1. 乙方委托甲方办理国际及地区航线的国际航空货物运输业务。乙方在出货前送交（或传真）国际航空货物托运书，应在托运书上加盖公章或业务人员签名。没有乙方盖章或签名的，甲方有权拒收。但没有乙方盖章或签名，仅有乙方打印或书写的托运书（或类似文书），在没有相反证据的前提下，根据服务客户的宗旨，可视为乙方委托成立，甲方可酌情接受。乙方如变更业务人员或传真号码的，应及时以正式的书面形式告知甲方。否则，以原业务人员或原传真号码出具的托运书视为乙方的行为。
　　二、职责
　　2. 乙方在提供货源的同时，提供有关进出口报关所需的全套正确单据，同时说明货物交货情况，对航班之要求。货物运达甲方指定仓库之前，必须将货物的品名、件数、体积、重量、目的港和货到仓库的时间以及成交运价标明在托运书上通知甲方，以便甲方及时安排订舱、收货。因乙方提供单证不全或错误所造成的后果由乙方承担。
　　3. 乙方按甲方要求将货物运达指定仓库，甲方收到货物后，负责验收、签收、复磅。货物的体积重量按仓库交接时所示，作为计费重量，甲方于货走前告知乙方，待乙方确认后方可发货。
　　4. 甲方收到乙方的货物及其报关单据后，负责承担乙方交送货物的空运业务，及时安排订舱、制单、报关、报验等出运事宜。按乙方提供的托运书，甲方根据乙方的要求正确地制作运单。货物出运后及时将正本提单和运费发票寄送乙方，并随时追踪航班信息，做好售后服务。因乙方提供的信息错误造成的任何损失均由乙方承担。
　　5. 在办理国际货运业务中，双方必须遵守我国及过境国（地区）、到达国（地区）政府的法律等有关规定。

（续上表）

6. 退税单和外汇核销单等在甲方收到全部运费后移交给乙方或乙方指定的第三方。

7. 如乙方未指定出口货物目的地货运代理人，则由甲方酌情代乙方指定。

8. 在甲方订妥舱位后，乙方突然在飞机起飞前取消委托的，乙方应承担由于撤销委托而造成的甲方的损失。乙方在支付相关费用（包括但不限于甲方的仓储和人员操作费用以及航空公司的舱位费）后可取回货物。

三、结算

9. 运价以双方确定的价格结算。一般情况下，双方成交的运价标明在委托书上予以确认。未标明运价的，则以空运单上注明的运价为准（分单运价与主单运价不一致时，以分单运价为准）。

10. 运费结算：除了双方具体个案另有约定外，货出运后30天内付款。延期付款的，比照银行贷款利率标准支付滞纳金。

四、索赔

11. 由于承运人的责任或有关操作过程中的某些不可抗力因素导致货失、货损或航班调整等情况，甲方作为货运代理人应积极协助乙方处理有关善后事宜。若由于甲方操作失误造成乙方损失，则由甲方负责，按有关运输法规作出赔偿。但任何索赔行为或主张均应在支付全部运费后方可进行。

12. 因货物运输而引起的任何索赔，乙方应根据《中华人民共和国民用航空法》的规定，在法定的时效内向甲方提交书面报告，由甲方代表乙方向航空承运人提出索赔。否则，甲方不承担任何法律责任。

13. 甲方作为货运代理人，依法系缔约承运人，与实际承运人同样享有赔偿责任限制。甲方的赔偿将根据《中华人民共和国民用航空法》的规定处理。

14. 甲、乙双方之间的任何索赔，应作为个案以书面形式解决。

15. 对货物损失的索赔，索赔方应提供相关的法定证据，如目的港权威验货机构出具的查验证据等，否则另一方有权拒绝索赔。

16. 各种情形的索赔期限以航空货运单（主单或分单）的背面条款为准，没有或不适用背面条款的，则以国际航空运输协会（即"IATA"）的相关规则办理。

五、仲裁

17. 本协议适用中华人民共和国的法律和中华人民共和国政府参加的国际公约、条约、惯例等。

18. 协议双方在执行协议时发生争议，应协商解决；协商不成，除双方达成仲裁协议提交仲裁外，应提交甲方法人所在地管辖法院。

六、生效

本协议自双方签字之日起生效，有效期一年。期满后如双方均未提出异议，则自动延长一年；未尽事宜，由双方协商解决。本协议一式两份，双方各保留一份。

甲方：   乙方：
广州续航国际货运代理有限公司

签字（盖章）：   签字（盖章）：
日期：   日期：

航空货运代理协议书的作用和国际航空货物托运书基本一致，但使用协议书也是需要托运书的。发货人在发货时需要填写托运书明确代理货物的相关资料，并加盖公章，作为货主委托航空货运代理承办航空货运出口货物的依据。航空货运代理公司将根据托运书的要求办理出口手续，并结算费用。因此，国际航空货物托运书是一份重要的法律文件，本书将在下一部分中详细介绍。

技能二　国际航空货运委托

一、一般规定

国际航空货运委托指的是航空货运的发货人授权国际航空货运代理为其办理国际航空货运业务的相关事宜，双方通过托运书明确彼此的责任和义务。

在国际航空运输的委托过程中，托运人需向国际航空货运代理提供托运书、发票、装箱单、报关单、外汇核销单、进出口许可证等。对于部分特种货物还需要提供一些特别的单证，例如，托运危险品要求提供危险品申报单，托运活体动物要求提供活体动物申报单，托运灵柩要求提供死亡证明书、入殓证明书、出境许可证等。具体的内容将在"特种货物收运"部分详细介绍。

相较于其他运输方式，国际航空货运所运输的货物多为时间要求紧、价值较高、运输条件要求较高的货物，如新鲜食品、鲜花、精密仪器、邮件等，另外飞机本身也对货物有一定的限制。具体规定如下：

（一）货物价值限制

（1）每次班机装载的货物总价值不得超过 600 万美元。

（2）每次班机上所装载的贵重物品总价值不得超过 300 万美元。

（3）每份运单上货物的声明总价值不得超过 10 万美元，如果超过以上限制，则须得到有关航空公司的批准方可运输。

（二）重量和尺寸限制

（1）窄体飞机承运的散装货物一般不超过 150 千克/件，宽体飞机载运的货物，重量不得超过集装设备的最大载量，对有些危险品实行限量运输。

（2）货物的尺寸三边之和不得小于 40 cm。

（3）受到舱门尺寸和货舱结构的限制，散装货物应查阅《散装货物装载表》，对于集装货物，应查阅《集装器尺寸限制表》和《集装器适配表》。

（三）付款限制

（1）有些货物严禁运费到付。

（2）运费与声明价值附加费必须全部预付或全部到付。

（3）在始发站发生的其他费用必须全部预付或全部到付，在中转站或途中或目的站发生的其他费用应全部到付，但如果在始发站能预先确定中转站或目的站所发生的费用，则应预付。

（4）在目的站发生的其他费用只能全部到付。如果托运货物超出航空公司的收运限制，货运代理应及时通知收货人。

（四）国际快件货物运输的限制

（1）托运人应在指定航班起飞前 24 小时订妥舱位。

（2）托运人最迟应在指定航班起飞前 3 小时将快件交至承运人机场收运部门。

（3）活体动物、贵重物品、危险物品、鲜活易腐货物不适用快件运输。

（4）每件快件货物的最大重量为 50 kg，每件快件货物的最大周边之和为 210 cm。

（5）快件货物必须实行运费预付的付款方式，其运价为公布的普通货物运价（包括 500 kg 及其以下的所有重量等级运价）以及最低运费的 140%。

二、国际航空货物托运书的填写

托运书（SLI）是托运人用于委托国际航空货运代理人办理航空货运相关手续及代其填写航空货运单的一种文件。

托运书上各项内容的说明如下：

1. 托运人（Shipper's Name and Address）

填写托运人的全称、详细地址（包括街道名、城市名、国家名）及便于联系的电话、电传、传真号码。

2. 收货人（Consignee's Name and Address）

填写收货人的全称、详细地址（包括街道名、城市名、国家名，特别是不同国家内有相同的城市名称时，更应注意填上国家名）以及电话号码或传真号等。本栏内不得填写 "to order" 或 "to order of the shipper"（按托运人指示）等字样，因为航空货运单是不可转让的。

3. 始发站机场（Airport of Departure）

填写始发站机场的全称，可填写城市名。

4. 目的地机场（Airport of Destination）

填写目的地机场的名称（目的地机场名称不明确时，可填写城市名），若某一城市名用于一个以上国家时，应加上国名。如：LONDON UK – 伦敦 英国；LONDON KY US – 伦敦 肯塔基州 美国；LONDON CA – 伦敦 安大略省 加拿大。

5. 航班/日期（Flight/Date）

此栏用于航空公司安排运输路线，但如果托运人有特别要求，也可填入本栏。为保证制单承运人收运的货物可以被所有续运承运人接受，可查阅 TACT 规则的双边联运协议。

6. 供运输用的声明价值（Declared Value for Carriage）

此栏填写供运输用的声明价值金额，该价值为承运人赔偿责任的限额。承运人按有关规定向托运人收取声明价值费。但如果所交运的货物毛重每千克不超过 20 美元（或等值货币），则无须填写声明价值金额，可在此填写 "NVD"（No Value Declared，无声明价值）。如本栏空着未填写，承运人或其代理人可视为货物无声明价值。

7. 供海关用的声明价值（Declared Value for Customs）

国际货物通常要受到目的站海关的检查，海关根据此栏填写的数额征税。属于征税范围内的货物，应如实填写货物的实际价值；如果货物是属于无商业价值的样品等，应填写"NCV"（No Commercial Value，无商业价值）。

8. 保险金额（Amount of Insurance）

中国民航各空运企业暂未开展国际航空运输代保险业务，本栏可空着不填。

9. 处理情况（Handling Information）

填写运输的注意事项及其他附加的处理要求、外包装标记（唛头）、操作要求等，如易碎、向上等。

10. 运费（Charges）

此栏填写航空运费是预付还是到付。有的托运书是选择的方式，有的是填写的方式。

11. 另请通知（Also Notify）

填写除了收货人之外还应通知货物到达的公司、机构或个人。

12. 所附文件（Document to Accompany Air Waybill）

填写随附在货运单上运往目的地的文件的名称。如，托运人所托运的动物证明书（Shipper's Certification For Live Animals）、商业发票（Commercial Invoice）等。

13. 件数和包装方式（NO. and Packages）

填写该批货物的总件数，并注明其包装方法。如包裹（Package）、纸板盒（Carton）、盒（Case）、板条箱（Crate）、袋（Bag）、卷（Roll）等。如货物没有包装时，注明为散装（Loose）。

14. 实际毛重（Actual Gross Weight）

应由承运人或其代理称重后填写实际毛重，如果托运人已经填写，承运人或其代理人必须对其复核。

15. 运价类别（Rate Class）

所适用的运价、协议价、杂费、服务费等。填写 M、N、Q、C、R、S 等，详情请参考航空运价部分。

16. 计费重量（Chargeable Weight）

本栏应由承运人或其代理人计算出计费重量后填写，如果托运人已填写，承运人或其代理须复核。

17. 费率（Rate/Change）

此栏可空着不填。

18. 货物的品名及数量（包括体积及尺寸）［Nature and Quantity of Goods (Incl. Dimension or Volume)］

填写货物的品名和数量，如果一票货物有多种物品，托运人应分别填写，并尽量填写详细，如"9 筒 35 毫米的曝光动画胶片"，不得使用"样品"、"部件"等笼统的名称。此处填写的名称应与商业发票、进出口许可证等单据上的名称一致。

体积及尺寸的部分由托运人填写货物包装的外尺寸及体积（折算为立方厘米），承运人或其代理复核。承运人或其代理将据此计算货物是重货还是轻泡货物。

需注意，运输下列货物应按国际航协有关规定办理：活体动物；个人物品；枪械；弹药；战争物资；贵重物品；危险物品；汽车；尸体；具有强烈气味的货物；裸露的机器、铸件、钢材；湿货；鲜货易腐物品。

危险品应填写适用的准确名称及标贴的级别。

19. 托运人签字

托运人必须在本栏内签字，以示对托运书上所填内容的确认。

20. 日期

填写托运人或其代理人交货的日期。

托运书示例

	托运人账号 SHIPPER'S ACCOUNT NUMBER	供承运人用 FOR CARRIAGE USE ONLY
托运人姓名及地址 SHIPPER'S NAME AND ADDRESS CHINA INDUSTRY CORP. , BEIJING. P. R. CHINA TEL：86（10）12345678 TAX：86（10）123456779		航班/日期　　　航班/日期 FLIGHT/DATE　　　FLIGHT/DATE CA921/30 JUL.
	收货人账号 CONSIGNEE'S ACCOUNT NUMBER	已预留吨位 BOOKED
收货人姓名及地址 CONSIGNEE'S NAME AND ADDRESS OSAKA SPORT IMPORTERS, OSAKA, JAPAN TEL：98765432		运费　CHARGES 　预付　　　　　到付 PPD（×）　　COLL（　）
代理人的名称和城市 ISSUING CARRIGER'S AGENT NAME AND CITY KUNDA AIR FRIGHT CO. , LTD.		另请通知 ALSO NOTIFY
始发站 AIRPORT OF DEPARTURE BEIJING CAPITAL INTERNATIONAL AIRPORT		
到达站 AIRPORT OF DESTINATION KANSAI INTERNATIONAL AIRPORT		

（续上表）

托运人声明价值 SHIPPER'S DECLARED VALUE		保险金额 AMOUNT OF INSUR- ANCE	所附文件 DOCUMENT TO ACCOMPANY AIR WAYBILL 1 COMMERCIAL INVOICE
供运输用 FOR CARRIAGE NVD	供海关用 FOR CUSTOMS NCV		
处理情况（包括包装方式、货物标志及号码） HANDLING INFORMATION（INCL. METHOD OF PACKING, IDENTIFYING MARK AND NUMBERS） KEEP UPSIDE					
件数 NO. OF PACKAGES	实际毛重 ACTUAL GROSS WEIGHT(KG)	运价种类 RATE CLASS	收费重量 CHARGE- ABLE WEIGHT	费率 RATE/ CHARGE	货物品名及数量（包括体积或尺寸） NATURE AND QUANTITY OF GOODS (INCL. DIMENSION OR VOLUME)
4	89.8				TOYS DIMS：70 cm×47 cm×35 cm×4
托运人签字：				日期：	

　　在托运人填写完托运书后，货运代理应对其审核。主要审核价格和航班日期。因为目前各家航空公司的多数航线、航班均有优惠运价，优惠幅度不同，并且会因淡旺季、货源等因素经常调整。因此审核时应特别留意。

　　很多航空货运单和托运书上的运价是不同的。航空货运单上显示的是 TACT 上公布的适用运价和费率，托运书上显示的是航空公司优惠价加上杂费和服务费的价格或使用的协议价格。

　　托运书的价格审核就是判断其价格是否能被接受，预订的航班是否可行。

　　审核完毕后，审核人员必须在托运书上签名和注明日期，以示确认。

技能三　国际航空货运订舱

　　国际航空货运代理在接受了发货人的委托后将进行订舱的流程，在这一流程中分"配舱"和"订舱"两个环节，若再细分，还可加入"预配舱"和"预订舱"。预配舱、预订舱和配舱、订舱之间的主要区别是预备时期货物可能还没有进入仓库，预报和实际的件数、重量、体积等会有出入，这只是代理人根据接受的委托和客户的预报制订预配舱方案，并向航空公司预订舱。下面将详细介绍配舱和订舱两个环节。

一、配舱

配舱时，需运出的货物都已经入库。

配舱是国际航空货运代理汇总所接受委托的货物情况，根据与航空公司确定的舱位容量，按照已受理货物的重量或体积、数量、货物类别，参照航空公司航班的机型、集装器要求等，合理安排装箱或装板，以提高集装器使用效率，最大限度地利用空间和舱位。

配舱时，货运代理除了应了解清楚各航空公司的舱位情况和集装器规格外，还应掌握各航班机型对重量、容积、地板承受力、舱门尺寸等的限制。

在实际业务中，配舱和订舱通常是同时进行的。

二、订舱

订舱就是将所接收的货物向航空公司申请并预订舱位。国际航空货运代理有责任根据托运书内容和发货人的要求，选择最佳的航线和承运人，同时为发货人争取到最合理的运价。

是否需要订舱要根据发货人的要求和货物标识的特点而定。一般来说，大宗货物、紧急物资、鲜活易腐货物、危险品、贵重物品、灵柩等必须订舱。非紧急的零散货物可以不预订舱位。

一般限额（如10千克）以下的货物，在航班离开前几小时提出订舱要求即可；限额以内（如10千克~100千克）货物，可在航班起飞前24小时用电话或传真方式告知有关资料申请订舱；而限额以上（如100千克以上）货物，以及在中转站有特殊要求的货物、大宗货物、紧急物资、鲜活易腐货物、危险品、贵重物品、灵柩、包机货物等，应提前一周办理订舱手续。

在订舱时，国际航空货运代理应向航空公司吨控部门领取并填写订舱单，同时提供相应资料：货物名称、体积（必要时提供单件尺寸）、重量、件数、目的地、要求出运的时间等，及其他运输要求（包括温度、装卸要求、货物到达目的地的时限等）。

航空公司会根据实际情况安排航班和舱位给国际航空货运代理。

航空公司销售舱位一般遵守下列原则：①保证有固定舱位配额的货物；②保证邮件、快件舱位；③保留一定的零散货物舱位；④未订舱的货物按交运时间的先后顺序安排舱位。

预订的舱位有时会由于货物原因、单证原因、海关原因等使得最终舱位不够或空舱，所以需要有预见性并进行综合考虑，尽量减少此类事情的发生，并且在事情发生后能采取补救措施和作出及时必要的调整。

订舱后，航空公司会签发舱位确认书（舱单），同时给予装货集装器领取凭证，以示舱位订妥。此时应有确定的航班号，并为每票货物分配运单号，以备报关使用。

另外说明，联运货物应预订全程舱位，并符合承运人的有关规定，如需变更承运人，必须重新得到续运承运人的许可。

小　结

本任务主要介绍了国际航空货物运输组织、国际航空运输的特点和种类、民用航空运输飞机及集装器简介以及国际航空运输地理和时差计算等基本理论知识。技能方面主要介绍了国际航空货运揽货、委托和订舱三方面技能。通过学习，应掌握上述基本知识和技能。

思考题

1. 简述各国际航空货物运输组织的主要区别。
2. 简述国际航空运输的特点。
3. 简述国际航空运输的种类。
4. 简述民用航空运输飞机的装载限制。
5. 简述航空货运集装器的分类。
6. 简述航空公司舱位销售的原则。

任务二　单据准备和货物交接

【主要学习内容】

知识目标：

1. 国际航空货物运输单据。
2. 国际航空货物运输的相关规定。

技能目标：

1. 国际航空货物交接的基本程序。
2. 特种货物收运。

任务描述：

　　根据业务需要，广州甲公司将向广州续航国际货运代理有限公司准备交接相关运输单据和需要委托运输的相关货物（重点介绍特种货物的收运）。在此，广州续航国际货运代理有限公司需要对哪些单据进行审核？双方该如何进行货物的交接？收运货物时该注意哪些基本条件？

知识一 国际航空货物运输单据

在国际航空货物出口运输中需要准备相应单据以备报关所需和证明货物是合法出口等。国际航空货运代理需要审核发货人的各类单证，主要有：

（1）发票、装箱单：发票上一定要加盖公司公章（业务科室、部门章无效），标明价格术语和货价（包括无价样品的发票）。

（2）托运书：一定要注明目的港名称或目的港所在城市名称，明确运费预付或运费到付、货物毛重、收货人、发货人、电话/电传/传真号码。托运人签字处一定要有托运人签名。

（3）报关单：注明经营单位注册号、贸易性质、收汇方式，并要求在申报单位处加盖公司公章。

（4）外汇核销单：在出口单位备注栏内一定要加盖公司公章。

（5）许可证：合同号、出口口岸、贸易国别、有效期，一定要符合要求，与其他单据相符。

（6）商检证：商检证、商检放行单、盖有商检放行章的报关单均可。商检证上应有海关放行联。

（7）进料/来料加工核销本：注意本上的合同号是否与发票相符。

（8）索赔/返修协议：要求提供正本，要求合同双方盖章，外方无章时，可以签字。

（9）到付保函：凡到付运费的货物，发货人都应提供。

（10）关封。

知识二 国际航空货物运输的相关规定

一、货物异常处理

如果在货物收运阶段发现货物情况异常，应及时处置，以免出现因责任不清造成索赔等不利局面。

（1）当在收运时发现货物包装或是货物本身出现破损、破裂或短缺等情况，航空货运代理可拒绝接收此类货物，待托运人将货物重新修复后方可接货。切不可草率收货，留下隐患。

（2）如果接收货物后，在出口手续操作过程中出现破损、破裂或短缺等情况，应视破坏程度决定处理方法。对于仅是外包装轻度破损，而货物并未损坏，可以修复或加固外包装的，继续运输；对于包装严重损坏，货物也遭受一定损坏的，则应停止运输，与托运人联系，换包装或换货后，继续办理运输手续发运；对于在中转站发现货物轻微破损，可以在运单的备注栏中说明破损情况后，继续二程运输，如果破损严重，可以拒绝转运。

二、变更运输

托运人在货物发运后，可以对航空运单上除声明价值和保险金额外的其他各项条款进行变更。托运人在要求变更时，应出示航空运单正本并保证支付由此产生的一切费用。对托运人的要求，在收货人还未要求索取航空运单和货物，或拒绝提取货物的前提下，应予以满足。托运人的要求不应损害承运人及其他托运人的利益，当托运人的要求难以满足时应及时通知托运人。

（一）变更运输的范围

1．费用方面

（1）将运费预付改为运费到付，或将运费到付改为运费预付。

（2）更改垫付款的数额。

2．运输方面

（1）在运输的始发站将货物撤回。

（2）在途中任何经停站终止货物运输。

（3）更改收货人。

（4）要求将货物运回始发站机场。

（5）变更目的站。

（6）从中途或目的站退运。

（二）变更运输的处理方式

1．货物发运前

货物发运前，托运人要求更改付款方式或垫付款数额时，应收回原货运单，根据情况补收或返回运费，并按照航空公司的有关收费标准向托运人收取变更运输手续费、货运单费。

托运人在始发站要求退货时，应向托运人收回货运单正本，扣除已发生的费用后，将余款退回托运人。

2．货物发运后和提取前

货物发运后和提取前，托运人要求变更付款方式或代垫付款数额时，应填写货物运费更改通知单（即 CCA），根据不同情况补收或退回运费，并按照航空公司的有关收费标准向托运人收取运输手续费。

若托运人要求变更运输，如中途停运、改变收货人等，除应根据上述有关规定办理外，还应及时与有关的承运人联系，办理相关变更手续。改变运输意味着运费发生变化，应向托运人多退少补运费，并向托运人收取变更运输手续费。

（三）更改货运单

1．修改现有货运单

货运单填开后，对货运单各种修改应在各联同时进行，修改后的内容尽可能靠近原内容，并注明修改企业的 IATA 代码和修改地的机场或城市代码。

2．填开新货运单

当一票货物由于无人提取而退运时，应填开新货运单，原货运单号标注于新货运单的"Accounting Information"。

所有本该向收货人收取而未收取的各项费用，填在新货运单的"Other Charges"一栏中，按运费到付处理。

（四）运费更改通知书（CCA）

无论何种原因造成货物运输的费用发生变化，都应通知有关承运人和有关部门，同时填开运费更改通知书。

（1）货物已远离始发站，但需要更改运费的具体数额或运费的支付方式时，都应填开 CCA。

（2）须确认货物尚未交付收货人，才可以填开 CCA。

（3）更改运费的数额超过 5 美元时，才有必要填开 CCA。

（4）CCA 至少应一式四份，除填开承运人留存外，应将副本及时传送给财务部门、结算部门及始发站和目的站。

（5）CCA 由填制 CCA 的企业交第一承运人，再由第一承运人转交第二承运人，以此类推。

任何与货物运输有关的托运人都可以填开 CCA。

三、货物索赔

索赔是托运人、收货人或其代理人对承运人在货物运输组织的全过程中，造成的货物灭失、破损、遗失、变质、污染、延误、短缺等，向承运人提出赔偿要求。

（一）索赔的地点与时间

1．索赔地点

托运人、收货人或其代理人在货物的始发站、目的站以及货物损失事故发生的中间站，可以以书面形式向承运人或其代理人提出索赔要求。

2．提出索赔要求的时限

货物损坏（包括短缺）属于明显可见的，赔偿要求应从发现时起至收到货物之日起 14 天内提出。

货物运输延误的赔偿要求，在货物由收货人支配之日起 21 天内提出。

货物毁灭或遗失的赔偿要求，应自填开货运单之日起 120 天内提出。

任何异议，均按上述规定期限，向承运人以书面形式提出。除承运人有欺诈行为外，有权提取货物的人如果在规定的期限内没有提出异议，将会丧失获得赔偿的权利。对于提出索赔的货物，货运单的法律有效期为 2 年，即从货物到达之日起，或货物应该到达之日起，或从运输终止之日起 2 年内提出，诉讼有效，否则，视为放弃该项索赔的权利。

（二）赔偿规定

货物没有办理声明价值，承运人按照实际损失的价值进行赔偿，赔偿的最高限额为毛重

20美元/千克；已向承运人办理货物声明价值，并支付了声明价值费，则按声明价值赔偿。

内损货物的责任及赔偿：货物的内损是指货物的外包装完好，但货物本身破损了。对于此类货物的破损，如无确实的证据证明是由于承运人的过错造成的，承运人不承担责任。但对于外包装破损或有盗窃痕迹，则承运人应负责赔偿。如货物的一部分或货物中任何物件发生遗失、损坏或延误，该件或数件的总重量即为承运人责任限额的重量。如货物的一部分或货物中任何物件发生遗失、损坏或延误，以致影响同一份货运单所列的另一包装件或其他包装件的价值时，在确定责任限额时，另一包装件的总重量也应当考虑在内。

（三）索赔应提交的文件

（1）正式索赔函2份（托运人或收货人向航空货运代理公司提出，航空货运代理公司向航空公司提出）。

（2）航空运单正本或副本。

（3）商业发票、装箱单等其他必要的货物说明资料。

（4）货物舱单（由航空公司提供的副本）。

（5）货物运输事故证明（货物损失的详细情况）。

（6）检验检疫机构的检验证明。

（7）运输事故记录。

（8）往来函电等文件。

四、航空货运代理人的风险防范

1. 加强业务培训，提高整体业务素质

航空货运中的问题很多都是由于代理人的业务素质不高所导致的，加强业务培训，提高代理人的业务水平将大大减少运输事故的发生。

2. 建立业务规章，严格执行岗位责任制

航空货物运输的业务环节众多，每个工作人员要严格执行岗位责任制，不要在自己的岗位上出问题。

3. 严格遵守交接程序

要严格按照交接程序进行货物交接，货物和单证需要仔细审核和交接。

4. 发现潜在事故

代理人要有预见性，要及时分析和了解可能发生事故的先兆，争取在发生事故之前消除隐患。

5. 增强保险意识

代理人只是个中介机构，因此，没有必要把所有的潜在责任都揽在身上，要有意识地把运输的各个环节的风险降到最低，学会使用保险保护自己。

技能一　国际航空货物交接的基本程序

国际航空货物交接一般有以下程序：

一、与托运人交接货物

（一）接货

接货是指航空货运代理把所要出口的货物从发货人手中接收过来并送到机场地面储存。接货与接单通常是同时进行，接货时航空货运代理必须根据装箱单和发票对货物进行核对，如货物数量、品名、唛头是否正确，是否与空运单一致，货物的外包装是否符合空运要求，外包装有无残损。如果上述所要查检中的任何一项存在问题或疑点，均应及时与发货人联系，以便做好妥善处理工作，如果每一项均符合要求，航空货运代理即可与发货人办理货物交接手续。

（二）理货

航空货运代理接到货物后，需进行理货工作。货运代理与托运人或托运人指定的国内段承办人一起按照托运书、装箱单或是货物清单清点货物数量、过磅称重、丈量包装尺寸以及检查货物的外包装等情况，同时货运代理还应核对货物配载与舱位情况，装运时间要求，货物是否要求分批等条件，是否能满足航空运输要求。

航空公司对货物包装最小尺寸的要求为：$10 \times 20 \times 30 \ cm^3 /$件。

如果货物的各项运输要求与托运书一致，外包装符合航空运输的要求，则由航空货运代理为发货人办理货物的交接、验收及入库手续。在航空运输中，对货物的外包装有一定的要求，具体如下：

1. 基本要求

（1）包装不破裂，内装物不泄露，填塞要牢固，内装物互相不摩擦、不碰撞，没有异味散发，不因气压、气温变化而引起货物变质，不会对机上工作人员和地面操作人员造成伤害，不会对飞机、设备以及机上其他装载货物造成污损，便于装卸。

（2）为了不使密封机舱的空调系统堵塞，不得使用带有碎屑、草末等材料做包装，如草袋、草绳、粗麻包等；包装的内衬物，如谷糠、锯末、纸屑等不得外漏。

（3）包装内部不能有突出的棱角，也不能有钉、钩、刺等；包装外部需清洁、干燥、没有异味和油腻。

（4）托运人应在每件货物的包装上详细写明收货人、另请通知人和托运人的名称和地址。如包装表面不能书写时，可写在纸板、木牌或布条上，再拴挂在货物上，填写时字迹必须清晰。

（5）包装的材料要良好，不得用腐朽、虫蛀、锈蚀的材料。无论木箱还是其他容器，为了安全起见，必要时可用塑料带或铁箍加固。

（6）如果包装件有轻微破损，填写货运单时应在 "Handling Information" 栏内标注详细情况。

2. 对包装材料的具体要求

（1）液体类货物。无论瓶装、罐装或桶装，容器内至少有 5%~10% 的空隙，封盖严密，容器不得渗漏；用陶瓷、玻璃容器盛装的液体，每一容器的容量不得超过 500ml，并需外加木箱包装，箱内装有内衬物和吸湿材料，内衬物要填牢实，以防内装容器碰撞破碎；用草陶瓷、玻璃容器盛装的液体货物，外包装上应加贴"易碎物品"标贴。

（2）易碎物品。每件重量不超过 25 千克；用木箱包装；用内衬物填塞牢实；包装上应贴"易碎物品"标贴。

（3）精密仪器和电子管。多层次包装，内衬物要有一定弹性，但不得使货物移动位置和互相碰撞摩擦；悬吊式包装，用弹簧悬吊在木箱内，适合于电子管运输；加大包装底盘，不使货物倾倒；包装上应加贴"易碎物品"和"不可倒置"标贴。

（4）裸装货物。不怕碰压的货物如轮胎等，可以不用包装，但不易点数或容易碰坏飞机的货物仍需妥善包装。

（5）木制包装。木制包装或垫板表面应清洁、光滑、不携带任何种类植物害虫；有些国际要求"Handling Information"中注明"The Solid Wood Materials Are Totally Free From Bank And Apparently Free From Live Plant Pests"并随附熏蒸证明。

（6）混运货物。一票货物中包含不同物品即为混运货物，这些货物可装在一起，也可分别包装，但不得包括贵重货物、动物、尸体、骨灰、外交信袋、作为货物运送的行李。

（三）标签

航空货运代理接到货物后可直接送到机场货站，之后将制作主标签和分标签，贴在货物的外包装上。

（1）标记中的信息包括托运人和收货人的姓名、地址、联系电话，合同号及运输过程中的一些操作注意事项等。

（2）标签又可分为识别标签、操作标签及特种货物标签。

①识别标签上详细标明了本票货物运输的一般信息（见图 3－9），包括货运单号、件数、重量、始发站、目的站、经停站。一般货物用贴签，特殊货物通常用挂签。

根据国际航空运输协会 606 号决议《条形码标签》，目前，国际航空货运可使用条形码标签（见图 3－10 及图 3－11）。条形码标签中所具备的信息有：航空货运单号码、目的站、主条形码、本批运输的货物总件数。图 3－10 为航空公司条形码标签，图 3－11 为空运代理条形码标签。空运代理条形码标签上有两个条形码。

图 3－9　航空货运标签 　　　图 3－10　航空公司条形码标签 　　图 3－11　空运代理条形码标签

②操作标签是货物运输及仓储过程中注意事项的一些标志（见图3-12）。

图3-12 空运操作标签

③特种货物标签是说明特种货物性质的种类识别标志（见图3-13），常见的有活动物标签、危险品标签和鲜活易腐货物标签。

鲜活易腐货物标签　　　　　　　活动物标签

图3-13 危险品货物标签

（四）装板（箱）

除特殊情况外，航空货运均是以"集装箱"、"集装板"的形式装运的，因此，航空货运代理在完成订舱手续后，航空公司的吨控部门根据订舱货量出具"发放航空集装箱、板凭证"，航空货运代理凭此证向航空公司箱、板管理部门领取与订舱货量相应的集装箱、板，提箱、板时，应同时领取相应的塑料薄膜和网。所使用的箱、板在领取时需要登记，与航空公司交接货物时需要向航空公司销号。

一般而言，体积在2m³以上并已预订舱位的大宗货物或集中托运货物，货运代理人自己安排装箱、装板，2m³以下货物作为小件货物交给航空公司拼装或单件运输。

在实际业务中，航空货运代理接到货物后，应视货物情况及时安排货物的装箱、装板，保证货物及时装机。对于大宗货物、集中托运货物可以在航空货运代理自己的仓库、场地或货棚装箱、装板，也可以在航空公司指定的场地装箱、装板。

装箱、装板时应注意以下事项：

（1）不要用错集装箱、板，也不要用错箱型、板型。

（2）货物外包装尺寸不要超过箱、板的尺寸。

（3）要衬垫、封盖好塑料膜，以便防潮、防雨。

（4）集装箱、板内货物尽可能配装整齐，结构稳定，并接紧网索，防止运输途中倒塌。

（5）对于大宗货物、集中托运货物，尽可能将整票货物装在一个或几个箱、板内运输。已装妥整个箱、板后，剩余的货物要尽可能地拼装在同一箱、同一板内，以防散乱、丢失。

二、向航空公司交单交货

航空货运代理完成上述工作后，应将货物与相关单据一同交付给航空公司，办理发运手续。

应向航空公司交付的单据有：主运单和分运单；航空货物清单；出库仓单；装箱单；国际货物交接清单。

航空货运代理向航空公司办理交单交货之前应该同步办理检验检疫及海关申报手续，航空公司签单事项。目前，各航空公司规定，出口空运货物只有在经过签单确认手续后，航空货运代理公司才能将单、货交给承运人。

各航空公司为操作需要，一般在航班起飞前6小时截止接收交单。个别机场截止时间有所不同，在实际业务中，应以当地机场的规定为准。

航空公司在接收货物时，还需进行验货、核单、过磅称重等业务程序，确保单单相符、单货相符后，在货物交接清单上签收。对于大宗货物、集中托运货物，以整板、整箱称重交接；对于零散小件货物，按票称重，计件交接。

航空公司在接单接货后，将货物存入出口仓库，单据交航空公司吨控部门，以便进行缮制舱单、吨位控制与配载。

三、办理货物发运后的有关事宜

货物交接发运后，航空货运代理还需要做好航班跟踪、向托运人交付单证、结算费用等后续工作。

航空货运代理应将盖有放行章和验讫章的出口货物报关单、出口货物收汇核销单、运单正本第3联等单据交付发货人，供发货人办理结算、通知收货人接货等事项。

技能二　特种货物收运

航空运输的特种货物主要包括鲜活易腐货物、活动物、危险物品、超大超重货物、贵重货物、尸体骨灰、作为货物运送的行李、外交信袋等。在这一部分将对其中常见的一些特种货物收运进行介绍。

一、鲜活易腐货物

（一）定义

鲜活易腐货物是指在一般运输条件下易于死亡或变质腐烂的货物，如虾、蟹类，肉类，花卉，水果，蔬菜类，沙蚕、活赤贝、鲜鱼类，植物、树苗，蚕种，蛋种，乳制品，冰冻食品，药品，血清、疫苗、人体自蛋白、胎盘球蛋白等。

此种货物，一般要求在运输和保管中采取特别的措施，如冷藏、保温等，以保持其鲜活或不变质。

（二）收运条件

1．基本条件

鲜活易腐货物应具有必要的检验合格证明和卫生检疫证明，还应符合到达站国家关于此种货物进出口和过境规定。

托运人交运鲜活易腐货物时，应书面提出在运输中需要注意的事项及允许的最长运输时间。

2．包装

必须有适合此种货物特性的包装，要注意避免因在运输途中包装破损或有液体溢出而污损飞机或其他装载物。

凡怕压货物，外包装应坚固抗压；需通风的货物，包装上应有通气孔；需冷藏冰冻的货物，容器应严密，保证冰水不致流出。

带土的树种或植物苗等不得用麻袋、草包、草绳包装，应用塑料袋包装，以免土粒、草屑等杂物堵塞飞机空气调节系统。

为便于搬运，鲜活易腐货物每件重量以不超过25千克为宜。

3．标签

除识别标签外，货物的外包装上还应拴挂"鲜活易腐"标签和向上标签。

（三）文件

1．货运单

货运单品名栏"NATURE AND QUANTITY"应注明"PERISHABLE"字样。

注明已订妥的各航段航班号/日期。

2．其他文件

在"HANDLING INFORMATION"栏内注明其他文件的名称和注意事项，并将装有各

248

种卫生检疫证明的信封订在货运单后面，随货运单寄出。

（四）仓储

为减少鲜活易腐货物在仓库存放的时间，托运人或收货人可直接到机场办理交运或提取手续。

（五）运输

承运人承运前必须查阅 TACT 规则的第七部分关于各个国家对鲜活易腐货物进出口、转口的运输规定，比如机场能否提供冷库、清关的时间范围等，确定无误后方可承运。

安排运输时特别注意：鲜活易腐货物应优先发运，尽可能利用直达航班；收运鲜活易腐货物的数量必须取决于机型以及飞机所能提供的调温设备；需订妥航班；鲜活易腐货物运达后，应由航空公司或其地面代理立即通知收货人来机场提取；承运前还应查阅 TACT 规则第八部分有关承运人对鲜活易腐货物的承运规定；如果在周末和节假日无法办理清关手续，应尽量安排货物在工作日到达中转站或目的站。

（六）对几类鲜活易腐货物在处理中的要求

1. 鲜花

鲜花对温度的变化很敏感，所收运的数量应取决于机型的要求，通常可采用集装箱运输，托运人应在飞机起飞前的最后限定时间内到机场交货，装机时应注意天气的变化。

2. 蔬菜

由于一些蔬菜含较高的水分，若不保持充分的通风状态，会导致氧化变质，因此每件包装必须保证通风，摆放时应远离活动物及有毒物品，以防止被污染。如果用集装箱装运，不可与其他货物混装。大多数蔬菜会散发出一种叫乙醇的气体，会对鲜花和植物造成影响，因此蔬菜不可与鲜花、植物放在同一舱内。

3. 新鲜/冷冻的鱼、肉

必须密封包装，不致渗漏液体，必须小心存放以免造成污染。机舱和集装器内必须洁净，若之前运输过活动物，必须进行消毒处理，操作人员也应进行卫生检查。

4. 干冰

干冰常被作为货物的冷却剂。因此，应在货物包装、货运单以及舱单上注明。由于干冰是固体 CO_2，因此，用干冰冷却的货物包装上应有供 CO_2 气体散出的漏孔，并根据 IATA 对闲置物品的有关规定，在货物外包装上做好标记或贴有关标贴。

（七）运输不正常的处理

（1）如遇班机延误、衔接脱班，因延长运输时间而对货物的质量造成影响时，航空公司应及时通知收货人或托运人，征求其处理意见，并尽可能地按照对方的意见处理。在此期间，对鲜活易腐货物按要求妥善保管。同时，尽可能安排最早的航班运出。

（2）在运输过程中货物腐烂变质时的处理。在运输途中货物发生腐烂变质或在目的站由于收货人未能及时提取使货物腐烂变质时，航空公司应视具体情况将货物毁弃或移交当地海关和检疫部门处理，由此发生的额外费用将通过货运单填制人向托运人收取。发现此类货物腐烂变质时，航空公司应填写运输事故记录并通知托运人或收货人。

二、活动物

(一) 概述

由于航空运输的快捷性、安全性，活动物的运输在整个国际航空运输中占有非常重要的地位。活动物不同于其他货物，对环境的变化敏感性很强。活动物种类繁多，各具特性，工作中容易出现各种各样的麻烦。因此，工作人员一方面应多了解各种动物的个性，另一方面应严格按照运输规则来组织运输。

IATA 每年出版一期《活动物规则》(*Live Animal Regulations*，LAR)，包括了有关活动物运输的各项内容，如包装种类、操作和仓储标准等，目的是保证活动物安全到达目的地。

(二) 一般规定

收运活动物应以 LAR 为依据，严格遵守各项规定。装卸活动物时必须谨慎，以确保动物和人的健康与安全。装卸活动物时应避免污染其他的货物。

(三) 收运基本条件

收运的基本条件包括：交运的动物必须健康状况良好，无传染病，并具有卫生检疫证明；托运人必须办妥海关手续，根据有关国家的规定，办妥进出口许可证和过境许可证，以及目的地国家所要求的一切文件；妊娠期的哺乳动物，一般不予收运，除非兽医证明动物在运输过程中无分娩的可能，方可收运，但必须对此类动物采取防护措施；对于动物与尚在哺乳期的幼畜同时交运的情况，只有大动物与幼畜可以分开时，方可收运；有特殊不良气味的动物，不予收运。

1. 包装

(1) 动物容器的尺寸，应适合不同机型的舱门大小和货舱容积。容器的大小需适应动物的特性，并应为动物留有适当的活动余地，大型动物容器需符合用机械进行装卸的要求。

(2) 容器应坚固，防止动物破坏、逃逸和接触外界。容器上应有便于搬运的装置。动物的出入口处，应设有安全设施，以防发生事故。

(3) 容器必须防止动物粪便漏溢，污损飞机，必要时加放托盘和吸湿物（禁止用稻草作吸湿物）。

(4) 容器必须有足够的通气孔以防止动物窒息。对不能离水的动物，应注意包装防止水的漏溢以及因缺氧而造成动物在途中死亡。

(5) 必要时容器内应备有饲养设备和饲料。

2. 文件

(1) 活动物证明书。托运人每交运一批动物，应填制活动物证明书，一式两份，证明书应由托运人签字，一份交承运人留存，一份和其他证件一起附在货运单上寄往目的站。

填写活动物证明书，托运人应声明动物健康情况良好，并根据 LAR 中的规定和有关承运人、国家的要求对货物进行适当的包装，这样才能符合空运条件。

（2）货运单。货运单的品名栏内必须写明与 LAR 中一致的动物俗名和动物的数量。注明已订妥的各航段航班号/日期。所有文件的名称和其他操作要求都应写在"Handling Information"栏中。

（3）其他文件。主要包括动物卫生检疫证明、有关国家的进出口许可证等。

3．标签和标记

（1）托运人必须在活动物的容器上用清晰、持久的字迹详细注明与货运单相一致的收货人的姓名，还应注明有关特殊饲养的方法及应注意的事项。

（2）容器上应贴有"活动物"标签、"不可倒置"标签。若所装动物在叮、咬或接触时能放射毒素，应贴"有毒"标签。实验用动物专用容器上应贴"实验动物"标签。

4．仓储

根据动物习性，野生动物包括哺乳动物和爬行动物，喜欢黑暗或光线暗淡的环境，一般将其放置在安静阴凉处；家畜或鸟类一般置于敞亮的地方。

仓储需注意以下事项：

（1）不可在高温、寒冷、降雨等恶劣天气时露天存放活动物。

（2）装载活动物的容器要求与其他货物有一定的隔离距离以便通风。

（3）互为天敌的动物、来自不同地区的动物、发情期的动物不能存放在一起。

（4）动物不能与食品、放射性物质、毒性物质、传染物质、灵柩、干冰等放在一起。

（5）实验用动物应与其他动物分开存放，避免交叉感染。

（6）除非托运人有特别要求，承运人不负责给动物喂食、喂水。

（7）经常存放动物的区域应定期清扫，清扫时应将动物移开。

5．运输

（1）必须在订妥全程舱位后方可收运。

（2）活动物运输不办理运费到付。

（3）动物运输应尽量利用直达航班，如无直达航班，应尽量选择中转次数少的航班。

（4）应注意动物运达目的站的日期，尽量避开周末和节假日到站，以免动物运达后延误交付，造成动物死亡。

（5）只有部分机型的下货舱可以通风和控制温度，因此，动物装载在下货舱内运输时，应考虑不同的飞机所能提供的运输条件。

（6）动物在运输过程中，由于自然原因而发生的病、伤或死亡，承运人不负责任，除非证明是由于承运人造成的责任。

（7）由于托运人的过失或违反承运人的运输规定，致使动物在运输过程中造成对承运人或第三者的伤害或损失时，托运人应负全部责任。

（8）动物在运输途中或到达目的地后死亡（除承运人的责任外）所产生的一切处理费用，应由托运人或收货人承担。

三、危险物品

(一) 定义

危险物品（Dangerous Goods）是指航空运输中，可能危害人身健康、安全或对财产造成损害的货品或物质。

按照危险物品的危险程度，其包装被划分为一级、二级、三级三个等级。

《危险物品手册》（*Dangerous Goods Regulations*，DGR）是根据《芝加哥公约》附件18和ICAO技术指南的内容而编制的，国际航协组织危险货品运输专家对DGR内容每年进行修改，所有的承运人和代理人都统一使用最新出版的DGR。

DGR以运输专用名称的顺序公布了各类危险物品的包装、标签、数量等方面的要求。

(二) 危险物品的分类

根据所具有危险性的不同，危险物品分为9类，其中有些类别又分为若干项。这9类分别是：爆炸品；气体；易燃液体；易燃固体、自燃物质和遇水释放易燃气体的物质；氧化剂和有机过氧化物；毒性物质和传染性物质；放射性物质；腐蚀性物质；杂项类。

(三) 常见的隐含危险品的物品

某些危险品，名称上虽然看不出是危险品，但实际上却是。常见的可能隐含危险品的物品如表3-2所示。

表3-2　常见的可能隐含危险品的物品

Breathing Apparatus	呼吸器，可能有压缩气体和氧气罐
Bull Semen	公牛的精液，可使用干冰或冷冻的液化气体进行冷冻
Camping Gear	野营用具，可能会含有易燃气体、易燃液体、火柴和其他危险物品
Chemicals	化学品，经常是危险品
Cryogenic Liquid	低温液体，表示温度非常低的液体化气体，如氧气、氮气
Cylinders	钢瓶，可能含有压缩气体
Dental Apparatus	牙科器械，可能会有有害的物质，如树脂、凝固剂
Diagnostic Specimens	诊断用标本，可能含有传染性物质
Diving Equipment	潜水设备，可能含有高强度的灯泡，在空气中使用时，会发出高热，因此，为了安全，应将灯泡和电池拆卸后再进行运输
Drilling and Mining Equipment	钻探采矿设备，可能含有爆炸品和其他危险品
Electrical Equipment	电器设备，在电动设备的电子管和开关中可能含有磁性物质和水银

（续上表）

Electrically Powered Apparatus	电力驱动的设备（轮椅、割草机、高尔夫拖车等），可能装有湿电池
Expeditionary Equipment	探险设备，可能会有爆炸品、易燃液体、易燃气体和其他危险品
Frozen Embryo	冷冻胚胎，可能含有液氮
Household Goods	家用物品，可能含有有害物质，如油漆、气溶胶、漂白粉等
Instruments	仪器，可能装有压力计、气压计、水银开关、温度计等
Laboratory/Testing Equipment	实验器材，可能含有危险性的化学物质
Machinery Parts	机器零件，可能含有危险品，如黏合剂、油漆、封胶、胶溶剂等
Medical Supplies	医疗用品，可能含有危险性的化学物品
Parts of Automobile	汽车零件，如汽车、摩托车的马达等，可能含有湿电池
Passenger's Baggage	旅客的行李，可能会装有易燃液体、易燃气体、易腐物品或打火机的储气罐，还可能有野营用的钢瓶、火柴、漂白粉、气溶胶等
Pharmaceuticals	药品，可能单独立项或列入泛指名称项下的含危险品的化学物品
Photographic Supplies	摄影器材，可能含有危险的化学品
Racing Car Team Equipment	赛车车队设备，可能含有易燃的气溶胶、硝基甲烷、其他附加的燃料和湿电池
Refrigerators	冰箱，可能会有气体或危险的液体
Repair Kits	修理工具箱，可能有胶黏剂、塞露露等危险品
Supplies for Testing	测试用样品，可能有危险品
Show, Motion Picture, Stage and Special Equipment	演出、舞台制造特殊效果的道具、电影胶片，可能会有易燃、爆炸或其他危险品
Swimming Pool Chemicals	游泳池的化学品，可能会有危险品
Switches Electrical Equipment or Instruments	电器设备的开关，可能会有水银
Tool Boxes	工具箱，可能会有爆炸品（如射钉枪）、压缩气体或气溶胶、易燃气体（天然气罐）、易燃的胶水、腐蚀性液体、油漆
Toys	玩具，可能是易燃材料所制
Vaccines	疫苗，可能装在干冰里

（四）文件

1. 危险品申报单

（1）托运人必须填写一式两份的危险品申报单，签字后一份交给始发站留存，另一份随货物运至目的站。

（2）申报单必须由托运人填写、签字并对申报的所有内容负责。

（3）任何代理人都不可代托运人签字。

2. 货运单

在货运单中的"Handling Information"注明"Dangerous Goods as Per Attached Shipper's Declaration"。

（五）运输

1. 预先检查原则

（1）危险物品的包装件在组装集装器或装机之前，必须进行认真检查，包装件在完全符合要求的情况下，才能继续进行作业。

检查的内容包括：外包装无漏洞、无破损，包装件无气味，无任何漏泄及损坏的迹象。

（2）包装件上的危险品标签和操作标签正确无误、黏贴牢固，包装件的文字标记（包括运输专用名称、UN或ID编号、托运人和收货人的姓名及地址）书写正确，字迹清楚。

2. 方向性原则

装有液体的危险物品的包装件均按要求贴有向上标签（需要时还应标注"This Side Up"），在搬运、装卸、装集装板或集装箱以及装机的全过程中，必须按该标签的指向使包装件始终保持直立向上。

3. 轻拿轻放原则

在搬运或装卸危险物品包装件时，无论是采用人工操作还是机械操作，都必须轻拿轻放，切忌磕、碰、摔、撞。

4. 固定货物、防止滑动原则

危险物品包装件装入飞机货舱后，装载人员应设法固定。防止危险物品在飞机飞行中倾倒或翻滚，造成损坏。

四、超大超重货物

（一）概述

超大货物一般是指需要一个以上的集装板方能装下的货物，这类货物的运输需要特殊处理程序以及装卸设备。

超重货物一般是指每件超过150千克的货物，但货物的最大允许重量主要还取决于飞机的机型（地板承受力），机场设施以及飞机在地面停站的时间。

（二）收运条件

（1）订舱。如果一票货物包括了一件或几件的超大超重货物，订舱时应说明货物的重量和尺寸，并在货运单内单独列明，承运人可提前制订装载计划并准备必要的固定措施。

（2）包装。托运人所提供的包装应便于承运人操作，如托盘、吊环等，必要时应注明中心位置。

（三）运输

（1）确保货物内部不含有危险性的物品（如电池、燃油）。如果有此类物品，应按TACT 有关危险品的规定来处理。

（2）托运人提供装卸超大超重货物的设施。

（3）重货尽量装在集装器的中间位置。

五、贵重货物

（一）定义

凡在交运的一批货物中，含以下物品中的一种或多种的，称为贵重货物。

其声明价值毛重每千克超过（或等于）1 000 美元的任何物品。

黄金（包括提炼或未提炼过的金锭）、混合金、金币以及各种形状的黄金制品，如金粒、片、粉、绵、线、条、管、环和黄金铸造物；白金（铂）类稀有贵重金属（钯、铱、锗、钌、锇）和各种形状的铝合金制品，如铅粒、绵、棒、锭、片、条、网、管、带等。

但上述金属以及合金的放射性同位素不属于贵重货物，而属于危险品，应按危险品运输有关规定办理。

合法的银行钞票、有价证券、股票、旅行支票及邮票（从英国出发，不包括新邮票）。

钻石（包括工业钻石）、红宝石、蓝宝石、绿宝石、蛋白石、珍珠（包括养殖珍珠），以及镶有钻石、宝石、珍珠等饰物。

金、银、铂制作的饰物和表。

金、铂制品（不包括镀金、镀铂制品）。

（二）收运条件

在收运贵重货物时要特别注意下列要求：

1. 包装

贵重货物应用硬质木箱或铁箱包装，不得使用纸质包装，必要时外包装上应用"井"字铁条加固，并使用铅封或火漆封志。

2. 标记与标签

（1）贵重货物只能使用挂签。

（2）除识别标签和操作标签外，贵重货物不需要任何其他标签和额外黏贴物。

（3）货物的外包装上不可有任何对内装物作出提示的标记。

3. 价值

（1）托运人交运贵重货物自愿办理声明价值。

（2）每票货运单货物的声明价值不得超过 10 万美元。

（3）每票货运单货物的声明价值超过 10 万美元时，应按以下办法：

①请托运人分批托运，即分几份货运单托运，同时说明由此产生的运费差额或其他费用由托运人承担。

②告知上级机关，按照给予的答复办理。

（4）每次班机上所装载的贵重货物，价值不得超过 100 万美元。

4．文件

（1）货运单。

①详细的托运人、另请通知人和收货人的名称、地址、联系电话。

②除在 "Nature and Quantity of Goods" 栏内填写真实的货物名称、准确净重、内装数量外，还应注明 "Valuable Cargo" 字样。

③注明已订妥的各航段航班号/日期。

④贵重货物不可与其他货物作为一票货物运输。

（2）其他文件。

①其他文件的名称和操作要求在 "Handling Information" 栏内注明。

②参阅 TACT 规则 7.3 国家规定。

5．订舱

（1）优先使用直达航班。

（2）收运贵重货物前，必须订妥全程舱位，并符合有关承运人的运输条件。

（3）如需变更续承运人，必须得到有关承运人的许可。

（4）贵重货物如需特别安全措施，应在电文中特别注明。如有关航站需采取特别安全措施，例如警卫，由此产生的费用应由托运人承担，如果托运人拒付，航空公司则不予收运。

（5）托运人应预先将货物的航班安排情况通知收货人。

6．仓储

（1）贵重货物应存放在贵重货物仓库内，并随时记录出库、入库情况。货物交接时必须有书面凭证并由双方签字。

（2）保证始发站、中转站和目的站机场都设有贵重货物仓库（参阅 TACT 规则 7.3）。

（3）总重量在 45 千克以下，单件体积不超过 45cm×30cm×20cm 的贵重货物，应放在机长指定的位置，有保险箱的尽量放在保险箱内，超过上述体积和重量的应放在有金属门的集装箱内或飞机散舱内。

7．运输

（1）运输贵重货物，尽量缩短货物在始发站、中转站和目的站机场的时间，避开周末或节假日交运。

（2）贵重货物在装机或装箱过程中，至少应有三人在场，其中一人必须是承运人的代表。

（3）装在集装箱内的贵重货物，装机站负责监护装机直至飞机舱门关闭，航班离港后，装机站应立即用电话或电报通知卸机站，并做详细记录。卸机站接到通知，应安排专人监督卸机直至货物入库。

（4）中转站接收中转的贵重货物，应进行复核。发现包装破损或封志有异，应停止运输，征求始发站的处理意见。

（5）贵重货物不得使用地面运输。

（6）如果发现贵重货物有破损、丢失或短少等迹象，应立即停止运输，填写《货物不正常运输记录》并通知有关部门。

（7）收货人提取货物前，应仔细检查货物包装，如有异议时，应当场向承运人提出，必要时重新称重，并详细填写运输事故记录。

六、尸体、骨灰

（一）尸体

1．包装

（1）尸体应经过防腐处理，然后装入厚塑料袋中密封，放在金属箱内。

（2）金属箱内应铺放木屑和木炭等吸湿物，连接处焊牢，以防气味或液体渗溢。

（3）金属箱外应套木棺，木棺的两侧应装有便于装卸的把手。

2．文件

（1）证明文件。

托运人必须提供卫生或其他有关部门出示的死亡证明书、入殓证明书。

①死亡证明书。死亡证明书应包括下列内容：死者姓名、年龄、性别、国籍；死亡日期；死亡原因。特别注明属于非传染病而死亡。

②入殓证明书。入殓证明书应说明尸体的包装符合金属箱内铺放木屑和木炭等吸湿物，连接处焊牢，以防气味或液体渗溢的要求；棺内除尸体衬垫外，无其他物品，证明书上的死者姓名等项，应与死亡证明书上所列内容相符。

各证明书一式两份，一份留给始发站存查，另一份附在货运单后，随货物带往目的地。

（2）货运单。

在货运单"路线和目的站"栏内要填写指定的运输路线和各航段指定承运人。

①在"航班/日期"栏内应填写已定妥舱位的航班及日期。②在"货运单所附文件"栏内，应注明附有死亡证明书及入殓证明书各一份。

（3）在货物的外包装上应加贴"急货"及"不可倒置"标签。

3．运输

（1）灵柩必须最迟在飞机起飞前2小时由托运人送往机场。

（2）灵柩尽量装在集装板上。

（3）灵柩必须远离动物和食品。

（4）灵柩必须在旅客登机前装机，在旅客下机后卸机。

（5）散装时，灵柩不能与动物装在同一货舱内。

（6）灵柩在装机前和卸机后，应停放在僻静地点，如果条件允许，应加盖罩布，与一般货物分开存放。

（7）分别装有灵柩和动物的集装器，装机时中间至少应有一个集装器间隔。

（8）凡经中国中转的尸体，续运前应停放在当地办理丧葬部门的停尸室内，如果中转时间不长，也可停放在机场适当地点，但应妥善处理，加盖罩布，与一般货物分开。

（9）到达站在收到关于尸体运输的通知后，应及时通知收货人在飞机到达前到机场等候提取。

注：由于传染病而死亡的尸体，必须火化后作为骨灰方可收运。

（二）骨灰

1. 包装

骨灰需装在封妥的罐内或盒内，外面用木箱套装。

2. 文件

（1）证明文件。

托运人必须提供卫生部门或者其他相关部门出示的死亡证明书、火化证明书。

①死亡证明书（Death Certificate）。②火化证明书。

各证明书一式两份，一份留始发站存查，另一份附在货运单后，随货物带往目的站。

（2）货运单。

①在货运单上加注"急"的字样标记。②在"货运单所附文件"栏内应注明附有死亡证明书及火化证明书各一份。

（3）运输。

①骨灰可装在下货舱，亦可由旅客随身携带。②应事先通知机组人员。

七、作为货物运送的行李

（一）定义

作为货物运送的行李（Baggage Shipped As Cargo），又称无人押运行李（Unaccompanied Baggage）。

作为货物运送的行李，仅限于旅客本人的衣服和与旅行有关的私人物品，包括手提打字机、小型乐器、小型体育用品；但不包括机器、机器零件、货币、证券、珠宝、表、餐具、镀金属器皿、皮毛、影片或胶卷、照相机、票证、文件、酒类、香水、家具、商品和销售样品。

（二）使用条件

（1）作为货物运送的行李，只能在旅客客票中所列各地的机场之间运输，并且行李交付时间不得晚于旅客乘机旅行当天。

（2）旅客须如实申报行李内容，提供有关的文件，自行办理海关手续，并支付所需费用。

（3）该货物运输的具体时间由承运人决定。

（4）行李折扣运价不得和任何普通货物运价或指定商品运价相加使用，以致相加后的运价低于使用的规定或组合运价。

（5）如果不满足上述条件，则其他任何航程均只能采用普通货物运价或指定商品运价；旅客持全程客票，旅行于欧洲和三区之间经过一区，则作为货物运送的行李可按照第9998号指定商品的运价规定办理。

（三）文件

1. 货运单

收运此种货物，需将旅客的客票号码，所乘班机的航班号、乘机日期等填入货运单，在"货物品名及数量"栏内应填明"无人押运行李（Unaccompanied Baggage）"。

例如：（Unaccompanied Baggage）

　　　　TKT NO. 784-22225800

　　　　CZ305-20JUN

　　　　CDJ-HKG

2. 客票

在客票"签注（Endorsement）"栏内应注明"Unbag"字样，货运单号码、件数和重量。

例如：Unbag

　　　　784-23333760

　　　　2PC-50K

（四）运输

（1）如旅客要求将钥匙带往目的站时，应请其装入自备的结实信封内。在信封上写明收货人和托运人的姓名、地址，然后由航空公司收运部门封妥，订在货运单之后。在货运单"处理情况（Handling Information）"栏内应注明"Key For Unaccompanied Baggage"。

（2）在运输过程中，为了便于识别旅客交运的行李和作为货物运送的行李，在作为货物运送的行李上应加挂货物标贴。

小　结

本任务主要介绍了国际航空货物运输中涉及的主要单据；国际航空货物运输中在货物异常处理、托运人变更运输、索赔等方面的规定；国际航空货物交接的一般程序和特种货物收运的相关运输条件规定等。

思考题

1. 上网查找3份国际航空出口货物运输涉及的单证样本。
2. 简述托运人可变更运输的范围有哪些？
3. 简述国际航空货物交接的一般程序。
4. 简述航空运输各类特种货物收运的基本条件。

任务三　国际航空运单的填制

【主要学习内容】

知识目标：

国际航空运单的基础知识。

技能目标：

国际航空运单的填制。

任务描述：

广州续航国际货运代理有限公司在接受广州甲公司交来的委托货物后，将根据国际航空货物托运书和买卖合同的内容等填制国际航空运单。

知　识　国际航空运单的基础知识

一、航空运单的概念和作用

（一）航空运单的概念

航空运单（Airway Bill，AWB）是承运人签发给发货人的、表示承运人已收妥货物、接受发货人托运的货物运输单据。航空运单与海运提单不同，它不具备物权凭证的特性，不可流通转让，在航空运单上都会有"Not Negotiable"字样。

（二）航空运单的作用

航空运单的作用主要有：

（1）承运人与托运人之间的运输合同证明。

（2）承运人已接收货物的证明文件。

（3）承运人据以核收运费的凭证及运费收据。

（4）承运人内部业务的依据。

（5）进出口货物办理清关手续的必须单证。

（6）航空公司业务操作的依据。航空运单随货机同行，承运人会根据运单上的相关信息对货物作出相应的组织安排。

（7）当承运人承办保险或托运人要求承运人代办保险，航空运单也可以作为保险证明（载有保险条款的航空运单又被称为红色航空运单）。

二、航空运单的种类

（一）按航空运单有无出票人的标志可分为航空公司货运单和中性货运单

航空公司货运单是指印有出票航空公司标志的航空货运单；中性货运单是指无承运人任何标志、供代理人使用的航空货运单。

（二）按航空运单的出票人可分为主运单和分运单

（1）主运单（Master Air Waybill，MAWB）。主运单由航空公司签发，每一票货物的出运都必须出具主运单。

（2）分运单（House Air Waybill，HAWB）。分运单是在集中托运业务（Consolidation）中，由航空货运代理人在办理货物出运时签发给发货人的运单。集中托运业务中的航空货运代理即体现为集中托运人（Consolidator）的身份。

在始发港站，航空运输公司向集中托运人签发航空运输的主运单（MAWB），集中托运人再向每一个托运人签发航空运输的分运单（HAWB）；在目的地港站，航空公司凭主运单向分拨商（Break Bulk Agent）（集中托运在目的地的代理或分支机构）交货，分拨商再凭分运单向每一个收货人交货。主运单和分运单的签发及流转如图3-14所示。

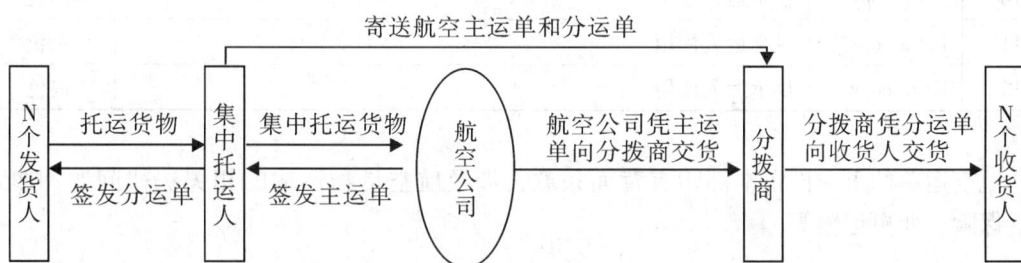

图3-14　主运单和分运单的签发及流转图

集中托运业务中的主运单和分运单的区别：

1. 分运单是发货人与集中托运人（航空货运代理人）之间的货物运输契约，合同的双方当事人分别是发货人和集中托运人；而主运单则是集中托运人与航空公司之间的货物运输契约，合同的双方当事人分别是集中托运人与航空公司。集中托运业务中，货主与航空公司之间没有直接的运输合同关系。

2. 主运单的托运人栏（Shipper）填写集中托运人，收货人栏（Consignee）填写分拨商，两者均是代理，都不是实际的货主；而分运单中的托运人栏和收货人栏分别是发货人和收货人，两者均是实际的货主。

三、航空运单的构成

我国国际航空运单由一式十二联组成，包括三联正本、六联副本和三联额外副本。

表 3 - 3   航空运单的构成

序号	名称	分发对象及用途	颜色
1	Original 3	交托运人，作为承托双方运输合同及承运人收运货物的证明	浅蓝色
2	Copy 9	交代理人，供代理人留存	白色
3	Original 1	交出票航空公司，作为承托双方运输合同证明及运费结算凭证	浅绿色
4	Original 2	随航班货物交收货人，以备进口报关、提货之用	粉红色
5	Copy 4	提货收据，收货人提货时签字，并由承运人留存以证明妥善交货	浅黄色
6	Copy 5	目的地机场	白色
7	Copy 6	第三承运人	白色
8	Copy 7	第二承运人	白色
9	Copy 8	第一承运人	白色
10	Extra copy	供承运人使用	白色
11	Extra copy	供承运人使用	白色
12	Extra copy	供承运人使用	白色

航空运单的每一份正本都印有背面条款，涉及航空货物运输的相关法律问题，如索赔、保险、变更运输等。

技　能　国际航空运单的填制

目前，各航空公司所使用的航空运单大多借鉴 IATA 所推荐的标准格式，虽有不同但差别并不大。下面仅就 IATA 的标准格式对各栏目的填写说明予以介绍：

1. 航空运单号码（The Air Waybill Number）

航空运单号码应清晰地填写在航空运单的左上角、右上角及右下角（中性货运单应自行填制）。航空运单号码一般采用 11 位数字表示，前 3 位数字是航空公司的三字代码（Airline Code Number）（1A），后 8 位中的前 7 位数字为该票货物的顺序编号（Serial Number），后 8 位中的第 8 位数字为检验号（1B），是顺序编号对 7 取模的结果。8 位数字中的第 4 位与第 5 位之间应留有比其数字之间更大的间隔。

如 160-3687 7175，784-7195 6883，880-0067 7062。

2. 始发站机场（Airport of Departure）（1）

该栏填写始发站机场的 IATA 三字代码，如果始发地机场名称不明确，可填写机场所在城市的三字代码。

3. 货运单所属承运人的名称及地址（Issuing Carrier's Name and Address）（1C）

此处一般印有航空公司的标志、名称及地址，无需再填写。

4. 正本联说明（Reference to Originals）（1D）

此栏无需填写。

5. 契约条件（Reference to Conditions of Contract）（1E）

此栏一般情况下无需填写，除非承运人需要时才填写。

6. 托运人栏（Shipper）

此栏有两项内容：

（1）托运人姓名和地址（Shipper's Name and Address）（2）。

此项填写托运人的姓名、地址、国家或国家两字代码及托运人的电话、传真等联系方式。

（2）托运人账号（3）。

此项不需填写，除非承运人需要。

7. 收货人栏（Consignee）

此栏有两项内容：

（1）收货人姓名和地址（Consignee's Name and Address）（4）。

此项填写收货人的姓名、地址、国家或国家两字代码及收货人的电话、传真等联系方式。此项必须明确填写具体的收货人姓名，而不得填写"TO ORDER"或"TO ORDER OF ×××"等，因为航空运单上均有"NOT NEGOTIABLE"字样。

（2）收货人账号（Consignee's Account Number）（5）。

此项仅供承运人使用，一般无需填写，除非最后的承运人需要。

8. 承运人代理栏（Issuing Carrier's Agent）

此栏有三项内容：

（1）名称和城市（Name and City）（6）。

该项填写填制航空运单、并向承运人收取佣金的承运人代理的国际航协代理人的名称和所在机场或城市。

根据货运代理机构管理规则，该佣金必须支付给目的站国家的一个国际航协代理人，则该国际航协代理人的名称和所在机场或城市必须填入此栏。

（2）国际航协代码（Agent's IATA Code）（7）。

代理人在货账结算区（CASS Areas），打印国际航协 7 位数字代码，后面加三位 CASS 地址代码和 7 位数字代码的检验位，如 34 - 41234/5671；如果代理人不在货账结算区（Non - CASS Areas），只打印国际航协 7 位数字代码即可，如 14 - 30288。

（3）账号（Account No.）（8）。

此项一般不需填写，除非承运人需要。

9. 财务说明（Accounting Information）（10）

此栏填制财务说明事项。具体如下：

（1）以现金或支票支付运费时，应注明"现金（Cash）"、"支票（Check）"字样。

（2）以旅费证 MCO（Miscellaneous Charges Order）支付运费时，只能用于作为货物运送的行李的运输，此栏应填 MCO 号码及应支付的金额，并填写"客票及行李票"号码、航班、日期等信息。但代理人不得接受托运人使用 MCO 作为付款方式。

（3）当货到达目的站无法交付给收货人而又必须退运时，应将原航空运单号码填写在本栏内。

10．运输路线（Routing）

此栏有四项内容：

（1）始发站机场及所要求的路线（Airport of Departure and Requested Routing）（9）。

此项填写第一承运人所在机场或城市名称，与前面的始发站机场栏填写一致。

（2）运输路线和目的站（Routing and Destination）。此项可能涉及多个承运人。

至 TO（11A）。此处填目的站机场或第一个转运点的 IATA 三字代码，如果该城市有多个机场，且不清楚机场名称时，可填城市代码。

由第一承运人（by First Carrier）（11B）。此处填第一承运人的名称（全称或 IATA 两字代码均可）。

至 TO（11C）。此处填目的站机场或第二个转运点的 IATA 三字代码，如果该城市有多个机场，且不清楚机场名称时，可填城市代码。

由第二承运人（by Second Carrier）（11D）。此处填第二承运人的名称（全称或 IATA 两字代码均可）。

至 TO（11E）。此处填目的站机场或第三个转运点的 IATA 三字代码，如果该城市有多个机场，且不清楚机场名称时，可填城市代码。

由第三承运人（by Third Carrier）（11F）。此处填第三承运人的名称（全称或 IATA 两字代码均可）。

（3）目的站机场（Airport of Destination）（18）。

填写最后承运人的目的站机场全称，如果该城市有多个机场，且不知道机场名称时，可填写城市全称。

（4）航班/日期（Flight/Date）（19A）（19B）。此处仅供承运人使用。此栏一般不需填写，除非参加运输各有关承运人需要。如果是两航段或多航段运输，可将每一航段的航班/日期分列到此处。

11．货币（Currency）（12）

此栏填写始发国的 ISO（国际标准组织）的货币代号，通常是国家两字代码加上货币的英语首写字母，如 CNY——CHINA YUAN，USD——UNITED STATES DOLLAR。

除目的站"国家收费栏"内的款项外，航空运单上所列的金额均按上述的货币支付。

12．运费代号（CHGS Code）（13）（仅供承运人使用）

此栏一般不需要填写，仅供电子传送航空运单信息时使用。

13．运费（Charges）

此项填写航空运费、声明价值附加费及其他费用支付方式。

（1）WT/VAL 航空运费和声明价值附加费分为预付和到付两种。两项费用必须全部预付或全部到付，不允许做部分预付或部分到付。如果是预付则在"预付"（14A）栏内打

"×"，否则在"到付"（14B）栏内打"×"。

（2）OTHER（Charges at Origin）在始发站的其他费用预付或到付。此栏填写在始发站发生的除声明价值附加费之外的其他费用，该项费用必须全部预付或全部到付，不允许做部分预付或部分到付。如果是预付则在"预付"（15A）栏内打"×"，否则在"到付"（15B）栏内打"×"。

14．供运输声明价值（Declared Value for Carriage）（16）

此栏打印托运人对所托运货物声明的价值金额。如果托运人没有对所托运货物声明价值，此栏必须打印"NVD"字样，NVD——NO VALUE DECLARED，即没有声明价值。

15．供海关用的声明价值（Declared Value for Customs）（17）

此栏打印货物及通关时所需的商业价值金额。如果货物没有商业价值，此栏必须打印"NCV"字样。NCV——NO COMMOCIAL VALUE，即没有商业价值。

16．保险金额（Amount of Insurance）（20）

如果承运人向托运人提供代办货物保险业务时，此栏打印投保的金额；如果承运人不提供此项服务或托运人不要求投保时，此栏打印"NIL"或"XXX"符号。（20A）项为保险说明，不需填写。

17．储运注意事项（Handling Information）（21）

此栏填写货物在仓储和运输过程中所应注意的事项。

（1）对于危险物品，有两种情况。一种是需要附托运人的危险品申报单，则本栏内应打印"Dangerous Goods as Per Attached Shipper's Declaration"字样，对于要求只能用货机运载的危险物品，还应在加上"Cargo Aircraft Only"字样。另一种是属于不要求附危险品申报单的危险物品，则应打印"Shipper's Declaration Not Required"字样。

（2）当一批货物中既有危险物品也有非危险物品时，应分别列明，危险物品必须列在第一项，并填写危险品的件数。此类货物不要求附危险物品申报单，其中的危险物品不是放射性物质且数量有限。

（3）其他注意事项尽可能使用"货物交换电报程序"（CARGO-IMP）中的代号和简语，如货物上的标志、号码以及包装方法；随货运单所附文件的名称，如托运人的动物证明书"Shipper's Certification For Live Animals"、装箱单"Packing List"、发票"Invoice"等；除收货人外，另有通知人（不同于收货人）的姓名、地址、国家以及电话、电传或传真号码、货物所需要的特殊处理规定；海关规定等。

18．航空运价细目（Consignment Rating Details）（22A）至（22L）

一票货物中如含有两种或两种以上不同运价类别计费的货物应分别填写，每填写一项另起一行，如果含有危险物品，则该危险物品应列在第一项。

（1）件数/运价组合点（No. of Pieces / RCP）（22A）。此栏打印货物的件数。如果所使用的货物运价种类不同时，应分别填写，并将总件数填写在（22J）栏内；如果使用非公布直达运价计算运费时，在件数的下面还应打印运价组合点城市的IATA三字代号。

（2）毛重（Gross Weight）（22B）。适用于运价的货物实际毛重（以千克为单位时可保留至小数点后一位），并与件数相对应。如果分别填写时，应将总毛重填写在（22K）栏内。

（3）重量单位（Kg/Lb）（22C）。此栏中，以千克为单位时填写"K"，以磅为单位时填写"L"。

（4）运价等级（Rate Class）（22D）。填写所采用的货物运价种类代码，代码通常有十种：

M——最低运费 Minimum Charge。

N——45 千克以下（或 100 千克以下）运价 Normal Rate。

Q——45 千克以上运价 Quantity Rate。

C——指定商品运价 Specific Commodity Rate。

R——等级货物附减运价 Class Rate Reduction。

S——等级货物附加运价 Class Rate Surcharge。

U——集装化设备基本运费货运价 Unit Load Device Basic Charge or Rate。

E——集装化设备附加运价 Unit Load Device Additional Rate。

X——Unit Load Device Additional Information 集装化设备附加说明。

Y——Unit Load Device Discount 集装化设备折扣。

（5）商品品名编号（Commodity Item No.）（22E）。此栏应根据所采用的货物运价种类填写，并与（22D）栏对应。

①使用指定商品运价时，打印指定商品品名代号，对应于（22D）中的代码 C。

②使用等级货物运价时，此栏打印附加或附减运价的比例。附减运价：如所适用费率为 N 运价的 50%，则填写为 N50，对应于（22D）中的代码 R；附加运价：如所适用的费率为 N 运价的 150%，则填写为 N150，对应于（22D）中的代码 S。

③如果是集装货物，打印集装货物运价等级。

（6）计费重量（Chargeable Weight）（22F）。打印与运价相应的货物计费重量。

如果是集装货物则打印：

①与运价代号"U"对应的适合集装箱货物基本运费的重量。

②与运价代号"E"对应的超过使用基本运费的重量。

③与运价代号"X"对应的集装器空重。

（7）运价/运费（Rate/Charge）（22G）。此栏打印与（22D）对应的运价。

①当使用最低运费时，打印与运价代码"M"对应的最低运费。

②当使用非最低运费的普通运价时，打印与运价代码"N""Q"相应的运价。

③当使用等级运价时，打印与运价代码"S"或"R"对应的附加或附减后的运价。

④当使用指定商品运价时，打印与运价代码"C"相应的运价。

⑤当使用集装运价时，则打印与运价代码"U"对应的集装货物的基本运费或与运价代号"E"对应的超过基本运费有集装货物的运价。

（8）总计（TOTAL）（22H）。此栏打印计费重量与适用运价相乘后的运费金额。如果是最低运费或集装货物基本运费时，本栏与"运价/运费"栏内的金额相同；如果分别填写时，将航空运费总额填写在（22L）栏内。

（9）货物品名和数量（Nature and Quantity of Goods）（22I）。本栏应按要求打印，尽可能地清晰简明。打印货物的品名（用英文大写字母），不得填写表示物品类别的统称；当一票货物中含有危险物品时，应分别打印，而且应将危险物品列在第一项；如果是集中托运物品，本栏应打印"Consolidation as Attached List"（集中托运物品，按所附的每一票据办理）；打印货物的外包装尺寸或体积，用"长×宽×高"表示，以厘米作单位；可打印货物的产地国。

（10）总件数（NO. of Pieces）（22J）。此栏打印（22A）各组货物的件数之和。

（11）总毛重（Gross Weight）（22K）。此栏打印（22B）各组货物毛重之和。

（12）总计（Total）（22L）。此栏打印（22H）各组货物运费之和。

（13）（22Z）此栏一般不需打印。如果承运人要求，可打印有关服务代号。

19. 其他费用（Other Charges）（23）

此栏一般打印在始发站发生的其他费用。打印"其他费用"金额时，应冠以代码。在代码与所收金额之间须加字母"C"或"A"以表明此费用为谁收，"C"表示该费用为承运人所收取，"A"表示该费用为代理人所收取。

如：INA 2580 为代理人收取的代办保险服务费 2 580 元；DBC 45.00 为承运人收取的代垫付款手续费 45.00 元。

航空运单中常见的其他费用代码

AC（Animal Container）——动物容器租费

AS（Assembly Service Fee）——集中货物服务费

AT（Attendant）—— 押运员服务费

AW（Air Waybill Fee）—— 货运单费

BR（Bank Release）——银行放单费

CD（Clearance and Handling-Destination）——目的站清关操作费

CH（Clearance and Handling）——始发站办理海关手续和处理费

DB（Disbursement Fee）—— 代垫付款手续费

DF（Distribution Service）—— 分发服务费

FC（Charges Collect Fee）—— 运费到付手续费

GT（Government Tax）——政府税

HR（Human Remains）—— 尸体、骨灰附加税

IN（Insurance Premium）—— 代办保险服务费

LA（Live Animals）—— 动物处理费

MA（Miscellaneous-Due Agent）—— 代理人收取的杂项费

MC（Miscellaneous-Due Carrier）——承运人收取的杂项费

MY（Fuel Surcharge）——燃油附加费

PK（Packaging）—— 包装服务费

PU（Pick-Up）——货物提取费

RA（Dangerous Goods Surcharge）—— 危险品外理费

SD（Surface Charge Destination）——目的站地面运输费

SI（Stop in Transit）——中途停运费

SO（Storage-Origin）——始发站保管费

SR（Surface Charge-Origin）—— 始发站地面运费

SU（Storage-Destination）——目的站仓储费

TR（Transit）——过境费

TX（Taxes）——捐税

UH（ULD Handing）——集装设备操作费

20．预付（Prepaid）或到付（Collect）

此栏中的左侧费用为预付，右侧费用为到付。

（1）运费（Weight Charge）。打印货物计费重量计得的货物运费。与（22H）或（22L）中的金额一致，全部预付的打印在（24A）栏中，全部到付的打印在（24B）栏中。

（2）声明价值附加费（Valuation Charge）。如果托运人提出货物运输声明价值，此栏则应填写声明价值附加费。

声明价值附加费计算公式：（声明价值－实际毛重×最高赔偿额）×0.5%

全部预付的打印在（25A）栏中，全部到付的打印在（25B）栏中。

（3）税款（Tax）。此栏打印适用的税款。全部预付的打印在（26A）栏中，全部到付的打印在（26B）栏中。

（4）其他费用总额（Total Other Charges）。

①由代理人收取的其他费用总额（Total Charges Due Agent）。打印由代理人收取的其他费用总额，全部预付的打印在（27A）栏中，全部到付的打印在（27B）栏中。

②由承运人收取的其他费用总额（Total Charge Due Carrier）。打印由承运人收取的其他费用总额，全部预付的打印在（28A）栏中，全部到付的打印在（28B）栏中。

（5）无名称阴影栏目（29A）和（29B）。一般不需打印，除非承运人需要。

（6）总计（Total）。（30A）中打印（24A）、（25A）、（26A）、（27A）及（28A）等栏目中有关预付款项之和，（30B）中打印（24B）、（25B）、（26B）、（27B）及（28B）等栏目中有关到付款项之和。

21．托运人签字栏（Signature of Shipper or His Agent）（31）

此栏打印托运人的名称，且托运人应在本栏目中签字或盖章。

22．承运人填写栏（Carrier's Execution Box）

（1）填开日期［Executed on（Date）］（32A）。按日、月、年的顺序打印货运单的填开日期，月份可用缩写，如：12 JAN. 2012。

（2）填开地点（At Place）（32B）。此栏打印机场或城市的全称或缩写。

（3）填开货运单的承运人或其代理签字（Signature of Issuing Carrier or Its Agent）（32）。填开货运单的承运人或其代理人在此栏中签字。

23．仅供承运人在目的站使用（For Carrier's Use Only at Destination）（33）

此栏一般不需打印。

24．用目的站国家货币付费

此栏仅供承运人使用（30A）至（33D）。

（1）货币兑换比价（Currency Conversion Rate）（33A）。此栏打印目的站国家货币代码和汇率。

（2）用目的站国家货币付费（CC Charges in Destination Currency）（33B）。用（33A）中的汇率乘以（30B）中所列的到付总额，即折算成目的站国家货币的金额，打印在此栏中。

（3）目的站的费用（Charges at Destination）（33C）。最后承运人将目的站发生的费用金额，包括利息等打印在此栏中（以目的站国家的货币为单位）。

（4）到付费用总额（Total Collect Charges）。打印（33B）与（33C）内的费用金额之和。

国际航协标准格式航空运单

(1A) ｜ (1) ｜ (1B)　　　　　　　　　　　　　　　　　　　　　(1A)　　　　(1B)

Shipper's Name and Address (2)	(3) Shipper's Account Number	Not Negotiable Air Waybill ISSUED BY (1C)
		Copies 1,2 and 3 of this Air Waybill are originals and have the same validity. (1D)
Consignee's Name and Address (4)	(5) Consignee's Account Number	It is agreed that the goods described herein are accepted in apparent good order and condition (except as noted) for carriage subject to the conditions of contracct on the reverse hereof. All goods may be carried by any other means including road or any other carrier unless specific contrary instructions are given hereon by the shipper, and shipper agrees that the shipment may be carried via intermediate stopping places which the carrier deems appropreate. The shipper's attention is drawn to the notice concerning carrier's limitation of liability. Shipper may increase such limitation of liability by declaring a higher value for carriage and paying a supplemental charge if require. (1E)

Issuing Carrier's Agent Name and City (6)	Accounting Information (10)
Agent's IATA Code (7)　　Account No. (8)	

Airport of Departure (Addr. of First Carrier) and Requested Routing (9)	Reference Number (34A)	Optional Shipping Information (34B)　　(34C)

TO (11A)	By First Carrier (11B)	Routing and Destination	to (11C)	by (11D)	to (11E)	by (11F)	Currency (12)	CHGS Code (13)	WT/VAL		OTHER		Declared Value for Carriage (16)	Declared Value for Customs (17)
									PPD (14A)	COLL (14B)	PPD (15A)	COLL (15B)		

Airport of Destination (18)	Flight/Date (19A)	for Carriage Use Only	Flight/Date (19B)	Amount of Insurance (20)	INSURANCE–If carrier offers insurance and such insurance is required in accordance with the conditions thereof, indicate amount to be insured in figures in box marked "amount of insurance." (20A)

Handling Information　(21)

(21A) SCI

No. of Pieces RCP	Gross Weight	Kg Lb	Rate Class	Commodity Item No.	Chargeable Weight	Rate	Charge	Total	Nature and Quantity of Goods (incl. Dimensions or Volume)
(22A)	(22B)	(22C)	(22E)	(22D)	(22F)	(22G)		(22H)	(22I)
(22J)	(22K)		(22Z)					(22L)	

Prepaid	Weight Charge	Contract (24B)	Other Charges (23)
(24A)			

269

Valuation Charge (25A) (25B)		
Tax (26A) (26B)		
Total Other Charges Due Agent (27A) (27B)	Shipper certify that the particulars on the face hereof are correct and that in so far as any part of the consignment contains dangerous goods, such part is properly described by name and is in proper condition for carriage by air according to the applicable dangerous goods regulations. (31)	
Total Other Charges Due Carrier (28A) (28B)		
(29A) (29B)	Signature of Shipper or His Agent	
Total Prepaid (30A) Total Collect (30B)		
Currency Conversion Rates (33A) CC Charges in Dest. Currency (33B)	(32A) (32B) (32C) Executed on (date) at (place) Signature of Issuing Carrier or Its Agent	
For Carrier's Use Only at Destination (33) Charges at Destination (33C)	Total Collect Charges (33D)	

ORIGINAL 3 （FOR SHIPPER） A

填写说明：

　　航空运单一般应使用英文大写字母，用计算机打制。各栏内容必须准确、清楚、齐全，不得随意涂改。填好的内容如要修改，则在修改项目近处盖章，注明修改货运单的空运企业名称、地址和日期。修改时，应将所有剩余的各联一起修改。保险价值和运输声明价值不得修改。每批货物收齐后才能开运单，每批货物或集中托运货物均填写一份运单。

小　结

　　航空运单是承运人签发给发货人的、表示承运人已收妥货物、接受发货人托运的货物运输单据。航空运单与海运提单不同，它不具备物权凭证的特性，不可流通转让，持有航空运单并不能说明可以对货物要求所有权。收货人凭承运人的到货通知书提取货物，并不要求收货人一定要提交航空运单才能提货。航空运单随货同行，证明了货物的身份。运单上载明了有关该票货物发送、转运、交付的相关事项，承运人会据此对货物的运输作出相应的安排。学习完后，要掌握航空运单的填制要求。

思考题

1. 简述航空运单的概念和作用。
2. 简述航空主运单和航空分运单的主要区别。
3. 简述航空运单填制中运费、声明价值、保险金额、商品代码、计费重量、运价的填制要求。

任务四　航空运费的计算

【主要学习内容】

知识目标：

1. 航空运费计算中的基本知识。
2. 航空运价的基本知识。

技能目标：

航空运费的计算。

任务描述：

　　广州续航国际货运代理有限公司需根据广州甲公司交来的货物情况和双方约定的委托事项计算此次委托运输需要收取的相关运输费用。

知识一　航空运费计算中的基本知识

　　在航空运费的计算过程中，需要考虑货物的种类、运输的起始站和终点站、运输的距离等多种因素。运价的制定是遵循"递远递减"的原则，因此，根据重量的等级有一系列的运价。在计费重量方面，由于飞机载重和载运体积的限制，需要同时考虑毛重和体积重量两个方面。因此，货物航空运费需要同时考虑多种因素。

一、基本概念

（一）运价（Rate）

　　运价，又名费率，指承运人对运输的每一单位重量货物所收取的自始发机场到目的机场的航空费用。

　　货物的航空运价一般以运输始发地的本国货币公布，有的国家以美元代替本国货币公布。运输始发地销售的航空运单的任何运价、运费值均应为运输始发地货币，即当地货币，以美元公布运价的国家的当地货币为美元。

　　销售的航空运单所使用的运价应为填制货运单之日的有效运价。

（二）航空运费（Weight Charge）

　　航空运费指航空公司将一票货物自始发机场运至目的机场应收取的航空运输费用。由适用运价和货物的计费重量计算所得。此费用指运输始发机场到目的机场之间的航空费用，不包括其他费用。

每票货物指使用同一份航空运单的货物。

(三) 其他费用 (Other Charge)

其他费用指承运人、代理人或其他部门收取的与航空货物运输有关的费用。如地面运输、制单、仓储、国际货物清关等环节收取的费用。

二、计费重量

计费重量是指用以计算货物航空运费的重量。货物计费重量或者是货物的实际毛重，或者是货物的体积重量，或者是较高重量分界点的重量。

(一) 实际毛重 (Actual Gross Weight)

实际毛重是包括包装在内的货物重量。以 0.1 kg 为最小计量单位。

(二) 体积重量 (Volume Weight)

体积重量是将货物体积按照一定比例折合而成的重量。

计算货物体积时，应以最长、最宽、最高的三边厘米长度计算。长、宽、高的小数部分按四舍五入取整。换算标准为每 6 000cm³ 折合 1 kg，换算公式为：

$$体积重量 (kg) = \frac{货物体积}{6\ 000cm^3/kg}$$

(三) 计费重量 (Chargeable Weight)

一般来说，采用货物实际毛重与体积重量中的高者作为计费重量；但当货物按较高重量分界点的较低运价计算的航空运费较低时，应取较高重量分界点的货物起始重量作为计费重量。

国际航协规定，国际货物的计费重量以 0.5kg 为最小计量单位。重量尾数不足 0.5kg 的，按 0.5kg 计算；0.5kg 以上，不足 1kg 的，按 1kg 计算。

如：65.2kg 应记为 65.5kg，65.51kg 应记为 66.0kg。

当一份运单包含两件或两件以上，可采用同样种类运价计算运费的货物时，计费重量应为总的实际毛重与总的体积重量中的较高者。

三、最低运费 (Minimum Charge)

最低运费是指一票货物自始发地机场到目的地机场航空运费的最低限额。

货物按其使用运价与其计费重量计算所得的航空运费应与货物最低运费相比，取高者。

四、货物航空运价、运费的货币进整问题

关于这一问题，因货币的币种不同而不同。详细规则可参考 TACT 规则中的相关

规定。

我国货币人民币（CNY）的进位规定是：最低航空运费的进位单位为"5"，除此之外的运价及航空运费的进位单位为"0.01"。

对于以0.01、0.1、1、10等为进位单位的货币，其进位原则是我们常说的四舍五入。

对于以0.05、0.5、5等为进位单位的货币，在计算中应特别注意其进整问题。在工作中，尤其是在处理境外运至我国的到付货物的航空运单审核及费用收取业务时，应注意此规则。

知识二　航空运价的基本知识

航空货物运价是调节航空货物运输市场的重要经济杠杆，进而影响着国民经济的多个方面。

一、航空运价种类

目前国际货物运价按制定途径划分，主要分协议运价和国际航协运价两种。

（一）协议运价

协议运价是航空公司与托运人之间签订协议，托运人保证每年向航空公司交运一定数量的货物，航空公司则向托运人提供一定数量的运价折扣。目前航空公司大多使用协议运价，根据不同的协议方式可作进一步细分。如表3-4所示：

表3-4　协议运价分类表

协议运价		包板（舱）	死包板（舱）
			软包板（舱）
长期协议	短期协议	返还	销售量返还
			销售额返还
自由销售			

长期协议：通常航空公司与代理人签订的协议期限为一年。

短期协议：通常签订的协议期限为半年或半年以下。

包板（舱）：托运人在一定航线上包用承运人全部或部分的舱位或集装器来运送货物。

死包板（舱）：固定包板（舱）。

软包板（舱）：非固定包板（舱）。

销售量返还：若代理人在规定期限内完成了一定货量，航空公司则可以按一定的比例返还运费。

销售额返还：若代理人在规定期限内完成了一定销售额，航空公司则可以按一定的比例返还运费。

自由销售：也称议价货物或是一票一价，除了协议运价的货物，都是一票货物一个定价。

（二）国际航协运价

国际航协运价指 IATA 在 TACT 运价资料上公布的运价。按照 IATA 货物运价公布的形式划分，国际货物运价可分为公布直达运价和非公布直达运价。如表 3 – 5 所示：

表 3 – 5　国际航协运价分类表

IATA 运价	公布直达运价（Published through Rates）	普通货物运价（General Cargo Rate）
		指定商品运价（Specific Commodity Rate）
		等级货物运价（Commodity Classification Rate）
		集装货物运价（Unit Load Device Rate）
	非公布直达运价（UN-Published through Rates）	比例运价（Construction Rate）
		分段相加运价（Combination of Rates and Charges）

国际航协运价是向全世界公布的，主要目的是协调各国的货物运价。虽然在实际操作中，大多航空公司都在国际航协运价的基础上进行了一定的折扣，但国际航协运价还是有存在价值的。原因在于国际航协运价可以给航空公司以参考运价，这种标准运价规范了国际航空货运市场，并且国际航协对特种货物运价进行了分类，航空公司在运输特种货物时，一般都使用国际航协标准运价。

国际航协运价的原则有：

1. 重量分段对应运价原则

在每个重量范围内设置一个运价，如表 3 – 6 所示。

表 3 – 6　上海到巴黎的运价标准表

SHANGHAI	CN	SHA
Y. RENMINBI	CNY	KGS
	M	260.0
PARIS　　FR	N	35.65
	45	28.25
	300	25.50

45kg 以下的货物运价为 35.65 元/kg，45～300kg 之间的适用运价是 28.25 元/kg，以此类推。

2. 数量折扣原则

随着运输重量越大，运价会越低，这遵循了定价原则中的数量折扣原则。

从上海到巴黎的运价中，我们可以看出随着所托运货物重量的增大，运价是递减的。

这个原则旨在鼓励托运大批量的货物，从而保证飞机舱位得到充分利用。

3. 运距的因素

由于运输上的消耗，运距越长运价越高。从表3-7上海到东京和表3-6上海到巴黎的运价标准对比中可以看出，就单位距离货物的运价来说，随着运距的增长，单位运价越来越便宜。

表3-7　上海到东京的运价标准表

SHANGHAI	CN		SHA
Y. RENMINBI	CNY		KGS
		M	150.0
TOKYO	JP	N	11.50
		4	58.00
		300	7.00

4. 产品性质原则

国际航协根据产品的性质可以在普货运价的基础上进行运价附加或运价附减，如对活动物、鲜活易腐货物、贵重货物、骨灰、灵柩、急件等货物采取附加的形式；对报刊杂志、作为货物运送的行李采取附减的形式。

二、我国国内航空货物运价体系

自1998年9月1日起，我国民航国内航线货物运价标准为：

1. 最低运费（代号M）

每票国内航空货物最低运费为30元。

2. 普通货物运价

普通货物运价包括基础运价和重量分界点运价。

基础运价为45千克以下普通货物运价，费率按照民航总局规定的统一费率执行。同时，为适应航空货物的流向差异，同一航线不同方向保留差价。

重量分界点运价。45千克以上运价由民航总局统一规定，按标准运价的80%执行；此外，航空公司可根据运营航线的特点，建立其他重量分界点运价，共飞航线由运营航空公司协商确定，报民航总局批准执行。

3. 等级货物运价（代号S）

急件、生物制品、植物和植物制品、活动物、骨灰、灵柩、鲜活易腐货物、贵重货物、机械、弹药、押运货物等特种货物的国际航空运费按普通货物标准运价的150%计收。

4. 指定商品运价（代号C）

对一些批量大、季节性强、单位价值小的货物，航空公司可建立指定商品运价，运价优惠幅度不限，报民航总局批准执行。

表 3-8　中国国内航空货物指定商品种类及代号

代号	种类
0007	水果
0300	鱼（可食用的）、海鲜、海味
0600	肉、肉制品（包括家禽、野味和猎物）
1201	皮革和皮制品
1401	花木、幼苗、根茎、种子、植物和鲜花
2195	成包、成卷、成块的未进一步加工或制造的纱、线、纤维、布、服装和纺织品
6001	化学制品、药品、药材

知识三　航空运输中的其他费用

在国际航空货物运输中，除了航空运费，航空公司和代理人提供的其他服务也是需要收取相应费用的。主要有以下几种：

一、货运单费（Documentation Charges）

货运单费又称为航空运单工本费，是填制航空运单的费用，各国的收费水平不尽相同。货运单费应填制在货运单的"其他费用"一栏中，用代码"AW"表示（Air Waybill Fee, WA）。按照国际航协规定：

（1）航空运单若由航空公司来销售或填制，表示为"AWC"，表示此项费用归出票航空公司所有。

（2）如果航空运单由航空公司代理人销售或填制，表示为"AWA"，表示此项费用归代理人所有。

中国民航各航空公司一般规定货运单无论是由航空公司销售还是由代理人销售，填制货运单时，货运单中"Other Charges"一栏中用"AWC"表示，意即此项费用归出票航空公司所有。

二、垫付款和垫付费（Disbursements and Disbursements Fees）

1. 垫付款

垫付款指在始发地机场运输一票货物发生的部分其他费用。仅限于货物地面运输费、清关处理费和货运单工本费。此项费用需按照不同于其他费用的种类代号、费用归属代号（A 或 C）及费用金额一并填入货运单的"其他费用"一栏。如：

AWA——表示代理人填制的货运单。

CHA——表示代理人代替办理始发地清关业务。

SUA——表示代理人将货物运输到始发地机场的地面运输费。

2．垫付费

垫付费是因垫付款的数额而确定的费用。垫付费的代码为"DB"，根据 TACT Rules 规定，该费用归出票航空公司所有，因此应表示为"DBC"。

垫付费的计算公式为：垫付费＝垫付款×10%，但每票货物的垫付费不得低于 20 美元或等值货币。

三、危险品处理费（Charges for Shipments of Dangerous Goods – Handling）

在国际航空货物运输中，收运危险品货物，除了应按危险品规则收运并收取航空运费外，还应收取危险品处理费，用"RA"表示。TACT 规则规定，危险品处理费归出票航空公司所有，在货运单的"其他费用"栏内表示为"RAC"。

自中国到 IATA 各区，每票货物的最低收费标准均为人民币 400 元。

四、运费到付货物手续费（Charges Collect Fee）

国际航空货物运输中，当货物的运费及其他费用到付时，在目的地的收货人除了要支付货物的航空运费和其他费用外，还应支付到付货物手续费（CC Fee）。此费用由最后一个承运航空公司收取并归其所有。

对于运至中国的运费到付货物，到付运费手续费的计算公式及标准是：

到付运费手续费＝（货物的航空运费＋声明价值附加费）×2%

各国的 CC Fee 的收费标准不同。在中国，CC Fee 的最低收费标准为人民币 100 元。

五、声明价值附加费

航空承运人要将自己对货主的责任限制在一定的范围内，以限制经营风险。《华沙公约》规定了最高赔偿责任限额为每千克 20 美元或每磅 250 法郎，如果货物的价值超过了这一限额，即增加了承运人的责任，承运人要收取声明价值费。

货物的声明价值是针对整件货物的，不允许对货物的某部分声明价值。声明价值费的收取依据是货物的实际毛重，计算公式是：

声明价值费＝（货物价值－货物毛重×20 美元/千克）×声明价值费费率

费率通常为 0.5%，大多数航空公司在规定声明价值费费率的同时还会规定声明价值费的最低收费标准。

技　能　航空运费的计算

一、普通货物运价计算

普通货物运价（General Cargo Rate，简称GCR）指除了等级货物运价和指定商品运价以外的适合于普通货物运输的运价。普通货物运价通常根据货物重量的不同，分为若干个重量等级分界点运价。

"N"表示标准普通货物运价（Normal General Cargo Rate），45千克以下的普通货物运价（若无45千克以下运价时，N表示100kg以下普通货物运价）。普通货物运价还公布有"Q45"、"Q100"等不同重量等级分界点的运价。这里"Q45"表示45千克以上（包括45千克）普通货物的运价，以此类推。对于45千克以上的不同重量等级分界点的普通货物运价均用"Q"表示。

用计费重量和适用的运价计算所得的航空运费不得低于公布的航空运费的最低收费标准（M）。

以上叙述中的"M"、"N"、"Q"主要用于填制航空运单运费计算栏中的"Rate Class"一栏。

例1：以货物的实际毛重作为计费重量

Routing：　　　　　　Shanghai，China（SHA）

　　　　　　　　　　to Paris，France（PAR）

Commodity：　　　　Tools

Gross Weight：　　　10 boxes，28.0kgs each

Dimensions：　　　　10 boxes，40 cm × 40 cm × 40 cm each

公布运价如下：

SHANGHAI	CN		SHA
Y. RENMINBI	CNY		KGS
		M	260.0
PARIS	FR	N	35.65
		45	28.25

根据公布运价表给出的运价计算运费，并填写航空运单运费计算栏。

解：Volume：40 cm × 40 cm × 40 cm × 10 = 640 000 cm^3

Volume Weight：640 000 cm^3 ÷ 6 000 cm^3/kg = 106.67 kgs ≈ 107.0 kgs

Gross Weight：280.0 kgs

Chargeable Weight：280.0 kgs

Applicable Rate：GCR Q 28.25 CNY/kg

Weight Charge：28.25 CNY/kg×280.0 kgs ＝ CNY7,910.00

航空运单运费计算栏填制如下：

No. of Pieces RCP	Gross Weight	Kg Lb	Rate Class		Chargeable Weight	Rate/ Charge	Total	Nature and Quantity of Goods （Incl. Dim. and Vol.）
			Q	Commodity Item No.				
10	280.0	K			280.0	28.25	7,910.00	Tools 40 cm×40 cm×40 cm×10

例2：以体积重量作为计费重量

Routing： Beijing, China （BJS）

　　　　　 to Amsterdam, Holland （AMS）

Commodity： Tools

Gross Weight： 10 boxes, 38 kgs each

Dimensions： 10 boxes, 80 cm×70 cm×50 cm each

公布运价如下：

BEIJING	CN		BJS
Y. RENMINBI	CNY		KGS
		M	260.0
AMSTERDAM	NL	N	35.65
		45	28.25

根据公布运价表给出的运价计算运费，并填写航空运单运费计算栏。

解：Volume：80 cm×70 cm×50 cm×10 ＝2 800 000 cm³

Volume Weight：2 800 000 cm³÷6 000 cm³/kg ＝ 466.67 kgs≈467.0 kgs

Gross Weight：380.0 kgs

Chargeable Weight：467.0 kgs

Applicable Rate：GCR Q 28.25 CNY/kg

Weight Charge：28.25 CNY/kg×467.0 kgs ＝ CNY13,192.75

航空运单运费计算栏填制如下：

No. of Pieces RCP	Gross Weight	Kg Lb	Rate Class		Chargeable Weight	Rate/ Charge	Total	Nature and Quantity of Goods (Incl. Dim. and Vol.)
			Commodity Item No.	Q				
10	380.0	K			467.0	28.25	13,192.75	Tools 80cm×70cm×50cm×10

例3：较高重量等级分界点重量作为计费重量

Routing：	Beijing, China（BJS）
	to Rotterdam, Holland（AMS）
Commodity：	Tools
Gross Weight：	38.51 kgs
Dimensions：	100 cm×55 cm×30 cm

公布运价如下：

BEIJING	CN		BJS
Y. RENMINBI	CNY		KGS
ROTTERDAM	NL	M	320.0
		N	50.22
		45	41.53
		300	37.52

根据公布运价表给出的运价计算运费，并填写空运单运费计算栏。

解：（1）按实际毛重计算。

Volume：100 cm×55 cm×30 cm = 165 000 cm^3

Volume Weight：165 000 cm^3 ÷ 6 000 cm^3/kg = 27.5 kgs

Gross Weight：38.51 kgs

Chargeable Weight：39.0 kgs

Applicable Rate：GCR N 50.22CNY/kg

Weight Charge：50.22 CNY/kg×39.0 kgs = CNY1,958.58

（2）采用较高重量等级分界点的较低运价计算。

Chargeable Weight：45.0 kgs

Applicable Rate：GCR Q45 41.53CNY/kg

Weight Charge：41.53 CNY/kg×45.0 kgs = CNY1,868.85

比较（1）与（2），取运费较低者：CNY1,868.85。

航空运单运费计算栏填制如下：

| No. of Pieces RCP | Gross Weight | Kg Lb | | Rate Class | Chargeable Weight | Rate/ Charge | Total | Nature and Quantity of Goods (Incl. Dim. and Vol.) |
				Commodity Item No.				
			Q					
1	38.51	K			45.0	41.53	1,868.85	Tools 100 cm × 55 cm × 30 cm

二、指定商品运价

指定商品运价（Specific Commodity Rate，简称 SCR）是指适用于自规定的始发地至目的地运输特定品名货物的运价。

指定商品运价是一种优惠性质的运价，一般低于相应的普通货物运价。在使用时，应遵循的原则是：

（1）运输始发地至目的地之间有公布的指定商品运价。

（2）托运人所交运的货物，其品名与有关指定商品运价的货物品名相吻合。

（3）货物的计费重量满足指定商品运价使用时的最低重量要求。

使用指定商品运价计算航空运费的货物，其航空运单的"Rate Class"一栏用字母"C"表示。

在 TACT 中根据货物的性质、属性以及特点等对货物进行分类，共分为十大类，每一类又分为 4 个小组。同时对其分组形式用 4 位阿拉伯数字进行编号，该编号即为指定商品货物的品名编号。

指定商品运价的分组和编号如下：

0001 – 0999 可食用的动植物产品（Edible animal and vegetable products）

1000 – 1999 活动物及非食用的动植物产品（Live animals and inedible animal and vegetable products）

2000 – 2999 纺织品、纤维及其制品（Textiles，fibers and manufactures）

3000 – 3999 金属及其制品，不包括机器、汽车和电器设备（Metals and manufactures，excluding machinery，vehicles and electrical equipments）

4000 – 4999 机器、汽车和电器设备（Machinery，vehicles and electrical equipments）

5000 – 5999 非金属材料及其制品（Non – metallic minerals and manufactures）

6000 – 6999 化工材料及其相关产品（Chemicals and related products）

7000 – 7999 纸张、芦苇、橡胶和木材制品（Paper，reed，rubber and wood manufactures）

8000 – 8999 科学仪器、专业仪器、精密仪器、器械及配件（Scientific, professional and precision instrument, apparatus and supplies）

9000 – 9999 其他（Miscellaneous）

9700 – 9799 系列指定运价的品名编号

除 9700 – 9799 编号外，传统编号中的每一品名编号、一般只代表单一种类的指定商品运价。

从北京始发的指定商品货物代码有：

0007	FRUIT, VEGETABLES 水果、蔬菜
0008	FRUIT, VEGETABLES（FRESH）新鲜的水果、蔬菜
0300	FISH（EDIBLE）, SEAFOOD 鱼（可食用的）、海鲜、海产品
1093	WORMS 沙蚕
2195	A：YARN, THREAD, FIBRES, CLOTH（NOT FURTHER PROCESSED OR MANUFACTURED）: EXCLUSIVELY IN BALES, BOLTS, PIECES 成包、成卷、成块未进一步加工或制造的纱、线、纤维、布 B：WEARING APPAREL, TEXTILE MANUFACTURES 服装、纺织品
2199	A：YARN, THREAD, FIBRES, TEXTILES 纱、线、纤维、纺织原料 B：TEXTILE MANUFACTURES 纺织品 C：WEARING APPAREL 服装（包括鞋、袜）
2211	YARN, THREAD, FIBRES（NOT FURTHER PROCESSED OR MANUFACTURED）: EXCLUSIVELY IN BALES, BOLTS, PIECES; WEARING APPAREL, TEXTILE MANUFACTURES 成包、成卷、成块未进一步加工或制造的纱、线、纤维；服装、纺织品
7481	RUBBER TYRES, RUBBER TUBES 橡胶轮胎、橡胶管

计算步骤：

（1）查询运价表，如有指定商品代码，则考虑使用指定商品运价。

（2）如果货物的计费重量超过指定商品运价的最低重量，则优先使用指定商品运价。

（3）如果货物的计费重量没有达到指定商品运价的最低重量，则需要进行比较计算。

例题：需比较的指定商品运价计算

Routing：　　　　Beijing, China（BJS）
　　　　　　　　　to Osaka, Japan（OSA）

Commodity：　　Fresh Apples

Gross Weight：　4 pieces, 68.3 kgs each

Dimensions：　　4 pieces, 95 cm×45 cm×35 cm each

公布运价如下：

BEIJING	CN			BJS
Y. RENMINBI	CNY			KGS
			M	260. 0
			N	36. 51
OSAKA	JP		45	28. 23
			300	26. 50
		0008	300	18. 50
		0300	500	20. 25

根据公布运价表给出的运价计算运费，并填写航空运单运费计算栏。

解：查 TACT Rates Books 的品名表，品名编号 "0008" 所对应的货物名称为 "Fruit, Vegetables（Fresh）"，符合指定商品代码 "0008"。

Volume Weight：95 cm × 45 cm × 35 cm × 4 ÷ 6 000 cm^3/kg = 99. 75 kgs ≈ 100. 0 kgs

Gross Weight：68. 3 kgs × 4 = 273. 2 kgs ≈ 273. 5 kgs

Chargeable Weight：273. 5 kgs

（1）由于计费重量没有达到指定商品代码0008的最低重量300 kgs的要求，因此，只能先用普通运价计算：

Applicable Rate：GCR /Q45 28. 23 CNY/kg

Weight Charge：28. 23 CNY/kg × 273. 5 kgs = CNY7,720. 91

（2）因为货物计费重量接近指定商品代码 "0008" 的最低重量300 kgs，所以，可以按指定商品运价使用规则计算，然后进行比较：

Actual Gross Weight：273. 2 kgs

Chargeable Weight：300. 0 kg

Applicable Rate：SCR 0008/Q300 18. 50 CNY/kg

Weight Charge：18. 50 CNY/kg × 300. 0 kgs = CNY5,550. 00

比较（1）与（2），取运费较低者，所以 Weight Charge 为 CNY5,550. 00。

航空运单运费计算栏填制如下：

No. of Pieces RCP	Gross Weight	Kg Lb		Rate Class	Chargeable Weight	Rate/ Charge	Total	Nature and Quantity of Goods (Incl. Dim. and Vol.)
				Commodity Item No.				
4	273. 2	K	C	0008	300. 0	18. 50	5,550. 00	Fresh Apples 95 cm × 45 cm × 35 cm × 4

三、等级货物运价

等级货物运价（Commodity Classfication Rate）指在规定的业务区内或业务区之间运输

特别指定的等级货物的运价。

IATA 规定，等级货物包括活动物、贵重货物、书报杂志类货物、作为货物运送的行李、尸体、骨灰、汽车等。

等级货物运价是在普通货物运价基础上附加或附减一定百分比的形式构成，附加或附减规则公布在 TACT 规则中。

通常附加或不附加也不附减的等级货物用代号"S"表示，附减的等级货物用代号"R"表示。

IATA 规定，对于等级货物运输，如果属于国际联运，并且参加联运的某一承运人对其承运的航段有特殊的等级货物百分比，即使运输起讫地点间有公布的直达运价，也不可以直接使用，此时，应使用分段相加的办法计算运输始发地至目的地的航空运费。本书对国际联运的运费不作详细阐述。

1. 活动物运价（Live Animals）

下面从一个例子来认识活动物运价表。

（Rates covering all areas, excluding between countries in the ECAA）

表 3 - 9　活动物运价表

IATA AREA (see Rule 1.1.2. Definitions of Areas)						
ALL LIVE ANIMALS Except: Baby Poultry less than 72 hours old	Within 1	Within 2 (see also Rule 3.7.1.3)	Within 3	Between 1&2	Between 2&3	Between 3&1
	175% of Normal GCR	175% of Normal GCR	150% of Normal GCR Except: 1 below	175% of Normal GCR	150% of Normal GCR Except: 1 below	150% of Normal GCR Except: 1 below
BABY POULTRY Less than 72 hours old	Normal GCR	Normal GCR	Normal GCR Except: 1 below	Normal GCR	Normal GCR Except: 1 below	Normal GCR Except: 1 below

Exception:

（1）Within and from the South West Pacific sub-area: 200% of the applicable GCR。

（2）最低运费（Rules 3.7.2./2）。

（不包括 ECAA 国家之间）活动物的最低运费标准为 200% M。

下面对上表中的一些内容作出解释：

（1）"the Normal GCR"表示使用运价表中的 45kg 以下普通货物运价，即 N 运价（当不存在 45kg 重量点时，N 表示 100kg 以下普通货物运价）。此时，运价的计算与货物的计费重量无关。

（2）"the Normal GCR 的百分比"（如 150% of the Normal GCR），表示在运价表中 N 运价的基础上乘以这个百分比（如 150% N）。此时，运价的计算与货物的计费重量无关。

（3）"appl. GCR"表示计算运价表中适用的普通货物运价（N、Q45、Q100……）。此时，运价的计算与货物的计费重量有关。

（4）"appl. GCR 的百分比"（如 110% of appl. GCR）表示在所适用的普通货物运价基础上乘以该百分比（如 110% N、110% Q45kg、110% Q100kg……）。此时，运价的计算与货物的计费重量有关。

当始发地和目的地的等级运价百分比不同时，以始发地的百分比为准。

动物的容器以及食物等应包含在活动物的计费重量中。

例1：

Routing：	Beijing, China（BJS）
	to Atlanta, U. S. A.（ATL）
Commodity：	Monkeys
Gross Weight：	3 pieces, 55. 3 kgs each
Dimensions：	3 pieces, 98 cm × 88 cm × 44 cm each

公布运价如下：

BEIJING	CN		BJS
Y. RENMINBI	CNY		KGS
		M	420.0
		N	75.95
ATLANTA	US	45	58.68
		100	52.34
		300	47.26

根据公布运价表及表 3 - 9 活动物运价表计算运费并填写航空运单运费栏。

解：Volume：98 cm × 88 cm × 44 cm × 3 = 1 138 368 cm^3

Volume Weight：1 138 368 cm^3 ÷ 6 000 cm^3/kg = 189. 728 kgs ≈ 190. 0 kgs

Gross Weight：55. 3kgs × 3 = 165. 9kgs ≈ 166. 0kgs

Chargeable Weight：190. 0 kgs

Applicable Rate：N150% of the Normal GCR 150% × 75. 95 CNY /kg = 113. 93 CNY /kg

Weight charge：113. 93CNY /kg × 190. 0 kgs = CNY21 ,646. 70

航空运单运费计算栏填制如下：

No. of Pieces RCP	Gross Weight	Kg Lb	Rate Class		Chargeable Weight	Rate/ Charge	Total	Nature and Quantity of Goods（Incl. Dim. and Vol.）
				Commodity Item No.				
3	165.9	K	S	N150	190. 0	113. 93	21,646. 70	Monkeys 98 cm × 88 cm × 44 cm × 3

例2：

Routing：	Mexico City, Mexico（MEX）
	to Rome, Italy（ROM）
Commodity：	Sheep
Gross Weight：	270.0 kgs
Dimensions：	240 cm × 120 cm × 60 cm

公布运价如下：

MEXICO CITY	MX		MEX
U. S. DOLLAR	USD		KGS
		M	420.00
		N	64.46
ROME	IT	45	46.34
		100	45.19
		300	41.86

根据公布运价表及表3－9活动物运价表计算运费并填写航空运单运费栏。

解：Volume：240 cm × 120 cm × 60 cm = 1 728 000 cm^3

Volume Weight：1 728 000 cm^3 ÷ 6 000 cm^3/kg = 288.0 kgs

Gross Weight：270.0 kgs

Chargeable Weight：288.0 kgs

Applicable Rate：N175% of the Normal GCR 175% × 64.46USD/kg = 112.81USD/kg

Weight Charge：112.81USD/kg × 288.0 kgs = USD 32,489.28

航空运单运费计算栏填制如下：

| No. of Pieces RCP | Gross Weight | Kg Lb | | Rate class | Chargeable Weight | Rate/ Charge | Total | Nature and Quantity of Goods (Incl. Dim. and Vol.) |
				Commodity Item No.				
1	270.0	K	S	N175	288.0	112.81	32,489.28	Sheep 240 cm × 120 cm × 60 cm

2. 贵重货物运价（Valuable Cargo）

Area：	Rate：
All IATA Area	200% of the Normal GCR

例如：IATA 一区与三区之间且经北太平洋或中太平洋（除朝鲜半岛至美国本土各点外），1 000 kg或1 000 kg 以上贵重货物的运费，按 45 kg 以下普通货物运价150% 收取（150% of the Normal GCR）。

贵重货物的最低运费按公布最低运费的200%收取，同时不低于 50 美元或等值货币。

例题：

Routing：	Beijing, China（BJS）
	to Chicago, U. S. A.（CHI）
Commodity：	Gold Coin
Gross Weight：	4. 2 kgs
Dimensions：	45 cm×30 cm×20 cm

公布运价如下：

BEIJING	CN		BJS
Y. RENMINBI	CNY		KGS
		M	630. 00
		N	69. 43
CHICAGO	US	45	60. 16
		100	53. 19
		300	45. 80

计算运费并填写航空运单运费栏。

解：Volume：45 cm×30 cm×20 cm = 27 000 cm^3

Volume Weight：27 000 cm^3 ÷ 6 000 cm^3/kgs = 4. 5 kgs

Gross Weight：4. 2 kgs

Chargeable Weight：4. 5 kgs

Applicable Rate：S200% of the Normal GCR 200% ×69. 43CNY/kg = 138. 86CNY/kg

Weight Charge：4. 5 ×138. 86 = CNY624. 87

Minimum Charge：630. 00

因为贵重货物的最低运价为公布运价表中 m 的200%，所以此票货物的航空运费为：CNY1,260. 00。

航空运单运费计算栏填制如下：

No. of Pieces RCP	Gross Weight	Kg Lb		Rate Class		Chargeable Weight	Rate/ Charge	Total	Nature and Quantity of Goods（Incl. Dim. and Vol.）
				Commodity Item No.					
1	4. 2	K	S	M200		4. 5	1,260. 00	1,260. 00	Gold Coin 45 cm×30 cm×20 cm

3．书报、杂志运价

货物的范围包括：报纸（Newspapers）、杂志（Magazines）、期刊（Periodicals）、图书（Books）、目录（Catalogues）、盲人读物及设备（Braille type equipment and talking books for the blind）。

Area	Rate
With IATA Area 1； Between IATA Area 1 and 2	67% of the Normal GCR
All other Areas	50% of the Normal GCR

最低运费按公布的最低运费 M 收取。

可以使用普通货物的较高重量点的较低运价。

例题：

Routing：	Beijing, China（BJS）
	to London, United Kingdom（LON）
Commodity：	Periodicals
Gross Weight：	20 pieces, 48. 6 kg each
Dimensions：	20 pieces, 70 cm × 50 cm × 40 cm each

公布运价如下：

BEIJING	CN		BJS
Y. RENMINBI	CNY		KGS
		M	320. 00
		N	60. 20
LONDON	GB	45	45. 22
		500	33. 42
		1 000	30. 71

计算运费并填写航空运单运费栏。

解：（1）按查找的运价构成形式计算。

Volume：$70 \text{ cm} \times 50 \text{ cm} \times 40 \text{ cm} \times 20 = 2\,800\,000 \text{ cm}^3$

Volume weight：$2\,800\,000 \text{ cm}^3 \div 6\,000 \text{ cm}^3/\text{kgs} = 466. 67 \text{ kgs} = 467. 0 \text{ kgs}$

Gross weight：$48. 6 \text{kg} \times 20 = 972 \text{ kgs}$

Chargeable weight：972 kgs

Applicable rate：R50% of the Normal GCR50% × 60. 20CNY/kg = 30. 10CNY/kg

Weight charge：972 kgs × 30. 10 CNY/kg = CNY29,257. 20

（2）按下一个较高重量分界点 1 000 kg 对应的较低运价计算。

Chargeable weight：1 000. 0 kgs

Weight charge：1 000 ×30. 71　= CNY30,710. 00

比较（1）和（2），此票货物的航空运费为 CNY29,257. 20

航空运单运费计算栏填制如下：

No. of Pieces RCP	Gross Weight	Kg Lb		Rate Class Commodity Item No.	Chargeable Weight	Rate/ Charge	Total	Nature and Quantity of Goods (Incl. Dim. and Vol.)
20	972. 0	K	R	N50	972. 0	30. 10	29 ,257. 20	Periodicals 70 cm ×50 cm ×40 cm ×20

4. 作为货物运送的行李运价（Baggage Shipped as Cargo）

Area：	Rate：
All IATA Area	50% of the Normal GCR

运价的适用范围：

（1）在 IATA 业务二区内（全部航程为欧洲分区除外）。

（2）在 IATA 业务三区内（至或从美国领地除外）。

（3）在 IATA 业务二区与三区之间（至或从美国领地除外）。

（4）在 IATA 业务一区与二区之间（至或从美国、美国领地至，或从格陵兰岛除外）。

由此可见，中国至一区的此类货物运输不属于该等级货物的范围，不能使用上述等级折扣运价，而应采用普通货物运价或指定商品运价。

以 10kg 为最低的计费重量和适用运价计算的运费与公布最低运费 M 比较，取高者。

可以使用普通货物较高重量点的较低运价。

例题：

Routing：　　　　Beijing，China（BJS）
　　　　　　　　to Tokyo，Japan（TYO）

Commodity：　　Personal Effects

Gross Weight：　25. 0 kgs

Dimensions：　　70 cm ×47 cm ×35 cm

公布运价如下：

BEIJING	CN		BJS
Y. RENMINBI	CNY		KGS
TOKYO	JP	M	320. 00
		N	37. 51
		45	28. 13

计算运费并填写航空运单运费栏。

解：Volume：70 cm × 47 cm × 35 cm = 115 150 cm^3

Volume Weight：115 150 cm^3 ÷ 6 000 cm^3/kgs = 19. 19 kgs = 19. 5 kgs

Gross Weight：25. 0 kgs

Chargeable Weight：25. 0 kgs

Applicable Rate：R50% of the Normal GCR   50% × 37. 51CNY/kg = 18. 76CNY/kg

Weight Charge：25. 0 kgs × 18. 76 CNY/kg = CNY 469. 00

航空货运单运费计算栏填制如下：

No. of Pieces RCP	Gross Weight	Kg Lb		Rate Class / Commodity Item No.	Chargeable Weight	Rate/ Charge	Total	Nature and Quantity of Goods (Incl. Dim. and Vol.)
1	25. 0	K	R	N50	25. 0	18. 76	469. 00	Personal Effects 70 cm × 47 cm × 35 cm × 1

5．尸体、骨灰运价（Human Remain）

Area：	Ashes：	Coffin：
All IATA Areas	Applicable	Normal GCR
With IATA Areas2	300% of Normal GCR	200% of the Normal GCR

尸体、骨灰的最低运费按公布的最低运费 M 收取，但在二区内最低运费为200% M，同时不低于65 美元或等值货币。

四、运价的使用顺序

运价的一般使用顺序如下：

（1）如果有协议运价，则优先使用协议运价。

（2）在相同运价种类、相同航程、相同承运人条件下，公布直达运价应按下列顺序使用：

①优先使用指定商品运价。如果指定商品运价条件不完全满足，则可以使用等级货物运价和普通货物运价。

②其次使用等级货物运价。等级货物运价优先于普通货物运价使用。

如果货物可以按指定商品运价计费，但如果因其重量没满足指定商品运价的最低重量要求，则用指定商品运价计费与普通货物运价计费结果相比较，取低者。如果该指定商品同时又属于附加的等级货物，则只允许采用附加的等级货物运价计费和指定商品运价计费结果比较，取低者；不能与普通货物运价计费比较。

如果货物属于附减的等级货物，即书报杂志类、作为货物运送的行李，其等级货物计费则可以与普通货物运价计算的运费相比较，取低者。

（3）如果运输两点间无公布直达运价，则应使用非公布直达运价。

①优先使用比例运价构成全程直达运价。

②当两点间无比例运价时，使用分段相加办法组成全程最低运价。

五、集中托运货物运价（Mixed Consignments）

集中托运货物指使用同一份货运单运输的货物中，包含有不同运价、不同运输条件的货物。

集中托运货物中不得包括下列物品：活动物、尸体、骨灰、外交信袋、作为货物运送的行李、机动车辆（电力自动车辆除外）。

集中托运货物的申报和计算运费的方式有以下两种：

（1）申报整批货物的总重量（或体积）。集中托运货物被视为一种货物，将其总重量确定为一个计费重量，运价采用适用的普通货物运价。

（2）分别申报每一种类货物的件数、重量、体积及货物品名。按不同种类货物适用的运价与其相应的计费重量分别计算运费。

注：如果集中托运货物使用一个外包装将所有货物合并运输，则该包装物的运费按混运货物中运价最高的货物的运价计收。

在声明价值方面，集中托运货物只能按整票（整批）货物办理声明价值，不得办理部分货物的声明价值，或办理两种以上的声明价值。所以集中托运货物声明价值费的计算应按整票货物总的毛重。

集中托运货物的最低运费，按整票货物计收。

例题：

Routing：	Shanghai, China（SHA）
	to Tokyo, Japan（TYO）
Commodity：	Periodicals, and Toys and Peach（fresh）
Gross Weight：	279.72 kgs and 42.0 kgs and 248.2 kgs
Dimensions：	10 pieces, 90 cm×60 cm×35 cm
	1 Piece, 100 cm×60 cm×42 cm
	6 Pieces, 90 cm×60 cm×30 cm

公布运价如下：

SHANGHAI	CN		SHA
Y. RENMINBI	CNY		KGS
TOKYO	JP	M	230.00
		N	38.58
		45	28.13
		300	25.50
	0008	300	18.80
	0300	500	20.16
	1093	100	18.43
	2195	500	18.80

解答：

（1）整批申报。

Total Volume：90 cm×60 cm×35 cm×10 + 100 cm×60 cm×42 cm + 90 cm×60 cm×30 cm×6 =3 114 000 cm^3

Total Volume Weight：3 114 000 cm^3÷6 000 cm^3/kg =519.0 kgs

Total Gross Weight：279.72 kg + 42.0 kg + 248.2 kg =569.92 kgs

Chargeable Weight：570.0 kgs

Applicable Rate：GCR Q 25.50CNY/kg

Weight Charge：25.50CNY/kg× 570.0 kgs = CNY14,535.00

（2）分别申报。

①Periodicals：

Volume Weight：90 cm×60 cm×35 cm×10 ÷ 6 000 cm^3/kg = 315.0 kgs

GROSS Weight：279.72 kgs

Chargeable Weight：315.0 kgs

Applicable Rate：R 50% of Normal GCR

50% ×38.58 CNY / kg = 19.29 CNY / kg

Weight Charge：19.29 CNY／kg× 315.0 kgs = CNY6,076.35

②Toys：

Volume Weight：100 cm×60 cm×42 cm ÷ 6 000 cm^3/kg = 42.0 kgs

Gross Weight：42.0 kgs

Chargeable Weight：42.0 kgs

Applicable Rate：GCR N 38.58 CNY / kg

Weight Charge：38.58 CNY／kg× 42.0 kgs = CNY1,620.36

较高重量点的较低运价：28.13CNY／kg × 45.0 kgs = CNY1,265.85

③Peach（fresh）：

Volume Weight：90 cm×60 cm×30 cm×6 ÷ 6 000 cm^3/kg = 162.0 kgs

Gross Weight：248.2 kgs

Chargeable Weight：248.5 kgs

Applicable Rate：GCR Q 28.13 CNY/kg

Weight Charge：28.13 CNY/kg×248.5 kgs ＝ CNY6,990.31

查表知 Fresh peach 的代码为 0008，其实际毛重接近 300kg，所以用指定代码运价计算费用为：

18.80 CNY/kg×300.0 kgs ＝ CNY5,640.00

分别申报的总费用为：CNY6,076.35 ＋ CNY1,265.85 ＋ CNY5,640.00 ＝ CNY12,982.20

比较总体申报和分别申报的两种不同方式下的运费计算结果，取较低者——分别申报的运费 CNY1,2982.20 作为该批货物的航空运费。

航空运单运费计算栏填制如下：

No. of Pieces RCP	Gross Weight	Kg Lb		Rate Class		Chargeable Weight	Rate/ Charge	Total	Nature and Quantity of Goods (Incl. Dim. and Vol.)
				Commodity Item No.					
10	279.72		R	N50		315.0	19.29	6,076.35	Periodicals：
1	42.0	K	Q			45.0	28.13	1,265.85	90 cm×60 cm×35 cm×10
6	248.2		C	0008		300.0	18.80	5,640.00	Toys：
									100 cm×60 cm×42 cm
									Peach（fresh）：
17	569.92							12,982.20	90 cm×60 cm×30 cm×6

小　结

本任务主要学习了航空运费、航空运价和航空货物运输其他费用的基础知识，并从普通货物运价、指定商品运价、等级货物运价和集中托运货物运价几个方面介绍了航空运费的核算。

思考题

1. 什么是运价？什么是航空运费？

2. 航空运费计算中的计费重量如何确定？

3. 简述指定商品运价的使用规则。

4. 简述国际运价体系中各运价的使用顺序。

5. 当需要计算航空运费的货物既属于指定商品，又属于等级货物时，应如何计算运费？请举例说明。

综合练习

一、单选题

1. 下列哪个机构属于政府之间的国际组织？（　　　）
A. ICAO　　　　　　　B. IATA　　　　　　　C. SITA　　　　　　　D. CATA

2. 在固定的航线上定期开航的、有固定始发站和到达站的货机运输方式属于（　　　）。
A. 班机运输　　　　B. 包机运输　　　　C. 集中托运　　　　D. 航空快递

3. 下列哪项属于窄体飞机？（　　　）
A. B707　　　　　　　B. B717　　　　　　　C. B737　　　　　　　D. B747

4. 在国际航空货物集中托运的情况下，航空运单分为主运单和分运单。下列关于主运单和分运单的表述，（　　　）是不正确的。
A. 主运单是国际航空货运代理人与承运人交接货物的凭证
B. 分运单是国际航空货运代理人与发货人交接货物的凭证
C. 在主运单中托运人栏和收货人栏都是实际的托运人和收货人
D. 在分运单中托运人栏和收货人栏都是实际的托运人和收货人

5. 下列城市属于 IATA 三个航空运输业务区中的 TC1 区的是（　　　）。
A. 纽约　　　　　　　B. 北京　　　　　　　C. 伦敦　　　　　　　D. 堪培拉

6. 在航空运输中，一般来说，下列（　　　）货物必须提前预订舱位。
A. 服装　　　　　　　B. 乳制品　　　　　　C. 机械零件　　　　　D. 书刊

7. 一乘客乘坐飞机从北京飞往伦敦，从北京起飞的时间是 1 月 28 日 09:30，到达伦敦的时间是当地时间 1 月 28 日 12:30，请问这趟航班的飞行时间是（　　　）。
A. 3 小时　　　　　　B. 4 小时　　　　　　C. 11 小时　　　　　D. 10 小时

8. 航空公司与货运代理公司在进口货物交接时，出现清单有记录、有货物、但没有主运单的情况，应采取以下（　　　）方式处理。
A. 主运单退回　　　　B. 主运单后补　　　　C. 货物退回　　　　　D. 清单加主运单号

9. 表示航空货物指定商品运价的类别代码是（　　　）。
A. M　　　　　　　　B. C　　　　　　　　C. N　　　　　　　　D. Q

10. 下列物品中，（　　　）是不能作为货物运送的行李，作为货物运送的行李仅限于旅客个人的衣物和私人物品。
A. 相机　　　　　　　B. 手提乐器　　　　　C. 手提打字机　　　　D. 轻便体育器材

11. 在国际航空货物运输中，下列（　　　）属于非公布直达运价。
A. 普通货物运价　　　　　　　　　　　B. 等级货物运价
C. 分段相加运价　　　　　　　　　　　D. 集装货物运价

12. 航空货物的指定商品品名编号在 2000—2999 之间的编号代表（　　　）货物。
A. 机器、汽车和电器设备　　　　　　　B. 可食用的动植物产品
C. 活动物及非食用的动植物产品　　　　D. 纺织品、纤维及其制品

13. 在 IATA 运价体系中，在相同航程、相同承运人的条件下，公布直达运价应优先使用（　　　）。
A. 普通货物运价　　　　　　　　　　　B. 指定商品运价
C. 等级货物运价　　　　　　　　　　　D. 集装货物运价

14. 从上海运往大阪的一票航空货物，品名是报纸，计费重量是 65 千克，请问选择的适用运价是（　　　）。

A. Normal GCR　　　　　　　　　　B. 50% of the Normal GCR
C. 45 千克的运价　　　　　　　　　　D. 100 千克的运价

二、多选题

1. 国际航空运输的优点有（　　　）。
A. 运输速度快　　　　　　　　　　B. 不受地面条件影响，深入内陆地区
C. 运输费用比较高　　　　　　　　D. 节约包装、保险、利息等费用

2. 航空运输的种类有（　　　）。
A. 班机运输　　　　B. 包机运输　　　　C. 集中托运　　　　D. 航空快递

3. 包机运输的优点有（　　　）。
A. 可以解决班机运输舱位不足的矛盾　　　B. 不用中转，可以节省时间，减少货损等
C. 在空运旺季，能缓解航班紧张状况　　　D. 对运输鲜活易腐货物等带来更多方便

4. 不宜采用集中托运方式的货物有（　　　）。
A. 贵重物品　　　　B. 活动物　　　　C. 尸体、骨灰　　　　D. 信函

5. 下列哪些属于窄体飞机?（　　　）
A. B707　　　　B. B717　　　　C. B737　　　　D. B747

6. 下列哪些属于宽体飞机?（　　　）
A. B747　　　　B. B727　　　　C. B777　　　　D. A321

7. 飞机的装载有下列哪些限制?（　　　）
A. 重量限制　　　　B. 容积限制　　　　C. 舱门限制　　　　D. 地板承受力限制

8. 按集装器种类可划分为（　　　）。
A. 集装箱　　　　B. 集装板　　　　C. 注册集装器　　　　D. 集装箱棚

9. 国际航空集装器代号通常由前面 3 个字母、中间 4 位数字和后面 2 个字母组成。有关它们的说明正确表述的是（　　　）。
A. 前 3 个字母依次表示集装器的类型，底板尺寸、外形和适配型
B. 中间 4 位数字表示集装器的序号
C. 最后 2 个字母表示集装器所属的所有人、注册人
D. 最后 2 个字母表示集装器的生产方

10. 特种货物标签包括（　　　）。
A. 活动物标签　　　　　　　　　　B. 危险品标签
C. 鲜活易腐货物标签　　　　　　　D. 贵重物品标签

11. 航空公司舱位销售时应保留配额货物的固定舱位以及（　　　）。
A. 保证邮件、快件舱位　　　　　　B. 优先预订运价较高的货物舱位
C. 保留一定的大宗货物舱位　　　　D. 未订舱的货物一般不予安排舱位

12. 在国际航空货物运输中，下列有关鲜活易腐货物运输方面的说明，正确的是（　　　）。
A. 托运人应提交书面的运输注意事项和允许的最长运输时间
B. 每件重量以不超过 25 千克为宜
C. 为减少货物在仓库存放时间，托运人或收货人可直接到机场办理交运和提取手续
D. 货运单品名栏应注明 "PERISHABLE" 字样，并应注明已订妥的各航段航班号和日期

13. 某国际航空货物运单上的 "Rate Class" 一栏印有 "N"，说明（　　　）。
A. 该票货物的计费重量达到 45 千克
B. 该票货物的计费重量没有达到 45 千克
C. 该票货物采用最低运费

D. 该票货物没有采用较高重量点的运价

14. 托运人在航空货物发运后，可以对货运单上（ ）做变动。

A. 运费到付改为运费预付   B. 收货人和目的站

C. 声明价值   D. 保险金额

三、判断题

1. 国际民用航空组织是由各国政府组成的国际航空运输机构，是联合国的一个专门机构，其最高权力机构是成员国大会，总部设在加拿大的蒙特利尔。（ ）

2. 国际航空运输协会是一个由各国航空公司组成的非政府的联合组织。（ ）

3. CATA 是由企业法人、事业法人和社会团体法人自愿参加结成的、行业性的、不以营利为目的、经我国民政部核准登记注册的全国性社团法人。（ ）

4. 波音 747 分为两种舱位：上舱、下舱。（ ）

5. 集装板是一个具有标准尺寸的、由平整底面和中间夹层的硬铝合金制成的夹板，四边带有卡锁轨或网带卡锁眼；网套是用来把货物固定在集装板上的。（ ）

6. 集装棚中的结构性是指带棚罩，罩在货物与网套之间。（ ）

7. 集装箱是航空货运中的唯一的集装设备。（ ）

8. 托运人栏和收货人栏中填写的都是货运代理名称的一般是主运单。（ ）

9. 如果飞机的地板承受力超过限额，可以使用 2～5cm 厚的垫板来加大底面面积，垫板面积的计算方法为：货物的重量/底面接触面积。（ ）

10. 在国际航空货物运输中，原木作为货物包装需要做熏蒸，目的是为了防止木制品病虫害蔓延。（ ）

11. 在国际航空货物运输中，托运书的收货人栏内不得写 "to Order" 或 "to Order of The Shipper"（按托运人的指示）等字样，主要原因在于航空货物运单不能转让。（ ）

12. 在航空货运中，运送宠物狗或服装都必须提前订舱。（ ）

13. 在国际航空货物运输中，托运人在承运人的航线上通过固定包板（舱）的方式运输时，托运人无论向承运人是否交付货物，都必须支付协议上规定的运费。（ ）

14. 我国某托运人要托运一小箱价值 900 美元的养殖珍珠，该票货在国际航空货物运输中属于贵重货物运输。（ ）

15. 在国际航空货物运输中，鲜活易腐货物和活动物都不可办理运费到付。（ ）

16. 总重量 45kg 以下，单件体积不超过 45cm × 30cm × 20cm 的贵重货物，应放在机长指定的位置，有保险箱的尽量放在保险箱内，超过上述体积和重量的应放在有金属门的集装箱内或飞机散舱内。（ ）

17. 在航空运输中，如果混运货物使用一个外包装将所有货物合并运输，则该包装物的运费按混运货物中运价最高的货物的运价计收。（ ）

18. 所有航空运单都必须有出票航空公司的标志。（ ）

19. 填制航空运单必须用英文大写字母。（ ）

20. 航空货物运输中，无论何种原因造成货物运输的费用发生变化，无论更改运费的数额是多少，都必须填开 CCA。（ ）

21. 对于在航空运单上所填货物的项目和声明的正确性，承运人应负责任。（ ）

四、计算题

1. Routing：Beijing, China（BJS）to Atlanta, U. S. A.（ATL）

Commodity：Monkeys

Gross Weight：3 pieces, 55.3 kgs each

Dimensions：3 pieces，98 cm × 88 cm × 44 cm each

公布运价如下：

BEIJING	CN		BJS
Y. RENMINBI	CNY		KGS
ATLANTA	US	M	420
		N	75. 95
		45	58. 68
		100	52. 34
		300	
			47. 26

活动物运价表

ALL LIVE ANIMALS Except：Baby Poultry less than 72 hours old	Within 1	Within 2 (see also Rule 3. 7. 1. 3)	Within 3	Between1 & 2	Between2 & 3	Between3 & 1
	175% of Normal GCR	175% of Normal GCR	150% of Normal GCR	175% of Normal GCR	150% of Normal GCR	150% of Normal GCR

请计算航空运费。

2. Routing：   Beijing, China（BJS）to Portland, U. S. A.（PDX）

Commodity：   Fibres

Gross Weight：   10 pieces, 98. 3 kgs each

Dimensions：   10 pieces, 95 cm × 65 cm × 48 cm each

公布运价如下：

BEIJING	CN	BJS	
Y. RENMINBI	CNY	KGS	
PORTLAND	US	M	420. 00
		N	59. 61
		45	45. 68
		100	41. 81
		300	38. 79
2 211		500	27. 29
2 211		1 500	25. 49

请计算航空运费。

3. Routing: Beijing, China (BJS) to Chicago, U. S. A. (CHI)

Commodity: Gold Coin

Gross Weight: 24. 7 kgs

Dimensions: 1 piece, 52 cm × 49 cm × 42 cm

公布运价如下:

BEIJING	CN		BJS
Y. RENMINBI	CNY		KGS
CHICAGO	US	M	630
		N	69. 43
		45	60. 16
		100	53. 19
		300	45. 80

请计算航空运费。

4. Routing: Beijing, China (BJS) to Tokyo, Japan (TYO)

Commodity: Moon Cake

Gross Weight: 5. 8 kgs

Dimensions: 1 pieces, 42 cm × 35 cm × 15 cm

公布运价如下:

BEIJING	CN		BJS
Y. RENMINBI	CNY		KGS
TOKVO	JP	M	230
		N	37. 51
		45	28. 13

计算该票货物的航空运费。

综合技能训练

1. 从广州运往美国的一票货物,品名是 ZIPPO 打火机专用燃油,货物重量 26 kgs,货运单号 999 – 1234 5675。问:

(1) 托运人必须填写一式两份的何种单证?

(2) 这两份单证分别如何处理?

（3）该票货物需要贴何种操作标签？

（4）在空运单"Handling Information"一栏如何填写？

2．某托运人准备从上海运往巴黎10枚金币。该托运人欲请货运代理人代为向航空公司交运。作为代理人请回答：

（1）如何包装这票货物？

（2）容器应贴有哪些标贴？

（3）在货运单栏"Nature and Quantity of Goods"应该注明什么字样？

（4）能否办理运费到付？

（5）这票货物的声明价值不得超过多少美元？

3．有一托运人准备从北京运往新加坡一只名贵犬，请问托运人如何向航空公司交运？

（1）收运这只名贵犬各项注意事项应参照IATA出版的哪本手册？

（2）托运人应提交哪些文件？

（3）容器应贴有哪些标贴？

（4）能否办理运费到付？

（5）应如何注意运达目的站的时间？

4．根据以下信息填写航空运单。

一批货物（玩具）托运人是北京AB有限公司，收货人是日本东京CD有限公司，始发站是北京首都国际机场，目的站是东京机场，没有供运输用的声明价值，托运人没有办理货物保险，航空运费是2 265元人民币，采用预付方式，计费重量是300kgs，其他费用为货运单费人民币50元。

Shipper's Name and Address	Shipper's Account Number	Not Negotiable Air Waybill ISSUED BY
		Copies 1,2 and 3 of this Air Waybill are originals and have the same validity.
Consignee's Name and Address	Consignee's Account Number	It is agreed that the goods described herein are accepted in apparent good order and condition (except as noted) for carriage subject to the conditions of contracct on the reverse hereof. All goods may be carried by any other means including road or any other carrier unless specific contrary instructions are given hereon by the shipper, and shipper agrees that the shipment may be carried via intermediate stopping places which the carrier deems appro5preate. The shipper's attention is drawn to the notice concerning carrier's limitation of liability. Shipper may increase such limitation of liability by declaring a higher value for carriage and paying a supplemental charge if require.
Issuing Carrier's Agent Name and City		Accounting Information
Agent's IATA Code	Account No.	
Airport of Departure (Addr. of First Carrier) and Requested Routing		Reference Number	Optional Shipping Information

（续上表）

TO	By First Carrier	Routing and Destination	to	by	to	by	Currency	CHGS Code	WT/VAL		OTHER		Declared Value for Carriage	Declared Value for Customs
									PPD	COLL	PPD	COLL		
Airport of Destination	Flight/Date	for Carriage Use Only		Flight/Date			Amount of Insurance		INSURANCE–If carrier offers insurance and such insurance is required in accordance with the conditions thereof, indicate amount to be insured in figures in box marked "amount of insurance."					

Handling Information
SCI

No. of Pieces RCP	Gross Weight	Kg Lb	Rate Class		Chargeable Weight	Rate Charge		Total	Nature and Quantity of Goods (incl. Dimensions or Volume)
			Commodity Item No.						

Prepaid	Weight Charge	Contract	Other Charges
	Valuation Charge		
	Tax		
	Total Other Charges Due Agent		Shipper certify that the particulars on the face hereof are correct and that in so far as any part of the consignment contains dangerous goods, such part is properly described by name and is in proper condition for carriage by air according to the applicable dangerous goods regulations.
	Total Other Charges Due Carrier		
			Signature of Shipper or His Agent
Total Prepaid	Total Collect		
Currency Conversion Rates	CC Charges in Dest. Currency		Executed on (date) at (place) Signature of Issuing Carrier or Its Agent
For Carrier's Use Only at Destination	Charges at Destination		Total Collect Charges

5. 一票航空运输的仪器设备，从悉尼到佛山市，货运单号 999 – 8978 3444。货物价值 5 万美元，声明价值 5 万美元。货运单上注明 "Airport of Departure：Sydney；Airport of Destination：Foshan"，货物重 20 千克。货物从悉尼运往广州白云机场，再使用卡车运至佛山市。由于在广州至佛山的高速公路上发生车祸，仪器设备受到损坏，相关检验部门对受损仪器设备进行估价，其残值为 2.1 万美元。

根据以上案例，请分析：

（1）航空公司是否应赔偿？理由是什么？

（2）如果赔偿，应赔偿多少？为什么？

项目四　国际航空进口货运代理业务操作

【主要学习内容】
技能目标：
国际航空进口货运代理的基本程序。

任务描述：

接着项目三的任务描述，现在将贸易双方的身份互换，广州甲公司向美国乙公司购买一批化学分析仪器，为顺利接货，委托广州续航国际货运代理有限公司办理该票货物的进口手续。

技　能　国际航空进口货运代理的基本程序

国际航空进口货运代理业务的一般程序如下：

代理预报→交接单、货→理货与仓储→理单与到货通知→制单、报关、运输→收费、发货→送货、转运

一、代理预报

在出口国发货前，由始发地代理公司将运单、航班、件数、重量、品名、实际收货人及其地址、联系电话等内容通过传真或 E-mail 发给目的地代理公司，这一过程被称为预报。

进口国代理收到预报后，应及时做好接货前的所有准备工作，同时应特别注意下面两种情况：

（1）中转航班：中转航班的延误会使实际到达时间与预报时间出现差异，要特别注意。

（2）分批货物：从国外一次性运来的货物在国内中转时，有些会由于国内航班的载量限制，要采用分批运输的方式进行运输。

二、交接单、货

航空货物入境时，与货物相关的单据，如运单、发票、装箱单等，也随机到达，运输工具及货物处于海关监管之下。

货物卸下后，将货物存入航空公司或机场的监管仓库，进行进口货物舱单录入，将舱单上总运单号、收货人、始发站、目的站、件数、数量、货物品名、航班号等信息通过计算机传给海关留存，供报关用。同时，根据运单上的收货人及地址寄发取单、提货通知。若运单上收货人或通知人为某航空货运代理公司，则把运输单据及与之相关的货物交给该航空货运代理公司。

航空公司的地面代理向货运代理公司交接的内容主要有：国际货物交接清单、总运单、随机文件、货物。双方交接时要做到：单单核对，即交接清单与总运单核对；单货核对，即交接清单与货物核对。核对时发现问题应及时予以处理。具体处理方式如下表（表4-1）。

表4-1 交接单、货异常情况的处理方式

总运单	清单	货物	处理方式
有	无	有	清单上加总运单号
有	无	无	总运单退回
无	有	有	总运单后补
无	有	无	清单上划去
有	有	无	总运单退回
无	无	有	货物退回

另外还需要注意分批货物，做好空运进口分批货物的登记。

航空货运代理公司在航空公司办理交接手续时，应根据运单及交接清单核对实际货物，若发现存在有单无货或有货无单的情况，均应在交接清单上注明，以便航空公司组织查询并及时通告入境地海关。

发现货物短缺、破损或其他异常情况，应向航空公司索要商务事故记录，以作为实际收货人交涉索赔事宜的依据。货运代理公司请航空公司开具商务事故证明，通常包括以下情形：

（1）包装货物受损，包括纸箱开裂、破损、内装货物散落（含大包装损坏，散落为小包装，数量不详），木箱开裂、破损，有明显受撞击迹象，纸箱、木箱未见开裂、破损，但其中有液体漏出。

（2）裸装货物受损，包括无包装货物明显受损，如金属管、塑料管压扁、断裂、折弯，机器部件遗失，仪表表面破裂等。

（3）木箱或精密仪器上防震、防倒置标志泛红。

（4）货物件数短缺。

对货损责任难以确定的货物，可暂将货物留存机场，商请货主一并到场处理。

三、理货与仓储

货运代理公司从航空公司接货后，即短途将货物驳进自己的监管仓库，组织理货及仓储。

（一）理货的主要内容

（1）逐一核对每票件数，再次检查货物破损情况，遇有异常且确属接货时未发现的问题，可向航空公司提出交涉。

（2）按大货、小货，重货、轻货，单票货、混载货，危险品、贵重品、冷冻品、冷藏品等不同情况分别进仓、堆存。堆存时，要注意货物外包装上箭头向上，以及总运单、分运单标志朝向，注意大不压小、重不压轻。

（3）登记每票货的储存区号，并输入计算机。

（二）仓储注意事项

鉴于航空进口货物的贵重性、特殊性，其仓储要求较高，须注意以下几点：

（1）防雨淋、受潮。货物不能置于露天，不能无垫托置于地上。

（2）防重压。纸箱、木箱均有叠高限制，纸箱受压变形，会危及箱中货物安全。

（3）防升温变质。生物制剂、化学试剂、针剂药品等特殊物品有储存温度要求，要防止阳光曝晒。一般情况下，冷冻品置于 $-15℃ \sim -20℃$ 冷冻库中，冷藏品置于 $2℃ \sim 8℃$ 冷藏库中。

（4）防止危险品危及人员及其他货品安全。空运进口仓库应设独立的危险品库。易燃品、易爆品、毒品、腐蚀品、放射品均应分库安全置放。这些货品一旦出现异常，均须及时通知消防安全部门或卫生检疫部门进行检测和处理，以保证人员及其他物品安全。

（5）防盗。为防贵重物品被盗，贵重物品应设专库，由双人保管，以防被盗事件发生。

四、理单与到货通知

（一）理单

（1）集中托运，总运单项下拆单。将集中托运进口的每票总运单项下的分运单分理出来，审核与到货情况是否一致，并制成清单输入计算机；将集中托运总运单项下的发运清单输入海关计算机，以供按分运单分别报关、报验、提货之用。

（2）分类理单、编号。运单分类的方法有很多种，各货运代理公司可根据需要结合使用。分类理单的同时，须将各票总运单、分运单编上各航空货运代理公司自己设定的编号，以便内部操作及客户查询。

（3）编配各类单证。理单人员应将总运单、分运单与随机单证、国外代理先期寄达的单证、国内货主或到货经营单位预先交到的各类单证进行逐单审核、编配。经审核、编配，凡单证齐全、符合报关条件的即转入制单、报关程序。否则，应与货主联系，催齐单证，使之符合报关条件。

（二）到货通知

（1）从航空运输的时效出发，同时也为了减少货主仓储的费用，避免海关滞报金，货物到达目的港后，应尽早、尽快、尽妥地将到货情况通知货主，提醒货主配齐有关单证，尽快报关。

早：到货后，第一个工作日内就要设法通知货主。

快：尽可能用传真、电话预通知客户；单证需要传递的，尽可能使用特快专递，以缩短传递时间。

妥：一星期内须保证以电函或信函形式第三次通知货主，并将货主尚未提货的情况告知发货人代理。

两个月时，再以电函、信函形式第四次通知货主。

三个月时，货物须上交海关处理，此时再以信函形式第五次通知货主，告知货主货物将被处理，提醒货主采取补救办法。

（2）到货通知应向货主提供的内容有：

运单号、分运单号、货运代理公司编号；

件数、重量、体积、品名、发货公司、发货地；

运单、发票上已编注的合同号、随机已有单证数量及尚缺的报关单证；

运费到付数额，货运代理公司地面服务收费标准；

货运代理公司及仓库的地址（地理位置图）、电话、传真、联系人；

提示货主海关关于超过 14 天报关收取滞报金及超过三个月未报关货物上交海关处理的规定。

五、制单、报关、运输

（一）制单、报关、运输的形式

除部分进口货物存放民航监管仓库外，大部分进口货物存放于各货运代理公司自有的监管仓库。由于货主的需求不一，货物进口后的制单，报关、运输一般有以下几种形式：

（1）货运代理公司代办制单、报关、运输。

（2）货主自行办理制单、报关、运输。

（3）货运代理公司代办制单、报关后，货主自办运输。

（4）货主自行办理制单、报关后，委托货运代理公司运输。

（5）货主自办制单、委托货运代理公司报关和办理运输。

（二）进口制单

制单是指按照海关的要求，依据运单、发票、装箱单及证明货物合法进口的有关批准文件，制作"进口货物报关单"。

（三）进口报关

进口报关是进口运输中的关键环节。进口报关有很多环节，大致可分为初审、审单、征税、验放四个主要环节。关于报关，在其他章节已详细介绍，这里就不再详细展开阐述。

六、收费、发货

（一）收费

货运代理公司仓库在发放货物前，一般先将费用收妥。收费内容有：

（1）到付运费及垫付佣金。

（2）单证费、报关费。

（3）仓储费（含冷藏品、冷冻品、危险品、贵重品特殊仓储费）。

（4）装卸费、铲车费。

（5）航空公司到港仓储费。

（6）海关预录入费，动植物检验检疫、卫生检验检疫报验等代收代付费用。

（7）关税及垫付佣金。

除了每次结清提货的货主外，经常往来的货主可与货运代理公司签订财务付费协议，实施先提货后付款、按月结账的付费方法。

（二）发货

办完报关、报验等进口手续后，货主须凭盖有海关放行章、动植物报验章、卫生检疫报验章（进口药品须有药品检验合格章）的进口提货单到所属监管仓库付费提货。

仓库发货时，须检验提货单据上各类报关、报验章是否齐全，并登记提货人的单位、姓名、身份证号以确保发货安全。

保管员发货时，须再次检查货物外包装情况，如有破损、短缺，应向货主作出交代。

发货时，应协助货主装车，尤其遇到货物超大超重、件数较多的情况，应指导货主（或提货人）合理安全装车，以提高运输效率，保障运输安全。

七、送货与转运

出于多种因素，如便利性、节省费用、运力所限等，许多货主或国外发货人要求将进口到达货由货运代理报关、垫税，提货后运输到直接收货人手中。可提供的送货、转运服务形式有：送货上门业务、转运业务、进口货物转关及监管运输。

进口货物转关是指货物入境后不在进境地海关办理进口报关手续，而运往另一设关地点办理进口报关手续，在办理手续前，货物一直处于海关监管之下，转关运输亦称监管运输。

进口货物办理转关运输必须具备以下条件：

（1）指运地设有海关机构，或虽未设海关机构，但分管海关统一办理转关运输，即收货人所在地必须设有海关机构，或临近地区设有分管该地区的海关机构。

（2）向海关交验的进境运输单据上列明到达目的地为非首达口岸，需转关运输。

（3）运输工具和货物符合海关监管要求，并具有加封条件和装置。海关规定，转关货物采用汽车运输时，必须使用封闭式的集货柜车，由进境地海关加封，指运地海关启封。

（4）转关运输的单位必须是经海关核准、认可的航空货运代理公司。一般运输企业，尤其是个体运输者，即使拥有集货柜车，也不能办理转关运输。

办理转关运输还应遵守海关的其他有关规定。

小　结

本任务主要介绍了国际航空进口货运代理的基本程序：代理预报→交接单、货→理货与仓储→理单与到货通知→制单、报关、运输→收费、发货→送货、转运，与出口程序相比，进口程序要简单得多，但也应注意各程序环节内的操作细节。

思考题

1. 简述交接单、货异常时的处理方式。
2. 简述国际航空进口货运代理的基本程序。

项目五 国际多式联运货运代理

本项目首先介绍国际多式联运货运代理的一般业务操作流程，接着主要介绍和认识国际多式联运和国际多式联运单据（主要是国际多式联运提单）。

【项目导入】

国际多式联运货运代理的一般业务程序：

1. 接受托运申请，订立多式联运合同

国际多式联运经营人首先揽到货物，然后根据货主提出的托运申请和自己的运输路线等情况，判断是否接受该托运申请，发货人或其代理人根据双方就货物的交接方式、时间、地点、付费方式等达成的协议填写场站收据，并把其送至多式联运经营人处进行编号，多式联运经营人编号后留下货物托运联，将其他的交还给发货人或代理人。

2. 空箱的发放、提取及运送

多式联运中使用的集装箱一般由多式联运经营人提供，这些集装箱的来源可能有三种情况：一种是多式联运经营人自己购置和使用的集装箱；二是向借箱公司租用的集装箱；三是由全程运输中的某一分运人提供的集装箱。如果双方协议由发货人自行装箱，则多式联运经营人应签发提箱单，或租箱公司，或分运人签发提箱单交给发货人或其代理人，由他们在规定日期内到指定的堆场提箱，并自行将空箱拖运到货物装箱地点，准备装货。

3. 出口报关

若多式联运从港口开始，则在港口报关；若从内陆地区开始，则应在附近内陆地海关办理报关出口相关事宜。一般由发货人或其代理人办理，也可委托多式联运经营人代为办理，报关时应提供场站收据、装箱单、出口许可证等有关单据和文件。

4. 货物装箱及接收货物

若是发货人自行装箱，发货人或其代理人提取空箱后在自己的工厂或仓库组织装箱，装箱工作一般要在报关后进行，并请海关派员到装箱地点监装和办理加封事宜，如需理货，还应请理货人员现场理货并与其共同制作装箱单。

对于由货主自行装箱的整箱货物，发货人应负责将货物运至双方协议规定的地点，多式联运经营人或其代表在指定地点接收货物，如果是拼箱货，则由多式联运经营人在指定的货运站接收货物，验收货物后，代表多式联运经营人接收货物的人应在场站收据正本上签章并将其交给发货人或其代理人。

5. 订舱及安排货物运送

多式联运经营人在合同订立后，应立即制订该合同涉及的集装箱的运输计划，该计划应包括货物运输路线、区段的划分，各区段实际承运人的选择及确定各区段衔接地点的到达、启运时间等内容。

这里所说的订舱泛指多式联运经营人要按照运输计划安排确定各区段的运输工具，与所选的各实际承运人订立各区段的分运合同，这些合同的订立由多式联运经营人本人或委托的代理人办理，也可请前一区段的实际承运人作为代表向后一区段的实际承运人订舱。

货物运输计划的安排必须科学并留有余地，工作中应相互联系，根据实际情况调整计划，避免彼此脱节。

6. 办理保险

在发货人方面，应投保货物运输保险，该保险由发货人自行办理，或由发货人承担费用而由多式联运经营人代为办理。货物运输保险可以是全程投保，也可以为分段投保。在多式联运经营人方面，应投保货物责任险和集装箱保险，由多式联运经营人或其代理人向保险公司办理，或以其他形式办理。

7. 签发多式联运提单，组织完成货物的全程运输

多式联运经营人的代表收取货物后，多式联运经营人应向发货人签发多式联运提单，在把提单交给发货人之前，应注意按双方议定的付费方式及内容、数量向发货人收取全部应付费用。

多式联运经营人有组织和完成全程运输的责任和义务，在接收货物后，要组织各区段实际承运人、各派出机构及代表共同协调工作，完成各区段的运输及各区段之间的衔接工作，并做好运输过程中所涉及的各种服务性工作和运输单据、文件及有关信息的组织和协调工作。

8. 运输过程中的海关业务

按惯例，国际多式联运的全程运输均应视为国际货物运输，因此，该环节工作主要包括货物及集装箱进口国的通关手续，进口国内陆段保税运输手续及结关等内容，如果陆上运输要通过其他国家海关和内陆运输路线时，还应包括这些海关的通关及保税运输手续。

如果货物在目的地港交付，则结关应在港口所在地海关进行；如果在内陆地交货，则应在口岸办理保税运输手续，海关加封后方可运往内陆目的地，然后在内陆海关办理结关手续。

9. 货物交付

当货物运往目的地后，由目的地代理通知收货人提货，收货人凭多式联运提单提货，多式联运经营人或其代理人需按合同规定，收取收货人应付的全部费用，收回提单，签发提货单，提货人凭提货单到指定堆场和地点提取货物。如果是整箱提货，收货人要负责至掏箱地点的运输，并在货物掏出后将集装箱运回指定的堆场，此时，运输合同结束。

10. 货运事故处理

如果全程运输中发生了货物灭失、损害和运输延误，无论能否确定损害发生的区段，发（收）货人均可向多式联运经营人提出索赔，多式联运经营人根据提单条款及双方协议确定责任并作出赔偿；如果能确定事故发生的区段和实际责任者，可向其进一步索赔；如不能确定事故发生的区段，一般按在海运段发生处理；如果已对货物及责任投保，则可要求保险公司赔偿和向保险公司进一步追索；如果受损人和责任人之间不能取得一致意见，需要通过诉讼时效内提起诉讼和仲裁来解决。

任务一　认识国际多式联运

【主要学习内容】

知识目标：

1. 国际多式联运基础知识。

2. 国际多式联运经营人。

3. 国际多式联运的运输组织形式。

技能目标：

1. 国际多式联运合同的签订。

2. 国际多式联运的相关手续。

任务描述：

　　香港一出口商委托一多式联运经营人作为货运代理，将一批服装经孟买转运到新德里。货物由多式联运经营人在其货运站装入两个集装箱，且签发了清洁提单，表明货物是处于良好状态下接收的。集装箱经海运从香港运到孟买，再由铁路运到新德里。在孟买卸货时发现其中一个集装箱外表损坏，多式联运经营人在该地的代理将此情况于铁路运输前通知了铁路承运人。当集装箱在新德里开启后发现，外表损坏的集装箱所装的货物严重受到损坏；另一集装箱虽然外表完好，铅封也无损，但是箱内货物已经受到损坏。香港出口商要求多式联运经营人赔偿损失。请问：

　　多式联运经营人对两箱货物损失是否负责赔偿？若负责，其赔偿责任如何？可否享受责任限制？

知识一　国际多式联运基础知识

一、国际多式联运的概念

　　国际多式联运（Multimodal Transport）是一种以实现货物整体运输的最优化效益为目的的联运组织形式，它通常是以集装箱为运输单元，将不同的运输方式有机地组合在一起，构成连续的、综合性的一体化货物运输，通过一次托运，一次计费，一份单证，一次保险，由各运输区段的承运人共同完成货物的全程运输，即将货物的全程运输作为一个完整的单一的运输过程来安排。

　　然而，它与传统的单一运输方式又有很大的不同。根据1980年《联合国国际多式联运公约》（简称"多式联运公约"）以及1997年我国交通部和铁道部共同颁布的货物国际集装箱多式联运管理规则的定义，国际多式联运是指"按照多式联运合同，以至少两种不同的运输方式，由多式联运经营人将货物从一国境内接管货物的地点运至另一国境内指定地点交付的货物运输。"

二、国际多式联运的特点

构成国际多式联运必须具备以下基本条件：

（1）必须具有一份多式联运合同。该运输合同是多式联运经营人与托运人之间权利、义务、责任与豁免的合同关系和运输性质的确定，也是区别多式联运与一般货物运输方式的主要依据。

（2）必须使用一份全程多式联运单证。该单证应满足不同运输方式的需要，并按单一运费率计收全程运费。

（3）必须是至少两种不同运输方式的连续运输。

（4）必须是国际间的货物运输。这不仅区别于国内货物运输，也涉及国际运输法规的适用问题。

（5）必须由一个多式联运经营人对货物运输全程负责。该多式联运经营人不仅是订立多式联运合同的当事人，也是多式联运单证的签发人。当然，在多式联运经营人履行多式联运合同所规定的运输责任的同时，可将全部或部分运输委托他人（分承运人）完成，并订立分运合同。但分运合同的承运人与托运人之间不存在任何合同关系。

由此可见，国际多式联运的主要特点是：由多式联运经营人和托运人签订一个运输合同，统一组织全程运输，实行运输全程一次托运，一单到底，一次收费，统一理赔和全程负责。它是一种以方便托运人和货主为目的的先进的货物运输组织形式。

三、国际多式联运与一般联运的区别

1. 运输方式不同

国际多式联运是在两国之间使用两种以上不同运输工具的联运，如果是同一种运输工具的联运不能称为多式联运。如铁路转铁路、船转船的运输，只能称为国际铁路联运和海上联运。多式联运既适用海运与其他各种运输方式相结合的运输，也适用不包括海运在内的其他各种方式相结合的运输。而联运提单下的运输方式必须有一段海洋运输。

2. 交接方式不同

传统联合运输的货物交接地点是"港至港"或"车站到车站"，而国际多式联运的交接界限向两端延伸。

3. 承运人责任不同

一般联合运输是分段负责的，如货物在运输过程中遭受损失，第一承运人只承担第一程运输上的责任，其后的责任由其后的承运人负责；而多式联运经营人负责的是全程运输。不论货运事故发生在哪一段，只要向多式联运经营人提出索赔要求即可。

4. 货物单据不同

联合运输通常签发的是联运提单（Through B/L），这种提单只适用于海/海、海/陆、海/空方式下的货物运输；而多式联运单据可适用于多种不同运输方式相结合的运输，如陆/空或空/海或陆/空/海等（不过我国外运总公司出具的联运提单属于例外，它具有多式联运单据同等的效力）。

5. 单据的签发人不同

多式联运单据的签发人为总承运人，而联运提单的签发人为第一程的承运人——船长或其代理。

6. 海关验放的手续不同

一般国际货物运输的交货地点大都在装货港，目的地大都在卸货港，因而办理报关和通关手续都是在货物进出境的港口。而国际多式联运货物的启运地大都在内陆城市，因此内陆海关只对货物办理转关监管手续，由出境地的海关进行查验放行。进口货物的最终目的地为内陆城市，进境港口的海关一般不进行查验，只办理转关监管手续，待货物到达最终目的地时由当地海关查验放行。

7. 适用性与可转让性不同

多式联运提单把海运提单的可转让性与其他运输方式下的运单不可转让性结合在一起。多式联运经营人可以根据托运人的请求签发可装让或不可装让的多式联运提单。如属前者，收货人一栏应采用指示抬头；如属后者，收货人一栏应具体列明收货人名称，并在提单上注明不可转让。

8. 收取运费的标准不同

联合运输按段收取运费，因此，各段的收费标准不一。而多式联运只有一个运费率，收费标准统一。

9. 商品的运输包装不同

联合运输的包装可以是集装箱，也可以是单件运输包装；而多式联运必须使用集装箱。换言之，对于单件的货物不能进行多式联运。

四、国际多式联运的发展概况

（一）国际多式联运的发展概况

20世纪70年代，国外国际多式联运得到较快的发展，进入海陆空国际联运的全面发展时期。目前在国际集装箱总运量中，采用国际多式联运方式完成的运量占10%～15%。国外主要的国际多式联运线路有如下几条：

（1）西伯利亚大陆桥运输。

（2）北美大陆桥运输。

（3）新亚欧大陆桥运输。

（4）北美小陆桥运输。

（5）北美、东北亚、东南亚、澳新各港口/中国沿海主要港口/中国内地（或反向运输）。

（6）远东各港口/欧洲各港口/欧洲内地（或反向运输）。

（7）远东、东南亚各港口/澳大利亚港口/澳大利亚内地（或反向运输）。

（二）我国国际多式联运的发展概况

我国从 1980 年 8 月由中国对外贸易总公司（以下简称中国外运）开办内地集装箱接转西伯利亚大陆桥运输以来，国际多式联运开始起步。1986 年，铁道部与中国远洋运输总公司（以下简称中远）合作开办国际集装箱海铁联运业务，使得我国国际集装箱多式联运业务得到了较快发展。从 1994 年开始，铁道部所属的中国铁路集装箱运输中心、中国铁路对外服务公司先后与香港九龙广州铁路公司、香港东方海外货柜航运有限公司、美国总统轮船公司、丹麦马士基航运公司合作开办国际集装箱多式联运业务。目前，中国外运系统、中运系统、中国铁路系统、中国海运集团系统以及地方国际航运公司、国际货运代理企业、中外合资与中外合作企业等都在不同程度上开办了国际集装箱多式联运业务。

目前，我国已开办的国际多式联运路线主要有以下几条：

（1）我国内地—我国港口—日本港口—日本内地（或反向运输）。

（2）我国内地—我国港口（包括香港）—美国港口—美国内地（或反向运输）。

（3）我国港口—肯尼亚的蒙巴萨港—乌干达内地（或反向运输）。

（4）我国内地—我国港口（包括香港）—德国汉堡港或比利时安特卫普港—北欧西欧内地（或反向运输）。

（5）我国内地—我国港口（如上海、香港）—科威特—伊拉克（或反向运输）。

（6）我国东北地区—图们—朝鲜清津港—日本港口（或反向运输）。

（7）我国港口—日本港口—大洋洲港口—大洋洲内地。

（8）我国内地接转西伯利亚大陆桥运输（或反向运输）。

（9）我国内地接转欧亚大陆桥运输（或反向运输）。

五、国际多式联运的优越性

国际多式联运是一种比区段运输高级的运输组织形式，在 20 世纪 60 年代末，美国首先试办多式联运业务，受到货主的欢迎。随后，国际多式联运在北美、欧洲和远东地区开始采用。20 世纪 80 年代，国际多式联运已逐步在发展中国家实行。目前，国际多式联运已成为一种新型的、重要的国际集装箱运输方式，受到国际航运界的普遍重视。1980 年 5 月在日内瓦召开的联合国国际多式联运公约会议上，制定了《联合国国际货物多式联运公约》，该公约在 30 个国家获得批准，加入一年后生效。它的生效对之后国际多式联运的发展产生积极的影响。

国际多式联运是今后国际运输发展的方向，这是因为开展国际集装箱多式联运具有许多优越性，主要表现在以下几个方面：

（1）简化托运、结算及理赔手续，节省人力、物力和有关费用。在国际多式联运方式下，无论货物运输距离有多远，都以集中运输方式共同完成，且不论运输途中货物经过多少次转换，所有一切运输事项均由多式联运经营人负责办理。托运人只需办理一次托运，订立一份运输合同，支付一次费用，办理一次保险，从而省去托运人办理托运手续的许多不便。由于多式联运采用一份货运单证，统一计费，因而也可简化制单和结算手续，节省人力和物力。此外，一旦运输过程中发生货损货差，由多式联运经营人对全程运输负责，从而简化理赔手续，减少理赔费用。

（2）缩短货物运输时间，减少库存，减少货损货差事故，提高货运质量。在国际多式联运方式下，各个运输环节和各种运输工具之间配合密切，衔接紧凑，货物所到之处中转迅速及时，大大减少货物的在途停留时间，从根本上保证了货物安全、迅速、准确、及时地运抵目的地，相应地降低了货物的库存量和库存成本。多式联运以集装箱为运输单元进行直达运输，尽管货运途中需经多次转换，但由于使用专业机械装卸，且不涉及箱内货物，因此，货损货差事故大为减少，在很大程度上提高了货物的运输质量。

（3）降低运输成本，节省各种支出。由于多式联运可实行门到门运输，因此，对货主来说，在货物交由第一承运人以后即可取得货运单证，并据以结汇，从而提前了结汇时间，这不仅有利于加速货物占用资金的周转，而且可以减少利息的支出。此外，由于货物是在集装箱内进行运输的，从某种意义上来看，可相应地节省货物的包装、理货和保险等费用的支出。

（4）提高运输管理水平，实现运输合理化。对于区段运输而言，由于各种运输方式的经营人各自为政，自成体系，因而其经营范围受到限制，货运量也相应有限。而由不同的运输经营人共同参与多式联运，经营范围大大扩展，可以最大限度地发挥其现有设备的作用，选择最佳运输路线，组织合理化运输。

（5）其他作用。从政府的角度来看，发展国际多式联运具有以下重要意义：有利于加强政府部门对整个货物运输链的监督与管理；保证本国在整个货物运输过程中获得较大的运费收入分配比例；有助于引进新的先进运输技术；减少外汇支出；改善本国基础设施的利用状况；通过国家的宏观调控与指导职能保证使用对环境破坏最小的运输方式，达到保护本国生态环境的目的。

知识二　国际多式联运经营人

一、国际多式联运经营人的概念、特征和应具备的条件

（一）国际多式联运经营人概念

国际多式联运经营人（Combined Transport Operator，简称CTO）指其本人或通过其代理与托运人订立多式联运合同的人。他可以是实际承运人，也可以是无船承运人（也称无船公共承运人，Non-vessel Operating Carrier，简称NVOCC）。实际业务中，担任国际多式联运经营人的主要有以下类型：货运代理，无船公共承运人及船舶所有人。《联合国国际多式联运公约》对国际多式联运经营人的定义为："多式联运经营人是指其本人或通过其代表与托运人订立多式联运合同的任何人，他是事主，而不是发货人的代理人或代表，也不是参加多式联运的承运人的代理人或代表，负有履行合同的责任。"因此，多式联运经营人是一个独立的法律实体。

由于多式联运是在国际间以多种运输方式来完成的，不可能由一个经营人自己承担全

部运输任务,他往往是在接受货主的委托之后,自己办理一部分运输,然后将其余的运输再委托给其他承运人。但它与单一的运输方式不同,这些接受多式联运经营人委托的承运人,只是按照运输合同的关系对多式联运经营人负责,而不与货主发生任何直接关系。因此,多式联运经营人,对货主来说,他是货物的承运人,同货主签订多式联运合同;对其委托的承运人来说,他又是货物的托运人,自己以托运人的身份与其他承运人签订运输合同,所以他具有双重身份。在多式联运方式下,根据合同的规定,联运经营人始终是货物运输的总承运人,对货物全程运输负责。而把接受委托、分段承担运输的实际承运人称为分承运人。

(二) 国际多式联运经营人具有以下基本特征:

(1) 国际多式联运经营人是多式联运合同的主体。

(2) 国际多式联运经营人的职能是负责完成多式联运合同,对全程负责。

(3) 国际多式联运经营人是"中间人",具有双重身份。

国际上承办多式联运业务的企业多为一些规模较大的货运公司,他们与货主及各类运输公司都有着密切的业务关系,最具有有利条件承办多式联运业务,国际上称这种办理多式联运业务的企业为"无船公共承运人"(NVOCC)。

> **NVOCC 与一般货运代理的区别:**
>
> 现在的 NVOCC 被与一般的货运代理公司混在一起,一般人们认为 NVOCC 也是货运代理,因为它也没有船,也是接了客人的货后再去找船。
>
> 但是 NVOCC 和一般的货运代理是不一样的,货运代理给客户运货,交给客户的是船公司的提单;而 NVOCC 运货,交给客户的是 NVOCC 自己的提单(国内有时也称货运代理提单或是 House 提单)。
>
> 委托货运代理运货,发生货损,客户只能去找船公司索赔。因为货运代理只是客户的代理,换句话说,就是货运代理代客户去船公司订舱、储运。出了问题,客户要自己去找船公司,货运代理是可以不赔的。但是一般客户自己去找船公司赔偿,通常是很难的。
>
> 但是 NVOCC 不同,NVOCC 给客户运货后出了问题,客户就可以直接找 NVOCC 赔偿,他必须按规定赔偿,因为他是作为承运人来承担运输的。而且客户不用担心他没有赔偿能力,因为一个正规的 NVOCC 在注册时,要在银行存入 40 万人民币作为保证金,以防发生损害时 NVOCC 没有赔偿能力情况的发生。
>
> 所以,选择 NVOCC 时,要选择合格的正规的 NVOCC。正规的 NVOCC 必须在中华人民共和国交通部注册,并取得注册号。通常情况下,NVOCC 都会把这个注册号印在提单上,号码的格式是:MOC-NV＊＊＊＊(＊代表数字)。

(三) 国际多式联运经营人应具备的条件

当多式联运经营人从发货人那里接管货物时,即表明责任已经开始,货物在整个运输过程中的任何区段发生灭失或损坏,多式联运经营人均以本人的身份直接承担责任,即使货物的灭失或损坏并非由多式联运经营人的过失所致。因此,作为多式联运经营人应具备以下基本条件:

(1) 订立多式联运合同。多式联运经营人本人或其代表必须就多式联运的货物与发货人或其代表订立多式联运合同，而且，该合同至少由两种运输方式完成货物的全程运输，合同中的货物是国际间的货物。

（2）接货后即签发多式联运提单。从发货人或其代表那里接管货物时起即签发多式联运单据，并对接管的货物负责。

（3）承担多式联运合同中规定的与运输和其他服务相关的责任，并保证把货物交给多式联运单据持有人或单据中指定的收货人。

（4）有足够的赔偿能力。对运输全过程中发生的货物灭失或损害，多式联运经营人首先对货物受损人负责，并应具有足够的赔偿能力。当然，这种规定和做法并不影响多式联运经营人向造成实际货损的分承运人追偿权利。

（5）有相应的技术能力。多式联运经营人应具备与多式联运需要的、与其相适应的技术能力，对自己签发的多式联运单据确保其流通性，并作为有价证券在经济上有令人信服的担保程度。

> **联合运输单证统一规则中关于联运经营人的责任和义务如下：**
>
> 1. 从掌管货物时起至交付货物时止，负责从事和/或以他自己名义组织货物联运工作，包括这种联运所需要的一切服务工作，并在本规则所规定的范围内，承担这种联运和服务工作的责任。
>
> 2. 对于他们的代理或雇佣人员的行为和不行为如同是他自身的行为和不行为那样承担责任，如果这些代理人或雇佣人员是在他们职责内行事。
>
> 3. 对于他所使用的为其履行联运单证作为证明的合同而提供服务的任何其他的行为和不行为，承担责任。
>
> 4. 负责从事或组织为确保货物交付所必需的一切工作。
>
> 5. 对于从他掌管货物到交付货物期间发生的关于货物灭失或损害，应承担本规则规定范围内的责任，并负责支付规则规定的有关这种灭失或损害的赔偿金。

二、国际多式联运经营人的类型

1. 承运人型

这类国际多式联运经营人不拥有运输船舶，但却拥有汽车、火车或飞机等运输工具。他与货主订立国际多式联运合同后，除了利用自己拥有的运输工具完成某些区段的实际运输外，对于自己不拥有或经营的运输区段则需要通过与相关承运人订立分运合同来实现该区段的运输。与以船舶运输为主的国际多式联运经营人一样，这类国际多式联运经营人即是契约承运人，有时是某个或几个区段的实际承运人。

2. 场站经营人型

这类国际多式联运经营人拥有货运站、堆场、仓库等场站设施。他与货主订立国际多式联运合同后，除了利用自己拥有的场站设施完成装卸、仓储、运输外，还需要与相关的各种运输方式的承运人订立分运合同，由这些承运人来完成货物的运输。

3. 代理人型

这类国际多式联运经营人不拥有任何运输工具和场站设施，需要通过与相关的承运人、场站经营人订立分运合同来履行他与货主订立的国际多式联运合同。

三、国际多式联运经营人的赔偿责任和赔偿标准

（一）国际多式联运经营人的赔偿责任制

多式联运经营人的责任制主要有三种形式：

1. 统一责任制

是指多式联运经营人在全程运输中使用统一的赔偿标准向货主负责。

2. 经修正后的统一责任制

是指多式联运经营人在全程运输中对货损事故按统一赔偿标准向货主负责。如果该同意赔偿标准低于实际货运事故发生区段的适用法律法规所规定的赔偿标准时，按该区段规定的赔偿标准，由多式联运经营人负责向货主赔偿。

3. 网状责任制

是指多式联运经营人对全程运输的货物责任，局限在各个运输区段的责任范围内，如果能确定货运事故区段的，则按该区段适用的法律法规，由多式联运经营人负责向货主直接赔偿；如果对隐藏损害不能确定货运事故区段的，则要推定发生在海运区段，按海运区段的适用法律法规，由多式联运经营人负责向货主直接赔偿。

（二）国际多式联运经营人的赔偿标准

目前绝大多数国家的多式联运经营人采用网状责任制，按与网状责任制有关的各运输区段的国际货运公约以及国际多式联运公约所规定的赔偿标准进行赔偿。

维斯比规则、汉堡规则以及国际多式联运公约均规定了两种责任限额，这是因为这三个国际公约的通过均在出现集装箱运输以后，而在集装箱运输方式下，如果仍以每件或每单位责任限额，可能会对货主造成不利的影响，特别是在未列出箱内货物件数的情况下，集装箱内所有的货物只视为一件，采用两种责任限额并择大赔偿，有利于在集装箱运输方式下保护货主的利益。

知识三　国际多式联运的运输组织形式

国际多式联运是采用两种或两种以上不同运输方式进行联运的运输组织形式。这里所指的至少两种运输方式可以是海陆、陆空、海空等，这与一般的海海、陆陆、空空等形式的联运有着本质的区别。后者虽也是联运，但仍是同一种运输工具之间的运输方式。众所周知，各种运输方式均有自身的优点与不足。一般来说，水路运输具有运量大、成本低的优点；公路运输具有机动灵活，便于实现货物门到门、准时的特点；铁路运输的主要优点是不受气候影响，可深入内陆河和横贯内陆，实现货物长距离的准时运输；而航空运输的

主要优点是可实现货物的快速运输。由于国际多式联运严格遵守必须采用两种或两种以上的运输方式进行联运的规定，因此，这种运输组织形式可综合利用各种运输方式的优点，充分体现社会化大生产大交通的特点。

由于国际多式联运具有其他运输组织形式所无法比拟的优越性，因而这种国际运输新技术已在世界上各主要国家和地区得到广泛的推广和应用。目前，有代表性的国际多式联运主要有远东/欧洲、远东/北美等海陆空联运，其他组织形式介绍如下：

一、海陆联运

海陆联运是国际多式联运的主要组织形式，也是远东/欧洲多式联运的主要组织形式之一。目前组织和经营远东/欧洲海陆联运业务的主要有班轮公会三联集团、北荷、冠航和丹麦的马士基等国际航运公司，一级非班轮公会的中国远洋运输公司、台湾长荣航运公司和德国那亚航运公司等。这种组织形式以航运公司为主体，签发联运提单，与航线两端的内陆运输部门开展联运业务，与大陆桥运输展开竞争。

二、陆桥运输

在国际多式联运中，陆桥运输（Land Bridge Service）起着非常重要的作用，它是远东/欧洲国际多式联运的主要形式。陆桥运输是指采用集装箱专用列车或卡车，把横贯大陆的铁路或公路作为中间"桥梁"，使大陆两端的集装箱海运航线与专用列车或卡车连接起来的一连贯运输方式。严格地讲，陆桥运输也是一种海陆联运，只是因为其在国际多式联运中的独特地位，故在此将其单独作为一种运输组织形式。目前，远东/欧洲的陆桥运输线路有西伯利亚大陆桥和北美大陆桥。

（一）西伯利亚大陆桥（Siberian Landbridge）

西伯利亚大陆桥（SLB）是指使用国际标准集装箱，将货物由远东沿海岸运到俄罗斯东部港口，再跨越欧亚大陆运至波罗的海沿岸如爱沙尼亚的塔林或拉脱维亚的里加等港口，然后再采用铁路运输、公路运输或海运运到欧洲各地的国际多式联运的运输线路。

西伯利亚大陆桥于1971年由原全苏对外贸易运输公司正式确立。现在全年货运量达10万标准箱（TEU），最多时达15万标准箱。使用这条陆桥运输线经营者主要是日本、中国和欧洲各国的货运代表公司，其中，日本出口欧洲杂货的1/3，欧洲出口亚洲杂货的1/5是经这条陆桥运输的。由此可见它在沟通亚欧大陆、促进国际贸易中所处的重要地位。西伯利亚大陆桥运输包括"海铁铁"、"海铁海"、"海铁公"和"海公空"等四种运输方式。由俄罗斯的过境运输总公司（SOJUZTRANSIT）担当总经营人，它拥有签发货物过境许可证的权利，并签发统一的全程联运提单，承担全部运输责任。至于参加联运的各运输区段，则采用"互为托、承运"的接力方式完成全程联运任务。可以说，西伯利亚大陆桥是较为典型的一条过境多式联运线路。

西伯利亚大陆桥是目前世界上最长的一条陆桥运输线，它大大缩短了日本、远东、东南亚以及大洋洲地区到欧洲的运输距离，节省了运输时间。从远东经俄罗斯太平洋沿岸港口去欧洲的两条运输线全长13 000千米，而相应的水路运输距离（经苏伊士运河）全长约为20 000千米。从日本横滨到欧洲鹿特丹，采用陆桥运输不仅可使运距缩短1/3，运输时间也可节省1/2。此外，在一般情况下，运输费用还可以节省20%～30%左右，因而对货主有很大吸引力。

由于西伯利亚大陆桥所具有的优势，因而随着它的声望与日俱增，也吸引了不少远东、东南亚以及大洋洲地区到欧洲的运输，使西伯利亚大陆桥在短短几年时间中就有了迅速的发展。但是，西伯利亚大陆桥运输在经营管理上存在的问题，如港口装卸能力不足、铁路集装箱车辆的不足、箱流的严重不平衡以及严寒气候的影响等在一定程度上阻碍了它的发展。随着我国兰新铁路与中哈边境的土西铁路的接轨，一条新的"欧亚大陆桥"正在形成，为远东至欧洲的国际集装箱多式联运提供了又一条便捷路线，也使西伯利亚大陆桥面临严峻的竞争。

（二）北美大陆桥（North American Landbridge）

北美大陆桥是指利用北美的大铁路从远东到欧洲的"海陆海"联运。该陆桥运输包括美国大陆桥运输和加拿大大陆桥运输。美国大陆桥有两条运输线路：一条是从西部太平洋沿岸至东部大西洋沿岸的铁路和公路运输线；另一条是从西部太平洋沿岸至东南部墨西哥湾沿岸的铁路和公路运输线。美国大陆桥于1971年底由经营远东/欧洲航线的船公司和铁路承运人联合开办"海陆海"多式联运线，后来美国几家班轮公司也投入营运。目前，主要有四个集团经营远东经美国大陆桥至欧洲的国际多式联运业务，这些集团均以经营人的身份，签发多式联运单证，对全程运输负责。加拿大大陆桥与美国大陆桥相似，由船公司把货物海运至温哥华，经铁路运输到蒙特利尔或哈利法克斯，再与大西洋海运相接。

北美大陆桥是世界上历史最悠久、影响最大、服务范围最广的陆桥运输线。据统计，从远东到北美东海岸的货物大约有50%以上是采用双层列车进行运输的，因为采用这种陆桥运输方式比采用全程水运方式通常要快1～2周。例如，集装箱货从日本东京到欧洲鹿特丹，采用全程水运（经巴拿马运河或苏伊士运河）通常约需5～6周时间，而采用北美陆桥运输仅需3周左右的时间。

随着美国和加拿大大陆桥运输的成功营运，北美其他地区也展开了大陆桥运输，墨西哥大陆桥（Mexican Landbridge）就是其中之一。该大陆桥横跨特万特佩克地峡，连接太平洋沿岸的萨利纳克鲁斯港和墨西哥沿岸的夸察夸尔科斯港，陆上距离约337千米。墨西哥大陆桥于1982年开始运营，目前其服务范围还很有限，对其他大陆桥和港口运输的影响还很小。

在北美大陆桥强大的竞争力面前，巴拿马运河可以说是最大的输家之一。随着北美西海岸陆桥运输服务的开展，众多承运人开始建造不受巴拿马运河尺寸限制的超巴拿马型船（post-panama ship），从而放弃使用巴拿马运河。可以预见，随着陆桥运输的效率与经济性的不断提高，巴拿马运河将会处于更不利的地位。

（三）其他陆桥运输形式

北美地区的陆桥运输不仅包括上述大陆桥运输，而且还包括小陆桥运输（Mini Land Bridge）和微桥运输（Microbridge）等运输形式。

小陆桥运输从运输组织上看与大陆桥运输并无大的区别，只是其运送的货物的目的地为沿海港口。目前，北美小陆桥运送的主要是日本经北美太平洋沿岸到大西洋沿岸和墨西哥湾地区港口的集装箱货物，也承运从欧洲到美西及海湾地区各港的大西洋航线的装运货物。北美小陆桥在缩短运输距离、节省运输时间上的效果是显著的。以日本/美东航线为例，从大阪至纽约全程水运（经巴拿马运河）航线距离约为 17 964 千米，运输时间为 21～24 天，而采用小陆桥运输，运输距离仅为 13 705 千米左右，运输时间为 16 天，可节省 5～8 天的时间。

微桥运输与小陆桥运输基本相似，只是其交货地点在内陆地区。北美微桥运输是经北美东、西海岸港口到美国、加拿大内陆地区的联运服务。随着北美小陆桥运输的发展，出现了新的矛盾，主要反映在：如货物由靠近东海岸的内地城市运往远东地区（反方向），首先要通过国内运输，以国内提单运至东海岸交船公司，然后由船公司另外签发由东海岸出口的国际货运单证，再通过国内运输运至西海岸港口，然后海运至远东。货主认为，这种运输不能从内地直接以国际货运单证至西海岸港口转运，不仅增加费用，而且耽误运输时间。为解决这一问题，微桥运输应运而生。进出美、加内陆城市的货物采用微桥运输既可以节省运输时间，也可以避免双重港口收费，从而节省费用。例如，往来于日本和美东内陆城市匹兹堡的集装箱货，可从日本海运至美国西海岸港口，如奥克兰，然后再通过铁路直接联运到匹兹堡，这样就可以完全避免进入美东的费城港，从而节省了在该港的港口费支出。

三、海空联运

海空联运又被称为空桥运输（Air-bridge Service）。在运输组织方式上，空桥运输与陆桥运输有所不同：陆桥运输在整个货运过程中使用的是同一个集装箱，不用换装，而空桥运输的货物通常要在航空港换入航空集装箱。不过，两者的目标是一致的，即以低费率提供快捷、可靠的运输服务。

海空联运方式始于 20 世纪 60 年代，但到 80 年代才得到较大的发展。采用这种运输方式，运输时间比全程海运少，运输费用比全程空运便宜。20 世纪 60 年代，将远东船运至美国西海岸的货物，再通过航空运至美国内陆地区或美国东海岸，从而出现了海空联运。这种联运组织以海运为主，只是最终交货运输区段由空运承担。1960 年底，原苏联航空公司开辟了经由西伯利亚至欧洲的航线；1968 年，加拿大航空公司参加了国际多式联运；20 世纪 80 年代，出现了经由香港、新加坡、泰国等至欧洲的航线。目前，国际海空联运线主要有：

（1）远东—欧洲。目前远东与欧洲间的航线有的以温哥华、西雅图、洛杉矶为中转地，也有的以香港、曼谷、海参崴为中转地，此外还有以旧金山、新加坡为中转地的。

（2）远东—中南美。近年来，远东至中南美的海空联运发展很快，因为此处港口和内陆运输不稳定，所以对海空运输的需求很大。该联运线以迈阿密、洛杉矶、温哥华为中转地。

（3）远东—中近东、非洲、澳洲。这是以香港、曼谷为中转地至中近东、非洲的运输服务。在特殊情况下，还有经马赛至非洲、经曼谷至印度、经香港至澳洲等联运线，但这些线路货运量较少。

总的来说，运输距离越远，采用海空联运的优越性就越大，因为同完全采用海运相比，其运输时间更短，同直接采用空运相比，其费率更低。因此，从远东出发将欧洲、中南美洲以及非洲作为海空联运的主要市场是合适的。

四、江海联运

江海联运把海运和内河运输连接起来，既可充分发挥海运量大、成本低的优点，又可发挥内河运输低廉、灵活等优点，能方便地把货物运至内河水系的广大地区。

技能一　国际多式联运合同的签订

一、国际多式联运合同的定义及特点

（一）国际多式联运合同的定义

国际多式联运合同是指多式联运经营人凭以收取运费、负责完成或组织完成国际多式联运的合同。该合同由多式联运经营人与发货人协议订立。

（二）国际多式联运合同的特点

（1）多式联运合同是双方合同。合同双方均负有义务和享有权利。

（2）多式联运合同是有偿合同。

（3）多式联运合同是非要式合同。尽管可用多式联运提单证明，但提单不是联运合同，没有具体的表现形式。

（4）有约束第三者性质，收货人不参加合同订立，但可直接获得合同规定的利益并自动受合同约束。

（5）合同中有时包括接受委托、提供服务等内容，这些内容由双方协定。

二、国际多式联运合同的订立

多式联运合同是处于平等法律地位的国际多式联运经营人与发货人的民事法律行为，只有在双方意思表示一致时才成立。

国际多式联运经营人为了揽取货物，会将企业的运价本、提单条款公开。发货人或其代理人就运输的产品向多式联运经营人申请货物运输时，一般要填写货物运输申请，多式联运经营人根据发货人的申请，结合自己的营业路线、班期等情况后，由多式联运经营人在交给发货人的场站收据的副本联上签章，以证明接受委托。此时多式联运合同宣告成立，合同双方的权利和义务关系按合同内容确立下来。

多式联运中使用的集装箱一般由经营人提供。经营人在接受委托之后，签发提单给发货人或其代理人以保证其在商定的时间、地点提取空箱并使用。发货人或其代理人按双方商定的内容及托运货物的实际情况填写场站收据，并在经营人编号、办理货物报关及货物装箱后，负责将重箱托运至双方商定的地点，将货物交给多式联运经营人或指定的代理人，取得正本场站收据后到经营人处换取多式联运提单。

发货人在订立多式联运合同时，应认真了解多式联运经营人的提单条款，如有不能接受的，应与经营人达成书面协议解决，否则将认为是接受所有条款，接受关于双方责任、权利和义务的说明。

三、国际多式联运合同的示例

甲乙双方经过友好协商，就办理甲方货物多式联运事宜达成如下合同：

（1）甲方应保证如实提供货物的名称、种类、包装等货物情况，由于甲方虚报给乙方或者第三方造成的损失，甲方应承担责任。

（2）甲方应按双方协商的费率在交货（　　）天之内将运费和其他费用付给乙方。甲方没有按约定支付费用，乙方有权滞留提单或留置货物，进而依法处理货物以补偿损失。

（3）托运货物为特种货或者危险货时，甲方有义务向乙方作详细说明。未作说明或说明不清的，由此造成的乙方损失由甲方承担。

（4）乙方应按约定将甲方的货物承运到指定地点，并应甲方的要求，签发联运提单。

（5）乙方自接货开始至交货为止，负责全程运输，对全程运输中乙方及其代理或区段承运人的故意或过失行为给甲方造成的损失承担赔偿责任。

（6）乙方对下列原因所造成的货物灭失和损坏不承担责任：

①货物由甲方或代理人装箱、计数或封箱的，或装于甲方的自备箱中的；②货物的自然特征和固有缺陷；③海关、商检、承运人行使检查权引起的货物损耗；④天灾；⑤战争或武装冲突；⑥抢劫、盗窃等人为因素造成货物的损失；⑦甲方的过失造成货物的损失；⑧罢工、停工或乙方雇佣的工人劳动受到限制等。

（7）货物的灭失或损坏发生于多式联运的某一区段，乙方的责任和赔偿限额，应该适用该区段的法律规定。如果不能确定损坏发生区段的，应当适用调整海运区段的法律规定，不论是根据国际公约还是根据国内法。

（8）对于超期支付的款项，甲方应按每日万分之五的比例支付违约金。

（9）由于甲方原因（如未及时付清运费以及其他费用被乙方留置货物或留置单据或提供单据延迟而造成货物运输延迟）所产生的损失由甲方自己承担。

（10）合同双方可以依据《合同法》的有关规定解除合同。

（11）乙方在运输甲方货物过程中应尽心尽责，对于因乙方过失而导致甲方遭受的损失和发生的费用承担责任，不包括货物因延迟等原因造成的经济损失。

（12）本合同发生的任何纠纷或争议，应提交中国海事仲裁委员会进行仲裁，仲裁裁决是终局的，对双方都有约束力。

本合同的订立、效力、解释、履行、争议的解决都适用我国的法律。

（13）本合同经双方签字盖章之日起生效，合同有效期（　　　）天，合同届满之日前，双方可以协商将合同延长。合同届满前，如果双方中任何一方想解除合同，应提前（　　　）天，以书面形式通知另一方。

（14）本合同经双方协商一致可以进行修改和补充，修改及补充的内容经双方签字盖章后，视为本合同的一部分。

本合同正本一式（　　　）份。

甲方：　　　　　　　　　　　　　　　　乙方：

（签字盖章）　　　　　　　　　　　　　（签字盖章）

年　　月　　日　　　　　　　　　　　年　　月　　日

国际多式联运合同的主要内容：

1. 承运货物的名称、种类、包装、数量等货物的基本情况。
2. 承运人的责任范围，货物的接受地和交付地。
3. 双方费用的约定以及结算时间和方式。
4. 承运人的除外责任。
5. 承运人的赔偿责任限额。
6. 违约责任的规定。
7. 合同争议的解决方式和适用法律。

技能二　国际多式联运的相关手续

国际多式联运进出境的各项手续与前面介绍过的海运、空运的进出境手续基本一样，都是需要办理集装箱的交接、货物的保险和报关报检、港口或机场货物的交接等手续，不同的是当货物运输过程中需要过境第三个国家时，需要委托在第三国的代理办理过境转关手续。因为前面已经介绍过相关的内容，在此就不一一介绍，请参照前面的有关内容。

小　结

本任务主要介绍了国际多式联运的概念、特点以及与一般联运的区别；国际多式联运的发展概况和国际多式联运的优越性；国际多式联运经营人的概念、特征；国际多式联运经营人应具备的条件；国际多式联运经营人的类型、赔偿责任、赔偿标准；国际多式联运的运输组织形式；国际多式联运合同的签订和内容；办理国际多式联运的相关手续等。

思考题

1. 简述国际多式联运的概念和特点。
2. 简述国际多式联运经营人的概念和特征。
3. 简述国际多式联运经营人的赔偿责任形式。
4. 简述我国的国际多式联运。
5. 简述国际多式联运合同的主要内容有哪些。

任务二　　国际多式联运单据

【主要学习内容】
知识目标：
1. 多式联运单据的概念和作用。
2. 国际多式联运提单的基础知识。
3. 国际多式联运运费。

技能目标：
国际多式联运提单的主要内容。

任务描述：

2012年11月8日，匈牙利A公司作为买方与温州市B进出口公司签订销售合同——童装500箱。2013年2月8日，交承运人福天公司承运，并由其签发清洁记名多式联运提单正本一式三份。提单上载明：收货地厦门，装货港香港，卸货港布达佩斯，收货人为A公司。货物从厦门运至布达佩斯途经香港，2013年2月22日货抵香港后，福天公司将其转至以星公司承运。2月28日，以星公司传真至A公司，告知3月10日，货抵斯洛文尼亚的可波尔港，再用铁路运至布达佩斯的马哈特堆场。3月25日，货物抵达马哈特堆场，3月28日，A公司交正本提单提货，5月18日，A公司提货时发现箱子是空的。同日，匈牙利铁路公司布达佩斯港口出具证明，集装箱封铅及门锁在3月25日抵布达佩斯的寿洛科沙里时已被替换。A公司提不到货的责任应该由谁负责？

收发货人能否正确地维护自己在货物运输中的利益，关键在于任务一中能否签订正确的国际多式联运合同和本任务中国际多式联运提单的签发等相关内容。

知识一　多式联运单据的概念和作用

一、多式联运单据的概念

多式联运单据（Combined Transport Documents，简称 CTD）是指证明国际多式联运合同成立及证明多式联运经营人接管货物，并负责按照多式联运合同条款交付货物的单据。

二、多式联运单据的作用

多式联运单据由承运人或其代理人签发，其作用与海运提单相似，既是货物收据也是运输契约的证明。在单据做成指示抬头或不记名抬头时，可作为物权凭证，经背书可以转让。在实践中一般称为多式联运提单。

多式联运单据表面上和联运提单相仿，但联运提单承运人只对自己执行的一段负责，而多式联运承运人对全程负责。联运提单由船舶公司签发，包括海洋运输在内的全程运输，多式联运单据由多式联运承运人签发，也包括全程运输，但多种运输方式中，可以不包括海洋运输。

多式联运经营人收到托运人交付的货物时，应当签发多式联运单据。按照托运人的要求，多式联运单据可以是可转让单据，也可以是不可转让单据。

知识二　国际多式联运提单的基础知识

一、国际多式联运提单的概念与作用

（一）国际多式联运提单的概念

在多式联运方式下，多式联运经营人在接管货物时，应由本人或其代理人签发多式联运单据。在多式联运中，虽然一票货物由多种不同运输方式、多个实际区段承运人共同完成运输，但从接货地至交货地使用一张货运单证——多式联运单据，运输方式中必须有一种是国际海上运输。

1997 年 10 月 1 日我国实施的国际集装箱多式联运管理规则对多式联运单据的定义是："多式联运单据是指证明多式联运合同以及证明多式联运经营人接管货物并负责按合同条款交付货物的单据。"

（二）国际多式联运提单的作用

从上述定义可知，多式联运提单与海运提单作用相似：

（1）是多式联运合同的证明。

（2）是多式联运经营人收到货物的收据。

（3）是收货人据以提货的物权凭证。

二、国际多式联运提单的种类

国际多式联运提单按是否可以转让可以分为可转让提单和不可转让提单；而可转让提单又可分为指示交付和向持票人交付两类；不可转让提单一般为记名提单。

1. 指示提单

与海运提单相似，指示提单是指在提单的收货人处载明"凭某人指示"或"凭指示"字样的国际多式联运提单。通常前者可以被视为发货人指示或开证行指示，后者一般被视为发货人指示。

两种指示提单均需要指示人背书后才能转让，实现提单的流通。如果指示人不做任何背书，则意味着指示人保留对货物的所有权，只有指示人本人才有提货权。

2. 不记名提单

与海运提单相似，不记名提单又称为空白提单，是指在收货人处不写明具体收货人或由某人指示，通常只注明"持有人"或"交持有人"字样的国际多式联运提单。对于不记名提单，经营人或其代表应将货物交给持有提单的人。

不记名提单的转让不需要背书即可进行。因此，这种提单对于买卖双方来讲会有很大的风险，在实际业务中极少使用。

三、多式联运提单与转船提单、联运提单的异同

转船提单、联运提单、多式联运提单都是属于中途需要换装作业的提单。从提单的正面来看，这三种提单的栏目设置基本相同，似乎表明各类提单有一定的可替代性。但从提单背面条款来看，转船提单（Transshipment B/L）与联运提单（Through B/L）都规定承运人仅对自己完成的区间承担责任；而多式联运提单（Combined Transport B/L or Multi-model Transport B/L or Inter-modal Transport B/L）则规定多式联运经营人对全程负责。很明显，它们之间存在本质的不同。

1. 三种提单概念的不同

转船提单是指在装货港装载的货物不能直接运往目的港，需要在中途港装其他船舶转运目的港时承运人签发的提单。目前此种提单背面均规定承运人仅对自己完成的区段承担责任。

联运提单是承运人对由海海、海陆、海铁运输的货物所出具的全程提单。目前此种提单均规定承运人仅对自己完成的区段承担责任。

多式联运提单是指多式联运经营人对由两种以上的不同运输方式运输的货物所出具的全程提单，多式联运经营人对全程运输承担责任。

2. 三种单据的其他不同（见表5-1）

表5-1 三种提单的区别

主要内容	转运提单	联运提单	多式联运提单
英文名称	Transshipment B/L	Through B/L	CT B/L，MT B/L，IT B/L
运输栏目	全程运输工具、装货港、船名、转运港、卸货港、交货港	全程运输工具、全程承运人、收货地、装货港、船名、转运港、卸货港、交货港	全程运输工具、收货地、装货地、船名、转运港、卸货港、交货港
运输方式	海运、海—海、海—其他方式	海运、海—海、海—其他方式、其他方式—海	海运、海—海、多式联运
责任期间	船—船	船—船	收货—交货
提单类型	已装船提单	已装船提单	收货待运提单
签发人	海上承运人	海上承运人	多式联运经营人
签发时间	装船后	装船后	收货后
签发地点	装货港或承运人所在地	装货港或承运人所在地	收货人或经营人所在地
银行对单证的处理	《UCP600》20条	《UCP600》20条	《UCP600》20条

四、国际多式联运提单的签发和注意事项

国际多式联运经营人在接收货物后，凭发货人持有的货物收据签发多式联运提单，并应发货人的要求签发可转让或不可转让的多式联运提单。

多式联运经营人在签发多式联运提单时，应注意下列事项：

（1）如签发可转让多式联运提单，应在收货人栏列明按指示交付或向持票人交付。签发不可转让提单，应列明收货人的名称。

（2）提单上的通知人一般是在目的港或最终交货地点由收货人指定的代理人。

（3）对签发正本提单的数量一般没有规定，但如应发货人要求签发一份以上的正本时，在每份提单上应注明正本份数。

（4）任何副本（应要求），每份副本均应注明"不可转让副本"字样，副本提单不具有提单法律效力。

（5）如签发一套以上的正本可转让提单时，各正本提单具有同样的法律效力，而多式联运经营人或其代表已按其中的一份正本交货便已履行交货责任，其他提单自动失效。

（6）多式联运提单应由多式联运经营人或经他授权的人签字，如不违背所在国法律，签字可以是手签、盖章、符号或其他机械、电子仪器打出。

（7）如果多式联运经营人或其代表在接收货物时，对货物的实际情况和提单中所注明的货物种类、标志、数量、重量等有怀疑，但又无适当方法进行核对、检查时，可以在提单中

作出保留，注明不符之处、怀疑根据。但为了保证提单的清洁，也可按习惯做法处理。

五、证据效力与保留

国际多式联运提单一经签发，除非多式联运经营人在提单上作了保留，否则国际多式联运提单意味着：

（1）国际多式联运经营人收到货物的初步证据。

（2）国际多式联运经营人对货物的责任已经开始。

（3）可转让的国际多式联运提单对善意的第三方是最终证据，国际多式联运经营人提出的相反证据无效。

如果国际多式联运经营人或其代表在接收货物时，对于货物的品种、数量、包装、重量等内容有合理的怀疑，而又无合适方法进行核对或检查时，国际多式联运经营人或其代表可在国际多式联运提单上作出保留，注明不符的地方、怀疑的根据等。反之，如果国际多式联运经营人或其代表在接收货物时未在多式联运提单上作出任何批注，则视为他所接收的货物外表状况良好，并应在同样状态下将货物交付收货人。

知识三　国际多式联运运费

这里是以陆海联运为例，讲述国际多式联运运费计算，其他方式的国际多式联运运费可以参照陆海联运计算方法计算。

国际多式联运已突破传统海运"港—港"的范围，而向两岸延伸，因此，国际多式联运运费除包括海运段外，还包括一端内陆或两端内陆的运费，如图 5－1 所示。

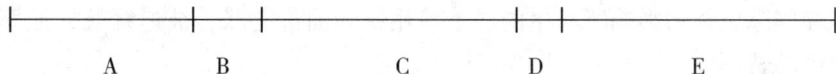

图 5－1　多式联运运费构成

A：内陆运输费，主要是公路运费、铁路运费或内河运费，包括托运费、仓储费、转运费、服务费等。

B：码头装卸费，集装箱班轮通常与挂靠港订立集装箱装卸包干费。

C：海运费，包括基本费和附加费。

D：码头装卸包干费，同 B。

E：内陆运输费，同 A。

一、内陆运费

内陆运费也可能包括公路/铁路运费。

1. 公路运费

公路运费 = 基本运费 + 附加运费

其中，基本运费是指公路运输中的托运费，按箱型、箱尺寸和运距计算；附加运费是指在公路运输中发生的其他费用，如车辆延滞费、上下车费、人工延滞费、辅助装卸费以及其他附加费等。

公路运费的计算方式主要有计运费、计时包车运费、包箱运费和短程运费。

2. 铁路运费

铁路运费 = 基本运费 + 附加运费

其中，基本运费是指在铁路运输中的托运费，按箱型、箱尺寸和运距计算；附加运费是指办理铁路运输而发生的有关附加费用，如送取费、暂存费、换装费、代理费以及新路费、集装箱建设基金等。

二、海运运费

海运运费 = 基本运费 + 附加运费

基本运费是从装运港到目的港的基本费用，是海运运费的主要组成部分，包括船舶的折旧或租金、燃油费、修理费、港口使用费、管理费和职工工资等；附加运费是指在海运过程中货物的特殊处理费用，如转船费、起重费、选港费、更改目的港费等，此外还包括受国际经济和国际贸易的影响所产生的成本费用，如油价上涨、被迫绕航、汇率变动、港口拥挤等产生的费用。

在集装箱海运中，为简化运费计算，班轮公司通常采用包箱费率的计算方法，并公布不同航线的运价。

三、港口装卸包干费

在集装箱运输方式下，世界各国港口大多采用集装箱装卸包干形式，按箱计收装卸包干费。

1. 装卸包干费的作业内容

（1）进口作业：拆除一般加固→卸船→水平运输至堆场→重箱堆存→重箱装车→空箱卸车→空箱堆存。

（2）出口作业：空箱装车→重箱卸车→重箱堆存→水平运输至船边→装船→进行一般加固。

2. 装卸包干费的规定

（1）装卸包干费为固定收费，如减少包干作业的环节，仍按包干费计收；如增加包干作业以外的环节，则另行收费。

（2）非国际标准集装箱、特种货物集装箱的装卸包干费由港航双方面议，但最高不得超过相应国际标准箱收费的一倍。

（3）沿海各主要港口的装卸包干费可在 20% 幅度内实行优惠，由港航双方商定，并报交通部、国家计委和当地省级价格主管部门备案。

四、国际多式联运运费

多式联运运费 = 基本运费 + 附加运费

其中，基本运费是指两种或两种以上不同运输方式的运费，在包括海运的多式联运中，由于海运费通常已包含码头装卸包干费，故不另外收取。附加费是指多式联运全程运输中基本运费外的其他费用，如中转费、过境费、仓储费以及有关的单证费、服务费。应该指出的是，按《联合国国际货物多式联运公约》，多式联运应采用单一的运费率，实际计费可以分段累加计收，也可根据分段累加的总费用换算出单一的运费率。

技　能　国际多式联运提单内容

国际多式联运提单是发货人、多式联运经营人、收货人等当事人货物交接的凭证，多式联运提单的内容应准确、完整。其主要内容有：

（1）货物的名称、种类、件数、重量、尺寸、包装等。

（2）多式联运经营人的名称和主要经营场所。

（3）发货人和收货人的名称。

（4）多式联运经营人接管货物的地点、日期。

（5）多式联运经营人交付货物的地点和约定的时间或期限。

（6）表示多式联运提单转让或不可转让的声明。

（7）多式联运经营人或其授权人的签字。

（8）有关运费支付的说明。

（9）有关运输方式和运输路线的说明。

（10）在不违反多式联运单据签发国法律的前提下，双方同意列入其他事项。

国际多式联运提单一般都列入上述内容，但如果缺少其中一项或几项，只要缺少的内容不影响货物运输和当事人的利益，国际多式联运提单仍具有法律效力。其实与前面介绍过的海运提单的内容一样。

小　结

本任务主要介绍了任务一的内容国际多式联运单据的概念、作用；国际多式联运提单的概念、作用、种类以及与转船提单和联运提单的异同；国际多式联运提单的签发、签发时注意事项、证据效力与保留；国际多式联运运费的构成；国际多式联运提单的主要内容等。

思考题

1. 简述国际多式联运提单的概念、作用和种类。
2. 简述国际多式联运提单签发时应注意的事项。
3. 简述国际多式联运运费的构成。

综合练习

一、单选题

1. 国际多式联运经营人在统一责任制下对货物承担的运输责任是（　　　）。

A. 全程
B. 自己运输区段
C. 自己控制区段
D. 实际承运人区段外的区段

2. 多式联运方式是指（　　　）。

A. 不同运输方式之间
B. 同一种运输方式之间
C. 必须有一种是海运
D. 必须是海运与公路之间

3. 签发国际多式联运提单的运输方式中必须有一种是（　　　）。

A. 国际海上运输
B. 国际路上运输
C. 国际航空运输
D. 国际铁路运输

4. 多式联运经营人对全程运输的货物责任，局限在各个运输区段的责任范围内，如果能确定货运事故区段的，则按该区段适用的法律法规，由多式联运经营人负责向货主直接赔偿，这种赔偿责任制称为（　　　）。

A. 统一责任制
B. 经修正后的统一责任制
C. 网状责任制
D. 分割责任制

5. 目前绝大多数国家的多式联运经营人采用（　　　），按有关的各运输区段国际货运公约以及国际多式联运公约所规定的赔偿标准进行赔偿。

A. 统一责任制
B. 经修正后的统一责任制
C. 网状责任制
D. 分割责任制

6. 国际多式联运的主要组织形式是（　　　）。

A. 海陆联运
B. 陆桥运输
C. 海空联运
D. 江海联运

7. 国际货运代理企业经营多式联运并签发多式联运提单时，其法律地位是（　　　）。

A. 代理人
B. 承运人
C. 发货人
D. 收货人

8. 多式联运单据的签发人是（　　　）。

A. 船公司　　　　　　　B. 货主　　　　　　C. 收货人　　　　　　D. 多式联运经营人

9. 以下哪点不是国际多式联运所具备的特点（　　　　）。

A. 签订一个运输合同　　B. 采用一种运输方式　　C. 采用一次托运　　　D. 一次付费

二、多选题

1. 国际多式联运的特点有（　　　　）。

A. 必须具有一份多式联运合同　　　　　　　B. 必须使用一份全程多式联运单证

C. 必须是至少两种不同运输方式的连续运输　　D. 必须对全程运输负责

2. 国际多式联运的优点有（　　　　）。

A. 降低运输成本，节省各种支出　　　　　　B. 无货损

C. 安全迅速　　　　　　　　　　　　　　　D. 简化托运、结算及理赔手续

3. 国际多式联运经营人具有以下基本特征（　　　　）。

A. 是国际多式联运合同的主体　　　　　　　B. 负责完成国际多式联运合同

C. 是"中间人"，具有双重身份　　　　　　　D. 是代理人，而不是当事人

4. 国际多式联运经营人的类型有（　　　　）。

A. 承运人型　　　　　　B. 场站经营人型　　C. 代理人型　　　　　D. 中间人型

5. 国际多式联运合同的特点有（　　　　）。

A. 多式联运合同是双方合同　　　　　　　　B. 多式联运合同是有偿合同

C. 多式联运合同是非要式合同　　　　　　　D. 无约束第三者性质，收货人应参加合同订立

6. 不可转让的国际多式联运提单的作用有（　　　　）。

A. 是多式联运合同的证明　　　　　　　　　B. 是多式联运经营人收到货物的收据

C. 是收货人据以提货的物权凭证　　　　　　D. 是多式联运合同的本身

7. 关于海运提单、铁路运单、航空运单、多式联运单据的说法正确的是（　　　　）。

A. 都是运输合同的证明　　　　　　　　　　B. 都是物权凭证

C. 都是可以流通转让的　　　　　　　　　　D. 都是收货凭证

三、判断题

1. 国际多式联运通常是以集装箱为运输单元，将不同的运输方式有机地组合在一起，构成连续的、综合性的一体化货物运输。（　　　　）

2. 国际多式联运经营人对全程运输负责。（　　　　）

3. 多式联运经营人是一个具有法人资格的独立法律实体。（　　　　）

4. 统一责任制是指多式联运经营人在全程运输中使用统一的赔偿标准向货主负责。（　　　　）

5. 国际多式联运经营人是国际多式联运合同的当事人。（　　　　）

6. 在网状责任制中，如果对隐藏损害不能确定货运事故区段的，则推定发生在海运区段，按海运区段的适用法律法规，由多式联运经营人负责向货主直接赔偿。（　　　　）

7. 所有的多式联运单据都是可以流通转让的，具有物权凭证的作用。（　　　　）

8. 国际多式联运经营人可以签可转让的或不可转让的国际多式联运提单。（　　　　）

9. 国际多式联运就是海陆空三种运输方式的联合运输。（　　　　）

综合技能训练

1. 哈尔滨某机床厂与美国中部地区一公司签订了机床出口合同。合同规定采用集装箱进行"门到门"的运输。卖方选择某多式联运公司，由其在哈尔滨集装箱货运站装箱后，签发了FIATA的多式联运提单，并支付了全程运费，承担合同承运人的义务。多式联运公司负责用火车运到大连装船发运美国，

从美国西海岸港口卸货后，又由卡车运到美国中部某城市。买方不愿意承担交货前的风险，卖方也不愿意承担海运和在美国的风险。此时，买卖双方选择何种价格条款为好？买卖双方应各自怎样来规避风险？多式联运的风险应如何进行转移？

2. 青岛海尔冰箱厂计划每月从青岛工厂将 1 000 台冰箱运往美国的某商品经销中心，现在寻找合适的运输公司。假设你是一家国际货运代理公司，想外包此业务。请你在做合理假设的基础上，回答下面的问题：

（1）简要说明运输方案设计的影响因素。

（2）列出可能的运输方案并给出你认为最好的方案。

（3）简要说明整个运输的实施程序。

附　录

2011 年全国国际货运代理从业人员岗位专业证书考试
国际货运代理业务试卷　1

一、单项选择题（每题 1 分，共 25 分。单项选择题的答案只能选择一个，多选不得分）

1. 我国政府对货运代理经营资格的行政管理已经由审批制调整为注册备案制，简化了程序，节约了成本，方便了企业，目前，我国仅对在中国境内由（　　　　）实行注册备案制度。

   A. 国内投资主体投资设立的货运代理企业

   B. 外商投资主体投资设立的货运代理企业

   C. 国外投资主体投资设立的货运代理企业

   D. 外商投资主体投资设立的货运代理企业的分支机构

2. 在国际货运代理企业作为仓储保管人从事仓储业务的情况下，国际货运代理企业与作为存货人的货主之间订立的合同是（　　　　）。

   A. 货运代理合同　　　　B. 仓储合同　　　　C. 运输合同　　　　D. 租船合同

3. 我国 A 公司与国外 B 公司签订一份 CIF 出口合同，以信用证方式支付。国外银行开来的信用证中规定："最晚装运期为 5 月 31 日，信用证有效期为 6 月 2 日。"A 公司备货出运，于 5 月 25 日取得正本已装船清洁提单，A 公司应不迟于（　　　　）向银行提交相关单据。

   A. 5 月 25 日　　　　B. 5 月 31 日　　　　C. 6 月 1 日　　　　D. 6 月 2 日

4. 我国 A 进出口公司于新加坡 B 公司洽谈货物买卖合同，双方约定采用 CIF 贸易术语，以海运方式运输，启运港为上海，目的港为新加坡，每公吨 USD30，折扣 2%，以下对该国际货物买卖合同中贸易术语表述正确的是（　　　　）。

   A. USD30/MT CIFD2%　　SHANGHAI　　　　　B. USD30/MT CIFD2%　SINGAPORE

   C. USD30/MT CIFC2%　　SHANGHAI　　　　　D. USD30/MT CIFC2%　SINGAPORE

5. 我国对货物出入境检验检疫的执法部门是（　　　　）。

   A. 海关总署　　　　B. 商务部　　　　C. 卫生部　　　　D. 质检总局

6. 物流信息系统包括 GIS、POS、TPS、RFID 等系统，其中"RFID"系统指的是（　　　　）。

   A. 事务处理系统　　　B. 销售时点信息系统　　C. 地理信息系统　　　D. 射频识别系统

7. 在国际海上货物运输中使用指示提单，且提单中收货人（Consignee）一栏记载为："TO ORDER"的情况下，当该提单背书转让时，应当由（　　　　）首先背书。

A. 承运人　　　　　　　　B. 托运人　　　　　　　　C. 收货人　　　　　　　　D. 通知人

8. 在国际海上集装箱货物运输实务中，集装箱货物交接的方式可以分为门到门、门到场、门到站、场到门、场到场、场到站、站到门、站到场和站到站等。海运集拼经营人通常采用的交接方式是（　　　　）。

A. 门到门　　　　　　　　B. 场到场　　　　　　　　C. 站到站　　　　　　　　D. 门到场

9. 国际海运集装箱按用途不同可以分成不同类型的集装箱，如果货主托运的单件货物高度较高时（超过2.5米），应选择（　　　　）类型集装箱。

A. GP 箱　　　　　　　　B. OT 箱　　　　　　　　C. RF 箱　　　　　　　　D. TK 箱

10. 根据国际海运危险货物规则的规定，油漆、清漆属于（　　　　）类的危险品。

A. 爆炸品　　　　　　　　B. 气体　　　　　　　　C. 易燃液体　　　　　　　　D. 有毒物质

11. 在国际海上航次租船合同中，通常都会约定承租人的责任终止条款和船舶出租人的留置权条款。承租人责任终止条款是指（　　　　），就可以免除进一步履行租船合同的责任。

A. 承租人在装货港支付相关费用之后　　　　　B. 承租人在卸货港支付相关费用之后
C. 出租人在装货港支付相关费用之后　　　　　D. 出租人在卸货港支付相关费用之后

12. 根据航次租船合同的规定，在船舶装卸时间届满后，开始起算（　　　　）。

A. 速遣时间　　　　　　　B. 滞期时间　　　　　　　C. 船舶受载期　　　　　　D. 直载期

13. 1994 年"金康"合同规定：如装卸准备就绪通知书在中午 12 点之前（包括 12 点）递交，装卸时间从下午 1 点起算；如通知书在 12 点以后递交，装卸时间从（　　　　）上午 6 点起算。

A. 下一个工作日　　　　　　　　　　　　　　B. 下一个日历日
C. 下一个良好天气日　　　　　　　　　　　　D. 下一个连续日

14. 航次租船合同通常规定，在船舶抵达装货港口递交 NOR 一段时间后，开始起算（　　　　）。

A. 装卸时间　　　　　　　B. 受载期　　　　　　　C. 租船合同期限　　　　　D. 宣载期

15. 在国际航空货物运输中，法国戴高乐国际机场的三字代码是（　　　　）。

A. LHR　　　　　　　　　B. KIX　　　　　　　　　C. NRT　　　　　　　　　D. CDG

16. 在国际航空货物运输中，操作代码 PER 的中文全称是（　　　　）。

A. 拴挂货物　　　　　　　B. 鲜活易腐货物　　　　　C. 贵重物品　　　　　　　D. 仅限货机

17. 在国际航空货物运输中，集装板的识别代号以字母（　　　　）开头。

A. J　　　　　　　　　　　B. A　　　　　　　　　　C. F　　　　　　　　　　D. P

18. 在国际航空货物运输中，表示指定商品运价的类别代码是（　　　　）。

A. Z　　　　　　　　　　　B. C　　　　　　　　　　C. M　　　　　　　　　　D. N

19. 在国际航空货物运输中，CC 表示（　　　　）。

A. 无声明价值　　　　　　　　　　　　　　　　B. 货物运费更改通知书
C. 运费到付　　　　　　　　　　　　　　　　　D. 航空货运单

20. 在国际航空货物运输中，航空货运代理人和航空公司之间的货物交换凭证是（　　　　）。

A. HAWB　　　　　　　　B. MAWB　　　　　　　　C. B/L　　　　　　　　　D. SLI

21. 下列关于航空货运单上"Amount of Insurance"一栏的说法正确的是（　　　　）。

A. 如果承运人提供代办货物保险业务，此栏填写投保金额

B. 如果承运人不提供代办货物保险业务，此栏空白

C. 如果托运人不要求投保时，此栏空白

D. 此栏填写货物的供海关用声明价值

22. 我国与俄罗斯边境铁路线的国内过境站是（　　　　）。

A. 满洲里　　　　　　　　B. 阿拉山口　　　　　　　C. 集安　　　　　　　　　D. 二连浩特

23. 在国际道路货物运输中，车辆抵达边境口岸时应向国际道路运输管理机构递交相关单证，但这

些单证不包括（　　　　）。

    A. 司机的国际驾驶证　　　　　　　　B. 国际道路货物运单

    C. 国际汽车运输行车许可证　　　　　D. 国际道路运输国籍识别标志

24. 以下（　　　　）不属于国际多式联运的基本条件。

    A. 至少采用两种运输方式　　　　　　B. 至少涉及两个国家

    C. 签发一份多式联运合同　　　　　　D. 采用一种运输方式

25. 根据1991年国际商会多式联运单证规则，多式联运经营人对货物损坏或灭失的赔偿责任限制为毛重每千克（　　　　）。

    A. 5SDR　　　　　B. 4SDR　　　　　C. 3SDR　　　　　D. 2SDR

二、判断题（每题1分，共25分。答案为"是"的，请在答题卡上涂"A"，答案为"否"的，请在答题卡上涂"B"，两个都涂的不得分）

26. 国际货运代理协会联合会和中国国际货运代理协会均属于政府组织，其宗旨是配合政府部门管理货运代理行业，维护国际货运代理业正常经营秩序。（　　　　）

27. 根据我国《民法通则》的规定，公民、法人可以通过代理人实施民事法律行为，因此，国际货运代理人在其授权范围内，以货主（委托人）的名义实施民事法律行为，货主对国际货运代理人的代理行为，承担民事责任。（　　　　）

28. 如果在货物买卖合同中载明："CIF Landed"，则表示买卖双方对货物在卸货港的卸货费做了特别规定。（　　　　）

29. 根据《UCP600》的规定，在信用证支付方式下，发票要在表面上看来是由受益人出具，对收货人的填写须做成以申请人的名称为抬头，且必须将发票币别做成与信用证相同币种，但无须签字。（　　　　）

30. 根据我国有关法律规定，因收发货人或者他们的代理人违反规定而造成少征或漏征的税款，海关在三年内可以追征。（　　　　）

31. 报关企业与进出口收发货人在天津海关办理注册登记后，就可以在中国关境内各个口岸或海关监管业务集中地点办理报关业务。（　　　　）

32. 在国际海上集装箱货物运输中，目前使用的国际集装箱规格尺寸主要是第一系列的4种箱型，即A型、B型、C型和D型。标准箱（TEU）通常就是指这四种箱型。（　　　　）

33. 集装箱装箱单是详细记载集装箱内货物的名称、数量等内容的单据，每个载货集装箱都要制作这样的单据，它是根据计划装进集装箱内的货物制作的。（　　　　）

34. 在国际海上集装箱货物运输中，整箱货（FCL）是指由货方负责装箱和计数，填写装箱单，并加封的集装箱货物，通常只有一个发货人和一个收货人。（　　　　）

35. 在国际海上货物运输中，提单上记载装船日期为5月10日，提单签发日期为5月11日，由于记载两个不同日期，不容易确认货物的装运期，所以银行不接受这种提单。（　　　　）

36. 美国海关AMS规定，船公司或无船承运人在载货船舶抵达美国港口前24小时应以电子数据方式向美国海关递交载货清单。（　　　　）

37. 在航次租船合同下，若船舶不能在规定的解约日前抵达装货港，承租人有选择是否解除合同的权利。（　　　　）

38. 船舶通过巴拿马运河和苏伊士运河都要支付运河通行费，这项费用在航次租船合同下通常由船舶承租人以运河附加费的形式承担。（　　　　）

39. 递交装卸准备就绪通知书是指船舶抵达合同规定的装卸地点后，船舶承租人或其代理人向船长或其代理人发出准备就绪等待装卸货物的通知。（　　　　）

40. 在国际航空货物运输中，国际航空货运单的各栏内容可直接手写填入。（　　　　）

41. 在国际航空货物运输中，集中托运货物的最低运费，按整票货物计数。（　　）

42. 在国际航空货物运输中，航空运单是可以转让的。（　　）

43. 凡是运输声明价值超过 1 000 美元的物品都属于国际航空货运中的贵重货物。（　　）

44. 在国际航空货物运输中，如果该货物属于附减的等级货物，则使用普通货物运价计算运费。（　　）

45. 在国际航空货物运输中，货物发运后，托运人可以对货运单上的各项内容作出变更。（　　）

46. 在国际航空货物运输中，较高重量分界点的重量也可成为货物的计费重量。（　　）

47. 国际铁路联运货物在发站承运后或运输途中，由于贸易合同的改变或其他原因，国际铁路联运发货人和收货人可以各自变更一次运输合同。（　　）

48. 目前，我国国际集装箱道路运价通常采取继承运价、计时包车运价和包箱运价等多种计价方式。（　　）

49. 在国际多式联运方式下，运输途中货物换装、转运等事宜均由多式联运经营人负责办理。（　　）

50. 多式联运经营人应当对合同约定的全部运输负责。多式联运经营人除了对自己及自己的受雇人或代理人的行为负责外，对托运人、收货人等在内的货方而言，还必须对区段承运人及其受雇人或代理人的行为负连带责任，但可以向其追偿。（　　）

三、多项选择题（每题 2 分，共 10 分，多项选择题的答案多选、少选、错选均不得分）

51. 我国海洋货物运输保险条款一切险承保范围包括（　　）。
A. 自然灾害　　　B. 火灾或爆炸　　　C. 共同海损　　　D. 海盗行为

52. 在国际海上货物运输中，依据（　　）的规定，承运人对航行过失和管船过失原因造成的货损不负责任。
A. 海牙规则　　　B. 维斯比规则　　　C. 汉堡规则　　　D. 中国海商法

53. 航次租船方式下，货物装卸费用由船舶出租人还是承担人承担，取决于合同的具体规定。下列（　　）术语表明船舶出租人不承担船舶费用。
A. LIFO　　　B. FILO　　　C. FIO　　　D. FIOST

54. 在国际航空货物运输中，下列属于 IATA 三个航空运输业务区中 TC3 区的国家是（　　）。
A. 日本　　　B. 澳大利亚　　　C. 哥伦比亚　　　D. 新加坡

55. 公路集装箱甩挂运输的组织形式包括（　　）。
A. 一线两点、一端甩挂　　　B. 循环甩挂
C. 驼背/滚装运输　　　D. 一线两点、两端甩挂

业务试卷 2

一、问答题（每题 5 分，共 10 分）
（1）什么是第一方物流，第二方物流和第三方物流？
（2）什么是大陆桥运输？

二、计算题（每题 5 分，共 10 分）
我国 A 货主委托国际货运代理人 B 办理一票海运集装箱货物出口事宜，该票货物的积载因数是 1.6 立方米/吨，总重为 60 吨，A 货主向国际货运代理人 B 咨询：如将该票货物装于国际标准箱 IC 箱中，共需要多少个？（已知 IC 集装箱自重为 2.5 吨，最大总重量为 24 吨，计算亏箱后最大总容积为 28 立方米）。请计算：

（1）1个 IC 箱中最多可装多少吨货物？

（2）1个 IC 箱中最多可装多少吨该票货物？

（3）总共需要几个 IC 箱子装该票货物？

Routing：	Beijing, China（BIS）to New York USA	
Commodity：	Sheep	
Gross Weight：	270. 0 kgs	
Dimensions：	240cm×120cm×50cm	

Applicable Published Rates

BEIJING	CN		BJS
Y. RENMINBI	CNY		KGS
NEW YORK	US	M	420. 00
		N	64. 46
		45	46. 34
		100	45. 19
		300	41. 86

注：经查，此时运价构成为150% of the normal　GCR

计算：该票货物的航空运费

Volume：

Volume Weight：

Chargeable Weight：

Applicable Rate：

Weight Charge：

三、案例分析题（每题5分，共10分）

1. 我国 A 公司以 CFR 贸易术语出口一批瓷器，A 公司按期在装运港装船后，即将有关文件寄交买方，要求买方支付货款，买方按要求办理了付款手续，当买方收到货物后随来函向 A 公司索赔，理由是货物在运输途中遭遇海上风险而损毁，且买卖双方均未投保海上货物运输保险。

请分析：

（1）A 公司是否有权拒绝买方的索赔？理由是什么？

（2）A 公司是否有义务投保海上货物运输保险？理由是什么？

2. 大连 A 国际货运代理公司与发货人订立多式联运合同，并负责将两个集装箱货物从大连经印度孟买运至新德里。A 国际货运代理公司分别与 B 船公司和 C 铁路运输公司签订运输合同，货物装船后 B 船公司签发清洁海运提单，货物在孟买港卸船时发现其中一个集装箱外表损坏。A 国际货运代理公司在当地的代理将货物通过铁路运往新德里前已告知 C 铁路运输公司。当集装箱到达新德里后，收货人发现外表损坏的集装箱内货物严重受损，根据本案例，试回答以下问题：

（1）A 国际货运代理公司是否应承担责任？为什么？

（2）B 船公司是否承担责任，为什么？

（3）C 铁路运输公司是否承担责任，为什么？

四、根据以下信息填写航空货运单（共10分）

从上海浦东国际机场运往日本大阪关西国际机场一批宠物狗，没有运输声明价值，托运人没有办理货物保险，运费是预付，计费重量是60kgs，请在下列货运单标注 * 中填入相应的答案。

BJS或者PEK

IATA-FIATA INTRODUCTORY COURSE

Shipper's Name and Address	Shipper's Account Number	Not Negotiable Air Waybill ISSUED BY
		Copies 1,2 and 3 of this Air Waybill are originals and have the same validity.
Consignee's Name and Address	Consignee's Account Number	It is agreed that the goods described herein are accepted in apparent good order and condition (except as noted) for carriage subject to the conditions of contracct on the reverse hereof. All goods may be carried by any other means including road or any other carrier unless specific contrary instructions are given hereon by the shipper, and shipper agrees that the shipment may be carried via intermediate stopping places which the carrier deems appropreate. The shipper's attention is drawn to the notice concerning carrier's limitation of liability. Shipper may increase such limitation of liability by declaring a higher value for carriage and paying a supplemental charge if require.

Issuing Carrier's Agent Name and City		Accounting Information
Agent's IATA Code	Account No.	

Airport of Departure (Addr. of First Carrier) and Requested Routing		Reference Number	Optional Shipping Information	

TO	By First Carrier	Routing and Destination	to	by	to	by	Currency	CHGS Code	WT/VAL		OTHER		Declared Value for Carriage	Declared Value for Customs
									PPD	COLL	PPD	COLL		

Airport of Destination	Flight/Date	for Carriage Use Only	Flight/Date	Amount of Insurance	INSURANCE–If carrier offers insurance and such insurance is required in accordance with the conditions thereof, indicate amount to be insured in figures in box marked "amount of insurance."

Handling Information

I COMMERCIAL INVOICE KEEP UPSIDE

SCI

No. of Pieces RCP	Gross Weight	Kg Lb	Rate Class	Commodity Item No.	Chargeable Weight	Rate / Charge	Total	Nature and Quantity of Goods (incl. Dimensions or Volume)
								MECHINERY DIMS: 70cm×47cm×35cm×4

Prepaid	Weight Charge	Contract	Other Charges
	Valuation Charge		
	Tax		AWC: 50

Total Other Charges Due Agent	Shipper certify that the particulars on the face hereof are correct and that in so far as any part of the consignment contains dangerous goods, such part is properly described by name and is in proper condition for carriage by air according to the applicable dangerous goods regulations.
Total Other Charges Due Carrier	
	Signature of Shipper or His Agent

Total Prepaid	Total Collect	
Currency Conversion Rates	CC Charges in Dest. Currency	**30 JUL. 2002 BEIJING** Executed on (date) at (place) Signature of Issuing Carrier or Its Agent
For Carrier's Use Only at Destination	Charges at Destination	Total Collect Charges

ORIGINAL 3（FOR SHIPPER）

2012 年全国国际货运代理从业人员岗位专业证书考试
国际货运代理业务试卷 1

一、单项选择题（每题 1 分，共 25 分。单项选择题的答案只能选择一个，多选不得分）

1. 《最高人民法院关于审理海上货运代理纠纷案件若干问题的规定》于 2012 年 5 月 1 日起施行，其中第八条关于货运代理交付提单的问题采取了保护货物所有人利益的司法政策。根据该条规定，当货运代理企业在分别接受契约托运人和实际托运人委托的情况下，应当将其取得的提单首先交付给（　　　）。

A. 契约托运人　　　B. 实际托运人　　　C. 契约收货人　　　D. 实际收货人

2. 货运代理企业的责任可以通过投保责任险将风险事先转移，但作为货运代理企业或其工作人员必须清楚地懂得，投保了责任险并不意味着保险公司将承担所有风险。通常情况下，保险公司对于货运代理企业的（　　　）引起的损失负赔偿责任。

A. 倒签提单　　　B. 预借提单　　　C. 无单放货　　　D. 错误与遗漏

3. 2011 年 1 月 1 日实施的《国际贸易术语解析通则 2010》将原来的 13 条术语减少到了 11 条术语，删除了《国际贸易术语通则 2000》中 D 组的五个术语中的四个，只保留了（　　　）术语。

A. DAF　　　B. DES　　　C. DDU　　　D. DDP

4. 根据我国 PICC 海洋运输货物运输保险条款的规定，下列（　　　）不属于 PICC 海洋运输货物保险条款平安险的承保责任范围。

A. 自然灾害造成货物的全损　　　B. 自然灾害造成货物的部分损失
C. 意外事故造成货物的全损　　　D. 意外事故造成货物的部分损失

5. 关税的征税主体是国家，由海关代表国家向纳税义务人征收，下列不属于纳税义务人的是（　　　）。

A. 进出关境运输工具负责人　　　B. 经出境物品的所有人
C. 进口货物的收货人　　　D. 出口货物的发货人

6. 在货物进出境报检业务中，报检人申请电子报检业务手续时，应提供的资料不包括（　　　）。

A. 报检人的登记备案或注册证明复印件　　　B. 进出境物品的所有人
C. 进口货物的收货人　　　D. 出口货物的发货人

7. 我国《海商法》规定，承运人对非集装箱货物的责任期间，是指从（　　　），货物处于承运人掌管之下的全部期间。

A. 接收货物/交付货物　　　B. 堆场/堆场
C. 装上船/卸下船　　　D. 仓库/仓库

8 马尔萨什洛克港（Marsaxlokk, MALTA）是国际海上集装箱货物运输中（　　　）上的港口。

A. 远东—北美航线　　　B. 远东—欧洲航线
C. 欧新航线　　　D. 日韩航线

9. 在国际海上集装箱货物运输实践中，货物在装货港装船后，承运人签发提单，托运人再将全套提单交回承运人，并指定收货人，承运人以电讯方式授权其在卸货港的代理人，在收货人不出具提单的情况下交付货物。这种做法被称为（　　　）。

A. 电放　　　B. 订舱　　　C. 签单　　　D. 背书

10. 在航次租船合同下，合同规定"满载货物 10 000 吨，船舶出租人有 5%上下幅度的选择权。运费为每吨 40 美元"，船长宣载 10 500 吨，而承租人实际提供 10 000 吨货物。承租人应付给船舶出租人（　　　）的亏舱费。

A. 0 美元　　　　　B. 1 万美元　　　　　C. 2 万美元　　　　　D. 3 万美元

11. 在国际海上不定期船运输中，船员由船舶出租人雇佣，承租人拥有船舶营运权的租船方式是（　　　）。

A. 定期租船　　　　B. 航次租船　　　　C. 光船租船　　　　D. 包运租船

12. 在国际航空货物运输中，正确表述航空运费的英文单词是（　　　）。

A. ocean freight　　　　　　　　B. weight charge
C. chargeable weight　　　　　　D. volume weight

13. 在国际航空特种货物运输中，有关贵重货物声明价值的规定，下列表述不正确的是（　　　）。

A. 托运人交运贵重货物自愿办理声明价值
B. 托运人交运贵重货物必须办理声明价值
C. 每航次班机上所装载的贵重货物，价值不得超过 100 万美元
D. 每票货运单货物的声明价值不得超过 10 万美元

14. 在国际航空货物运输中，计费重量是指用以计算航空运费的重量。通常情况下，计费重量要考虑货物的（　　　）。

A. 实际毛重　　　　　　　　　　B. 较高重量分界点的重量
C. 体积重量　　　　　　　　　　D. 以上三者都是

15. 国际铁路联运单具有运输合同证明和货物收据的功能，不具有物权凭证的功能。因此，国际货协运单中的收货人一栏内应填写的是（　　　）。

A. 发货人的详细资料　　　　　　B. 收货人的详细资料
C. 空白（不填写）　　　　　　　D. 凭指示

16. 世界各国为了方便国际道路运输，制定了一些关于国际道路运输方面的国际公约和规则，我国已经加入（　　　）。

A. 集装箱关务公约　　　　　　　B. 国际道路货物运输合同公约
C. 道路标志和信号公约　　　　　D. 道路交通公约

17. 在国际道路货物运输中，道路整车运输承运人的责任期间是（　　　）。

A. 集装箱关务公约　　　　　　　B. 货运站/卸车
C. 装车/卸车　　　　　　　　　　D. 装车/货运站

18. 我国《海商法》和《合同法》均采纳的多式联运经营人责任制度是（　　　）。

A. 分割责任制　　　　　　　　　B. 网状责任制
C. 统一责任制　　　　　　　　　D. 经修正的统一责任制

19. 国际多式联运运费计收方式主要有单一制、分段制和混合制三种。货物从托运到交付，所有运输区段均按照一个相同的运费率计算全程运费的是（　　　）。

A. 单一制　　　　B. 分段制　　　　C. 混合制　　　　D. 以上都不是

20. 在物流信息技术中，IOT 的中文全称是（　　　）。

A. 全球定位系统　　B. 地理信息系统　　C. 智能运输系统　　D. 物联网

21. （　　　）是比较常见的结构，它是指每个供应商可以为多个制造商服务，每一个制造商可以从不同的供应商那里获得原材料，按照产品的质量或者价格等的差异分别由不同的分销商进行分销。

A. 链式机构供应链　　　　　　　B. 网状结构供应链
C. 功能型供应链　　　　　　　　D. 创新型供应链

22. 在国际危险货物运输中，盛装能够产生有毒气体或蒸汽的危险货物时，应当选用（　　　）的包装封口。

A. 气密封口　　　　　B. 液密封口　　　　　C. 有效封口　　　　　D. 牢固封口

23. 危险货物的标志是在包件上使用图案和相应的说明描述所装危险货物的危险性和危险程度，下列标志的图形（注：本题仅给出图形）表明危险货物分类中第六大类的是（　　　）。

A. 易燃固体　　　　　　　　　　　B. 有机过氧化物
C. 剧毒品　　　　　　　　　　　　D. 一级放射性物品

24. 在国际海上货物运输中，发生下列（　　　）情况下，根据海上货物运输合同和我国《海商法》的有关规定，收货人可以向承运人提出索赔。

A. 承运人在目的港交付的货物数量等于提单中所记载的货物数量
B. 承运人在目的港交付的货物数量多于提单中所记载的货物数量
C. 承运人在目的港交付的货物数量少于提单中所记载的货物数量
D. 承运人在目的港交付的货物数量等于运单中所记载的货物数量

25. 我国《海商法》规定，承运人向收货人交付货物时，货物灭失或损坏的情况非显而易见的，集装箱货物交付的次日起（　　　）日内，收货人未将货物灭失损坏情况书面通知承运人的，视为承运人已经按照运输单证的记载交付以及货物状态良好的初步证据。

A. 10　　　　　　　B. 15　　　　　　　C. 20　　　　　　　D. 30

二、判断题（每题1分，共25分。答案为"是"的，请在答题卡上涂"A"，答案为"否"的，请在答题卡上涂"B"。两个都涂不得分）

26. 在国际货物运输服务方面，对委托人或货主而言，国际货运代理人可以起到组织协调、咨询顾问、降低成本或资金融通等作用。（　　　）

27. 在我国，国际货运代理企业既可以作为代理人从事国际货运代理业务，也可以作为独立经营人从事国际货运代理业务。（　　　）

28. 根据《国际贸易术语解析通则2010》的规定，在FOB术语下，卖方承担货物装上船为止的一切风险，买方承担货物自装运港上船后的一切风险。（　　　）

29. 国际货物买卖合同中规定的装运期是指卖方将合同规定的货物装上运输工具或交给承运人的期限，作为国际货运代理人应注意它与交货时间的区别。但在使用FOB、CIP、CFR等贸易术语签订的买卖合同中，交货和装运的概念基本上是一致的。（　　　）

30. 在信用证交易中，银行根据信用证取代买方承担了第一付款人的义务，所以信用证是一种银行开立的无条件的承诺付款的书面文件。（　　　）

31. 国际货运代理人在填制出口货物报关单时，对于同一批货物中有不同贸易方式的货物，一般填写在同一张报关单上。（　　　）

32. 我国检验检疫机构与海关已建立了"先报关，后报检"的通关协调机制，海关一律凭报关的检验检疫机构签发的《入境货物通关单》或《出境货物通关单》放行。（　　　）

33. 承运人提供的集装箱（S.O.C.）应能满足抵抗海上运输中所会遇到的风险的条件和能满足货物运输所需要的条件。（　　　）

34. 提单是承运人保证据以交付货物的"物权凭证"，提单的转让或买卖是受时间上的制约的，在办理提货手续前，提单是可以转让或买卖的，但是，一旦办理了提货手续，该提单就不能再转让或买卖了。（　　　）

35. 根据《1993年航次租船合同装卸时间解释规则》，工作日是指没有被装卸时间明确排除之外的日数。因此，航次租船合同中没有明确从装卸时间中扣除的日期均应作为工作日，不论是星期六，星期日还是节假日，只要合同中没有明确扣除的话，都不能扣除。（　　　）

36. 递交装卸准备就绪通知书是指船舶抵达合同规定的装卸地点后，船舶承租人或其代理人向船长或其代理人发出准备就绪等待装卸货物的通知。（　　　）

37. 在航次租船合同中，通常表明出租人不负责装货费用，但负责卸货费用的术语是FIOST。（　　　）

38. 在国际航空货物运输中，集装箱代号 PAP2233CA，表明该集装箱是属于中国国际航空公司注册的飞机集装板。（　　　）

39. 在国际航空货物运输中，集中托运货只能按整票（整批）货物办理声明价值，不得办理部分的声明价值，或办理两种以上的声明价值。（　　　）

40. 在国际航空货物运输中，托运人应自行填制航空运单，也可以要求承运人或承运人授权的代理人代为填制，承运人对货运单所填各项内容的正确性、完备性负责。（　　　）

41. 在国际铁路货物运输中，铁路特种货物运输主要指铁路危险货物运输、铁路阔大货物运输、铁路鲜活货物运输和其他特定运输条件货物运输。（　　　）

42. 我国颁发的国际道路运输行车许可证分为《国际汽车运输特别行车许可证》和《国际汽车运输行车许可证》。前者适用于在我国境内从事国际道路旅客运输经营和一般货物运输经营的外国经营者，后者适用于在我国境内从事国际道路危险货物运输经营的外国经营者。（　　　）

43. 目前比较有影响的国际货物多式联运公约和规则有《联合运输单证统一规则》、《联合国国际货物多式联运公约》和《联合国国际贸易和发展会议/国际商会多式联运单证规则》，它们均强制适用于国际货物多式联运。（　　　）

44. 多式联运经营人应当对合同约定的全部运输负责。多式联运经营人除了对自己及自己的受雇人或代理人的行为负责外，对托运人、收货人等在内的货方而言，还必须对区段承运人或代理人的行为负连带责任，但可以向其追偿。（　　　）

45. 仓储合同是保管人储存存货人交付的仓储物、存货人支付仓储费的合同，仓储合同中，仓储保管的对象既可以是动产，也可以是不动产，仓储货物所有权随着货物占有权转移而改变。（　　　）

46. 在仓储与配送业务实践中，物流中心主要有 TC、DC、SC、PC 四种类型。从现代物流发展的趋势看，为了加速商品的运动，更好地使物流系统顺应用户需求的特点，物流中心逐渐从 TC 转向 DC。（　　　）

47. 国际货运代理人代办国际海上危险货物托运时，应随托运单提供中英文对照的"危险货物说明书"或"危险货物技术证明书"一式数份，显示品名、性能等内容，供港口、船舶装卸和运输时使用。（　　　）

48. 当货物运输组件内所装的危险货物或其残余物完全卸掉后，应立即除掉或遮盖掉那些由于装运此类物质而显示的标牌、橘黄色标志。（　　　）

49. 在国际货物运输中，托运人应承担提供正确的货运资料和妥善包装货物的义务，如有货物包装不良或标志不清，由此引起货物本身的灭失或损坏，承担人可免除对托运人的赔偿责任。（　　　）

50. 在国际海上集装箱货物运输中，如果托运人与承运人约定在 CFS 交付货物，则在拼箱作业过程中出现的货损应由托运人负责。（　　　）

三、**多选题**（每题 2 分，共 10 分，多项选择题的答案多选、少选、错选均不得分）

51. 我国甲公司作为被保险人就一批进口货物向保险人投保了中国人民财产保险公司海洋运输货物保险条款中的一切险。根据该保险条款的规定，保险人对在运输途中的货物由于在（　　　）所造成的损失，承担赔偿责任。

A. 卸货港卸货时遭雨淋　　　　　　　　B. 卸货港卸货时遭钩损
C. 海上遭遇暴雨淋湿受损　　　　　　　D. 海上因船舶失火受损

52. 国际标准化组织（ISO）第一系列集装箱长度主要分为 10、20、30、40 英尺四种类型，集装箱宽度为 8 英尺类型的包括（　　　　）。

    A．1A   B．1B   C．1C   D．1D

53．为保证国际航行的安全，各国运输企业在技术规范、航行程序、操作规则上必须统一，同时为了便于航空公司间的合作和业务联系，国际航空运输协会（IATA）将世界划分为三个航空运输业务区：TC1 区、TC2 区、TC3 区。下列属于 TC1 区的国家是（　　　　）。

    A．阿根廷   B．美国   C．哥伦比亚   D．意大利

54．国际多式联运服务的基本原则是（　　　　）。

    A．安全   B．准确   C．及时   D．经济和便捷

55．供应链管理是指对供应链涉及的全部活动进行计划、组织、协调和控制。与传统管理相比，其特点主要有（　　　　）。

    A．系统协调与集成   B．商务系统过程控制

    C．物资流、资金流和信息流的综合控制   D．专业化分工

业务试卷 2

一、简答题（每题 5 分、共 10 分）

1．第三方物流企业与传统物流企业的业务有本质的区别，具有自己鲜明的特征，其突出表现在哪五个方面？

2．写出五个我国铁路运输出境口岸（车站）名称及其相邻的国家。（要求写出五个不同的国家）

二、计算题（每题 5 分，共 10 分）

1．青岛甲外贸公司以 CIF LONDON 贸易术语出口 2 个 40'GP 的货物到英国伦敦，经上海洋山港转船。甲外贸公司向乙国际货运代理人咨询海运费事宜。经查：上海港到伦敦的费率是 USD3000/40'GP，青岛经上海转船的费率是在上海到伦敦的费率基础上加 200USD/40'GP，另有燃油附加费 5%。作为乙国际货运代理人，请计算并答复甲外贸公司的下列咨询：

（1）每箱的基础运价是多少？

（2）每箱的附加费是多少？

（3）总运费是多少？

2．我国 A 出口商通过 B 国际货运代理人办理一票普通货物的空运事宜，经北京出口至日本东京，但 A 出口商对于航空运价、运费并不是很了解，于是咨询 B 国际货运代理人有关北京至日本东京航空运价、运费问题。假设公布运价如下：

BEIJING	CN		BJS
Y. RENMENBI	CNY		KGS
TOKYO	JP	M	230
		N	38
		45	29
		100	25
		300	20

请计算并答复客户的下列咨询：

（1）出口商托运的货物计费重量为 6 千克时，应支付多少运费？

（2）出口商托运的货物计费重量为 15 千克时，应支付多少运费？

（3）出口商托运的货物计费重量为 45 千克时，应支付多少运费？

（4）出口商托运的货物计费重量为 70 千克时，应支付多少运费？

（5）出口商托运的货物计费重量为 200 千克时，应支付多少运费？

三、案例分析题（每题 5 分，共 10 分）

1．2011 年 12 月初，我国 A 外贸公司委托 B 货运代理公司办理一批海运货物出口手续，装货港为中国宁波港，卸货港为英国伦敦港。双方当事人签订书面的海上货运代理合同，并就货运代理企业交付单证和委托人支付费用互为给付条件做了明确规定。B 货运代理公司依合同完成了全部委托事宜。货物出运后，由于 A 外贸公司未向 B 货运代理公司支付相关费用，所以 B 货运代理公司扣留该票货物的海运提单和其他单证，请分析并答回下列问题：（参照《最高人民法院关于审理海上货运代理纠纷案件若干问题的规定》第七条的规定：海上货运代理合同约定货运代理企业交付处理海上货运代理事务取得是单证以委托人支付相关费用为条件，货运代理企业以委托人未支付相关费用为由拒绝交付单证的，人民法院应予支持。合同未约定或约定不明确，货运代理企业以委托人未支付相关费用为由拒绝交付单证的，人民法院应予支持，但提单、海运单或者其他运输单证除外。）

（1）B 货运代理公司是否有权利扣留提单，为什么？

（2）如果合同未对上述交付单证和支付费用问题作出约定，B 货运代理公司是否有权扣留提单，为什么？

（3）如果合同未对上述交付单证和支付费用问题作出约定，B 货运代理公司是否有权扣留其他单证，为什么？

2．我国 A 公司与美国 B 公司签订进口一批设备的贸易合同，以 FOB 为成交条件，启运港为美国西雅图，目的港为山东青岛，A 公司委托我国 C 货运代理公司代为办理货物运输事宜。C 货运代公司代表 A 公司向 D 船公司订舱，D 船公司签发的提单上显示的启运港和目的港分别为西雅图和青岛。A 公司向我国 E 财产保险公司投保海洋货物运输一切险，保险单上显示的启运港和目的港分别为西雅图和青岛。该批设备分别装入三个集装箱。在海上运输途中，因船员驾驶船舶疏忽发生碰撞，其中一个集装箱落入海中灭失，另外一个集装箱在运往青岛仓库的途中，由于集装箱卡车驾驶员操作失误，集装箱从卡车上跌落地面，严重受损。请分析并解答下列问题：

（1）D 船公司是否对两个集装箱货物的损失承担责任，为什么？

（2）E 保险公司是否对两个集装箱货物的损失承担责任，为什么？

四、操作题（每题 5 分，共 10 分）

1．在国际海上集装箱货物运输中，集装箱在装载货物之前，都必须进行严格检查。如果国际货运代理人不能亲自办理集装箱检查，则需要委托集装箱卡车（拖车）司机代为检查。国际货运代理人应将现场检查集装箱控箱的哪些操作事宜告知集装箱卡车司机？

2．在国际航空货物进口代理业务程序中，除部分进口货物存放在民航监管仓库外，大部分进口货物存放于各货运代理公司自有的监管仓库。由于货主的需求不一，请列出货物进口后的制单、报关、运输的一般操作形式。

参考文献

1. 中国国际货运代理协会．国际货运代理理论与实务．北京：中国商务出版社，2012.

2. 孙敬宜．国际货运代理实务．北京：电子工业出版社，2009.

3. 杨鹏强．国际货运代理实务．北京：电子工业出版社，2008.

4. 马洁．国际货运代理实务．北京：中国物资出版社，2011.

5. 符海菁．国际货运代理实务．北京：对外经济贸易大学出版社，2007.

6. 钱琳伊．国际货运代理实务．北京：中国财政经济出版社，2008.

7. 肖建辉．国际货运代理实务．北京：清华大学出版社，2012.

8. 张丽娜．国际货运代理实务．天津：天津大学出版社，2011.

9. 黎孝先．国际贸易实务．北京：中国人民大学出版社，2008.

10. 顾永才．国际物流与货运代理．北京：首都经济贸易大学出版社，2007.

11. 张炳达，王晓静．国际贸易实务与案例．上海：立信会计出版社，2007.

12. 李湘滇，刘亚玲．国际贸易实务．北京：北京大学出版社，2011.

13. 杨海芳，李哲．国际货物运输与保险．北京：清华大学出版社，2011.

14. 王明严，陈广．国际货物运输实务．北京：中国经济出版社，2012.

15. 国家质检总局报检员资格考试委员会．报检员资格全国统一考试教材．北京：中国标准出版社，2012.

16. 海关总署报关员资格考试教材编写委员会．报关员资格全国统一考试教材．北京：中国海关出版社，2013.

17. 李春富，沈时仁．国际货运代理操作实务．北京：中国人民大学出版社，2011.

18. 张苗，白云．国际货物运输与保险．北京：清华大学出版社，北京交通大学出版社，2010.

19. 王戈．保险学概论．北京：冶金工业出版社，2010.